Le patrimoine culturel en péril
État des lieux & solutions

Droit du patrimoine culturel et naturel

Collection dirigée par Marie Cornu et Jérôme Fromageau

Cette collection, initiée par le Centre de recherche « Droit du patrimoine culturel et naturel », a pour but de développer et d'enrichir la réflexion sur les objets et modes de protection dans le domaine du patrimoine culturel et naturel. En effet, les questions que soulèvent la conservation, la circulation, la valorisation du patrimoine sollicitent ces deux disciplines. Le contexte d'un monument historique, son environnement, le paysage dans lequel il s'inscrit sont souvent essentiels à sa mise en valeur. Le droit de la culture et le droit de l'environnement développent cependant des concepts propres. Ils ne sont pas toujours en accord sur les méthodes et les moyens de protection, d'où l'intérêt de la confrontation et de la comparaison des ressources tirées de ces deux dispositifs.

C'est pourquoi la réflexion doit se renouveler sur les concepts fondamentaux du patrimoine, sur la délimitation des éléments qui méritent protection. Dans la compréhension des différents mécanismes et l'ouverture vers de nouveaux modèles, le droit comparé est essentiel, ainsi que le droit international.

Dernières parutions

Jean-Raphaël PELLAS, *Fiscalité du patrimoine culturel immobilier. Contribution à la financiarisation des biens culturels et naturels*, 2025

Géraldine GOFFAUX CALLEBAUT et Armelle VERJAT (dir.), *Transmettre les monuments historiques. Enjeux, outils et perspectives*, 2024

Géraldine GOFFAUX CALLEBAUT et Armelle VERJAT (dir.), *Bail emphytéotique et monuments historiques*, 2024

Emma TRAN VAN NHIEU, *L'appropriation culturelle et le droit. Sauvegarder le patrimoine culturel immatériel des communautés*, 2024

Raphaël BRETT et Jérôme FROMAGEAU (dir.), *La protection juridique des forêts. Perspectives nationales et internationales,* 2024

Jean-Raphaël PELLAS, *Fiscalité du patrimoine culturel mobilier. Contribution à une étude de la doctrine fiscale relative aux biens culturels,* 2024

Christophe DOUBOVETZKY, *L'action culturelle territoriale en droit public français*, 2023

Sous la direction de
Charlotte Beaucillon et Géraldine Goffaux Callebaut

Le patrimoine culturel en péril

État des lieux & solutions

L'Harmattan

Cet ouvrage constitue les

Actes des colloques organisés par la Faculté Jean Monnet, l'IEDP, l'IDEP (Université Paris-Saclay), le CRJ Pothier (Université d'Orléans), le CRDP (Université de Lille) et l'IREDIES (Université Paris 1), le 10 décembre 2021 et le 9 décembre 2022

5-7, rue de l'École-Polytechnique – 75005 Paris
www.editions-harmattan.fr
ISBN : 978-2-336-56277-3
EAN : 9782336562773
Dépôt légal : février 2026

Avant-propos

Certaines contributions réunies dans cet ouvrage ont été présentées des deux colloques *Le patrimoine culturel en péril*, organisés par l'Institut Droit Éthique Patrimoine et l'Institut d'Études en Droit Public (Université Paris-Saclay), le Centre de recherche en Droit public (Université de Lille) et le Centre de Recherche juridique Pothier (Université d'Orléans), en collaboration avec l'IREDIES et la Société internationale pour la recherche en droit du patrimoine culturel (ISCHAL). Le premier colloque, *Le patrimoine culturel en péril - Un état des lieux*, s'est déroulé le 10 décembre 2021 au Musée des arts décoratifs ; le second, *Le patrimoine culturel en péril - Les solutions*, s'est tenu à l'IREDIES le 9 décembre 2022. Ces deux colloques ont obtenu le soutien de la Graduate School Droit de Paris-Saclay et le parrainage de la Commission nationale française pour l'UNESCO. D'autres chercheurs ont apporté leur précieuse contribution à la recherche en soumettant des articles non présentés lors de ces deux journées.

Comité scientifique des colloques

Charlotte Beaucillon, Professeure de Droit public à l'Université Paris Est Créteil. Elle est membre du laboratoire Marchés Institutions Libertés (UR 7382), chercheuse associée à l'Institut de recherche en droit international et européen de la Sorbonne (UR, 4536, Université Paris 1 Panthéon Sorbonne), et coordonnatrice du projet.

Géraldine Goffaux Callebaut, Professeure de Droit privé. Elle est membre du Centre de Recherche juridique Pothier (UR 1212, Université d'Orléans), chercheuse associée à l'Institut Droit Éthique Patrimoine (UR 402, Université Paris-Saclay), et coordonnatrice du projet.

Stéphane Duroy, Professeur de Droit public, Directeur de l'Institut d'Études de Droit Public (IEDP, UR 2715), Université Paris-Saclay
Jérôme Fromageau, Consultant pour la Commission nationale française pour l'UNESCO, Président de l'Association internationale pour la recherche en droit du patrimoine culturel et en droit de l'art (ISCHAL)
Yann Kerbrat, Professeur de droit public, membre de l'IREDIES, Université Paris 1 Panthéon Sorbonne
Vincent Négri, Chercheur au CNRS, membre de l'ISP Paris-Saclay
✝ **Isabelle Pingel**, Professeure de droit public, Université Paris 1 Panthéon Sorbonne
Muriel Ubéda-Saillard, Professeur de droit public, Université de Lille

Charlotte Beaucillon et Géraldine Goffaux Callebaut tiennent à remercier celles et ceux qui ont soutenu ce projet, laboratoires de recherche, institutions et partenaires, ainsi que les membres du comité scientifique. Elles remercient également les intervenants des deux colloques : Isabelle Anatole-Gabriel, Jean-Christophe Barbato, Didier Berger, Clémentine Bories, Alessandro Chechi, Stéphane Duroy, Laurent Fonbaustier, Catherine Iffly, Yann Kerbrat, Timothée Le Berre, Lucas Lixinski, Antoinette Maget Dominicé, Vittorio Mainetti, Vincent Négri, Yann Paclot, Isabelle Pingel, Édouard Planche, Marc-André Renold, Niki Siampakou, Marina Schneider, Charles Vautrot-Schwarz, Muriel Ubéda-Saillard, Olivier Valmier. Tous ont contribué, par le partage de leurs expériences et leurs échanges fructueux, à faire progresser les réflexions sur ce sujet.

Que soient également remerciés chaleureusement tous ceux qui, par leur aide précieuse, ont permis la tenue du colloque et la publication de ces actes, et notamment :

- À Paris-Saclay : Christine Rey, Caroline Schnettler, et Yasmina Belahcen (Service de la recherche), Salaheddine Karmous (Service Communication), Faculté Jean-Monnet, et les étudiants du Master 2 Droit du patrimoine culturel (promotions 2021-2022 et 2022-2023) ;
- À Orléans : Laurence Sallé et Chantal Bey, Secrétariat du CRJ Pothier ;
- À Lille : Roula Fayad, Secrétaire générale, Centre de Recherche Droits et Perspectives du droit (ULR 4487) ;
- Au Musée des arts décoratifs : Béatrice Quette, Chargée des collections asiatiques et Responsable des activités culturelles ;
- À Paris 1 Panthéon-Sorbonne : Catherine Botoko Claysen, Directrice des affaires juridiques.

SOMMAIRE

II
Les conflits armés

III
La mondialisation des échanges

Préface

Marie Cornu

Directrice de recherches au CNRS

L'histoire du patrimoine culturel est ponctuée de renoncements, de dénis, de destructions, de désastres, de pillages. C'est en somme une histoire de la perte. Face à ces phénomènes, le droit, dès sa genèse, tente, tant bien que mal, d'apporter des solutions, travaillant avant toute chose à sa conservation, s'attachant à le faire durer, perspective qui marque encore très fortement nos dispositifs. Il reste que la géographie des périls contemporains qui menacent le patrimoine culturel semble bien avoir muté, en tout cas dans ses causes (elles sont multiples et pour certaines inédites) dans son ampleur et les conséquences qu'ils emportent. Ils mettent ainsi très sérieusement à l'épreuve les systèmes juridiques et politiques de protection tels qu'ils ont été pensés, structurés, agencés tant dans les ordres internes que dans l'espace européen ou international. Le patrimoine culturel, en butte à des situations extrêmes de la main de l'homme ou de celle de la nature, est en danger. Les coordonnatrices de ce bel et important ouvrage, conscientes de l'urgence d'une réflexion dans ce contexte alarmant, ont sollicité des contributeurs d'horizons multiples pour la plupart issus de l'univers du droit, mais non exclusivement. Tous s'interrogent, sous une perspective résolument critique, sur l'état du droit – ses vertus, ses limites, ses impasses – et sur les réponses possibles : les voies prometteuses, celles en trompe-l'œil, les fausses bonnes idées – le juriste pèche parfois par optimisme – celles au contraire que l'on gagnerait à prendre plus au sérieux. Nombreux sont ceux qui en appellent aux forces imaginantes du droit. Les réponses viennent du droit dans les livres, mais aussi du droit en actes. Il se situe du côté de ceux qui en font usage, c'est-à-dire le politique, les professionnels et responsables d'administration, les citoyens, tout un chacun. Car en soi, le droit, à lui seul, « ne suffit pas ;

l'engagement social conditionne son efficacité »[1]. L'adoption d'un texte « n'est pas un point d'arrivée, mais simplement un point de départ »[2].

Trois de ces périls, qui menacent le patrimoine sous des formes et à des degrés divers, sont ici opportunément traités : le changement climatique, les conflits armés et la mondialisation des échanges. Ce sont les crises et les catastrophes qui font bouger le droit, on le sait. La cause patrimoniale avance rarement toute seule sans ces aliments, ce qu'a démontré l'activité législative à ses différents niveaux d'expression (en France avec l'adoption de la loi du 7 juillet 2016 – c'est le « moment *Palmyre* » – et dans plusieurs autres pays ; aux niveaux européen ou international avec des textes de l'UE, de l'UNESCO et de l'ONU mais aussi dans les enceintes juridictionnelles internationales, en particulier la CPI). Le péril est un vecteur puissant de production normative[3]. Pour autant, la question du sens dans lequel doit aller le droit reste largement à investir sur ces trois versants dans lesquels se profile le risque de perte patrimoniale. Chacun d'entre eux soulève des problèmes spécifiques et ainsi travaille potentiellement la matière du droit en général, du droit du patrimoine culturel en particulier, appelant des réponses différenciées, adossées à un outillage propre. Cela étant, au-delà de ces particularités, on observe que certains des questionnements sont partagés et les solutions avancées se rejoignent parfois quant aux attentes d'évolution du droit.

Constats et solutions partagés

Du côté des constats, sont en débat les modes de conceptualisation et de catégorisation du droit, tel qu'il s'est élaboré et construit à partir du XIXe et tout au long des XXe et XXIe siècles. Le système a démontré sa robustesse. Les premiers textes en forment encore la matrice même si se dessinent des mutations dans la façon d'appréhender le patrimoine. Les contributeurs discutent de la capacité de ce droit à se saisir de ces enjeux

---

1 Rossano Lopes Bastos, « La protection du patrimoine culturel contre le tourisme de masse et l'avancée de la spéculation immobilière dans la mondialisation au Brésil », dans cet ouvrage, p. 323.

2 Vittorio Mainetti, « Biens culturels et conflits armés – aspects récents et nouvelles tendances », dans cet ouvrage, p. 245.

3 Isabelle Anatole-Gabriel, « Patrimoine culturel mondial et changement climatique : dommage collatéral ou levier pour les droits humains ? », dans cet ouvrage, p. 95.

cruciaux, de son aptitude à se renouveler, à se réinventer à leur contact. Deux de ces mises en catégories conceptuelles, dans la recherche de solutions, sont mises en question, d'une part le clivage encore très prégnant entre nature et culture (comme si les deux pouvaient être aisément distingués là où il y a d'évidentes « interdépendances » entre les deux [4], et les relations qu'elles nouent sont « intimes et complexes »[5]), d'autre part la dissociation entre le matériel (le patrimoine envisagé sous sa forme tangible) et l'immatériel (les valeurs, les savoirs et pratiques, en somme toute la dimension sociale et humaine qui s'y déploie). Dans cette deuxième césure, l'immatériel vient après, quand il est pris en compte. S'y révèlent de considérables écarts de traitement dans le droit comme dans les politiques publiques, tant l'approche par la matérialité domine. Ces grandes lignes de fracture structurent en profondeur les droits nationaux comme le droit international. Or enjeux culturels et naturels, dimensions matérielle et immatérielle sont étroitement intriqués et ce « compartimentage typologique de la protection du patrimoine agit au détriment du patrimoine culturel »[6].

D'où vient que le droit peine à les tenir ensemble ? Comment ressaisir juridiquement le patrimoine sous cette approche recomposée ? L'impératif vaut tout autant dans ce temps de péril climatique que de celui des conflits ou du contexte de mondialisation.

Sortir de l'approche par les choses, par des entités situées dans le temps et dans l'espace, vision qualifiée de fixiste, pour aller vers une conception plus intégrée[7], s'intéresser davantage aux processus, au patrimoine dans sa fonction sociale, dans sa relation à l'autre, à l'Autre, cette direction de travail mène les auteurs à aborder la question de la diversité des intérêts en cause et de la nécessité de les entendre, de les traduire juridiquement. En particulier, le recours aux notions de droits culturels, de droits bioculturels[8] (dont la portée juridique reste à la vérité incertaine, même si certains pays

[4] Laurent Fonbaustier, « Droit interne de l'environnement et protection du patrimoine culturel », dans cet ouvrage, p. 33.
[5] *Ibid.*
[6] Isabelle Anatole-Gabriel, *op. cit.*
[7] Laurent Fonbaustier, *op. cit.*
[8] Sur cette notion d'apparition récente théorisée par Kabir Bavikatte, Fabien Girard, « Communs et droits fondamentaux : la catégorie naissante des droits bioculturels », *Le droit des libertés en question(s) - Colloque n° 2 de la RDLF*, *RDLF* 2019, chron. n° 28.

sont plus avancés que d'autres dans cette mise en forme juridique ; la Cour constitutionnelle de Colombie l'a récemment consacrée)[9], la prise en compte des droits humains semblent devoir monter en régime, car ce ne sont pas seulement les choses qu'il faut sauver mais aussi le rapport qu'entretiennent les personnes, groupes, communautés avec ces choses. « À terme, ce sont bien les conditions de vie et de subsistance [des] populations qui sont en péril et non simplement un territoire objectivé comme patrimoine au motif de son exceptionnalité »[10]. C'est aussi par ce canal des droits fondamentaux que pourraient être défendus les droits au patrimoine de l'Ukraine[11], ou du Brésil[12] face aux entreprises de réécriture de l'histoire et de négation de leurs mémoires pluriculturelles. Il est vrai « qu'en étendant la protection juridique au patrimoine culturel immatériel, à l'identité culturelle et à la diversité culturelle, les instruments les plus récents de l'UNESCO placent la question du respect des droits humains liés à la construction et l'expression de l'identité culturelle des individus et des communautés plus qu'auparavant au premier plan de la protection du patrimoine culturel »[13]. Mais le chemin est encore long avant que les manifestations d'intention trouvent leur traduction concrète. Si l'on observe d'intéressantes avancées avec le développement de contentieux sur ce terrain des droits culturels, il reste que « les droits humains sont et pourraient, de façon croissante, être interprétés de manière à prendre en considération les atteintes au patrimoine culturel »[14]. Sous ce rapport, « le

---

9 Charlotte Beaucillon, « Culture à la mer ! Le tournant climatique du droit international du patrimoine culturel face à la montée des eaux », dans cet ouvrage, p. 75.

10 Isabelle Anatole-Gabriel, *op. cit.*

11 Catherine Iffly, « La politique russe d'effacement culturel en Crimée. Que peut le droit ? », dans cet ouvrage, p. 173.

12 Rossano Lopes Bastos, *op. cit.*

13 Alessandro Chechi, « L'interaction entre le droit international du patrimoine culturel, le droit international des droits humains et le droit pénal international concernant la destruction du patrimoine culturel : un aperçu », dans cet ouvrage, p. 137., citant Janet Blake, *International Cultural Heritage Law*, Oxford University Press, 2015, p. 271.

14 Clémentine Bories qui évoque ces possibles ouvertures en matière de changement climatique, mais la remarque vaut tout autant pour les atteintes résultant de conflits armés ou encore des effets de la mondialisation, « Changement climatique et patrimoine culturel en droit international », dans cet ouvrage, p. 117.

consensus normatif sur la protection des droits de l'homme et des droits culturels exige l'engagement effectif de tous »[15].

Dans cette mise en discussion de la fonction du droit, de ses registres conceptuels, de ses modes opératoires, vient aussi la question de la pluralité des sources. Elles sont nombreuses à saisir cet enjeu du péril, avec cependant des approches et objectifs qui ne dialoguent pas toujours, voire pas du tout. La fragmentation du droit, les cloisonnements thématiques, l'absence d'articulation entre dispositifs généraux et spéciaux ont été pointés comme autant d'obstacles à aplanir dans la recherche de solutions. Quelles que soient les causes de ces périls et les stratégies pour les combattre ou en surmonter les effets, le droit du patrimoine culturel ne peut à lui seul apporter des réponses. Ont été successivement évoquées, parmi les branches du droit potentiellement mobilisées, les matières du droit de l'environnement, du droit pénal, des droits humains, du droit humanitaire, du droit de la propriété intellectuelle. Il y a abondance de « textes au niveau international et interne, [mais] leur articulation demeure délicate et leur effectivité inégale. » [16] C'est bien cette complexité normative, entre rapports de systèmes, fragmentation normative et mise en œuvre parfois peu effective, qui rend d'autant plus pressante la nécessité d'une réflexion juridique renouvelée. » [17] Plusieurs auteurs plaident pour un désenclavement des conventions culturelles. Des synergies sont aussi à imaginer du côté des coopérations institutionnelles au travers desquelles peuvent se rapprocher des modes opératoires parfois très éloignés. Les instances généralistes ne prennent pas toujours la mesure de ces désastres. Il semble que, de ce point de vue, le partenariat développé par l'UNESCO et la Cour pénale internationale ait porté ses fruits, ce que montre l'affaire *Al Mahdi*[18], la CPI accordant aujourd'hui « une attention particulière aux crimes contre le patrimoine culturel qui désormais peuvent être traités par la justice pénale internationale »[19].

---

[15] Rossano Lopes Bastos, *op. cit.*

[16] Charlotte Beaucillon et Géraldine Goffaux Callebaut, « Introduction à deux voix », dans cet ouvrage, p. 15.

[17] *Ibid.*, p. 15.

[18] Niki Siampakou, « L'UNESCO et le Fonds au profit des victimes de la Cour pénale internationale », dans cet ouvrage, p. 227.

[19] *Ibid.*

Approches différenciées

Sous chacun des thèmes évoqués, des questions plus spécifiques ont été creusées. Il n'est pas question ici d'en restituer le contenu intégral tant il est riche d'analyses et de propositions. Nous retiendrons quelques-unes des pistes évoquées, et renvoyons à une lecture plus approfondie de ces contributions de grand intérêt d'un double point de vue critique et prospectif. Dans l'abord et le traitement de ces différents périls, les solutions varient.

En ce qui concerne les défis liés aux conséquences du dérèglement climatique sur le patrimoine culturel, dont les effets se font sentir partout dans le monde, la préoccupation, dans le droit du patrimoine culturel, est en réalité très récente. Ce risque d'atteinte pouvant aller jusqu'à la destruction n'était guère perçu comme une urgence. Il est frappant d'observer que la Convention de Faro adoptée en 2005, en dépit du fait qu'elle porte une approche renouvelée du patrimoine, reste silencieuse sur la question climatique[20].

La Convention de 1972 sur la protection du patrimoine mondial culturel et naturel, qui pourtant évoque la situation des patrimoines en péril, n'intègre guère cette donnée du changement climatique avant les années 2000 et encore. C'est en 2023 qu'est adopté un *Document d'orientation sur l'action climatique pour le patrimoine mondial* dans lequel se dessinent plusieurs directions de travail : lutte contre les causes, adaptation – il faudrait faire en sorte que le droit du patrimoine culturel s'accorde à ces changements, en particulier en reconsidérant les critères de patrimonialité taxés de fixistes là où il faudrait de l'adaptabilité – et sous une perspective voulue novatrice, exploitation du patrimoine non plus comme victime mais comme ressource, le patrimoine lui-même susceptible d'apporter une réponse à ces désordres, notamment au travers de pratiques coutumières et savoirs que développent les communautés. Mais cette « position qui a pu sembler habilement stratégique de renversement du rôle des sites du patrimoine mondial, de victime collatérale à celui de lieu privilégié de résilience »[21] n'est pas à l'abri de la

---

20 Clémentine Bories, *op. cit.*

21 Isabelle Anatole-Gabriel, « Patrimoine culturel mondial et changement climatique : dommage collatéral ou levier pour les droits humains ? » dans cet ouvrage et Laurent Fonbaustier, *op. cit.*

critique. Cette forme d'instrumentalisation patrimoniale pourrait bien se révéler contreproductive, en ce qu'elle est davantage orientée vers le sauvetage du patrimoine que vers la reconnaissance des droits de ces communautés.

Ici encore, on constate les distances entre les bonnes intentions et la pratique. Aucun site menacé par ces risques n'est aujourd'hui inscrit sur la Liste du patrimoine en péril, en raison notamment des résistances des États. Se pose aussi la question de l'adéquation des critères qui président à la protection du patrimoine, à sa conservation et à sa restauration au regard des modifications et altérations susceptibles d'endommager le patrimoine. Comment revisiter les valeurs d'exceptionnalité, de rareté, d'authenticité ? Le défi n'est pas des moindres, notamment si l'on mobilise, dans la recherche de réponses pertinentes, d'autres sources que le droit du patrimoine culturel, en particulier le droit de l'environnement. Plus fondamentalement, on voit à quel point « le climat efface les frontières spatio-temporelles et thématiques et invite à reconsidérer les fonctions mêmes du droit en général et d'un droit de la "protection du patrimoine" en particulier »[22].

Sur le terrain des conflits armés, leur impact sur le patrimoine culturel en termes de destruction, de déplacements de biens, de pillages a eu pour effet la prolifération de textes à différents niveaux, notamment à partir des années 2000. C'est que de nouvelles formes d'atteintes se revendiquent sur la scène internationale et là encore s'impose la nécessité de revenir sur l'outillage juridique, ce d'autant plus qu'elles ne sont plus seulement des dommages collatéraux. Pris en otage, le patrimoine devient une cible en ce qu'il est de l'ordre non pas seulement de l'avoir mais aussi de l'être collectif et c'est précisément ce que cherchent à atteindre certains groupes armés. Les attaques délibérées contre le patrimoine culturel, « représentent désormais une caractéristique omniprésente des conflits contemporains »[23]. Les juges de la Chambre de première instance VIII à l'audience tenue le 17 août 2017 au siège de la Cour pénale internationale à La Haye ont « souligné l'importance du patrimoine culturel et [...] insisté sur le fait qu'en raison de leur but et de leur valeur symbolique, la plupart des biens qui constituent le patrimoine culturel sont uniques et revêtent

---

22 *Ibid.*

23 Vittorio Mainetti, *op. cit.*

une valeur sentimentale. Leur destruction porte donc un message de terreur et d'impuissance, annihile une partie de la mémoire partagée et de la conscience collective de l'humanité et empêche celle-ci de transmettre ses valeurs et ses connaissances aux générations futures. »[24]

La préservation de sites culturels en danger et la lutte contre les attaques émanant de groupes armés est l'un des domaines d'intervention jugés importants par la Directrice générale de l'UNESCO, Madame Audrey Azoulay, en particulier face aux destructions de grande ampleur. En témoigne la décision du Comité de l'UNESCO pour la protection des biens culturels en cas de conflit armé d'accorder une protection renforcée provisoire à 34 biens culturels du Liban et d'octroyer une assistance financière internationale pour soutenir la mise en œuvre de mesures d'urgence pour le patrimoine [25]. Dans ce contexte de désastres patrimoniaux avérés ou potentiels, il faut revenir sur l'efficacité de ce système multiniveaux. Où sont les failles et fragilités ? Les exemples de l'Ukraine[26] et du Brésil montrent tout l'intérêt d'une réflexion sur le besoin d'évolution des normes et pratiques. Où les difficultés viennent aussi de ce que les instruments du droit positif peinent à appréhender les politiques d'effacement des mémoires collectives et de réécriture d'une histoire hégémonique.

Enfin, sur la question de la mondialisation des échanges, les atteintes sont sans doute moins spectaculaires que dans les deux premiers types de périls. Elles n'en sont pas moins profondément perturbatrices, tant le marché impose ses lois. Par le biais d'outils de régulation, l'action de l'Union européenne – la chose n'était pas si évidente au regard de ses compétences et ainsi de sa capacité à légiférer sur ce terrain patrimonial – s'est amplifiée, en lien avec les politiques internationales. Deux règlements et un plan d'action ont été adoptés sur une période d'environ trois années dans un

[24] Site de la Cour pénale internationale, communiqué de presse, 17 août 2017.

[25] Ce que nous rappelions lors d'un colloque organisé au Musée du Quai Branly le 3 juin 2025 tenu à l'occasion de la présentation du dictionnaire du droit comparé du patrimoine culturel (dir. Marie Cornu, Manlio Frigo, Jérôme Fromageau, Cléa Hance, Vincent Négri, Marc-André Renold, CNRS éditions, 2025).

[26] Catherine Iffly, *op. cit.*

domaine qui était globalement étranger aux institutions européennes[27], ce qui témoigne d'une forte volonté d'investissement[28]. La nécessité d'un marché purgé de ses vices d'importation ou d'exportation illicite les a conduites à prendre une part de responsabilité dans la lutte et la prévention du trafic d'œuvres d'art en coordination avec les ressorts internationaux. Il y a un effet d'entraînement sans doute positif dans cette dynamique des sources.

Mais appréhender la protection du patrimoine par ce prisme du marché laisse de côté d'autres formes de périls. Et le marché, en soi, en est un et non des moindres lorsqu'il voit avant tout le patrimoine comme une ressource économique, dans certains cas lorsqu'il fait peu de cas du patrimoine dans la mise en œuvre des politiques de développement et d'aménagement. « L'État de Santa Catarina, situé dans le sud du Brésil, fournit à cet égard une illustration révélatrice de cette dynamique combinant mondialisation, tourisme de masse, spéculation immobilière et emprise incontrôlée sur la matrice environnementale. Il en est résulté une croissance asymétrique et inégale, aggravant la destruction à grande échelle du patrimoine culturel en général, et en particulier du patrimoine des groupes vulnérables, plus spécialement des peuples premiers et afro-brésiliens »[29].

L'espace mondialisé est aussi le lieu où s'échangent les données, où s'élaborent des outils numériques destinés à faciliter la circulation de l'information sur la trajectoire et la provenance des biens culturels. Ces infrastructures sont multiformes (mise en ligne de bases données, plateformes collaboratives, outils de modélisation, monstration, etc.) et multifonctions, mobilisant différents champs disciplinaires (histoire, histoire de l'art, droit, muséologie, etc.). Certaines de ces initiatives « dépassent dans leur portée les objectifs d'inventorisation, de visibilisation et de documentation des objets »[30], par exemple les projets « *Digital Benin* et *IIP* ». Elles pourraient avoir une visée plus politique dans « l'organisation

[27] Exception faite de la question de la protection des trésors nationaux pour laquelle il existe un règlement et une directive, en ce sens Jean-Christophe Barbato, « La lutte contre le trafic des biens culturels dans l'Union européenne », dans cet ouvrage, p. 269

[28] *Ibid.*

[29] Rossano Lopes Bastos, *op. cit.*

[30] Antoinette Maget Dominicé, « Perspectives inter- et transdisciplinaires sur la provenance des biens culturels et le numérique », dans cet ouvrage, p. 289.

et l'interprétation des informations sur les biens culturels », et « dans la remise en cause de certains monopoles »[31]. L'outil numérique favoriserait l'émergence d'un patrimoine partagé ? Mais l'idée se heurte à certaines réalités quant aux contrôles qui s'y exercent. Le partage de l'information, c'est aussi un des objectifs de la Convention des Nations Unies sur la diversité biologique (CDB). « Le mouvement séculaire de pillage, de destruction de la biodiversité et de création de monocultures, est l'une des causes pour lesquelles la biodiversité, traitée depuis des siècles comme susceptible d'appropriation individuelle, est devenue un objet juridique à protéger » et plus spécialement d'en préserver le contenu informationnel, ce que l'on désigne comme « la ressource génétique de la biodiversité ». En réalité, ce sont deux types d'informations qui doivent être prises en compte : l'information génétique et le savoir des peuples autochtones et des communautés locales « qui ont construit une profonde connaissance de la nature, de ses usages, y compris médicinaux, pour leurs vies et leur bien-être » [32] , d'où l'importance de penser une « bioéconomie des communs pour assurer le partage juste et équitable des bénéfices tirés de la biodiversité et des savoirs traditionnels »[33], de réduire les déséquilibres entre fournisseurs et utilisateurs. Les mises en place sont complexes tant les intérêts marchands sont puissants.

Ce très rapide tour d'horizon ne rend que très imparfaitement compte de la variété, de la richesse, de la subtilité, de l'inventivité des contributions. Ce qui est sûr, c'est qu'il montre à quel point cette somme de réflexions sur le patrimoine en péril est tout à fait indispensable dans ces temps de crise.

---

[31] *Ibid.*

[32] Cristiane Derani, « Le commerce mondial du patrimoine générique de la biodiversité et des savoirs traditionnels autochtones, vers une nouvelle bioéconomie », dans cet ouvrage, p. 303.

[33] *Ibid.*

Introduction à deux voix

Charlotte Beaucillon

Professeure de Droit public à l'Université Paris Est Créteil
Membre du MIL (UR 7382) et chercheuse associée à l'IREDIES (UR 4536)

Géraldine Goffaux Callebaut

Professeure de Droit privé à l'Université d'Orléans
Membre du CRJ Pothier (UR 1212) et chercheuse associée à l'IDEP (UR 402)

Actualité des périls culturels – Depuis plusieurs années, l'actualité ne cesse de rappeler la fragilité extrême du patrimoine culturel face aux périls contemporains. Les étés caniculaires, aux températures toujours plus élevées, menacent des sites archéologiques et historiques, révélant l'impréparation des dispositifs de protection face au dérèglement climatique. La guerre en Ukraine illustre la vulnérabilité des biens culturels en zone de conflit, avec des destructions ciblées et des pillages organisés. Enfin, le scandale du Louvre, mettant en lumière des réseaux de trafic international d'œuvres d'art, rappelle que ces périls ne sont pas uniquement physiques ou naturels, mais aussi liés à des logiques économiques, réticulaires ou institutionnelles.

Ces faits, parmi d'autres, confirment que la protection du patrimoine culturel constitue un enjeu non seulement patrimonial mais aussi politique, diplomatique et économique. Ils invitent à s'interroger sur l'efficacité des normes existantes : malgré une abondance de textes au niveau international et interne, leur articulation demeure délicate et leur effectivité inégale. C'est bien cette complexité normative, entre rapports de systèmes, fragmentation normative et mise en œuvre parfois peu effective, qui rend d'autant plus pressante la nécessité d'une réflexion juridique renouvelée.

Convergences – Ce projet prend sa source dans une rencontre, amicale et scientifique, entre deux juristes ayant des approches et des parcours différents. L'une est spécialiste de droit public international, l'autre est spécialiste de droit privé interne. L'une adopte une approche généraliste, l'autre une approche plus spécialisée en droit du patrimoine culturel. C'est précisément sur cet objet que la rencontre s'est faite, à partir du constat de la nécessité d'une pensée multidisciplinaire. La combinaison n'est pas toujours simple : définitions, méthodes et modes de pensée diffèrent parfois. Mais le sentiment qu'une approche à la fois globale et plurielle du sujet constituait la seule voie possible s'est imposé pour traiter, en l'état du champ matériel de l'étude, le patrimoine culturel en péril.

Dialogue scientifique élargi – Il est apparu nécessaire d'ouvrir les discussions à d'autres voix, d'intégrer d'autres disciplines. C'est donc dans le cadre de deux colloques que ces réflexions ont d'abord eu lieu. Le premier colloque (2021) s'est attaché à établir un état des lieux, matériel et conceptuel, du patrimoine culturel en péril. Dans un second temps (2022), il fallait identifier, ou tenter d'identifier, des solutions qui répondent aux périls matériels et conceptuels menaçant le patrimoine culturel. Ces deux colloques ont permis d'associer, au sein des tables rondes, des profils variés, à savoir : au moins un universitaire en poste à l'étranger, au moins un praticien, au moins un spécialiste et au moins un généraliste. Autour de trois périls globaux identifiés (le changement climatique, les conflits armés et la mondialisation des échanges), les discussions ont permis de croiser les points de vue, opérant à la fois comme polyphonie et comme « hyper comité scientifique ». Entre les deux colloques, les intervenants ont varié et une continuité a été assurée, notamment par la présence des présidents de table aux deux éditions. L'enjeu méthodologique étant de garantir nouveauté et cohérence dans notre cheminement scientifique. Le présent ouvrage est le fruit de cette dynamique collective. Il présente certaines réflexions esquissées dans le cadre des colloques de 2021 et 2022, auxquelles sont venues s'adjoindre de nouvelles voix.

Mise en débat – La démarche est de produire, par polyphonie, une réponse collective ample à la problématique transversale et protéiforme de la protection du patrimoine culturel en péril. D'abord, à de multiples égards, la problématique de la protection du patrimoine culturel est souvent ou généralement reléguée au rang d'hyperspécialité – voire de niche –, et ne reçoit que des réponses ponctuelles au gré des crises plus ou moins aiguës qui traversent l'agenda politique mondial. Ensuite, les instruments au service de ce patrimoine d'une part peuvent parfois paraître insuffisamment développés, notamment d'un point de vue normatif (du point de vue du spécialiste), d'autre part semblent excessivement fragmentés, non seulement du point de vue institutionnel, mais aussi du point de vue de leur relation aux autres régimes juridiques qui concourent à sa protection.

Ainsi, la question était la suivante : comment penser ensemble cette question centrale, et qui semble, étonnamment, demeurer un impensé collectif dans notre discipline ? Le souhait était de « désenclaver » le droit du patrimoine culturel pour le replacer dans un débat juridique plus général. Pour ce faire, les discussions relevaient d'un jeu d'équilibre entre technicité et grands principes, dont l'objectif était de faire émerger des questions communes et des perspectives nouvelles. Ce dialogue s'est terminé par une dernière table ronde visant à donner un espace de discussion plénier destiné à identifier ces objets et concepts communs, à partir desquels construire une approche réellement transdisciplinaire, en s'affranchissant de l'approche thématique retenue jusqu'alors pour faciliter le débat interdisciplinaire.

Dépasser le silo : approche thématique des périls mondiaux – Pour ce faire, nous avons sélectionné une série de questions complexes et topiques, souvent examinées séparément, réunies ici sous la forme de trois périls globaux pour le patrimoine culturel : les changements climatiques, les conflits armés et la mondialisation des échanges. Au-delà de la diversité, de nombreux enjeux unissent ces problématiques désormais globales : paix internationale et culture ; libre circulation, accès et conservation du patrimoine ; climat et droits de l'homme.

Pourtant, les diverses branches du droit appelées à régir ces problématiques aiguës ne sont que rarement mises en dialogue. La démarche thématique retenue a permis de faire dialoguer des spécialités juridiques parfois éloignées : droit international public, droit privé, droit du commerce international, droit de l'environnement, droit pénal, droit fiscal, entre autres. Loin de juxtaposer des expertises, cette approche a favorisé l'émergence d'une lecture transversale, attentive à la complexité des phénomènes mondiaux affectant le patrimoine culturel.

Fidèle à cette approche thématique, le présent ouvrage est construit en trois parties, consacrées respectivement au changement climatique, aux conflits armés et à la mondialisation des échanges.

Dimension théorique – Le premier constat est certainement celui de la forte dimension théorique des débats et contributions. Elle autorise à entrapercevoir, malgré la fragmentation extrême du champ dont témoigne le présent ouvrage, les bases de la pensée transversale d'un droit du patrimoine culturel compris dans ses dimensions interne et internationale, publique et privée. Ces éléments transversaux portent sur les sujets du droit du patrimoine culturel, sa dimension temporelle, et ses objectifs et modalités de mise en œuvre.

D'abord, la complexité des situations rencontrées oblige à interroger les catégories juridiques de référence et leur articulation. Les communautés d'intérêts impliquées sont plurielles : États, peuples autochtones, groupes culturels minoritaires, entreprises multinationales, collectionneurs privés, autorités locales, humanité. Qui est titulaire du droit de protéger, de gérer ou de transmettre ce patrimoine ? Comment mettre en balance ces intérêts ? Ces interrogations s'inscrivent dans des débats fondamentaux du droit international et interne relatifs à la reconnaissance juridique de certains peuples ou entités naturelles, au droit à l'autodétermination, ou encore à l'inopposabilité rétroactive de la loi pénale en matière patrimoniale.

Ensuite, le facteur temporel est apparu central. Comment concilier l'urgence de la préservation face aux périls immédiats (climat, conflits), avec le temps long de la patrimonialisation, des procédures judiciaires et de la mémoire collective ? Les travaux de Marie Cornu rappellent par exemple que le patrimoine est inscrit dans une historicité, tandis que les procédures pénales, notamment en matière de crimes culturels, se heurtent au temps long des enquêtes et à la lenteur des instances judiciaires. De plus, la dimension temporelle des enjeux soulevés s'exprime d'une façon toute particulière au travers de la préservation des intérêts des générations, notamment futures. Si la dimension transgénérationnelle de préservation du patrimoine culturel face aux défis climatiques apparaît clairement, elle est également portée, pour les trois périls identifiés, par la fonction historique et narrative du patrimoine culturel à préserver. Elle est centrale pour la construction de l'histoire et du narratif du patrimoine culturel, notamment en temps de guerre, comme l'illustre le cas de l'invasion de l'Ukraine par la Russie, qui se heurte au temps long de l'enquête pénale internationale ou nationale qui s'en suit. Plus largement, émerge une interrogation récurrente relative à l'intégration des études post-coloniales ou dé-coloniales et à l'importance de l'historicité du droit.

Enfin, se pose la question des modalités et limites de la protection du patrimoine culturel face aux périls du changement climatique, des conflits armés et de la mondialisation. La force normative des instruments juridiques destinés à protéger le patrimoine culturel s'avère relative : les outils internationaux et nationaux abondent, mais leur efficacité pour garantir une protection effective reste limitée face notamment aux causalités complexes des périls globaux. L'analyse de Catherine Thibierge sur la garantie normative souligne ces fragilités. Plus généralement, nous sommes invités à repenser l'ordre des fins et des moyens, face aux difficultés posées par les causalités complexes propres aux périls globaux étudiés.

Par ailleurs, le cadre conceptuel de la mise en œuvre de ces instruments pourrait être amené à évoluer pour prendre en considération les périls identifiés. Faut-il par exemple accepter une part de perte, face à des périls globaux incontrôlables ? Comment prendre en compte la diversité des intérêts en cause, sans sacrifier la cohérence juridique des instruments ? Comment adapter nos modèles de pensée juridique, pour intégrer plus largement la pluralité des acteurs et des temporalités ?

Gouvernance et pratique – Le second constat tient aux implications pratiques considérables du sujet, car les éléments théoriques transversaux qui viennent d'être exposés soulèvent à leur tour des questions spécifiques à chaque péril et aux pratiques juridiques qui s'y relient. Pour le climat, ils invitent à dépasser une approche purement économique (par exemple, le coût de la neutralité carbone) pour intégrer des critères patrimoniaux et culturels aux arbitrages qui seront nécessaires. Pour les conflits armés, il importe de travailler au renforcement de la place du patrimoine dans le droit pénal international et dans les stratégies de prévention des crimes culturels. Comment assurer la protection du patrimoine dans des situations où les fouilles illicites, la spoliation et la destruction sont autant d'armes de guerre ? Et comment concilier les exigences de protection et les impératifs de l'enquête judiciaire, dont le rythme est lent et dont la confidentialité peut entrer en conflit avec la transparence des actions de protection ? Pour la mondialisation, les enjeux identifiés (la place du patrimoine dans les logiques économiques globalisées, les stratégies de fiscalisation ou d'optimisation qui peuvent détourner ou instrumentaliser la valeur patrimoniale, la difficile articulation entre droit public protecteur et logiques de valorisation économique privée) invitent à reconsidérer le patrimoine non plus seulement comme une ressource économique, mais aussi comme un bien commun nécessitant une gouvernance renouvelée.

Ces pistes, ouvertes par les riches et diverses contributions du présent ouvrage, esquissent les fondations d'une approche juridique transversale aux fins de protection du patrimoine culturel en péril.

I

Le changement climatique

Droit interne de l'environnement et protection du patrimoine culturel

Laurent Fonbaustier

Professeur à l'Université Paris-Saclay
Membre de l'Institut d'Études de Droit public (IEDP, UR 2715)

Les innombrables publications relatives aux effets du changement climatique, en sciences « dures » comme humaines et sociales, finiraient par lasser si elles n'étaient accompagnées de réflexions constructives (sans doute est-ce bien le mot…) concernant les solutions à mettre en place pour tenter d'y faire face. Appréhender le champ des préconisations dans le cadre du couplage patrimoine culturel et questions climatiques « mérite une attention renforcée »[34] et pose différents problèmes, à l'heure où s'allonge de façon préoccupante la liste des biens menacés[35]. Le premier, qui n'est pas mince, a quelque chose à voir avec les relations intimes et complexes que peuvent nouer nature et culture. Elles apparaissent nettement quand on songe au fait que les solutions au changement climatique ne s'énoncent pas forcément dans les mêmes termes selon qu'on s'intéresse au patrimoine culturel matériel ou immatériel, bien que certaines jonctions puissent être imaginées et que l'analyse des effets du climat sur le patrimoine, peu dissociante, mêle souvent profondément le matériel et l'immatériel. La seconde difficulté entretient une relation avec les particularités du dérèglement climatique au sein même de ce qu'on appelle encore, et sans doute improprement, aujourd'hui la « crise écologique ». Notamment parce que la typologie des répliques ou réponses aux changements en cours (les échelles d'intervention, si l'on préfère) invite à distinguer et articuler l'atténuation, l'adaptation et la lutte à des niveaux d'action différents et complémentaires.

---

34 Koïchiro Matsuura, « Avant-propos », dans Augustin Colette et autres, *Étude de cas. Changement climatique et patrimoine mondial*, UNESCO, 2009, p. 4.

35 Sur les 55 biens actuellement listés comme « menacés » (en date du 19 mars 2023), tous ne le sont pas pour des raisons climatiques et tous n'appartiennent pas au patrimoine culturel : la consultation de la liste est néanmoins riche d'enseignement (https://whc.unesco.org/fr/peril/).

Un sentiment de malaise pourrait d'ailleurs s'emparer de ceux qui, sur un tel sujet, seraient bientôt convaincus de devoir malgré eux continuer à parler la langue des symptômes. Réagir aux effets du climat sur le patrimoine culturel oblige en effet à reconnaître que le combat lui-même n'est pas dépourvu d'ambiguïté : car si la lutte contre les effets (à travers, par exemple, celle contre les îlots de chaleur à proximité d'un édifice classé) peut être à certains égards localement conduite, le combat contre les causes, lui, embarque les politiques publiques dans un « espace-temps » qui dépasse presque nécessairement le champ de l'agir local. Irait-on alors affirmer que les seules solutions efficaces et maîtrisables ne pourraient consister qu'en une décevante atténuation ou adaptation concernant les effets sur ledit patrimoine ? En ce qui concerne la dimension immatérielle de ce dernier, au demeurant, une analyse même grossière ou rapide révèle à quel point certaines pratiques culturelles protégées par la Convention de 1972 supposent un support, un substrat physique (disons : un environnement) qui est ou sera lui-même affecté par les évolutions du climat.

Il est vrai – le constat est désormais richement documenté[36] – que les conséquences du dérèglement climatique[37] sur les patrimoines naturel et culturel, souvent intimement lié(e)s, sont en effet spectaculaires et croissantes aux différents points du globe. Pour n'évoquer ici que les éléments les plus visibles, on sait que les villes et les monuments du patrimoine culturel bâti sont aux prises avec plusieurs menaces majeures, liées aux problèmes climatiques : des impacts physiques directs sur les structures sont déjà visibles et s'amplifieront ; et, un malheur arrivant rarement seul, certaines structures sociales, habitations et possibles migrations pourraient éloigner les populations qui maintiennent pour l'instant ces sites [38], démontrant les profondes interactions entre

---

[36] Il en fut rendu compte lors du premier colloque de la série en cours, *Le patrimoine culturel en péril. Un état des lieux*, sous la direction de Charlotte Beaucillon et Géraldine Goffaux Callebaut, le 10 décembre 2021 (au Musée des arts décoratifs).

[37] Nous privilégions ici cette formule (en lieu et place de celle de « réchauffement climatique ») pour mieux indiquer que l'ensemble des phénomènes météorologiques inhérents aux modifications du climat constitue une menace pour ce patrimoine : canicules, sècheresses, inondations, élévation du niveau des mers, régime des vents, typhons, tornades, ouragans, tempêtes, etc.

[38] Augustin Colette et autres, *Étude de cas. Changement climatique et patrimoine mondial*, *op. cit.*, pp. 64-65.

patrimoine matériel et immatériel. Nul n'ignore la situation de plusieurs monuments classés de la ville de Londres et les risques que font peser sur eux, via la Tamise, les inondations venant de la mer[39]. Le cas de Venise est lui-même bien connu, avec ses possibles inondations quotidiennes avant la fin du XXIe siècle, en lien avec les hautes eaux de plus en plus fréquentes[40]. Le phénomène de submersion aura aussi certainement raison des merveilleuses peintures rupestres de la grotte Cosquer, au cap Morgiou, dans les calanques de Marseille[41]. Non seulement le patrimoine culturel n'est pas resté intact, mais le Groupe intergouvernemental sur l'évolution du climat (GIEC), qui, depuis son cinquième rapport mentionne le patrimoine bâti[42], a noté que si nous n'agissons pas dans l'immédiat, « les dégâts causés à l'ensemble des Monuments les plus importants du monde peuvent devenir irréparables » [43] . Quant au patrimoine culturel immatériel, les effets sur lui des bouleversements climatiques pourraient sembler plus diffus, mais ils sont en réalité immenses, tant, additionnés à d'autres transformations, ils impactent la culture, les représentations, les pratiques humaines et, ainsi, nombre de savoir-faire et de traditions[44], allant parfois jusqu'à rendre très délicate « la sauvegarde de l'esprit du lieu »[45].

Où et avec quelle intensité peut se situer l'action du droit et quelle part peut-il bien prendre à l'immense effort de remédiation qu'il nous faut

---

[39] Éric Albert, « Londres menacée par les eaux », *Le temps*, 28 févr. 2008, https://www.letemps.ch/societe/londres-menacee-eaux (en ligne).

[40] Anaïs Martinon, « Venise face au changement climatique : un site en danger menacé de disparition ? », 16 févr. 2021, Académie de Clermont-Ferrand, https://mediascol.ac-clermont.fr/lycee-simone-weil-le-puy-en-velay/2021/02/16/venise-face-au- changement-climatique-un-site-en-danger-menace-de-disparition/ (en ligne).

[41] V. https://www.grotte-cosquer.com/lhistoire-de-la-grotte/ (en ligne).

[42] GIEC, 2014, *Rapport de synthèse. Contribution des Groupes de travail I, II et III au cinquième Rapport d'évaluation du Groupe d'experts intergouvernemental sur l'évolution du climat*, GIEC, Genève ; 5e Rapport du GIEC, 2014, Synthèse, pp. 138 et 141. https://www.ipcc.ch/site/assets/uploads/2018/02/SYR_AR5_FINAL_full_fr.pdf (en ligne).

[43] Allocution de Prokopios Pavlopoulos, Conférence internationale « L'impact du changement climatique sur le patrimoine culturel. Relever le défi », Athènes, juin 2019, https://ccich.gr/fr/home/ (en ligne).

[44] Voir en ce sens https://fr.unesco.org/sites/default/files/03_culture_et_changement_climatique.pdf (en ligne).

[45] Laurier Turgeon, « Introduction. Du matériel à l'immatériel. Nouveaux défis, nouveaux enjeux », *Ethnologie française*, 2010/3, vol. n° 40, « Le patrimoine immatériel de l'Amérique française », pp. 389-399.

désormais accomplir ? À certains égards, on pourrait penser que, devant la très grande difficulté à œuvrer juridiquement sur les causes et conséquences du dérèglement climatique, le sentiment d'impuissance qui en découle pousse à un changement de paradigme, qui aurait pour effet la recherche de solutions du côté du patrimoine lui-même. Pour le formuler autrement : l'impossibilité d'une lutte contre le changement climatique conduit à modifier… l'approche même du patrimoine culturel et de son utilité. Les diagnostics d'ensemble et les analyses sectorielles et locales semblent en effet désormais intégrés, et c'est finalement au moment de convoquer l'arsenal juridique qu'on se sent plus fragile. Après avoir présenté quelques problèmes soulevés par une stratégie de lutte (**I**), nous suggérerons qu'une partie des solutions résidera dans l'adaptation et la contribution des biens protégés (**II**).

I. Patrimoine culturel et climat : quelques problèmes soulevés par une stratégie de lutte

L'articulation doit être fine entre ce qu'on peut appeler les *échelles pertinentes des solutions* à apporter au problème et la nature du combat à mener. La lutte contre le réchauffement ou ses effets se distingue en effet clairement d'actions d'atténuation et d'adaptation. Le combat localement perdu contre le réchauffement lui-même (**A**) n'interdit pas d'envisager une action sur des conséquences que l'on souhaiterait atténuer (**B**).

A. L'irréductible désajustement spatio-temporel : omniprésence du problème climatique *versus* localisation du patrimoine

Le lieu où se croisent le climat et le patrimoine est divers : tantôt physique (un monument précis), il enveloppe alors le bâti de ses conséquences destructrices (ici la fournaise d'une canicule, là une inondation ravageuse…) ; tantôt plus vague et diffus, aux jonctions indirectes (attaquant une ressource naturelle à l'origine d'un savoir ou ayant des effets sur un environnement, lui-même théâtre d'une pratique traditionnelle). Cependant, pour envisager une action de protection qui en première intention s'attaquerait aux causes du dérèglement elles-mêmes, on doit garder à l'esprit la grande particularité de l'espace-temps de toute lutte en matière de climat. L'espace, tout d'abord : un combat planétaire ne saurait avoir lieu à l'échelle même où se situe l'objet du patrimoine qu'on ambitionne de protéger. Une politique locale (décentralisée ou déconcentrée importe peu ici) peut éventuellement avoir du sens concernant la qualité de l'air. On recueillerait en effet bientôt les conséquences positives d'un volontarisme politique et juridique localisé sur la protection d'un bâtiment en prenant des mesures réduisant les émissions de dioxyde de soufre ou d'azote. Elles sont en effet des substances très nocives pour le bâti[46] et des mesures locales de réduction d'émission finiraient par limiter certaines formes d'altération de monuments classés. D'une façon générale, en effet, les phénomènes de pollution atmosphérique à courte distance peuvent faire l'objet d'une action partiellement efficace au niveau local. La question de la haute atmosphère et celle du réchauffement nous embarquent quant à elles sur des causalités bien plus élastiques et indirectes. L'État français pourrait ainsi respecter ses engagements dans le cadre de l'Accord de Paris[47], pour autant, en n'étant à l'origine que de 0,8 à 1,3 % des émissions mondiales, selon le mode de calcul et le rapatriement ou non des émissions indirectes, la contribution alors positive de la France à la résolution du problème global ne permettrait pas d'espérer quoi que ce soit sous l'angle de protections localisées. Sans la convergence internationale des luttes (qu'on ne peut forcer et qui reste pour l'heure très incertaine[48]), il apparaît que l'espace des solutions n'est pas logé au même endroit que celui des effets du problème. En cela, la France pourrait bien être un « excellent élève climatique »[49], il fera toujours 45° à l'ombre à Bordeaux vers 2050 (sans

---

[46] À propos du dioxyde de soufre : « Très irritant pour l'appareil respiratoire, ses propriétés chimiques causent la dégradation de monuments en pierre et favorisent l'appauvrissement des sols » (https://interqualair.ligair.fr/dioxyde_de_soufre, en ligne).

[47] À la faveur, le cas échéant, d'une légère confusion entre inventaire et empreinte…

[48] Entre 1990 (année de référence pour les réductions) et 2018, les émissions mondiales ont augmenté de… 67 % (Ministère de la transition écologique et solidaire, *Les chiffres clés du climat. France, Europe, Monde*, 2021, https://www.statistiques.developpement- durable. gouv.fr/sites/default/files/2020-12/datalab_81_chiffres_cles_du_climat_edition_2021.pdf, en ligne). Alors qu'il faudrait désormais réduire nos émissions mondiales de 57 % par rapport à 1990, on enregistre une augmentation des émissions de 1,3 % à la même échelle sur les dix dernières années. Pour information, en 2022, les investissements mondiaux dans les énergies fossiles, s'élevant à 1 100 milliards, furent les plus importants jamais enregistrés.

[49] Selon le Haut Conseil pour le climat, la réduction des émissions françaises fut de 1,7 % par an sur la décennie 2010-2019 (Rapport annuel 2022, version grand public, p. 6,

compter ici la montée des eaux…) si rien ne bouge par ailleurs, avec les implications qu'on peut imaginer sur la Cathédrale Saint-André ou sur la Basilique Saint-Michel. Et d'ailleurs, même si tous les pays respectaient leurs engagements, le troisième volume du sixième rapport du GIEC (4 avril 2022) estime que le réchauffement global serait probablement supérieur à 1,5°[50]. L'analyse des actions pertinentes impose ainsi une grande prudence et renvoie, assez brutalement d'ailleurs, à ce qu'a de redoutablement complexe une politique active de protection d'un patrimoine climatiquement menacé.

La complexité ne faiblit d'ailleurs pas lorsqu'on déplace la question de l'espace en direction du temps des luttes. Une autre particularité du climat, en effet, est liée au temps de latence des réponses. À l'impuissance d'une réponse locale aux causes s'ajoute la patience dont il faudrait savoir faire preuve, y compris dans l'hypothèse d'une improbable convergence planétaire des actions de réduction des émissions. Celles-ci ne produiraient en effet leurs fruits, compte tenu de l'inertie de la présence des gaz à effet de serre dans l'atmosphère, que d'ici environ 20 à 25 ans[51]. C'est une autre façon de dire que nous vivons, à l'heure de ce colloque, encore sous les effets d'émissions datant du fameux discours de Jacques Chirac à Johannesburg… le 2 septembre 2002[52]. Or, depuis ce vibrant plaidoyer, la tendance mondiale ne peut que rendre pessimiste[53]. La question du temps n'est pas anodine, car, lorsqu'on s'intéresse aux solutions pour protéger le patrimoine culturel, il importe d'avoir conscience du fait que le souci du

---

https://www.hautconseilclimat.fr/wp-content/uploads/2022/09/HCC_Rapport_GP_VF.pdf, en ligne).

50 Voir les données fournies par le ministère de la Transition écologique et de la Cohésion des territoires, 17 mai 2022, https://www.ecologie.gouv.fr/emissions-mondiales-carbone-ont-fortement-augmente-au-cours-derniere-decennie-des-solutions-existent (en ligne).

51 Voir Notre Planète Info, 17 nov. 2020, https://www.notre-planete.info/actualites/4753-rechauffement-climatique-inevitable (en ligne).

52 Pour une version intégrale du discours tel qu'il fut prononcé, voir https://www.goodplanet.info/vdj/le-discours-de-jacques-chirac-sur-lenvironnement-en-septembre-2002-et-il-reste-dactualite/ (en ligne) ; voir également Laurent Fonbaustier, « Au feu, les pompiers ou la société du spectacle écologique », *AOC Média*, 2 sept. 2022.

53 Voir ici les données fournies par le ministère de la Transition écologique et de la Cohésion des territoires, https://www.ecologie.gouv.fr/emissions-mondiales-carbone-ont-fortement-augmente-au-cours-derniere-decennie-des-solutions-existent (en ligne).

temps long ne caractérise généralement pas les politiques publiques, en raison notamment du mode de fonctionnement des démocraties représentatives, tant du côté des élus[54] que de celui des citoyens[55]. Nous sommes donc à certains égards « coincés » par certaines perspectives peu réjouissantes. Inscrire une action dans la longue durée n'est guère goûté des acteurs publics, qui pourraient être amenés à véhiculer des logiques sacrificielles globalement inaudibles, y compris en démocratie (les premiers bénéfices d'une politique convergente ne pouvant être attendus, dans le meilleur des cas, qu'au profit… de la génération suivante).

B. La nécessité de porter l'effort ailleurs : atténuation des effets du dérèglement sur le patrimoine culturel

Cette étonnante particularité du climat, ici appréhendé sous l'angle de l'action publique dans un cadre de lutte, suggère d'envisager la protection du patrimoine face au dérèglement d'une autre manière. Non, certes, qu'il faille renoncer à lutter contre les causes (faute de quoi les conséquences accrues d'un réchauffement immaîtrisé seraient à leur tour et diversement dévastatrices, y compris pour le patrimoine). Simplement, les efforts à déployer du côté de l'action publique doivent avant tout se concentrer sur une atténuation et une adaptation. Il n'est d'ailleurs pas certain (mais ce point mériterait d'amples développements) que ces actions, si elles supposent bien la mise en place d'un cadre juridique, passent prioritairement par le droit. Les interventions supposent avant tout la mobilisation de savoirs et de techniques dont, certes, le droit peut anticiper, encadrer ou accompagner le déploiement (et là se logerait certainement l'une de ses grandes vertus). Comprenons bien ici, cependant, les enjeux auxquels devront faire face très concrètement les pouvoirs publics, évidemment différents selon que sera concerné un élément du patrimoine matériel ou immatériel. S'ils ne sont pas exclusivement liés au changement climatique, les cadres d'action de Hyogo

---

54 Pierre Rosanvallon, « Le souci du long terme », *in* Dominique Bourg, Alain Papaux (dir.), *Vers une société sobre et désirable*, PUF, 2010, pp. 151-162.

55 Dominique Bourg, Kerry Whiteside, *Vers une démocratie écologique. Le citoyen, le savant et le politique*, Paris, Éditions du Seuil, coll. « La République des idées », 2010, pp. 9-19.

(2005-2015)[56] puis de Sendai (2015-2030)[57] intègrent un objectif de réduction des risques liés aux catastrophes qui démontre à ce sujet une préoccupation croissante (et rassurante) des instances internationales comme l'ONU ou le Conseil de l'Europe.

L'atténuation des effets du changement climatique, pour le patrimoine culturel matériel, pourra par exemple passer par un effort pour lutter contre les îlots de chaleur en milieu urbain, notamment dans les secteurs où l'on trouve des monuments classés. Le phénomène de « souffrance de la ville »[58], bien connu des météorologues et des urbanistes[59], reste peu familier du droit positif, même si les plans climat commencent à s'y intéresser et si l'Autorité environnementale a recommandé la prise en compte de ces îlots dans les études d'impact[60]. Susceptibles d'entraîner un effet de « surchauffe » pouvant s'élever à 10°, on n'a visiblement pas encore pris la mesure de leurs implications sur le bâti, en particulier sur le patrimoine culturel matériel[61]. On voit cependant dans la jurisprudence administrative un frémissement de prise en compte de ce problème[62], d'ailleurs en marge, pour l'heure, d'une protection patrimoniale. Il conviendra de suivre de près les prolongements de premières

---

56 Il s'agit du cadre d'action pour des nations et des collectivités résilientes face aux catastrophes adopté le 22 janvier 2005 à l'issue de la Conférence mondiale sur la prévention des catastrophes.

57 Il s'agit du cadre d'action pour la réduction des risques de catastrophes adoptée le 18 mars 2015 à l'issue de la troisième Conférence mondiale des Nations Unies sur la prévention des catastrophes.

58 Éric Daniel-Lacombe, « Leçons d'architecture tirées des canicules de l'été 2022 », *Chroniques d'architecture*, 4 oct. 2022, https://chroniques-architecture.com/chroniques/chroniqueurs/chronique-de-la-catastrophe-annoncee/ (en ligne).

59 V. également l'étude de l'Ademe, conduite à partir de certains projets d'aménagement, *Végétaliser : agir pour le rafraîchissement urbain*, 2020, https://librairie.ademe.fr/changement-climatique-et-energie/20-vegetaliser-agir-pour-le-rafraichissement-urbain-9791029715655.html (en ligne).

60 Rapport de l'Autorité environnementale 2021, https://www.igedd.developpement-durable.gouv.fr/IMG/pdf/ra2021-ae-v6_cle7d4d87-2.pdf (en ligne).

61 Martin Koppe, « Comprendre les îlots de chaleur urbains », *Journal du CNRS*, 13 sept. 2021, https://lejournal.cnrs.fr/articles/comprendre-les-ilots-de-chaleur-urbains (en ligne).

62 Arnaud Gossement, « Îlot de chaleur urbain : une notion absente du droit positif mais déjà émergente dans la jurisprudence administrative », https://blog.gossement-avocats.com/blog/environnement/ilot-de-chaleur-urbaine-une-notion-encore (en ligne).

jurisprudences qui émanent surtout de tribunaux administratifs[63]. On pourrait à cet égard s'intéresser à la façon dont le droit commence à intégrer l'ensemble des phénomènes météorologiques extrêmes[64] pour s'en emparer autrement dans l'objectif de protéger le patrimoine culturel matériel.

La protection des monuments classés contre les effets liés aux inondations constitue à cet égard une autre thématique importante. Elle s'illustre par exemple à travers la directive européenne du 23 octobre 2007[65] sur l'évaluation et la gestion des risques d'inondation. Ses considérants 3 et 14 sont en effet explicites : « Il est possible et souhaitable de réduire les risques des conséquences négatives associées aux inondations, en particulier sur la santé et la vie humaine, l'environnement, *le patrimoine culturel*, l'activité économique et les infrastructures » (considérant 3, nous soulignons). Plus techniquement, la directive suggère que les plans de gestion des risques d'inondation mettent l'accent sur la prévention[66], la protection et la préparation, de manière à prévenir et à réduire les conséquences négatives sur les éléments susmentionnés (considérant 14)[67]. Un récent rapport de l'Union européenne a émis certaines recommandations, pas nécessairement juridiques, visant à renforcer la résilience du patrimoine culturel face au changement climatique[68], en lien avec le Pacte vert de 2019[69]. On y voit s'y dessiner la part importante reconnue à la recherche, l'éducation, la formation, la

---

[63] Voir ainsi, par exemple : TA Versailles, 28 juil. 2021, n° 2002093 ; TA Montreuil, 2 déc. 1921, n° 2009343.

[64] En prenant le soin, dans le cadre de notre sujet, de ne pas confondre certains événements pour l'heure jugés naturels (comme les séismes, dont on connaît le triste impact sur le bâti : en ce sens, voir l'effet du séisme du 6 février 2023 sur le château de Gaziantep en Turquie et sur la citadelle d'Alep, en Syrie) avec des phénomènes climatiques d'origine plus ou moins directement anthropique.

[65] Directive 2007/60/CE du Parlement européen et du Conseil.

[66] Dont Bernard Drobenko souligne l'importance : « Directive inondation : la prévention impérative », *RJE*, 2010/1, volume 24, pp. 25-35.

[67] Sur cette directive, voir Ch. Moulin et autres, « Réduire la vulnérabilité des territoires aux inondations : évaluer pour agir », *Sciences, eaux & territoires*, 2017/2, n° 23, pp. 12-17.

[68] Le résumé du rapport et les dix recommandations sont disponibles ici : https://op.europa.eu/fr/publication-detail/-/publication/7440f00b-2746-11ed-8fa0-01aa75ed71a1/language-en (en ligne).

[69] Le fameux *Green deal*, Communication de la Commission, initiée par Ursula von der Leyen le 11 décembre 2019, envisage une réorientation écologique en profondeur des politiques européennes, en lien avec les questions climatiques.

sensibilisation, ainsi qu'à l'information. Ces éléments sont d'autant plus importants qu'on pourrait sans doute repérer une certaine différence de traitement de la vulnérabilité des deux « faces » du patrimoine culturel. Comme si les monuments et les traditions ne relevaient pas du même champ de perception. Il a en effet déjà été souligné, à propos du GIEC, le peu d'attention accordé aux menaces que fait planer le changement climatique sur le patrimoine immatériel[70]. Les illustrations en cours ou pendantes seraient légion. Qu'on songe ainsi à toutes ces coutumes, traditions et fêtes indigènes, liées à des événements naturels saisonniers. Le peuple Siletz, par exemple, qui voit dans les termites volants (les fourmis anguille) le signal du début de la pêche des lamproies du Pacifique, qu'il accompagne de la danse traditionnelle de l'anguille, sera très bientôt affecté dans sa culture par les bouleversements de la saisonnalité ; les Iñupiat d'Alaska, quant à eux, voient leur chasse à la baleine, partie intégrante de leur identité depuis des millénaires, d'ores et déjà menacée. Et que dire des effets du changement climatique, dans le cercle arctique, sur l'élevage des rennes, activité au cœur des coutumes culturelles des Samis et, pour eux, source essentielle de revenus ? Pour ces exemples et de manière bien plus large, les aspects climatiques ne représentent souvent qu'une partie des facteurs qui les affectent, mais l'on sent bien à quel point l'adoption de plans de protection de ce patrimoine immatériel en particulier importera. D'autant plus, d'ailleurs, qu'on ne saurait affirmer que celles et ceux qui l'incarnent ont beaucoup contribué au problème qui nous affecte tous (mais qui les menace, eux, particulièrement, aujourd'hui). Pourrait-on alors rechercher dans l'adaptation des conventions juridiques présidant aux classements et dans les biens immatériels classés eux-mêmes matière à un peu d'optimisme… ?

---

[70] Voir notamment Jean Quérelle, « Cop27 : patrimoine immatériel non protégé du changement climatique », *European Heritage Tribune. Aperçus sur le secteur européen du patrimoine*, https://heritagetribune.eu/fr/world/cop27-intangible-heritage-unprotected-from-climate-change/ (en ligne).

II. Patrimoine culturel et climat : entre adaptation du droit et contribution des biens protégés

Le droit est, paraît-il, la plus puissante école de l'imagination[71] : une telle affirmation autoriserait-elle à penser que la résilience viendra finalement de l'adaptation du classement lui-même (**A**), et que le patrimoine immatériel, en particulier, pourrait être un élément de réponse parmi bien d'autres au changement climatique (**B**) ?

A. La résilience en trompe-l'œil : l'adaptation du droit du patrimoine culturel au changement climatique

Si vous ne pouvez modifier les règles de la science physique, changez celles du système juridique ! Ces dernières seraient-elles plus aisées à transformer ? Il apparaît, assez sérieusement, que l'une des voies de l'adaptation du patrimoine culturel au changement climatique peut être celle d'une évolution des critères présidant au classement ou à son maintien. Le sujet est d'importance, pour les deux volets du patrimoine d'ailleurs. La question pourrait être posée ainsi : le droit (on pense en particulier aux critères de classement) peut-il s'adapter aux transformations du patrimoine culturel induites par les modifications du climat ? On se souvient du fait que certaines conditions du classement renvoient à une dynamique comme les échanges d'influences, les idées et croyances, certains processus évolutifs ou écologiques[72]. On substituerait ici à l'action sur le climat une refonte partielle du cadre juridique de la protection. En ce qui concerne le patrimoine culturel matériel, la question de la restauration ou de la reconstruction de monuments affectés ou détruits par des phénomènes climatiques extrêmes (inondations, incendies, sécheresses, canicules…) pourrait devenir centrale, à commencer par l'identification des matériaux adaptés susceptibles d'être utilisés à l'occasion des travaux[73]. L'emploi de matériaux résilients ou

---

[71] Jean Giraudoux, *La guerre de Troie n'aura pas lieu*, 1938 (Hector à Busiris).

[72] Ministère de la transition écologique, Les 10 critères du patrimoine mondial en illustrations, https://www.ecologie.gouv.fr/sites/default/files/les%2010%20crit%C3%A8res%20du%20patrimoine%20mondial%20illustr%C3%A9s.pdf (en ligne).

[73] On peut se reporter aux travaux de Roger-Alexandre Lefèvre : « Les matériaux du Patrimoine culturel dans un environnement en évolution : un enjeu majeur pour le

résistants pourrait-il affecter les conditions du classement historique ? Un critère fixiste ou adaptatif doit-il être privilégié ? Autrement dit, l'un des chantiers en cours (si l'on ose écrire…) a quelque chose à voir avec l'adaptation du droit de la protection au changement. Comment adapte-t-on la philosophie et les critères de la protection des biens culturels physiques, matériels, à la situation en cours qui, elle, nous dépasse largement ? Alors que l'idée d'un patrimoine mondial protégé renvoie à un imaginaire de la stabilité (la conservation), de l'authenticité, de quelle façon faire évoluer les critères d'un classement pour les adapter aux mutations d'ailleurs rapides de la situation du patrimoine désormais affecté par des risques, des bouleversements environnementaux ? Reconstruire un monument abîmé ou détruit par des phénomènes météorologiques extrêmes peut-il être conçu de façon tout à la fois résiliente, adaptée et fidèle à la philosophie du classement initial ? Il est vrai que l'authenticité d'un bâtiment se comprend initialement à partir des éléments d'origine. La vision des institutions internationales (notamment l'ICOMOS) assouplit cependant la notion d'authenticité, qui recouvre également les modifications et additions ultérieures, réalisées au cours du temps et ayant en elles-mêmes (à leur tour) une valeur artistique ou historique. Cette manière de comprendre « largement » l'authenticité permet de se dégager d'une conception rigide et d'incorporer la durée en valorisant les différentes strates historiques du bâti[74]. On connaît d'ailleurs, à travers certains traits de la culture japonaise habituée aux catastrophes en tout genre, cette adaptabilité : les sanctuaires shinto d'Ise, qui sont des bâtiments volontairement démontés et reconstruits tous les vingt ans, ne pourraient-ils pas ici alimenter la réflexion[75] ?

Programme national de recherche sur le patrimoine culturel », *Techné*, 2008, n° hors-série, pp. 5-14 ; « Le patrimoine culturel bâti face aux risques du changement climatique », *La Météorologie*, 2011, n° 74, pp. 15-22 ; « Patrimoine culturel bâti et changement climatique », *Pollution atmosphérique, Climat, Santé, Société*, 2013, n° spécial « Adaptation au climat et maîtrise de la qualité de l'air », pp. 176-179.

74 En ce sens, voir Sylvain Colombero, « Patrimoine architectural : quand modernité rime avec authenticité », https://imtech.imt.fr/2019/10/28/patrimoine-architectural-quand-modernite-rime-avec-authenticite/ (en ligne).

75 Angelo Di Genova, « Réflexion sur l'authenticité du Japon », *Horizons du Japon*, 21 juin 2013, https://www.horizonsdujapon.com/analyses/2362/reflexion-authenticite-japon-patrimoine-authentique.html.

Ce qui est vrai des monuments physiques l'est, certes différemment, pour un patrimoine mixte et partiellement immatériel : comment le droit peut-il s'adapter, par exemple, au risque de perte d'identité ou de typicité des vins issus des mille deux cent quarante-sept « climats de Bourgogne »[76] et du « paysage culturel » auquel ils renvoient, incluant des parcelles viticoles, des unités de production, des savoir-faire ? Le droit de la Convention de 2003 devra-t-il céder et faire sortir du classement « la recherche et le cavage des truffes en Italie »[77] quand il n'y aura plus ou beaucoup moins de truffes, ou glissera-t-on progressivement vers une protection d'une production partiellement domestiquée et ayant abandonné la culture et les traditions inhérentes aux gestes si particuliers de la cueillette ? Que deviendront, juridiquement, les pratiques ancestrales liées au parfum en pays de Grasse[78], si le climat du sud-est de la France devient réellement semi-aride, comme le laissent entrevoir certaines projections climatiques ? Ces interrogations illustrent bien les défis, pour un droit de protection, de conservation, engendrés par un milieu de vie instable ou (trop) rapidement évolutif. Or, on se souvient bien du fait que « l'environnement n'est pas une abstraction, mais bien l'espace où vivent les êtres humains et dont dépend la qualité de leur vie… »[79]. Toute « sanctuarisation figée » est ici inenvisageable, surtout s'il s'agit, au point d'articulation entre nature et culture, de se poser la question de l'agir humain dans le monde, en évitant de se débarrasser de la question profonde des interdépendances. On mesure ici combien le climat efface les frontières spatio-temporelles et thématiques et invite à reconsidérer les fonctions mêmes du droit en général et d'un droit de la « protection du patrimoine » en particulier. Isoler les problématiques climatiques d'une approche écologique globale est d'ailleurs étrange, dans la mesure où l'origine des émissions de gaz à effet de serre est tout sauf « hors sol » et où ces dernières ne se produisent évidemment jamais seules. Elles indiquent une forme (une force,

---

[76] L'inscription sur la liste a eu lieu en 2015, https://www.climats-bourgogne.com/fichiers/dossier-de-presse-sept2015-web_1443175698.pdf (en ligne).

[77]L'inscription sur la liste a eu lieu en 2021, https://ich.unesco.org/fr/RL/la-recherche-et-le-cavage-de-truffes-en-italie-connaissances-et-pratiques-traditionnelles-01395 (en ligne).

[78] L'inscription des savoir-faire liés au parfum de Grasse date de 2018, https://ich.unesco.org/fr/RL/les-savoir-faire-lis-au-parfum-en-pays-de-grasse-la-culture-de-la-plante-parfum-la-connaissance-des-matires-premires-naturelles-et-leur-transformation-l-art-de-composer-le-parfum-01207 (en ligne).

[79] CIJ/553, *Licéité de la menace ou de l'emploi d'armes nucléaires*, § 29.

également) d'occupation du monde qui, justement, inclut bien d'autres phénomènes qui, à leur tour, entrent en concurrence avec ou menacent le patrimoine culturel sous ses multiples formes. Nos approches des interactions entre droit du patrimoine culturel et climat, si complexes et inclusives qu'elles doivent être, ont justement vocation à demeurer simultanément à angle aigu c'est-à-dire situées, localisées, tout en se hissant à un niveau systémique. Si la protection présente de profondes limites, il reste ici à s'interroger sur la souplesse des critères du classement tant pour le bâti à rendre résilient que pour la capacité des communautés humaines à adapter ou créer des pratiques pour répondre aux enjeux climatiques. Évoquer cette dimension du sujet, c'est bien sûr doucement glisser vers l'hypothétique contribution du patrimoine culturel, notamment immatériel, à l'atténuation du problème climatique.

B. L'incertaine contribution du patrimoine culturel à l'atténuation (des effets) du changement climatique

Le patrimoine culturel, en particulier immatériel, n'est pas simplement une « entité passive » face aux catastrophes ; il joue souvent un rôle important dans leur prévention (plus exactement peut-être dans leur « non-survenance ») ou dans la réduction des risques. Entre tradition et adaptation à l'environnement (nous dirions à meilleur droit au « milieu »[80]) au sein duquel une culture et des activités humaines se développent, on peut imaginer qu'à la manière du biomimétisme, certaines pratiques puissent servir de modèle, d'exemple, du fait de leur durabilité, de l'extrême faiblesse de leur empreinte carbone (et pour cause…) et parce que leur dimension adaptative contribue à leur résilience. Un critère « dynamique », visant par exemple les traditions d'adaptation aux effets du changement climatique, sera-t-il un jour pleinement consacré ? Pourrait-on imaginer un patrimoine immatériel marqué par un critère d'adaptation et de résilience face au changement climatique ? Il s'agit donc également de comprendre les savoirs autochtones existants comme un « levier pour affronter les changements climatiques »[81]. Les biens du patrimoine

---

[80] Pour évoquer ici la notion de mésologie chère à Augustin Berque, *Entendre la Terre. À l'écoute des milieux humains*, entretiens avec Damien Deville, Éditions Le Pommier, 2022.

[81] Mina Kleiche-Dray, « Les savoirs autochtones au service du développement durable », *Autrepart*, 2017/1, n° 81, p. 6.

mondial fournissent en effet à nos sociétés différentes options quant à l'atténuation et à l'adaptation au changement climatique, à travers, notamment, les interrelations vertueuses qu'elles entretiennent avec les écosystèmes, comme la régulation de l'eau[82], le stockage du carbone dans les sites forestiers que certains peuples occupent et entretiennent[83]. On ne sera d'ailleurs pas surpris, en consultant les listes du patrimoine culturel immatériel, du très grand nombre de coutumes, fêtes, rites, savoir-faire illustrant une profonde interdépendance avec les éléments naturels[84]. Une certaine manière occidentale d'« occuper les lieux », tragiquement grevée depuis de longs siècles par sa séparation quasiment ontologique de l'environnement, le plus souvent au mépris des interactions les plus élémentaires, tirerait certainement avantage d'une telle inspiration. Peut-être conviendrait-il alors que les mutations du cadre de la protection juridique offerte par les deux conventions surviennent dans un contexte super-structurel tout à fait différent de ce qu'il est aujourd'hui.

En effet, le changement d'angle de vue ici suggéré passe par une considération à son tour majeure, qui entretient d'ailleurs quelques relations avec l'idée de résilience. Il ne suffit pas de focaliser l'attention sur l'atténuation des effets du changement climatique *sur* le patrimoine culturel, mais de comprendre que la solution passe également *par* ce dernier[85]. Comme le souligne l'UNESCO[86], les biens du patrimoine mondial, matériel comme immatériel, offrent effectivement à nos sociétés un certain nombre d'options quant à l'atténuation et à l'adaptation au changement climatique à travers les bénéfices de l'écosystème qu'ils fournissent[87]. L'affirmation semble aller de soi à propos du patrimoine

---

[82] Une belle illustration, parmi bien d'autres, peut être trouvée du côté du « Al aflaj », système traditionnel d'irrigation et de répartition équitable de l'eau aux Émirats arabes unis (https://ich.unesco.org/fr/RL/al-aflaj-systme-traditionnel-dirrigation-aux-eau-traditions-orales-connaissances-et-savoir-faire-lis-sa-construction-son-entretien-et-la-distribution-quitable-de-leau-01577, en ligne).

[83] On pense par exemple aux traditions et pratiques associées aux Kayas dans les forêts sacrées de Mijikenda, https://ich.unesco.org/fr/USL/les-traditions-et-pratiques-associes-aux-kayas-dans-les-forts-sacres-des-mijikenda-00313 (en ligne).

[84] V. ainsi la liste, par ordre chronologique décroissant, sur le site de l'UNESCO : https://ich.unesco.org/fr/listes (en ligne).

[85] Nous soulignons.

[86] Dans ses propos sur « Changement climatique et patrimoine mondial ». Voir https://whc.unesco.org/fr/changementclimatique/ (en ligne).

[87] *Ibidem.*

naturel, quand on pense aux biens matériels intégrant l'élément « eau » ou au stockage de carbone dans les sites forestiers du patrimoine mondial. Mais les pratiques du patrimoine immatériel peuvent également jouer un rôle. Il est connu lorsqu'on s'intéresse à l'environnement et, en particulier, au maintien de la biodiversité[88]. Il pourrait sembler bien faible, pour ne pas dire dérisoire, à l'échelle mondiale et globale, en matière de lutte contre le changement climatique. Mais nous savons à quel point les éléments du patrimoine mondial naturel n'existent que rarement isolément et qu'ils sont en réalité le plus souvent le cadre de pratiques, de traditions, d'interdépendances entre nature et culture qui invitent ainsi à adopter une conception intégrée des réponses à apporter. L'UNESCO s'engage d'ailleurs à « valoriser le potentiel de la culture pour l'action climatique mondiale », puisqu'elle représente « une ressource renouvelable par excellence pour lutter contre le changement climatique »[89]. D'autant que les peuples et les ethnies dont les savoirs traditionnels sont protégés au titre de la Convention de 1972 peuvent aussi jouer le rôle fort utile de « vigiles », à partir de lieux de vie qui sont autant d'observatoires du changement climatique. Une intime proximité avec leur milieu permet ainsi d'envisager plus facilement des pratiques d'adaptation et d'atténuation susceptibles de servir, par la suite, de modèle vertueux, généralisable et pourquoi pas transposable.

Conclusion

Un détour par les fonctions anthropologiques du droit aurait sans doute été pertinent. Et de quel droit, d'ailleurs ? La consultation des listes de sites naturels, d'éléments du patrimoine culturel matériel et immatériel établies dans le cadre des différentes conventions (en particulier celle de 1972 sur le patrimoine mondial, et celle de 2003 sur le patrimoine immatériel) peut laisser songeur. S'en dégage l'impression trouble que le droit, en dernière analyse très absent dans le traitement du problème climatique, serait étrangement invasif et tout aussi inefficace en matière de patrimoine. Il serait pertinent de s'interroger sur ce qu'on attend précisément de l'outil juridique quand on le sollicite pour protéger des bâtiments menacés ou

---

88 Qu'on songe par exemple au mode de vie associé à la culture apicole en Slovénie, https://ich.unesco.org/fr/RL/la-culture-apicole-en-slovnie-un-mode-de-vie-01857 (en ligne).

89 UNESCO, « La culture et le changement climatique » : https://www.unesco.org/fr/culture-and-climate-change.

des traditions culturelles vulnérables. Les bouleversements climatiques et les risques qu'ils font peser sur le patrimoine culturel sont une occasion de s'interroger sur un obscur paradoxe : faut-il aller chercher du côté d'un droit de protection majoritairement issu d'univers mentaux qui sont à l'origine de graves difficultés « l'alpha et l'oméga » des solutions que nous devons trouver ?

Ce que murmure à l'oreille du juriste la relation entre climat et patrimoine culturel aurait-il à son tour un lien avec ce qui unit ces deux mondes ? Non que la distinction entre patrimoine culturel et naturel perde tout son sens, ou que s'évapore l'utilité de celle qu'on propose habituellement entre ces deux faces du patrimoine. Pour autant, les questions climatiques (et derrières elles les abyssales et systémiques problématiques écologiques) sont à ce point insaisissables qu'elles enrobent en réalité de diverses manières nature et culture, matière et esprit. Un certain nombre de sites, d'ailleurs, sont protégés au titre de leur double appartenance[90] et sont considérés comme des « biens mixtes »[91]. De sorte que, traversant les matériaux jusqu'à les tordre parfois, se glissant sous les portes et les fenêtres, impactant les éléments du monde physique par lesquels se tissent, trament et fondent les cultures, les traditions et les savoirs, la ligne de démarcation entre les différents patrimoines s'estompe, d'autant plus nettement qu'on ne saurait exclure *a priori*, eu égard aux critères qui y président, la protection de bâtiments abritant des pratiques ou activités ayant joué, à leur manière, un rôle historique ou récent[92] dans le dérèglement climatique qui nous préoccupe désormais…

[90] C'est ainsi le cas par exemple du Patrimoine naturel et culturel de la région d'Ohrid (1979) et d'une petite quarantaine d'autres « biens mixtes ».

[91] V. la liste qui les indique : https://whc.unesco.org/fr/list/?type=mixed&mode=table (en ligne).

[92] Le complexe industriel de la mine de charbon de Zollverein à Essen, en Rhénanie-du-Nord-Westphalie, inscrit en 2001, en constituerait un exemple (https://whc.unesco.org/fr/list/975/, en ligne).

La personnalité juridique des entités environnementales comme nouveau paradigme de protection du patrimoine culturel et naturel mondial

Sacha Bourgeois-Gironde

Professeur en Sciences économiques
Université Panthéon-Assas et Université de Haïfa

Le point essentiel de notre propos consiste à soutenir que le droit international relatif au patrimoine culturel, quand bien même l'élaboration d'un tel champ juridique spécialisé, muni d'objets et de règles propres, s'est historiquement avérée nécessaire, ne peut pas continuer à évoluer de manière autonome, du fait des conséquences de la crise environnementale globale contemporaine. La crise environnementale, qu'elle affecte la stabilité climatique ou la biodiversité et les équilibres naturels, met en évidence l'exposition du patrimoine culturel aux bouleversements environnementaux. Sur le plan des textes et des dispositifs régulateurs, cela doit se traduire par une forme de transversalité doctrinale qui passe par la nécessité d'intégrer à la protection du patrimoine culturel des instruments juridiques non initialement prévus à cette fin. De manière réciproque, la crise environnementale ne peut constituer l'objet du seul droit de l'environnement. Elle affecte de fait des domaines spécialisés du droit, divers et parfois *a priori* éloignés, comme, par exemple, la définition de la souveraineté territoriale, la propriété publique et privée, ou encore le droit de la propriété intellectuelle.

De manière plus profonde, les catégories conceptuelles qui sous-tendent les mécanismes de protection du patrimoine culturel et naturel mondial se trouvent remises en question par les bouleversements de l'environnement, mais aussi par une montée en puissance des droits humains et des droits autochtones en lien avec des revendications territoriales. Comme on le verra dans notre première partie, l'idée qu'il y aurait un patrimoine ou des biens culturels clairement distincts d'un patrimoine ou de biens purement naturels a déjà été remise en question de longue date et est peut-être déjà contenue en germe dans les premiers instruments internationaux dédiés à la protection de ce patrimoine. Mais ce sur quoi le juriste doit continuer à s'interroger est la mesure dans laquelle la remise en cause (de nature d'abord philosophique, mais finissant par animer les débats entre juristes) de la séparation entre nature et culture peut également l'aider à mettre en place des outils efficaces dans la protection conjointe de la nature et de la culture.

Remarquons d'entrée de jeu que la subversion partielle de la dichotomie entre nature et culture s'est surtout produite, jusqu'ici, dans le sens d'une acculturation de l'idée de nature, c'est-à-dire dans l'intention de montrer que ce que nous appelons « nature » serait prioritairement saisi à travers des schèmes culturels, et que, par ailleurs, ces schèmes culturels sont variables[1]. Cela a permis de relativiser l'idée d'une nature située hors de la culture et d'intégrer des conceptions de la nature au sein de modèles anthropologiques de la diversité culturelle. L'idée de nature comme construction sociale a ainsi accompagné une évolution récente des cadres juridiques de la protection de l'environnement en subsumant celui-ci sous des catégories relevant peut-être davantage, au départ, de dimensions plus strictement culturelles ; un environnement naturel ayant ainsi tendance à être doté d'une portée symbolique, ou bien en raison de sa valeur pour l'humanité tout entière ou bien du fait de son lien à une population autochtone qu'il permet, au demeurant, de définir en retour. Nous allons discuter plus avant cette intégration d'entités environnementales (fleuves, écosystèmes, etc.) sous l'angle d'une prise en compte des spécificités culturelles dans le contexte d'évolutions juridiques qui se sont produites depuis les années 2010. Ces évolutions témoignent en effet d'une imbrication profonde entre protection de la nature et protection de la culture, en donnant toutefois une prédominance conceptuelle et doctrinale à la seconde.

Cependant, la question principale à laquelle nous devons chercher à répondre est de savoir si le droit de l'environnement, et spécialement le droit international de l'environnement, est susceptible de fournir des outils en vue d'une meilleure protection du patrimoine culturel. La direction d'analyse suggérée dans ce volume procède du droit de l'environnement vers le droit du patrimoine culturel, de la nature à la culture, alors que les pistes générales évoquées ci-dessus indiqueraient la direction inverse.

[1] Philippe Descola, *Par-delà nature et culture*, Paris, Gallimard, 2005.

Cette question revêt un sens qui nous oblige à situer la réflexion au-delà de la remise en cause plus habituelle de la différence entre nature et culture. Or, c'est la question que la crise environnementale impose en priorité, dans la mesure où l'on peut affirmer que les menaces environnementales qui pèsent sur le patrimoine culturel situent de fait celui-ci au sein de l'ordre naturel des choses. Peut-on encore penser le patrimoine culturel indépendamment des transformations climatiques et écologiques ? La protection de la culture, dans toutes ses dimensions, matérielles ou immatérielles, paraît de plus en plus conditionnée au maintien de la stabilité de l'environnement naturel, ce qui signifie que les biens culturels pourraient être ressaisis conceptuellement – et ensuite juridiquement – en fonction de catégories qui s'appliquent plus habituellement à la nature, telles que, par exemple, une ontologie juridique des processus plutôt que des entités délimitées dans le temps et l'espace[2], ou encore une inscription dans le droit de cadres de référence temporels et probabilistes inédits[3]. De telles catégories se distinguent nettement des idées de fixité et de pérennité spontanément associées à la notion de patrimoine culturel.

On assiste donc, dans l'évolution des idées et dans les faits, à un double mouvement : une mise en perspective culturaliste de certains éléments ou aspects de l'environnement, et une possible naturalisation du patrimoine culturel. Une telle interaction nous paraît sous-tendre l'émergence, à l'interface entre le droit de l'environnement et le droit de la culture, d'un ensemble de concepts et d'instruments hybrides qui peuvent apporter des solutions nouvelles, et peut-être efficaces, en vue de la protection du patrimoine culturel. Dans une première partie, nous reviendrons sur l'évolution des instruments internationaux principaux dédiés, d'une part, à la protection de l'environnement et de la biodiversité biologique et, de l'autre, à la conservation du patrimoine mondial culturel et naturel. Cette remise en perspective historique a pour fonction de souligner la convergence progressive, mais partielle, de cette double famille d'instruments en vue d'une meilleure intégration des mécanismes de protection de la nature et de la culture (**I**).

---

[2] Voir Sacha Bourgeois-Gironde, *Comment le droit nous rapproche de la nature*, Paris, PUF, 2024.

[3] Voir Chris Hilson, "Framing time in climate change litigation", *Oñati Socio-Legal Series, Forthcoming*, 2018.

D'un côté, comme nous l'avons indiqué, cette évolution consiste en un élargissement de la notion de patrimoine culturel en direction de notions relevant de la protection de l'environnement, pouvant aller jusqu'à prendre par exemple la forme de « droits bio-culturels ». D'un autre côté, dans une direction allant de l'environnement vers la culture, une série d'événements juridiques récents a consisté à imaginer que des droits accordés à la nature pouvaient contribuer à une protection d'activités et de relations humaines culturellement ancrées envers des entités environnementales particulières. Nous discuterons ainsi, dans la deuxième section, qui s'appuiera sur l'exemple canonique de l'attribution d'une personnalité juridique au fleuve Whanganui en 2017 en Nouvelle-Zélande, la mesure selon laquelle cela constitue une alternative ou un prolongement viable des modalités habituelles de protection des patrimoines culturel et naturel (**II**).

Nos deux premières sections prennent donc acte d'un décentrement des instruments classiques, allant de la protection spécifique de liens culturellement déterminés entre un groupe humain avec son environnement naturel à la création de nouveaux acteurs légaux par le biais de la personnalisation juridique. Dans notre troisième section, nous commencerons par envisager ce que pourrait être le statut international de telles personnes légales environnementales et comment les droits de ces nouveaux sujets s'articuleraient aux prérogatives étatiques de souveraineté à leur endroit (**III**). On pourrait cependant préférer une autre stratégie, laquelle passerait, par exemple, par la constitution de centres d'intérêt juridiques [4] dont des domaines préexistants du droit chercheraient à s'emparer en étendant le champ d'application de leurs instruments. Cette proposition renvoie clairement à une subsomption des bénéfices tirés de la nature sous des catégories juridiques appliqués habituellement aux créations culturelles humaines. Comme nous l'avons souligné plus haut, elle ne saurait être antithétique avec l'idée que l'exposition du patrimoine culturel aux effets du dérèglement du climat induit à repenser la nature de ce patrimoine à l'aide d'une ontologie des phénomènes et des processus naturels et nous invite par conséquent plus généralement à reconsidérer le cloisonnement juridique entre productions culturelles et services fournis par la nature.

---

[4] Selon l'expression de Gérard Farjat ; Gérard Farjat, « Le droit, l'économie et le fondamental », *Revue internationale de droit économique*, 2005, *19*(4), pp. 431-455.

I. Évolution et limites des logiques patrimoniales internationales

Au cours du développement historique des instruments internationaux respectivement dédiés à la protection environnementale et à la conservation patrimoniale, une convergence partielle a pu s'opérer, d'une part, entre ces instruments eux-mêmes, et, d'autre part, entre les conceptualisations sous-jacentes de la nature et de la culture. En ce qui concerne la prise en compte d'une dimension culturelle dans les dispositions internationales en faveur de la protection de l'environnement, on peut ainsi noter que, dès la Déclaration de Stockholm en 1972, l'environnement était essentiellement conçu dans son interaction avec l'activité humaine. La première phrase de la Déclaration énonce que « l'homme est à la fois créature et créateur de son environnement ». Il en est déduit, dans le principe 4 de la Déclaration, une responsabilité spéciale de l'homme en vue de la protection de la nature et de la restauration des environnements dégradés par le développement des activités économiques. La Charte mondiale de la nature du 28 octobre 1982 approfondit cette articulation, tant dans sa volonté d'envisager une forme de compatibilité entre développement et protection de l'environnement que dans sa manière d'envisager, ce qui nous intéresse ici, une dépendance entre patrimoine culturel et environnement. Elle souligne que « la civilisation a ses racines dans la nature, qui a modelé la culture humaine et influé sur toutes les œuvres artistiques et scientifiques, et c'est en vivant en harmonie avec la nature que l'homme a les meilleures possibilités de développer sa créativité, de se détendre et d'occuper ses loisirs ». Le lien est clairement établi. Mais il l'est, soulignons-le, d'une manière univoque : la nature est cause de la culture humaine, et à ce titre il convient de la protéger.

D'un certain point de vue, la Conférence de Rio de 1992, connue sous le nom de Sommet de la Terre, témoigne d'un recul conceptuel, si l'on considère qu'elle renforce une approche anthropocentrée de la politique environnementale internationale en déclarant, dès son premier Principe, que « les êtres humains sont au centre des préoccupations relatives au développement durable. Ils ont droit à une vie saine et productive en harmonie avec la nature ». Le thème central, qui sera maintenu jusqu'à l'époque récente, est le développement durable. La nouveauté apportée par cette Déclaration se manifeste toutefois dans son Principe 22 qui met en avant le rôle des communautés autochtones dans la gestion de l'environnement, du fait de leurs connaissances et de leurs pratiques traditionnelles. Un certain type de culture humaine – qui sera reconnu par ailleurs sous l'angle d'un patrimoine culturel immatériel – apparaît donc désormais comme ce qui fait le lien entre culture et nature. Mais cette spécificité culturelle est elle-même appréciée sous l'angle de sa contribution à l'objectif plus général du développement durable, une approche qui sera reprise dans le préambule de la Déclaration des droits des peuples autochtones adoptée par l'ONU en 2007.

Cette instrumentalisation de la culture, dans ses versions locales et traditionnelles, en vue de l'objectif du développement durable est commune à d'autres déclarations et instruments de *soft law* tels que les Objectifs du Millénaire pour le Développement (2000) ou plus récemment les Objectifs de développement durable (2015). Mais lorsque l'on détaille le texte de ces derniers, on peut constater qu'il n'y est pratiquement pas question de patrimoine culturel parmi les dix-sept objectifs. Seul l'objectif 11, qui porte sur la résilience et la durabilité des villes et établissements humains, y fait une référence explicite (« augmenter les efforts pour protéger et sauvegarder le patrimoine mondial culturel et naturel »), mais sans que, dans le texte, cette intention soit clairement reliée à la thématique générale de l'objectif en question et seulement, comme on le voit, en juxtaposant les deux types de patrimoine comme s'il s'agissait d'un renvoi formel à la Convention de l'UNESCO de 1972. De Stockholm à l'époque récente, un rôle plus ou moins accentué de la culture en vue de la réalisation des objectifs de préservation de l'environnement est souligné, sans que ne soit véritablement prise en compte une forme de réciprocité causale, qui consisterait, en l'occurrence, à considérer la protection de la culture à travers des outils dédiés à l'environnement. Considérons, en premier lieu, de quelle manière les instruments proprement destinés à la protection du patrimoine culturel envisagent, pour leur part, cette articulation.

La Convention de La Haye de 1954 s'est naturellement attachée à la défense du patrimoine culturel à la suite des destructions provoquées par la guerre. La destruction exige un inventaire et la mise en place d'un label juridique sur les articles catalogués qui permettent de les situer hors des intérêts particuliers, individuels ou nationaux. L'idée de patrimoine mondial répond à ce double objectif : une liste de biens spécifiques et un titre universel accolé à ces biens, car quand bien même des nations particulières puissent être considérées comme ayant contribué à l'avènement de ces biens, leur nature exceptionnelle les destine au bénéfice de l'humanité tout entière. Il y a, dans cette volonté d'universalisation des biens culturels, un premier geste conceptuel qui les rend comparables à une certaine idée de la nature en tant que celle-ci transcenderait également les territoires nationaux. La culture et la nature, dans les prémisses de la Convention de 1954, se rencontrent déjà, pourrait-on dire, à ce niveau d'abstraction, même s'il convient d'analyser plus positivement, à la lecture des textes qui ont suivi, les modalités effectives de cette rencontre, lesquelles seront précisées dans l'élaboration de la Convention du patrimoine mondial à partir de novembre 1972.

La Convention de 1972 a donné l'impulsion initiale à la protection du patrimoine mondial culturel et du patrimoine naturel par le moyen d'un instrument unique. Depuis 1972, les normes et les principes de cette protection conjointe sont régulièrement mises à jour au sein de directives opérationnelles. C'est notamment à l'occasion de l'une de ces révisions, en 1992, que la catégorie de « paysage culturel » apparaît[5]. À travers cette catégorie, plusieurs types d'interactions entre les populations et leur environnement naturel sont considérées : les paysages intentionnellement configurés par l'homme ; les paysages qui ont évolué de manière « organique » au fur et à mesure que les modes de vie des populations les façonnaient, que ces paysages soient aujourd'hui des reliques du passé ou qu'ils continuent d'évoluer sous le même type d'action humaine ; enfin, les « paysages culturels associatifs », c'est-à-dire auxquels certains groupes humains associent des valeurs culturelles et spirituelles particulières. La nature est alors saisie comme un prolongement de l'activité humaine et elle peut faire à ce titre l'objet d'un acte de patrimonialisation, quand le processus de transformation matériel ou symbolique qu'elle a subie revêt une portée à la fois singulière et universelle.

[5] « Les paysages culturels sont des biens culturels et représentent les « ouvrages combinés de la nature et de l'homme » désignés à l'article 1 de la Convention. » Comité du Patrimoine Mondial (1992), *Orientations devant guider la mise en œuvre de la Convention du Patrimoine mondial*, Paris, UNESCO, WHC 13/01, § 47.

Il importe de souligner la pluralité des motifs qui sous-tendent l'inscription de biens culturels, naturels ou mixtes dans la liste du patrimoine mondial. L'intégration des instruments de protection de la nature et de la culture suit plusieurs voies possibles. En 2010, l'UNESCO et le secrétariat de la Convention sur la diversité biologique ont commencé à collaborer dans le cadre d'un programme sur les liens entre diversité biologique et culturelle. De manière inévitable, ce travail conduit à un approfondissement des motifs qui apparaissaient lors des étapes précédentes de la construction de ces instruments, tels que la place des croyances et des visions du monde et les modes de survie et les pratiques de populations indigènes. Mais de nouvelles considérations ont progressivement émergé, portant notamment sur la manière dont la nature des institutions (telles que les régimes de propriété) favorisait ou entravait la protection de l'environnement, ainsi que sur l'existence de liens intrinsèques entre diversité culturelle et linguistique et diversité biologique[6].

La notion de patrimoine ressortit d'un certain registre institutionnel dont on peut en effet se demander dans quelle mesure il est fondamentalement compatible avec une appréhension adéquate des relations (au-delà de leur co-présence dans une liste de biens à protéger) entre la diversité du vivant, la complexité écosystémique des entités environnementales et les formes variées des cultures humaines. La patrimonialisation met l'accent sur le caractère pérenne des objets qu'elle place sous sa protection et qui doivent être transmis en l'état aux générations futures. Or, cette approche fixiste ne reflète *a priori* pas les dynamiques sous-jacentes qui président aux interactions entre culture et environnement à l'échelle locale et qui peuvent néanmoins être reflétées à travers des dispositifs institutionnels et juridiques adaptés. C'est dans ce sens que l'on peut comprendre l'émergence récente d'une approche alternative basée sur la garantie de droits bio-culturels, laquelle s'appuie précisément sur les interactions entre les activités traditionnelles poursuivies par des communautés locales et leur environnement naturel immédiat. Ces droits bio-culturels confèrent une responsabilité gestionnaire à ces communautés qui vient compléter ou

---

[6] Voir Jules Pretty, Bill Adams, Fikret Berkes, Simone Ferreira de Athayde, Nigel Dudley, Eugene Hunn… & Sarah Pilgrim, "The intersections of biological diversity and cultural diversity: towards integration", *Conservation and* Society, 2009, 7(2), pp. 100-112.

se substituer partiellement aux instruments internationaux centralisés de régulation et de conservation de l'environnement.

Pour reprendre les termes de Kabir Sanjay Bavikatte, qui, le premier, a avancé ce concept de « droits bio-culturels », ces droits sont une réaction aux résultats décevants de la mise en œuvre du paradigme dominant du développement, dont on a vu qu'il continuait de constituer l'axe de pensée majeur des instruments dédiés aux politiques environnementales internationales[7]. Les droits bio-culturels visent une réappropriation locale des instruments du développement dans une logique ascendante, partant des communautés vers des objectifs potentiellement globaux, plutôt que descendante. Bavikatte considère également que la théorie des « communs » a contribué à l'apparition des droits bio-culturels. Sa convocation des travaux d'Elinor Ostrom sur les communs[8] met en lumière un aspect particulier des conclusions de cette théoricienne majeure des communs, selon lequel les personnes dont l'existence dépend de certaines ressources collectives sont peut-être les mieux à même de comprendre comment les gouverner, dans le cas où l'action privée ou publique s'est avérée inefficace. Il faut en revanche souligner que l'ensemble des conditions de possibilité qu'énumère Elinor Ostrom en vue de la bonne gouvernance des communs, conditions qui en font une institution extrêmement complexe et extrêmement dépendante d'une cohésion sociale préalable, sont souvent difficiles à réunir. On peut aussi souligner que la mise en place de droits bio-culturels, qui confèrent donc un accès et un contrôle de la ressource privilégiés à ses usagers locaux, est enchâssée dans un ensemble plus vaste de régulations et de régimes institutionnels qui peut interférer négativement avec l'exercice de ces droits. L'exemple du fleuve Atrato, sur les rives duquel des communautés locales ont bénéficié pour la première fois en 2016 de droits bio-culturels par une décision de la Cour Suprême colombienne, n'a pas permis, en 2023, d'empêcher les problèmes de pollution et d'extraction illégale de l'or qui avaient motivé l'assignation de ces droits[9].

---

[7] Kabir Sanjay Bavikatte & Tom Bennett, "Community stewardship: the foundation of biocultural rights", *Journal of human rights and the environment*, 2015, 6(1), pp. 7-29.

[8] Elinor Ostrom, *Governing the commons: The evolution of institutions for collective action.* Cambridge University Press, 1990.

[9] Marie Delcas, « En Colombie, les droits bafoués du fleuve Atrato », *Le Monde*, 20 nov. 2022.

L'autre cause essentielle du développement des droits bio-culturels, selon Bavikatte, a trait à l'émergence d'une troisième génération de droits humains[10]. Les droits en question englobent tout ce qui est nécessaire à la survie et à l'épanouissement de l'humanité, notamment la prospérité et un environnement sain. Contrairement aux droits civils et politiques de première génération, qui ont en général un fondement individualiste, ces droits de troisième génération s'appliquent aux groupes humains et sont donc des droits collectifs. Dans ce contexte, une catégorie spécifique de droits des minorités s'est développée concernant plus spécifiquement les peuples autochtones ou aborigènes. Ces groupes ont souvent revendiqué la libre expression de leur culture, la restitution de leurs terres, ou une pleine autodétermination politique. Toute affirmation de droits autochtones nécessite par ailleurs que les groupes concernés puissent attester d'une association historique précoloniale avec les territoires concernés.

Les droits bio-culturels, dont l'émergence est concomitante de celle des droits autochtones, en diffèrent cependant sur deux points essentiels. Il n'est pas nécessaire que le groupe bénéficiant de droits bio-culturels leur donnant des prérogatives sur une ressource naturelle locale ait un caractère autochtone. En revanche, sa présence sur un territoire doit favoriser un usage et une conservation durable de sa biodiversité[11]. Cette différence des droits bio-culturels d'avec les droits autochtones évite d'essentialiser des origines culturelles particulières et permet d'engager la préservation de l'environnement dans une perspective dynamique et culturellement ouverte. Avec l'apparition des droits bio-culturels, on observe donc un tournant juridiquement libéral dans la conception des modalités conjointes de protection des environnements culturels et naturels, en conférant davantage d'autonomie à des acteurs locaux du développement. Nous allons à présent considérer un changement de perspective où l'accent est mis, inversement, sur des droits assignés à l'environnement lui-même, dans l'idée de modifier les comportements des acteurs humains, locaux ou globaux, à son égard.

---

[10] Voir Pierre Brunet, « Les droits bio-culturels, fondement d'une relation responsable des humains envers la Nature ? », 2021, en ligne sur shs.hal.science.

[11] Article cité.

II. La personnalisation juridique des entités naturelles

Le cas le plus célèbre illustrant les droits de la nature est certainement, à ce jour, celui par lequel le fleuve Whanganui est devenu une personne juridique du fait de la loi intitulée *Te Awa Tupua* votée par le Parlement néo-zélandais le 20 mars 2017[12]. Nous allons en rappeler les grandes lignes. Mais soulignons d'emblée, ce qui peut sembler paradoxal vu l'usage paradigmatique que l'on est tenté de faire de cette loi dans une perspective de protection de l'environnement, que les préoccupations environnementales n'ont pas formé le cœur des discussions qui ont précédé son avènement, quand bien même il y est bien question de la personnalisation juridique d'un fleuve et de la préservation de son « bien-être »[13]. Ce texte a visé en premier lieu la protection d'un lien entre une population et un segment particulier de la nature, en conférant à ce dernier une subjectivité et une autonomie juridique. Le processus qui a présidé à la personnalisation juridique du fleuve Whanganui est pour cette raison même une prise en compte conjointe d'un patrimoine culturel et naturel, ainsi que matériel et immatériel.

Il s'est avant tout agi, pour le législateur, de réparer des torts historiques à l'encontre de tribus maories riveraines de ce fleuve. Le fleuve forme l'arrière-plan d'une histoire humaine dans laquelle s'enchevêtrent des luttes post-coloniales et des visions du monde antagonistes. Le traité de Waitangi[14] de 1840 – qui est assurément le texte fondateur de la vie politique néo-zélandaise et le point d'origine de ses divisions internes jusqu'à une époque récente – a scellé la perte de souveraineté des Maoris sur leur territoire et la progressive expropriation de leurs terres, vis-à-vis desquelles, par ce Traité, la Couronne britannique s'était assuré une clause de préemption préférentielle. L'organe de réconciliation nationale, ledit Tribunal de Waitangi, reprend, à partir de 1975, l'ensemble des torts historiques et envisage une réponse législative aux revendications maories.

---

[12] *Te Awa Tupua*, www.legislation.govt.nz/act/public/2017/0007/latest/whole.html#whole.

[13] *Te Awa Tupua*, 2e partie, article 13.

[14] Claudia Orange, "Te Tiriti o Waitangi – the Treaty of Waitangi", en ligne : https://teara.govt.nz/en/te-tiriti-o-waitangi-the-treaty-of-waitangi/print.

S'ouvre ainsi une période de justice transitionnelle qui va, entre autres lois, aboutir en 2017 au *Te Awa Tupua*[15].

Il faut donc bien comprendre que, d'entrée de jeu, les revendications maories vis-à-vis du fleuve Whanganui, et d'autres éléments territoriaux s'inscrivent dans une remise en cause de l'importation culturellement exogène des notions juridiques que sont la souveraineté et la propriété, c'est-à-dire des modes de gouvernance les plus typiques de la nature dans notre système occidental de pensée et d'action. Les lois de la Couronne ont opéré une segmentation ontologique et administrative du fleuve Whanganui. C'est ce premier fait que l'on tend à invoquer pour dire que ces lois s'opposent à ce que l'on imagine être une vision holiste de ce fleuve par ses riverains d'origine. Il ne s'agit pas de discuter ici si cette vision holistique des éléments de la nature que l'on prête à une vision du monde aborigène, de manière parfois indifférenciée selon les peuples considérés, reflète réellement la conception maorie des fleuves. Les choses sont assurément plus complexes et il n'y a pas de raison *a priori* de penser qu'une rivière est forcément pour les Maoris une entité simple. Ce qui est à peu près certain, en revanche, est que cette conception ne se plie pas aux découpages administratifs qui ont été imposés par la loi après la colonisation britannique. Le fleuve Whanganui a donné lieu à des modes d'administration séparés pour son lit, ses rives, son sous-sol, ses eaux, sa flore et sa faune, et ses pêcheries. Le fleuve relève alors d'une série de régimes statutaires que l'on peut, pour la forme, énumérer ici : le *Resource Management Act*, le *Local Government Act*, le *Fisheries Act*, le *Conservation Act*, le *Maritime Transport Act* et le *Marine and Coastal Area Act* (*Takutai Moana* Act adopté en 2011). De plus, il tombe sous la juridiction d'un conseil régional, de trois autorités locales et d'un nombre important d'agences de la Couronne. Enfin, les droits de navigation, les droits de propriété, des droits de vente et d'achat obligatoires (par l'État) portant sur le lit du fleuve et de ses affluents sont tantôt privés, tantôt publics. Cet exemple de fragmentation administrative de la gestion d'une entité environnementale

---

15 On pourra se référer pour une explication plus complète du contexte historique et anthropologiques qui accompagnent cette phase de justice transitionnelle, ainsi que pour une analyse précise du *Te Awa Tupua*, à Sacha Bourgeois-Gironde, *Être la Rivière*, Paris, PUF, 2020.

se retrouve à l'échelle locale, comme ici, et à l'échelle globale, si l'on pense par exemple au système international de gouvernance des océans[16].

Le premier effet recherché par le *Te Awa Tupua* est d'adopter une approche gestionnaire à l'échelle du bassin versant du fleuve Whanganui, de sorte que toutes les voies d'eau qui forment ce bassin versant soient considérées par le droit, du point de vue de leur gestion, non pas de manière séparée les unes par rapport aux autres, mais en référence au fleuve dans son ensemble vu comme un écosystème interconnecté. Il se trouve que ce qui a du sens du point de vue environnemental en a également du point de vue culturel. Un second effet d'une généralisation du *Te Awa Tupua* à d'autres contextes serait que les entités environnementales (fleuves, montagnes, forêts, glaciers, etc.) cessent d'être administrativement séparées de leurs ancrages culturels. On peut même penser réciproquement que l'absence d'un ancrage culturel de ces entités a été accentuée par des modes d'administration historiques qui les déchargeaient ainsi de leurs attachements humains et symboliques. Or, à nouveau, le *Te Awa Tupua*, cherche à resceller les fragments et, pourrait-on dire, à concilier gestion et métaphysique.

Le texte du *Te Awa Tupua* détaille largement, en effet, ce qu'il présente comme la vision autochtone du fleuve. Celui-ci est envisagé comme un être vivant – être qui, justement, de manière éponyme au texte de la loi, se nomme *Te Awa Tupua* – et comme un tout indivisible qui incorpore ses affluents et tous les éléments physiques et métaphysiques qui le composent, des montagnes jusqu'à la mer. De plus, la santé et le bien-être (ces notions anthropomorphiques, ou plus généralement biocentriques, sont récurrentes à travers le texte de la loi) d'un des éléments du fleuve sont intrinsèquement reliés à la santé et au bien-être du fleuve dans son entièreté. Le *Te Awa Tupua* en confie le soin à la population qui a pour souci la conservation des usages du fleuve Whanganui tels qu'ils sont hérités des générations antérieures et, pour ce motif, elle doit être replacée par le droit au centre de sa gestion.

Développant ces principes liminaires, le *Te Awa Tupua* propose un nouveau cadre de gouvernance, nommé *Te Pā Auroa*, qui implique les sept

16 Voir Sophie Gambardella, « Océans et changements climatiques : Rechercher les interactions au sein de la fragmentation du droit international », *Revista de Direito Internacional*, 2017, *14*(3).

éléments clés suivants et que nous pouvons retenir comme paradigme possible de la gestion d'une ressource conjointement naturelle et culturelle :

- la reconnaissance juridique du *Te Awa Tupua* comme un tout vivant et indivisible, des montagnes jusqu'à la mer[17],

- la mise en place et la reconnaissance juridique d'un ensemble de valeurs intrinsèques associables au *Te Awa Tupua*[18],

- la désignation conjointe, de la part des tribus Whanganui et d'autres tribus ayant des intérêts relatifs au fleuve Whanganui, et de la part de la Couronne, de deux personnes qui rempliront la fonction de « visage humain » du fleuve et soutiendront et protégeront son statut et les valeurs qui lui sont associées[19],

- le développement coopératif d'une stratégie pour définir les objectifs futurs de santé et de bien-être du fleuve[20],

- la mise en place d'un groupe collaboratif qui comprend les représentants des tribus Whanganui et les représentants des autres intérêts (en particulier économiques) relatifs au fleuve, et ceux des gouvernements locaux et nationaux[21]. Cette instance est cruciale dans la mesure où c'est en ce point que se produit la négociation d'intérêts hétérogènes, et, du fait de la reconnaissance juridique du fleuve en tant que telle et de sa représentation par un visage humain, l'obligation pour des intérêts qui jusqu'ici s'exerçait envers une entité passive dépourvue de voix, de trouver avec elle des compromis ou d'être soumis aux obligations que sa personne juridique impose désormais,

- le versement des parties du lit du fleuve détenues par la Couronne dans le *Te Awa Tupua.* Il faut comprendre ici que, en dépit de la volonté soulignée d'unification administrative et légale, seul ce qui faisait jusqu'alors l'objet d'une propriété publique est versé dans

17 *Te Awa Tupua*, Partie II, sous-partie 2, art. 12.
18 *Te Awa Tupua*, Partie II, sous-partie 2, art. 13.
19 *Te Awa Tupua*, Partie II, sous-partie 3, art. 18
20 *Te Awa Tupua*, Partie II, sous-partie 3, art. 29-33.
21 *Te Awa Tupua*, Partie II, sous-partie 3, art. 35.

l'entité juridique *Te Awa Tupua*. Les actes de propriété privés sur le fleuve ne sont pas remis en cause[22],

- l'établissement d'un fonds[23] – originellement de 30 millions de dollars néo-zélandais pour soutenir les initiatives en faveur « de la santé et du bien-être du *Te Awa Tupua* ».[24]

Dans l'article 14 de la seconde sous-partie du *Te Awa Tupua*, la personnalité juridique est conférée au *Te Awa Tupua*, c'est-à-dire à cet ensemble composite, mais conçu désormais juridiquement comme une unité, que forment le fleuve et ses divers éléments physiques et culturels.

La personnalité juridique est donc avant tout vue ici comme un instrument pragmatique permettant l'extraction de l'entité naturelle considérée d'un régime de propriété publique sans passer à un autre régime de propriété (puisque les riverains maoris du fleuve Whanganui n'acquièrent pas, à travers le *Te Awa Tupua*, de nouveaux titres de propriété privés ou communaux). Peut-on alors généraliser, à d'autres entités naturelles et à d'autres contextes culturels, ce type d'approche ? De nombreuses initiatives à travers le monde ont en réalité pris place depuis une quinzaine d'années[25]. Elles s'inspirent au départ de l'article séminal de Christopher Stone de 1972 : « *Should trees have standing ?* »[26]. Or, ces initiatives ne réussissent pas toutes et il est intéressant d'en pointer les causes principales. Elles tendent à échouer principalement lorsque le mode de gouvernance reste peu unifié, qu'il soit distribué entre des instances antithétiques, que ces initiatives expriment des objectifs suffisamment bien articulés et procèdent par pure imitation (ou tentative de greffe) légale

---

22 *Te Awa Tupua*, Partie II, sous-partie 5, art. 38 à 56

23 *Te Awa Tupua*, Partie II, sous-partie 6, art. 57.

24 On peut se reporter à l'ensemble du texte du *Te Awa Tupua*, et notamment apprécier à quel point les enjeux écologiques et la personnalisation juridique d'un élément de la nature – qui ont été avant tout retenus par le public et les tenants internationaux des droits de la nature – y figurent assurément mais ne constituent pas l'objet et l'objectif principaux de cette loi. Voir https://www.legislation.govt.nz/act/public/2017/0007/latest/whole.html#whole (en ligne).

25 Voir Alex Putzer, Tineke Lambooy, Ignace Breemer & Aafje Rietveld, "The Rights of Nature as a Bridge between Land-Ownership Regimes: The Potential of Institutionalized Interplay in Post-Colonial Societies", *Transnational Environmental Law*, 2022, *11*(3), pp. 501-523.

26 Christopher D. Stone, "Should Trees Have Standing? Toward Legal Rights for Natural Objects' (1972)", *Southern California Law Review*, 1997, *45*, 450.

(notamment du *Te Awa Tupua*), ou simplement qu'elles se heurtent à des antagonismes financiers ou politiques. On peut, pour illustrer ces trois cas de figure négatifs, mentionner les trois exemples suivants.

En mars 2017, une cour de l'État indien d'Uttarakhand déclare que le Gange et son affluent principal, le Yamuna, obtiennent le statut d'entités humaines vivantes (cet anthropomorphisme juridique couplé à une démarche d'écocentrisme juridique semble contenir une première contradiction dans les termes) et que leur sont assignés des droits comparables à ceux dont jouissent les personnes humaines. En juillet de la même année, la Cour Suprême de cet État rejette cette proposition. Plusieurs raisons motivent ce rejet, les deux principales étant le fait que les représentants légaux des nouvelles personnes juridiques fluviales remplissaient au même moment des fonctions administratives de l'État et que les éléments « métaphysiques » ou spirituels invoqués dans la loi ne concernaient qu'une des communautés riveraines à l'exclusion de toute autre, tendant à exacerber une dissension culturelle plutôt qu'une harmonisation des croyances et des modes de gestion[27].

De nombreuses initiatives ont également échoué ou ont peu de chances de réussir parce qu'elles manquent de réalisme légal en ce qu'elles cherchent à importer un modèle comme celui qui a présidé à la personnalisation juridique du fleuve Whanganui sachant que ce qui a prévalu dans cet autre contexte est le règlement d'une question culturelle et historique plutôt qu'une question environnementale. C'est, par exemple, en France, le cas de la tentative, en 2019, d'imaginer une personnalité juridique pour la Loire, sur la base notamment d'idées empruntées à Bruno Latour[28]. Outre la question délicate d'une articulation avec les instances gestionnaires préexistantes pour la Loire, à commencer par l'inscription du Val de Loire sur la Liste du patrimoine mondial de l'UNESCO, le point plus sensible est donc peut-être l'absence d'une force culturelle autochtone d'arrière-plan dont les croyances relatives à la Loire s'articuleraient adéquatement à la démarche d'animisme juridique que représenterait cette personnalisation en droit. À ce jour, la Loire n'a pas reçu d'autre statut

---

27 Voir Erin L. O'Donnell, "At the intersection of the sacred and the legal: Rights for nature in Uttarakhand, India", *Journal of Environmental Law*, 2018, *30*(1), pp. 135-144.

28 Les auditions dites du Parlement de Loire ont été compulsées dans l'ouvrage suivant : Camille de Toledo, *Le fleuve qui voulait écrire. Les auditions du parlement de Loire*, Les Liens qui Libèrent et Manuella Éditions 2021.

juridique assurant sa protection particulière au-delà de l'inscription du Val de Loire au patrimoine mondial de l'UNESCO au titre de paysage culturel exceptionnel depuis le 30 novembre 2000.

Néanmoins, la réunion des conditions d'une présence et de revendications légales autochtones, de considérations écologiques saillantes, de la maîtrise d'une technique conceptuelle et juridique suffisamment rigoureuse, peuvent être le cas et un projet échouer néanmoins. Il en est ainsi de la tentative portée par le Tribunal international pour les droits de la nature, depuis 2014, de conférer la personnalité juridique et des droits afférents à la Grande Barrière de Corail, projet qui a rencontré l'hostilité des autorités politiques de l'État du Queensland en Australie[29]. Notre prochaine question est donc d'imaginer ce que pourrait être théoriquement le statut de telles personnes juridiques environnementales dans un contexte international.

III. De nouveaux sujets du droit international ?

L'exemple de cette tentative de personnalisation juridique concernant la Grande Barrière de Corail est intéressant pour les juristes internationaux à plus d'un titre et peut nous aider à imaginer les bases d'une conception élargie des dispositifs de protection du patrimoine mondial. Il est révélateur de la pluralité des intérêts en jeu qui peuvent s'attacher à un écosystème de grande ampleur. La Grande Barrière de Corail est une source de très importants revenus pour l'Australie. Dans une étude, reposant sur la méthode d'évaluation contingente utilisée pour ce type d'estimation, la valeur financière de la Grande Barrière était évaluée à 56 milliards de dollars australiens[30]. À quoi servent de telles estimations ? Certainement pas à relativiser la valeur, en réalité inestimable sur un autre plan, de cette entité environnementale, mais à fixer un pouvoir de négociation. Si l'on veut, par le moyen de la personnalité juridique, extraire cette entité du complexe des intérêts financiers privés ou publics qui

[29] Voir Ruth Barcan, "The campaign for legal personhood for the Great Barrier Reef: Finding political and pedagogical value in a spectacular failure of care", *Environment and Planning E: Nature and Space*, 2020, *3*(3), pp. 810-832.

[30] John O'Mahoney, Ric Simes, David Redhill, Kelly Heaton, Claire Atkinson, Emily Hayward & Mai Nguyen, "At what price? The economic, social and icon value of the Great Barrier Reef", Deloitte, 2017.

s'attachent à elle, il est utile de connaître l'étendue des intérêts qu'elle représente et leurs parties prenantes. Le premier apport d'une personnalisation juridique de cette entité est alors d'opposer un acteur autonome, doté d'une représentation légale propre, face à ces intérêts et leurs représentants et pouvant leur opposer une voix propre en cas de dommages portés aux aspects matériels ou symboliques que recouvre cette personnalité juridique.

Le second point est évidemment l'articulation de cette personnalisation juridique avec un statut légal préexistant. La Grande Barrière est inscrite depuis 1981 sur la liste du patrimoine mondial de l'humanité. Il est loin d'être certain, cependant, que ce statut patrimonial suffise à la protéger contre les activités industrielles et touristiques qui contribuent à sa direction. En juillet 2021, le gouvernement australien est parvenu à éviter que l'UNESCO inscrive la Grande Barrière sur la liste des sites du patrimoine mondial en péril, l'UNESCO concédant cette demande au motif invoqué que l'Australie veillait au mieux à ses intérêts[31]. La question est donc de savoir dans quelle mesure la représentation de ses propres intérêts via la personnalité juridique pourrait constituer un obstacle à ce qu'un État souverain revendique pour sa part la préservation de ces mêmes intérêts qui font partie de ses prérogatives nationales (selon la Convention de 1972). La réponse tient possiblement à une conception élargie des personnes juridiques actives dans l'arène internationale. L'idée que seuls les États pouvaient l'être a été contestée de longue date et a pu, ironiquement, être considérée comme un reste fossile d'animisme juridique[32], c'est-à-dire comme le fait de conférer des pouvoirs juridiques surnaturels à des entités supra-individuelles et non humaines.

---

[31] UNESCO, "Great Barrier Reef: Australia to put in place urgent safeguarding measures requested by UNESCO", en ligne : https://www.unesco.org/en/articles/great-barrier-reef-australia-put-place-urgent-safeguarding-measures-requested-unesco. Et voir aussi : Marie-Pauline Desset, « Grande Barrière de corail : l'Australie arrache un sursis de plus auprès de l'UNESCO », *Le Monde*, 23 juil. 2021.

[32] La première occurrence de l'expression « animisme juridique » ou "*legal animism*" ne se trouve pas sous la plume de Marie-Angèle Hermitte pour conférer un label au tournant post-stonien de la défense de droits de la nature (par exemple Marie-Angèle Hermitte, « Artificialisation de la nature et droit (s) du vivant », *La lettre du Collège de France*, 2019 (44), 22.), mais en 1941 sous celle d'un internationaliste, Frederick Dunn, qui ironisait sur la fétichisation des États comme seules personnes juridiques dans l'ordre international au détriment des individus : Frederick S. Dunn, "The International Rights of Individuals",

Ce même animisme juridique — c'est-à-dire le fait de conférer la personnalité légale à des entités qui ne sont pas des personnes naturelles — est actuellement revendiqué par les défenseurs des droits de la nature. Il peut se heurter ou bien s'articuler de manière créative avec la personnalité juridique des États et la défense de leurs intérêts souverains. Cette articulation peut suivre une ligne d'argumentation comparable à celle qui a consisté à reconnaître une personnalité juridique internationale à des entités infraétatiques, au premier rang desquelles les individus. Nous avons observé, dans les dernières décennies, la transition d'un système de droit international centré sur les États à un système dans lequel d'autres entités, telles que les organisations intergouvernementales, les organisations non gouvernementales et les individus entrent dans le domaine de la personnalité juridique internationale[33]. L'impulsion de cette transition se trouve dans l'influence exercée par le développement des droits de l'homme et par le concept d'une responsabilité pénale individuelle qui s'attache à la personnalité juridique internationale. D'une manière comparable, on pourrait imaginer que le mouvement en faveur des droits de la nature favorise l'émergence d'une personnalité juridique internationale des entités environnementales en dépit de leur inclusion dans les territoires sur lesquels les États exercent leur souveraineté.

Mais en dépit des changements significatifs dans le domaine de la personnalité juridique internationale, l'opinion majoritaire demeure que les individus eux-mêmes n'ont pas réellement acquis le statut de sujets de droit international[34]. L'objection tient au fait que, si les individus ont acquis des droits et des devoirs en vertu du droit international, et par là une certaine forme de personnalité juridique internationale dans certains domaines, c'est uniquement dans la mesure où les États rendent possible cet état de fait. Il n'empêche que l'individu paraît jouer un rôle croissant en droit international et que, quand bien même il ne serait pas destiné à être une personne légale internationale à l'égal des États, une telle équivalence n'est pas nécessaire pour reconnaître une certaine autonomie

in *Proceedings of the American Society of International Law at its annual meeting (1921-1969)* (Vol. 35, pp. 14-19). Cambridge University Press.

33 Voir dans le présent volume les contributions relatives au patrimoine culturel au péril des conflits armés.

34 Astrid Kjeldgaard-Pedersen, *The international legal personality of the individual.* Oxford University Press, 2018.

juridique aux individus en droit international. Le parallèle avec les entités environnementales a des limites évidentes. L'individu acquiert une autonomie juridique relative sur le plan international à la fois grâce et parfois contre (quand il cherche à échapper à l'oppression politique par exemple) sa nationalité. Dans le cas des entités environnementales relevant d'un seul État – le cas est différent pour les écosystèmes transfrontaliers – cela supposerait de leur conférer un statut objectif[35], ce qui a été fait pour certains espaces internationalisés, voire une forme d'extraterritorialité ou d'indépendance. Les droits de la nature peuvent sans doute difficilement se concevoir sous la forme d'un processus de sécession territoriale.

Il faut donc *a priori* envisager la personnalité juridique des entités environnementales par le biais d'autres aménagements de droits subjectifs pouvant prévaloir sur le plan international. Les modèles de gouvernance partagée des ressources transfrontalières, auxquels nous venons de faire allusion, offrent des pistes intéressantes, mais, selon nous, partiellement inefficaces pour garantir la protection des écosystèmes concernés. L'une des difficultés que nous pouvons brièvement souligner concerne l'articulation entre ce qu'il est convenu d'appeler l'approche écosystémique et certaines régulations établies du droit international, notamment du droit international de l'eau. La difficulté tient à ce que les deux approches reposent sur des conceptualisations très différentes de la nature d'un écosystème aquatique : sectorielle dans le cas du droit international de l'eau qui encadre en priorité l'usage et l'accès à la ressource hydrique entre plusieurs États frontaliers [36], holistique dans le cas d'une approche scientifique des équilibres écosystémiques et de leur vulnérabilité à l'égard de la multiplicité des pressions anthropogéniques[37].

Le droit international de l'eau ne reconnaît pas de droits subjectifs aux écosystèmes aquatiques, tels que le droit à voir ses cycles naturels se dérouler sans entrave, le droit à l'intégrité écologique, le droit à ne pas être

---

35 Comme l'Antarctique ou la Haute Mer. Je remercie la Professeure Charlotte Beaucillon d'avoir attiré mon attention sur ce point.

36 Voir Laurence Boisson de Chazournes, *Fresh water in international law*. Oxford University Press, 2021.

37 Owen McIntyre, "The protection of freshwater ecosystems revisited: Towards a common understanding of the 'ecosystems approach' to the protection of transboundary water resources", *Review of European, Comparative & International Environmental Law*, 2014 *23*(1), pp. 88-95.

pollué, etc. De tels droits sont reconnus, par exemple dans la Constitution équatorienne, pour tous les écosystèmes sur le territoire national[38]. Il est donc possible de rendre compatibles la reconnaissance de droits subjectifs de la nature et un cadre juridique englobant, ici, une constitution dont la fonction est de définir l'identité et les valeurs que se donne une nation. Le droit international de l'environnement peut également chercher à incorporer de telles valeurs à travers la garantie de droits subjectifs des entités naturelles dont il doit assurer la protection. En l'occurrence, nous aimerions avancer ici l'idée que les écosystèmes et les ressources naturelles dont l'exploitation relève d'un régime international, sont précisément les plus susceptibles d'offrir des pistes de réflexion inédites sur la nature et la mise en œuvre de tels droits subjectifs. Ainsi, si l'on prend comme exemple particulier ici les écosystèmes marins, au-delà des questions territoriales étatiques, interétatiques, ou véritablement supranationales, nous pouvons chercher à développer, dans ce contexte, des mécanismes juridiques adaptés qui, suivant une approche écosystémique, correspondraient à la complexité du système biophysique océanique.

Cette approche, que nous ne faisons qu'esquisser ici, reposerait sur les progrès récents en sciences de l'océan stimulés par la multiplication des données qui transforment radicalement notre compréhension de la dynamique des océans. Cette articulation, entre données et modèles scientifiques et concepts juridiques, fournit un contenu positif à l'énoncé de droits subjectifs, tels que le droit à l'intégrité écologique pour un écosystème donné. En effet, les modèles computationnels basés sur des techniques d'intelligence artificielle [39] offrent une mesure potentielle objective du degré avec lequel un écosystème donné s'écarte de son fonctionnement normal du fait des pressions environnementales exogènes qu'il subit. Cette mesure permet en quelque sorte de qualifier et de quantifier les dommages que cet écosystème subit et d'envisager des peines et compensations correspondantes. Sur la base de cette précision numérique, on peut espérer répondre aux objections parfois formulées par des juges face aux revendications de droits à l'intégrité écologique ou au

---

[38] Article 71 de la Constitution équatorienne. En ligne : https://www.wipo.int/wipolex/fr/legislation/details/21291.

[39] Sinichi Sunagawa, Silvia G. Acinas, Peer Bork, Chris Bowler, Damien Eveillard, Gabriel Gorsky... & Colomban de Vargas, "Tara Oceans: towards global ocean ecosystems biology", *Nature Reviews Microbiology*, 2020 *18*(8), pp. 428-445.

développement naturel qui ont pu être plaidées en faveur de certains écosystèmes selon lesquelles de tels droits sont « inconstitutionnellement vagues »[40].

Il ne va évidemment pas de soi que la mesure objective d'un dommage à l'intégrité écologique d'un écosystème est corrélative de la reconnaissance d'un droit subjectif à l'intégrité écologique de cet écosystème, de même que le saccage d'une œuvre d'art n'implique pas que cette œuvre d'art elle-même en soit la victime légale. Aussi, dans le cas des écosystèmes, serions-nous précisément tentés d'emprunter pour la protection de l'environnement des concepts inhérents à la protection morale des œuvres de l'esprit. Cela impliquerait, par exemple, dans le cas spécifique des droits de la propriété intellectuelle liés à l'accès et l'usage de ressources génétiques marines[41], d'étendre les droits existants pour englober ce que nous nommerions des « droits moraux environnementaux ». Cela signifierait que tout écart significatif à l'état de fonctionnement « intègre », mesuré par les modèles scientifiques pertinents, serait considéré comme une violation de ces droits moraux environnementaux.

Pour généraliser le propos et conclure sur cette dernière proposition, le juriste international, soucieux d'innovation conceptuelle et technique dans le cadre de la protection du patrimoine culturel et naturel mondial, serait invité, plus largement, à étendre le droit de la propriété intellectuelle aux services écosystémiques rendus par des entités particulières de l'environnement, lesquels services incluant par ailleurs dans leur taxonomie type une dimension proprement culturelle[42]. De plus, certaines difficultés relatives aux contradictions principielles entre une conception des aires marines situées au-delà des juridictions nationales, selon leur considération comme patrimoine commun de l'humanité ou, alternativement, comme zones de liberté d'emprise dans les aires, pourraient être écartées si les écosystèmes situés dans ces zones recevaient une forme de personnalité juridique internationale agrémentée de droits

---

[40] Comme dans le cas du lac Érié, voir Kenneth Kilbert, "Lake Erie bill of rights: Stifled by all three branches yet still significant", *Ohio St. LJ Online*, 2020, *81*, 227.

[41] Voir Fernanda Millicay, "Marine genetic resources of areas beyond national jurisdiction and intellectual property rights", in *New Knowledge and Changing Circumstances in the Law of the Sea*, Brill Nijhoff, pp. 65-78.

[42] Voir Robert Costanza, "Valuing natural capital and ecosystem services toward the goals of efficiency, fairness, and sustainability", *Ecosystem Services*, 2020 *43*, 101096.

subjectifs et moraux environnementaux. Mais au-delà des analyses et des suggestions précédentes, la conclusion qui nous semble s'imposer en premier lieu est que le climat lui-même est en quelque sorte la première victime du changement climatique, dans le sens où des équilibres climatiques, propices par ailleurs à l'apparition et la préservation de biens culturels et naturels à travers le monde, sont en voie de disparition et qu'à ce titre, le climat lui-même, en tant qu'entité naturelle environnementale internationale, devrait mériter une protection patrimoniale spécifique.

Culture à la mer ! Le tournant climatique du droit international du patrimoine culturel face à la montée des eaux[1]

Charlotte Beaucillon

Professeure de droit public à l'Université Paris Est Créteil, membre du laboratoire Marché Institutions Libertés (UR 7382), chercheuse associée à l'IREDIES (UR 4536)

L'élévation du niveau de la mer est, dans le contexte actuel d'urgence climatique, un phénomène lent et continu, parfois à peine perçu par les populations côtières, si ce n'est par la disparition des dunes ou l'érosion des côtes qui l'accompagnent. La relative discrétion de l'élévation du niveau de la mer – par rapport à des phénomènes aigus, tels que les catastrophes naturelles, également générées par le changement climatique – peut expliquer le peu d'intérêt spécifique qu'il a suscité jusqu'à présent dans le domaine de la protection du patrimoine culturel face au changement climatique[2]. La présente étude se propose donc de contribuer à un inventaire des questions juridiques liées à la protection du patrimoine culturel face au changement climatique, et en particulier à l'élévation du niveau de la mer, en se fondant sur l'un des principaux instruments qui définissent son régime en droit international.

Le patrimoine mondial est défini par la Convention pour la protection du patrimoine mondial, culturel et naturel (Convention du patrimoine

---

[1] Cette contribution est la version refondue et actualisée d'un article paru en langue anglaise en 2022 dans un dossier spécial intitulé "*The implications of sea-level rise for international law*", préparé en parallèle du cycle de conférences sur le Patrimoine culturel en péril co-organisé avec Géraldine Goffaux Callebaut dont est issu le présent ouvrage. *Voir* "*Culture overboard! The climate shift of international cultural heritage law in the face of rising sea levels*", *Questions of International Law*, Zoom-out 91 (2022) 67-82.

[2] À l'exception par exemple de Clémentine Bories, « La question de la protection du patrimoine culturel », *in* Valérie Boré Eveno (dir.), *Élévation du niveau de la mer et droit international, De l'adaptation à l'action*, Pedone 2022, pp. 183-207. Plus généralement, voir aussi Alessandro Checchi, "*Risk Relating to the Protection of Cultural Heritage: From Climate Change to Disasters*", *in* Emilia Miscenic and Aurélien Raccah (ed.), *Legal Risks in EU Law: Interdisciplinary Studies on Legal Risk Management and Better Regulation in Europe*, Springer 2016, pp. 119-224.

mondial)[3], comme comprenant non seulement les éléments du patrimoine culturel[4], mais aussi du patrimoine naturel[5], qui sont considérés comme ayant une valeur universelle exceptionnelle[6]. Ces sites sont inscrits sur la Liste du patrimoine mondial de l'UNESCO sur proposition de l'État partie sur le territoire duquel ils se trouvent. Le Comité intergouvernemental pour la protection du patrimoine culturel et naturel de valeur exceptionnelle (le Comité du patrimoine mondial), créé par la Convention[7], est chargé de gérer cette liste, mais aussi de prendre la décision d'inscrire un site sur la liste du patrimoine mondial en péril[8] lorsque les caractéristiques de la valeur universelle exceptionnelle du bien sont menacées, voire de retirer le site de la liste du patrimoine mondial lorsque cette valeur est perdue.

Il n'est pas envisageable, dans le cadre restreint de ce chapitre, de dresser l'inventaire des 1 223 biens de la Liste du patrimoine mondial[9] pour déterminer au cas par cas les risques spécifiques posés par l'élévation du niveau de la mer. Nous procéderons plutôt par catégories, en proposant une typologie schématique des principales conséquences directes et indirectes de l'élévation du niveau de la mer sur le patrimoine mondial[10].

Parmi les conséquences directes de l'élévation du niveau de la mer, le patrimoine mondial est d'abord confronté à des risques majeurs de

---

[3] Convention pour la protection du patrimoine mondial, culturel et naturel (adoptée le 16 novembre 1972, entrée en vigueur le 17 déc. 1975), *United Nations Treaty Collection* n° 15511. Elle lie 196 États parties.

[4] Article 1er.

[5] Article 2.

[6] Article 11 § 2.

[7] Article 8.

[8] Article 11 § 4.

[9] Décompte réalisé après la 46e session élargie du Comité du Patrimoine mondial, New Delhi, 21-31 juil. 2024.

[10] Ce raisonnement est en partie basé sur le travail de Margot Chauvelot, Hortense Bonnemaison, William Lotin, Jean Tassot, Master 2 Droit du patrimoine culturel, Université Paris Saclay, dans le cadre du séminaire invité sur le droit international du patrimoine culturel, dirigé par Charlotte Beaucillon. Résultats présentés lors de l'atelier junior de la conférence *Cultural heritage at risk - state of play*, organisée par Charlotte Beaucillon et Géraldine Goffaux Callebaut, Institut National du Patrimoine, Paris (10 déc. 2021).

submersion partielle[11] ou totale[12]. Un deuxième risque important pour le patrimoine mondial provient de l'érosion côtière et du recul des côtes[13]. Les effets indirects de l'élévation du niveau de la mer sur le patrimoine mondial sont divers. Ils comprennent, premièrement, les dommages causés à la biodiversité en raison de la hausse de la température des mers, un phénomène associé à l'élévation du niveau de la mer, qui affecte principalement les biens naturels[14]. Deuxièmement, il est possible d'identifier des problèmes d'intrusion d'eau salée et de réduction des ressources en eau douce, qui affectent les conditions de vie des communautés établies sur les sites du patrimoine mondial[15]. Troisièmement, dans le contexte d'accroissement des catastrophes naturelles, leur intensité est renforcée par l'élévation du niveau de la mer[16]. Quatrièmement, d'importantes migrations internationales sont prévisibles en raison du changement climatique et de l'élévation du niveau de la mer, entraînant nécessairement un changement de mode de vie, la perte des connaissances traditionnelles et, par conséquent, du patrimoine immatériel qui s'y rattache[17]. Cinquièmement, enfin, il faut mentionner ici la fonte des glaces, cause, mais aussi conséquence de l'élévation du niveau de la mer par effet d'entraînement[18]. Ce tour d'horizon synthétique illustre l'étendue et la complexité des enjeux de l'étude de la protection du patrimoine mondial face à l'élévation du niveau de la mer.

Le droit applicable à cette question est également diversifié et multiforme.

---

[11] Par exemple, Venise, qui a échappé en 2023 à l'inscription sur la liste du patrimoine mondial en péril, mais aussi Westminster à Londres, le Mont-Saint-Michel en France, les canaux concentriques de la ville de Paris, etc.

[12] En particulier les petites îles du Pacifique : cinq des Îles Salomon ont été submergées et six autres sont directement menacées.

[13] Par exemple, Parc national de Rapa Nui (Îles de Pâques), détérioration des statues.

[14] Par exemple, les dommages causés à la Grande Barrière de Corail en Australie, inscrite sur la liste du patrimoine mondial en 1981.

[15] Par exemple, l'Île d'East Renell dans les Îles Salomon.

[16] Par exemple, le port de Coro au Venezuela, inscrit sur la Liste du patrimoine mondial en péril en 2005.

[17] Par exemple, le temple bouddhiste de Samut Chin, en Thaïlande ; les marais salants de Guérande, en France. Sur cette question, voir également Michael Addaney, "Climate-induced Displacement and Protecting the Intangible Cultural Heritage of Indigenous Peoples in Africa", *in* Michael Addaney (ed.), *Women and Minority Rights Law in Africa: Reimagining Equality and Addressing Discrimination*, Eleven International Publishing, 2019, pp. 189-203.

[18] Par exemple, le Fjord glacé d'Ilulissat au Danemark.

Le droit du patrimoine culturel ne sera envisagé ici que sous l'angle de la Convention du patrimoine culturel de 1972. Nous excluons donc l'étude spécifique qui pourrait être consacrée au patrimoine culturel subaquatique, régi par la Convention sur la protection du patrimoine culturel subaquatique, qui, en combinaison avec les dispositions pertinentes de la Convention des Nations Unies sur le droit de la mer[19], présenterait sans doute un certain intérêt du point de vue de la protection du patrimoine archéologique [20]. De même, le patrimoine culturel immatériel, régi spécifiquement par la Convention de 2003 [21], ne sera abordé ici qu'incidemment, notamment à travers les critères d'inscription sur la Liste du patrimoine culturel d'une part, et les droits humains d'autre part.

Au-delà de la Convention du patrimoine mondial, l'analyse nécessitera des incursions dans d'autres branches du droit international. En particulier, le droit international de l'environnement sera mobilisé, dans la mesure où il constitue la base du renouvellement de la pratique et de l'interprétation du droit du patrimoine culturel par l'UNESCO. Le contentieux des droits de l'homme, tant culturels qu'environnementaux, permettra en conclusion de notre réflexion d'ouvrir des perspectives supplémentaires pour la protection du patrimoine mondial face à l'élévation du niveau de la mer.

Désenclavé, réinterprété et combiné à d'autres branches du droit international, le droit international du patrimoine culturel subit une mutation progressive vers la prise en compte du changement climatique et

---

[19] Articles 149 et 303 de la Convention des Nations Unies sur le droit de la mer (adoptée le 10 décembre 1982, entrée en vigueur le 16 novembre 1994), *United Nations Treaty Collection* n° 31363.

[20] Marine They, *La protection internationale du patrimoine culturel et naturel de la mer : les compétences de l'État sur les biens culturels submergés*, Brill/Nijhoff, 2018 ; Marie Cornu, Jérôme Fromageau, *Le patrimoine culturel et la mer. Aspects juridiques et institutionnels*, 2 tomes, L'Harmattan, coll. Droit du patrimoine culturel et naturel, 2002. Voir aussi Nicolas Boilet et Géraldine Goffaux Callebaut (dir.), *Le patrimoine maritime : entre patrimoine culturel et patrimoine naturel*, Pédone, 2018.

[21] Convention pour la sauvegarde du patrimoine culturel immatériel (adoptée le 17 oct. 2003, entrée en vigueur le 20 avril 2006), *United Nations Treaty Collection* n° 42671. Pour une évaluation dans la perspective du changement climatique, voir Jean-Pierre de Lassus Saint-Geniès, « Droit international de la culture et droit international des changements climatiques : quelles interactions ? », *in* Véronique Guèvremont, Olivier Delas (dir.), *Regards croisés sur la Convention pour la sauvegarde du patrimoine culturel immatériel*, Laval, 2019, pp. 217-234 ; Tatjana Gajinov, *Protection of Immovable Cultural Heritage Properties in Terms of Climate Change : Legal and Strategic Framework Adaptation*, Europa Law Publishing, 2017.

de l'élévation du niveau de la mer. Ce verdissement de la Convention du patrimoine mondial de 1972 prend deux formes principales : son évolution normative (**I**) combinée à une mise en œuvre orientée vers l'adaptation (**II**).

I. L'évolution normative du droit du patrimoine mondial

L'évolution du droit international applicable au patrimoine mondial trouve sans aucun doute son origine dans l'intensification progressive des efforts déployés par l'UNESCO au cours des quinze dernières années, afin de s'inscrire activement dans la coopération internationale relative aux questions climatiques (**A**). Elle se reflète également de manière notable sur le plan normatif, *via* l'interprétation systémique de la Convention de 1972 par le Comité du patrimoine mondial (**B**).

A. La nouvelle coopération internationale de l'UNESCO en matière climatique

Sur le fondement de son mandat unique, alliant culture et science, l'UNESCO a développé une coopération institutionnelle permanente avec la Convention-cadre des Nations Unies sur les changements climatiques (CCNUCC)[22], le Groupe d'experts intergouvernemental sur l'évolution du climat (GIEC) et le G20.

L'engagement de l'UNESCO auprès de la CCNUCC remonte à plus d'une décennie. Il prend notamment la forme d'une participation systématique aux conférences annuelles des États parties à la CNUCC (COP), où l'UNESCO a développé et promeut l'éducation aux changements climatiques, ou éducation verte[23]. Combinant l'éducation aux changements climatiques et l'éducation au développement durable, l'UNESCO a récemment structuré ses efforts sous la forme d'un Partenariat pour une éducation verte (*Greening Education Patnership*), dont la première réunion

[22] Convention-cadre des Nations Unies sur les changements climatiques (adoptée le 9 mai 1992, entrée en vigueur le 21 mars 1994), *United Nations Treaty Collection* No 30822.
[23] 'L'UNESCO est impliquée dans la COP depuis au moins 2014, disponible à l'adresse suivante : https://en.unesco.org/news/climate-change-education-cop-20 (consulté le 2 mai 2025).

annuelle a eu lieu en 2023 à Dubaï, dans le cadre de la COP 28[24]. Le Partenariat est une plateforme mondiale de coopération unissant 96 États, diverses organisations intergouvernementales, comme le Fonds des Nations Unies pour l'enfance (Unicef), le Programme des Nations Unies pour l'environnement (PNUE) et l'Institut des Nations Unies pour la formation et la recherche (UNITAR), et des organisations philanthropiques privées (par exemple *Dubai Cares*, Fondation Aga Khan). Le secrétariat du Partenariat est assuré par l'UNESCO, et plus précisément par la Section de l'éducation au développement durable, au sein de la Division de l'éducation à la paix et au développement durable du Secteur de l'éducation. Lors de la COP 29 réunie à Bakou en novembre 2024, l'UNESCO a poursuivi la présentation et le développement des activités du Partenariat pour une éducation verte. La deuxième réunion annuelle du Partenariat a pris la forme d'une table ronde sur l'éducation verte, coorganisée par le ministère des Sciences et de l'Éducation d'Azerbaïdjan et l'OCDE (au titre notamment de l'évaluation PISA) et l'UNESCO[25]. Il s'est à nouveau réuni à la COP 30 en novembre 2025 à Belém. Après seulement trois ans d'existence, il est impossible de conclure quant aux conséquences de cette nouvelle structuration du partenariat UNESCO-CNUCC, élargi d'ailleurs à bien d'autres parties prenantes. Il est une claire illustration du succès de l'UNESCO à se positionner comme organisation internationale non seulement centrale, mais aussi charnière dans la lutte contre les changements climatiques, du point de vue spécifique de l'éducation. Il serait toutefois souhaitable que les activités du Partenariat, et les projets concrets qu'il favorise au bénéfice du secteur de l'éducation, fassent l'objet d'une plus publicité plus systématique, à défaut de laquelle leur diffusion et leur étude est certainement entravée.

---

[24] Les minutes ne sont pas publiques. Voir l'annonce de la réunion dans le cadre de la COP 28, « Première réunion annuelle du Partenariat pour éducation verte (sic.). Session de haut niveau suivie de sessions thématiques », 8 déc. 2023, Green Zone, Expo City, Dubaï, Émirats Arabe Unis : https://www.unesco.org/sites/default/files/medias/fichiers/2023/12/GEP-annual-meeting-2023-cn-fr.pdf (consulté le 2 mai 2025).

[25] Les minutes ne sont pas publiques. Voir la présentation de la table ronde par l'UNESCO dans programme de la COP 29 :
"*COP29 Ministerial Roundtable on greening education and enhancing climate literacy metrics*", 18 nov. 2024 » : https://www.unesco.org/fr/articles/table-ronde-ministerielle-de-la-cop29-sur-leducation-verte-et-lamelioration-des-indicateurs-de (consulté le 2 mai 2025).

Au-delà de l'éducation aux changements climatiques, l'UNESCO avait déjà soutenu – avec l'Organisation météorologique mondiale (OMM), le Conseil de l'Europe et 100 États membres des Nations Unies – l'initiative grecque pour la protection du patrimoine culturel contre les effets du changement climatique, présentée dans le cadre du Sommet des Nations Unies sur l'action climatique de 2019. Cette initiative a conduit à la création d'un « mécanisme flexible » composé de représentants de la Grèce, de l'UNESCO et de l'OMM, chargé de coordonner les outils de protection du patrimoine culturel et naturel mondial contre les effets néfastes du changement climatique. Il assure également l'application des actions de l'initiative grecque aux domaines spécifiques de la recherche scientifique, de l'administration, de la gestion et de l'éducation, en coopération avec les États et les organisations internationales qui soutiennent l'initiative. Ce mécanisme flexible est basé à Athènes et soutenu par une unité de coordination fournie par la Grèce[26].

L'UNESCO a également développé une relation particulière avec le GIEC, créé par l'OMM et le PNUE, et qui compte 195 États membres. Elle a notamment accueilli la 52e session du GIEC à Paris du 24 au 28 février 2020. Le même mois, elle a accueilli son premier groupe de discussion sur la culture et le changement climatique afin de débattre du rôle de la culture dans l'adaptation au climat[27]. Il en est résulté l'initiative de l'UNESCO, du GIEC et du Conseil international des monuments et des sites (ICOMOS) sur le patrimoine culturel et le changement climatique. Approuvée en juin 2020, elle a organisé une réunion internationale d'experts en décembre 2021. Trois livres blancs préparatoires ont été commissionnés en vue de cette réunion, traitant respectivement du rôle du patrimoine culturel et naturel dans la lutte contre le changement climatique, de l'impact du changement climatique sur le patrimoine culturel, et du patrimoine immatériel et du changement climatique[28].

---

[26] Décisions adoptées par le Conseil exécutif de l'UNESCO à sa 210e session en 2020, Document : 210 EX/. L'initiative dispose d'un site web dédié : https://ccich.gr (consulté le 2 mai 2025).

[27] News, *"Experts highlight the role of culture for climate change mitigation and adaptation"* (24 févr. 2020) : https://www.unesco.org/en/articles/experts-highlight-role-culture-climate-change-mitigation-and-adaptation (consulté le 2 mai 2025).

[28] *Document d'orientation sur l'impact du changement climatique sur les biens du patrimoine mondial*

Enfin, avec le G20, l'UNESCO a initié une nouvelle forme de coopération lors du premier G20 Culture, qui s'est tenu les 29 et 30 juillet 2021 au Colisée de Rome, au cours duquel une session entière a été consacrée à la protection du patrimoine culturel face au changement climatique. La directrice générale de l'UNESCO, Madame Audrey Azoulay, a pris part aux travaux des ministres de la Culture, ce qui peut être analysé comme une nouvelle affirmation du rôle de l'UNESCO (alors dans la perspective de la COP 26 de 2021), et un nouveau positionnement de l'organisation au sein d'une conférence internationale axée sur la diplomatie culturelle. Cette déclaration a été suivie par la première déclaration du G20 sur la culture, affirmant, entre autres, l'importance du cadre multilatéral de coopération offert par l'UNESCO[29].

Il ressort de ce qui précède que l'UNESCO a intensifié ses efforts de coopération institutionnelle internationale, en s'appuyant sur son mandat combinant la culture et la science. Après avoir prôné l'éducation au changement climatique pendant de nombreuses années, l'organisation a, d'une part, pérennisé son action auprès de la CNUCC grâce au Partenariat pour une éducation verte, et s'est ouverte, d'autre part, à des initiatives plus scientifiques et politiques, qui ne semblent toutefois pas s'être inscrites dans la même durée. Ces efforts de coopération internationale vont de pair avec la nécessité de donner un nouveau souffle à la Convention de 1972, principalement par une interprétation qui prenne en compte l'impact de l'élévation du niveau de la mer sur le patrimoine mondial.

B. L'interprétation systémique de la Convention de 1972

Le verdissement du droit du patrimoine culturel ressort clairement des éléments d'interprétation de la Convention de 1972. D'une part, le Comité du patrimoine mondial a en effet adopté un *Document d'orientation sur l'action*

---

mis à jour, Assemblée générale des États parties, 4 juin 2021, WHC/21/44.COM/7C, p. 10. Les livres blancs ne semblent pas publiés.

[29] Déclaration finale du G20, *La culture unit le monde*, Rome (30 juin 2021).

climatique pour le patrimoine mondial en 2007[30], actualisé en 2021[31], et en 2023[32]. D'autre part, les *Orientations devant guider la mise en œuvre de la Convention du patrimoine mondial*[33], actualisées régulièrement, intègrent de nombreux éléments relatifs à l'impact du changement climatique sur les biens du patrimoine mondial.

Au titre de la Convention de 1972, les principales obligations des États parties sont énoncées aux articles 4 à 7. Ils s'engagent, au fond, à mener des actions de protection et de conservation des biens du patrimoine mondial[34], à développer en conséquence leurs propres politiques, mais aussi à soutenir les institutions et la recherche liées à ces activités[35]. Les États parties assument alors un double ensemble d'obligations de coopération : un devoir de coopération internationale pour protéger les biens du patrimoine mondial d'une part[36], et l'obligation de contribuer au développement d'un « système international de coopération et d'assistance internationales » contribuant à la mise en œuvre de la Convention d'autre part[37].

De manière significative, le *Document d'orientation mis à jour* adopté le 31 juillet 2021 lors de la conclusion de la 44e session élargie du Comité du patrimoine mondial à Fuzhou, en Chine, semble avoir fait sens des diverses initiatives de coopération institutionnelle décrites plus haut, afin d'interpréter la Convention en conséquence. Se référant aux Accords de Paris, à la CNUCC et au travail du GIEC, le Comité du patrimoine

30 *Document d'orientation sur l'impact du changement climatique sur les biens du patrimoine mondial*, Assemblée générale des États parties, 28 sept. 2007, WHC-07/16.GA/10.

31 *Document d'orientation sur l'impact du changement climatique sur les biens du patrimoine mondial mis à jour*, 2021 (note 28).

32 *Document d'orientation sur l'impact du changement climatique sur les biens du patrimoine mondial*, Assemblée générale des États parties, nov. 2023, WHC/23/24.GA/INF.8.

33 Voir *Orientations devant guider la mise en œuvre de la Convention du patrimoine mondial*, Comité intergouvernemental pour la protection du patrimoine mondial, culturel et naturel, WHC.24/01 (31 juil. 2024). La dernière actualisation publiée au jour de la mise sous presse est le document WHC.25/01 du 16 juillet 2025. Les références qui suivent renvoient à la version de 2024.

34 Convention concernant la protection du patrimoine mondial, culturel et naturel (note 3), article 4.

35 Article 5.

36 Article 6.

37 Article 7.

mondial a identifié quatre objectifs du patrimoine mondial pour l'action climatique d'ici 2030[38].

Le premier objectif concerne l'évaluation des risques climatiques, qui sont encore insuffisamment connus : « les États parties devraient développer des outils et acquérir les capacités nécessaires pour évaluer les risques climatiques et identifier les préjudices potentiels pour les caractéristiques de valeur universelle exceptionnelle, réversibles ou irréversibles, associés aux impacts actuels ou attendus des aléas climatiques, et pour communiquer ces évaluations des risques climatiques à travers les processus du patrimoine mondial, comme les Rapports périodiques ou les rapports sur l'état de conservation »[39].

Cet objectif peut aisément être relié à l'article 5 de la Convention, qui traite de la recherche sur le patrimoine mondial.

Le deuxième objectif est de développer des cadres d'adaptation au changement climatique[40]. Cet objectif est lié à l'obligation de préserver le patrimoine mondial en vertu de l'article 4 de la Convention. Le Comité reprend ici la définition de l'adaptation donnée par le GIEC[41] et lie explicitement cet objectif à l'article 7 § 5 de l'Accord de Paris, qui stipule que l'adaptation doit être pilotée par les pays et respecter la diversité culturelle, y compris les savoirs autochtones[42].

Le troisième objectif vise à atténuer le changement climatique : « les États parties devraient mettre en œuvre au niveau national et/ou à d'autres niveaux appropriés, des cadres détaillés d'atténuation du changement climatique pour guider les actions d'atténuation pour les biens culturels, naturels et mixtes ; et encourager la réduction nette des émissions de gaz à effet de serre associées aux biens du patrimoine mondial, y compris, où

---

38 *Document d'orientation sur l'impact du changement climatique sur les biens du patrimoine mondial mis à jour*, 2021 (note 28). Repris en termes identiques dans la version de 2023 (note 32), § 27. Les références qui suivent renvoient à la version actualisée de 2023, sauf mention contraire.

39 *Ibidem.*

40 *Ibidem.*

41 *Ibidem*, § 58.

42 *Ibidem*, § 65 et s.

cela s'avère pertinent, par des actions visant à sauvegarder les écosystèmes naturels qui constituent des puits de carbone. »[43]

Le Comité lie explicitement l'objectif d'atténuation au consensus général sur l'objectif de réchauffement climatique maximal de 1,5 °C fixé par le GIEC[44]. Il en déduit la nécessité de mettre en œuvre un principe de précaution dont la trajectoire est compatible avec l'objectif du GIEC, et qui évite de porter atteinte à la valeur universelle exceptionnelle des biens du patrimoine mondial[45]. Cet objectif est particulièrement intéressant en ce qu'il transforme certains biens culturels en instruments de lutte contre le changement climatique, tout comme le second objectif présenté ci-dessus met en avant le patrimoine culturel immatériel comme instrument d'adaptation. Plus précisément, les États parties sont invités, en ce qui concerne le patrimoine naturel ou mixte, à « préserv[er] les écosystèmes naturels qui sont des puits de carbone » et à « prend[dre] des mesures, lorsque cela est possible et tout en protégeant leur valeur universelle exceptionnelle, pour augmenter le piégeage du carbone dans les systèmes naturels »[46]. Cette nouvelle fonction du patrimoine mondial naturel se traduira-t-elle par une augmentation du nombre de sites naturels sur la liste du patrimoine mondial, qui n'est actuellement que de 20 % ?

Le quatrième objectif concerne le partage des connaissances, le renforcement des capacités et la sensibilisation : « les États parties devraient avoir élaboré et mis en œuvre des activités visant à améliorer l'éducation, la sensibilisation ainsi que les capacités humaines et institutionnelles concernant les risques liés au changement climatique et les interventions contre ses effets sur les biens du patrimoine mondial, notamment par des programmes destinés à promouvoir ces biens comme exemples de l'action climatique »[47].

---

[43] *Ibidem*, § 27.
[44] *Ibidem*, § 77-78.
[45] *Ibidem*, § 36.
[46] *Ibidem*, § 61.
[47] *Ibidem*, § 27.

Cet objectif peut être directement lié aux articles 6 et 7 de la Convention de 1972 et est explicitement lié par le Comité à la reconnaissance par l'Accord de Paris de l'importance de l'éducation climatique[48].

II. La mise en œuvre de la convention de 1972 pour s'adapter au changement climatique

La mise en œuvre de la Convention de 1972 est une étape clé dans le tournant climatique au sein du droit international du patrimoine culturel. À cet égard, le Comité du patrimoine mondial, organe intergouvernemental créé par la Convention de 1972[49], a un rôle central à jouer quant à l'évolution des inscriptions sur la Liste du patrimoine mondial (**A**) et aux conséquences à tirer du changement climatique pour la gestion de la Liste du patrimoine mondial en péril (**B**).

A. Les conséquences climatiques sur l'inscription au patrimoine mondial

La valeur universelle exceptionnelle d'un bien est la qualité qui, selon la Convention de 1972[50], doit être reconnue pour qu'il soit inscrit sur la Liste du patrimoine mondial[51]. Pour être inscrit sur cette liste, le bien doit en outre remplir une première condition d'intégrité, et/ou remplir une deuxième condition d'authenticité. Il doit en sus bénéficier d'un « système de protection et de gestion adéquat pour assurer sa sauvegarde » au sens de la Convention[52].

Les *Orientations* du Comité du patrimoine mondial fournissent des indications sur l'interprétation de ces critères, en particulier en ce qui concerne le risque climatique. Elles détaillent les critères spécifiques à retenir pour prendre en compte la menace que le changement climatique

---

48 *Ibidem*, § 65.

49 Convention concernant la protection du patrimoine mondial, culturel et naturel (note 3), article 8.

50 Article 1er.

51 Article 11 § 2.

52 *Orientations devant guider la mise en œuvre de la Convention du patrimoine mondial*, 2024 (note 33), § 77-78 et s.

fait peser sur le patrimoine culturel et envisagent l'établissement d'un ordre de priorité fondé sur l'évaluation de la vulnérabilité d'un bien culturel ou naturel donné et sur les mesures d'adaptation ou d'atténuation envisagées. L'inspiration des rapports du GIEC semble ici évidente. Nous pouvons maintenant donner un aperçu spécifique de la question de la mise en œuvre de la Convention dans la perspective de l'élévation du niveau de la mer.

Concernant le critère d'authenticité, tout d'abord, le bien culturel considéré doit présenter des valeurs culturelles « exprimées de manière véridique et crédible à travers une variété d'attributs »[53]. Une référence particulière est faite aux attributs intangibles, tels que les « traditions, techniques et systèmes de gestion »[54] ou la « langue et autres formes de patrimoine immatériel »[55]. Le critère d'authenticité d'un bien culturel ou naturel peut donc être affecté par la disparition d'éléments immatériels. Cette question se pose avec une acuité particulière pour les usages et pratiques liés aux sites menacés par la montée des eaux, comme l'illustrent les cas des marais salants de Guérande en France, ou du temple de Samut Chin en Thaïlande.

En ce qui concerne le critère d'intégrité, ensuite, le bien culturel ou naturel doit être intact[56]. Pour l'évaluation de l'intégralité d'un bien, les *Orientations* précisent qu'il doit posséder tous les attributs nécessaires pour exprimer sa valeur universelle exceptionnelle, être de taille suffisante et ne pas être menacé par le développement[57] et/ou le manque d'entretien. La menace de la montée des eaux est importante pour de nombreux biens culturels et naturels qui risquent de ce fait une dégradation physique. L'exemple de la grotte Cosquer en France est topique, car l'élévation du niveau de la mer et la configuration de la grotte impliquent que la grotte et ses peintures sont vouées à la disparition.

Quant au critère du système de protection et de gestion adapté, il pose en troisième lieu la question de l'adaptation au changement climatique. Le

---

53 *Ibidem*, § 82.
54 *Ibidem.*
55 *Ibidem.*
56 *Ibidem*, § 88.
57 À propos de la menace du développement pour l'intégrité des biens culturels matériels, voir dans le présent ouvrage la contribution de Rossano Lopes Bastos.

Document d'orientation adopté par le Comité du patrimoine mondial en 2007 avait déjà établi l'objectif d'identifier les biens particulièrement exposés au changement climatique afin de pouvoir éviter ou atténuer ces effets[58]. Si tout bien proposé pour inscription sur la Liste du patrimoine mondial doit faire l'objet d'un plan de gestion ou d'un autre plan documenté[59], la question climatique est devenue particulièrement prégnante depuis la mise à jour des *Orientations* du Comité en 2019. Le paragraphe 118 *bis* des *Orientations*, introduit à cette date, prévoit que trois types d'évaluations (évaluation d'impact environnemental, évaluation d'impact sur le patrimoine et/ou évaluation stratégique environnementale) devront être réalisées avant la mise en œuvre d'un projet de développement visant à modifier le bien culturel ou naturel, en vue de « renforce[r] la résilience du patrimoine face aux catastrophes et au changement climatique »[60]. Dans ce contexte, il semblerait que la décision proposée – et finalement abandonnée – d'inscrire Venise et sa lagune sur la Liste du patrimoine mondial en péril en 2021, ait été en partie justifiée par l'échec de la mise en œuvre de telles mesures[61].

B. Les implications pour le mécanisme du patrimoine mondial en péril

La prise en compte de l'impact négatif du changement climatique, et en particulier ici de l'élévation du niveau de la mer, sur la protection du patrimoine culturel et naturel, est également pertinente pour la gestion de la Liste du patrimoine mondial en péril. Cette liste couvre les biens figurant sur la Liste du patrimoine mondial « pour la sauvegarde desquels de grands travaux sont nécessaires et pour lesquels une assistance a été demandée »[62] sur le fondement de la Convention de 1972. Les biens susceptibles d'être

---

[58] *Document d'orientation sur l'impact du changement climatique sur les biens du patrimoine mondial*, 2007 (note 30).

[59] *Orientations devant guider la mise en œuvre de la Convention du patrimoine mondial*, 2024 (note 33), § 108.

[60] *Ibidem*, § 118 bis.

[61] Projet de décision, 44 COM 7 B.50 (21 juil. 2022). Ce projet d'inscription a finalement été abandonné grâce aux garanties offertes par le gouvernement italien concernant le trafic maritime dans la lagune.

[62] Convention concernant la protection du patrimoine mondial, culturel et naturel (note 3), article 11 § 4.

inscrits sur la Liste du patrimoine mondial en péril doivent également être menacés par des « dangers graves et précis ». Si la Convention de 1972 ne mentionne pas spécifiquement le changement climatique, elle cite expressément les « modifications du niveau des eaux » et les « inondations » parmi les dangers à prendre en considération[63]. Le site en péril peut donc être retiré de la Liste du patrimoine mondial s'il perd sa valeur universelle exceptionnelle, soit en raison de la dégradation complète du bien, soit en raison de l'absence de mesures de gestion et de protection appropriées. Là encore, le Comité du patrimoine mondial adapte la mise en œuvre de la Convention de 1972 à la menace de l'élévation du niveau de la mer à travers le prisme de l'adaptation au changement climatique. Le *Document d'orientation*[64] et les *Orientations*[65] prévoient donc d'adapter l'évaluation de l'altération des critères de la valeur universelle exceptionnelle du bien considéré, ainsi que la procédure pouvant conduire à l'inscription sur la Liste du patrimoine mondial en péril, voire au retrait pur et simple de la Liste du patrimoine mondial.

Le retrait d'un bien de la Liste du patrimoine mondial peut, selon la pratique actuelle, être considéré comme une forme de sanction politique à l'encontre d'un État considéré comme négligent. Le retrait du port de Liverpool à l'été 2021 en est un exemple récent[66]. La même fonction de répressive peut être identifiée en relation avec la menace mentionnée plus haut d'inclure Venise sur la Liste du patrimoine mondial en péril. L'inscription ou le retrait d'un bien des listes de la Convention de 1972 pourrait revêtir une fonction différente à l'avenir, à la lumière des nouveaux défis posés par le changement climatique à la protection du patrimoine mondial. En effet, face à l'ampleur du phénomène, tous les États n'auront pas la capacité de mettre en œuvre des projets pharaoniques d'adaptation aux changements climatiques, comme le projet MOSE en Vénétie. Alors, la perte du troisième critère de la valeur universelle exceptionnelle d'un bien – à savoir son système de protection adapté –

---

63 *Ibidem.*

64 *Document d'orientation sur l'impact du changement climatique sur les biens du patrimoine mondial mis à jour*, 2023 (note 32) § 33, 36 et 39.

65 *Orientations devant guider la mise en œuvre de la Convention du patrimoine mondial*, WHC.21/01 (n 32) paras. 179 et s.

66 Décision 44 COM 7A.34, *Liverpool – Port marchand (Royaume-Uni de Grande-Bretagne et d'Irlande du Nord)* (C 1150), Comité du patrimoine mondial, 2021.

pourrait être généralisée et conduire à une augmentation massive des sites inscrits sur la liste du patrimoine mondial en péril. Outre sa fonction de stigmatisation évoquée plus haut, l'inscription sur la liste donne accès à un mécanisme d'aide, le Fonds pour la protection du patrimoine mondial culturel et naturel[67]. Bien que la Convention de 1972 prévoie également un fonds de réserve pour les demandes fondées sur des calamités naturelles ou des catastrophes qui doivent être examinées d'urgence et en priorité[68], il ne sera pas possible en pratique, après un certain seuil de changement climatique, de fournir l'assistance nécessaire à la préservation de tous les sites du patrimoine mondial, en péril ou non. À long terme, en l'absence de mesures de protection suffisantes, l'UNESCO pourrait se trouver face à un choix irrévocable entre les différents biens du patrimoine culturel à sauver, une situation politique épineuse qui reviendrait à introduire une hiérarchie de valeur entre les différents biens protégés. Certains sites perdraient alors purement et simplement leur valeur universelle exceptionnelle, et leur retrait de la Liste du patrimoine mondial ne ferait que consacrer l'impuissance de la communauté internationale à fournir l'aide nécessaire à la préservation d'un patrimoine protégé au nom de l'Humanité tout entière.

Dans cette perspective, il est évident que la priorité pour la protection du patrimoine mondial aujourd'hui, est l'adaptation et l'atténuation des effets des changements climatiques et de l'élévation du niveau de la mer sur le patrimoine mondial. L'UNESCO a ainsi participé à des projets d'assistance visant spécifiquement à atteindre ces objectifs, comme l'illustre l'initiative *Récifs résilients* lancée en 2018 à la suite de l'appel du Comité du patrimoine mondial à renforcer les efforts en matière de résilience des biens du patrimoine mondial face aux changements climatiques[69].

---

67 Convention concernant la protection du patrimoine mondial, culturel et naturel (note 3), art. 15.

68 Article 21 § 2.

69 Décision 41 COM 7, *État de conservation des biens du patrimoine mondial*, Comité du patrimoine mondial, 2017.

Conclusion : un verdissement complété par de nouvelles voies contentieuses ?

Le présent aperçu du verdissement du droit international du patrimoine culturel montre que l'UNESCO et le Comité du patrimoine mondial ont clairement orienté leurs activités pour participer aux efforts institutionnels et normatifs de lutte contre les effets des changements climatiques et de l'élévation du niveau de la mer.

Pourtant, ces efforts paraissent encore ponctuels et fragmentés. Dans le domaine de la coopération internationale, ils prennent la forme de programmes, d'initiatives ou de réunions internationales dont le suivi, la cohérence et la synergie devraient être renforcés à la lumière d'une coopération structurée et permanente avec les différents partenaires de l'UNESCO. Le Partenariat pour une éducation verte, lancé en 2023, présage peut-être une telle évolution. Sur le plan normatif, l'interprétation de la Convention de 1972 à la lumière des autres obligations internationales liant ses États parties dans le domaine du changement climatique révèle que le verdissement du droit international du patrimoine culturel est effectivement engagé. Cependant, les effets des *Documents d'orientation* et des *Orientations* sur la pratique de l'organisation, et en particulier sur l'établissement et la gestion des listes du patrimoine mondial et du patrimoine mondial en péril, doivent faire l'objet d'une évaluation. Au-delà de l'orientation claire que l'UNESCO a donnée à ses activités, qui doit être saluée, l'ampleur de la tâche concernant la protection et l'adaptation du patrimoine culturel au changement climatique demeure considérable.

Cette étude révèle également que les différents aspects du changement climatique ne sont pas traités en détail au niveau de la coopération internationale relative au patrimoine mondial. Ceci explique que la question spécifique de l'élévation du niveau de la mer apparaisse rarement en tant que telle dans les différents instruments étudiés. Pourtant, l'élévation du niveau de la mer soulève des questions techniques et juridiques spécifiques, comme le statut et le régime juridiques des biens culturels et naturels totalement ou partiellement submergés, questions qui sont aujourd'hui très peu abordées.

Devant ce tableau, ou plutôt cette esquisse, du verdissement du droit international du patrimoine culturel, l'émergence probable de nouvelles formes de contentieux du patrimoine culturel ouvre des perspectives nouvelles quant aux leviers qui pourraient être mobilisés pour accélérer et intensifier l'action internationale en faveur de la protection du patrimoine culturel.

Le contentieux du patrimoine culturel est actuellement principalement lié au développement des droits culturels et bioculturels, en s'appuyant sur les liens spécifiques entre les peuples indigènes et leur environnement naturel [70]. L'on assiste à cet égard à l'émergence d'un contentieux spécifique à l'élévation du niveau de la mer. La pétition présentée à la Commission interaméricaine des droits de l'homme en 2005 par la *Inuits Circumpolar Conference* pour obtenir réparation des violations résultant du réchauffement climatique causé par les actes et omissions des États-Unis a certes été rejetée [71]. D'autres affaires ont été introduites depuis. Le Comité des droits de l'homme, saisi en 2019 dans l'affaire dite des *Habitants du détroit de Torres* (*Daniel Billy et consorts c. Australie*), a rendu en 2023 des constatations favorables [72] à leurs demandes de « sécurisation climatique »[73]. Plus particulièrement, le Comité a non seulement constaté la violation par l'Australie de leur droit à une vie privée et familiale en vertu de l'article 17 du Pacte international relatif aux droits civils et politiques, mais a également conclu à la violation des droits culturels des habitants du Détroit de Torres en vertu de l'article 27 du Pacte[74]. Plus précisément : « il

---

70 Rapport du Haut-Commissariat aux droits de l'homme sur la relation entre le changement climatique et les droits de l'homme, UN Doc A/HRC/10/61 (2009) ; Sanjay Kabir Bavikatte, *Stewarding The Earth : Rethinking Property and the Emergence of Biocultural Rights* (OUP 2014) ; Cour constitutionnelle de Colombie, T-622/16, *affaire Tierra Digna* (10 nov. 2016). Voir également dans cet ouvrage la contribution de Cristiane Derani.

71 Pour une analyse critique, voir notamment Sandrine Maljean Dubois, « Pétition Inuits Circumpolar Conférence (2005) et Petition Arctic Athabaskan (2013) un échec pour un succès ? », *in* Christel Cournil (dir.), *Les procès climatiques : l'arme du droit dans la reconfiguration des revendications environnementales*, Confluence des droits, 2020, pp. 63-73.

72 Comité des droits de l'homme, CCPR/C/135/D/3624/2019, *Constatations adoptées concernant la communication n° 3624/2019 deDaniel Billy et consorts c. Australie*, 18 sept. 2023.

73 Pour reprendre l'expression de Christel Cournil, « Les demandes de sécurisation climatique devant les prétoires ? Quel rôle pour la justice climatique ? », *in* Sabrina Robert (dir.), *Droit et sécurité climatique. Un nouveau registre de la lutte contre le réchauffement climatique ?*, Mare & Martin, 2024, pp. 221-242.

74 Comité des droits de l'homme, CCPR/C/135/D/3624/2019 (note 72), § 10.

considère que les renseignements dont il est saisi montrent qu'en ne prenant pas en temps voulu des mesures d'adaptation adéquates pour protéger la capacité collective des auteurs de préserver leur mode de vie traditionnel et de transmettre à leurs enfants et aux générations futures leur culture, leurs traditions et leurs modes d'utilisation des ressources foncières et marines, l'État partie n'a pas respecté son obligation positive de protéger le droit des auteurs de jouir de la culture de leur minorité. »[75] Ce contentieux naissant, et en particulier l'établissement d'un lien de causalité entre le comportement de l'État en cause et la violation alléguée des droits de l'homme, est certainement influencé par les développements intervenus en matière de justice climatique.

Une ultime question peut dès lors être soulevée : pouvons-nous envisager la mobilisation des droits culturels face aux changements climatiques et à l'élévation du niveau de la mer par d'autres groupes que les peuples premiers ? La réponse à cette question reste ouverte, mais quelques pistes semblent se dessiner. D'une part, en effet, le contentieux relatif à l'élévation du niveau de la mer se développe, sans toutefois qu'il soit fait mention des droits culturels des populations. L'on pense ici notamment au contentieux climatique lié à l'inaction de l'État[76] et au contentieux spécifique des réfugiés climatiques, pour l'instant réduit à l'affaire *Teitiota*[77], qui a été citée par la Cour internationale de Justice dans l'avis consultatif qu'elle a rendu à l'été 2025 à propos des *Obligations des États en matière de changements climatique*[78]. D'autre part, les droits culturels sont mobilisés dans d'autres contentieux que ceux jusqu'alors portés par les peuples autochtones, comme l'illustre l'affaire *Sacchi* portée par dix-neuf enfants devant le Comité des droits de l'enfant, et mettant directement en cause la responsabilité — y compris extraterritoriale — des États pour les

75 *Ibidem*, § 8.14.

76 Aux Pays-Bas : *Urgenda*, 2019 (Cour suprême, affaire 19/00135) ; en France : *Commune de Grande-Synthe*, 2020 (affaire du Conseil d'État 427301) ; *Affaire du siècle*, 2021 (TA n° 1904967, 1904968, 1904972, 1904976/4-1) ; dans l'UE : *People's Climate Case*, 2021 (CJCE, affaire C-565/19 P). Pour une approche globale de ce litige : Ivano Alogna, Christine Bakker, Jean-Pierre Gauci (dir.), *Climate Change Litigation : Global Perspectives*, Brill Nijhoff 2021.

77 Comité des droits de l'homme, CCPR/C/127/D/2728/2016, *Constatations adoptées sur la communication no 2728/2016 de Ioane Teitiota c. Nouvelle Zélande*, 7 juil. 2020.

78 Cour internationale de Justice, *Obligations des États en matière de changements climatiques*, Avis consultatif du 13 juillet 2025, §§ 377-378.

conséquences néfastes des émissions de leur territoire sur le changement climatique et l'élévation du niveau de la mer[79]. Ainsi, lorsque les conditions procédurales seront réunies, il est envisageable que les synergies contentieuses entre la lutte contre le changement climatique et la protection des droits culturels puissent offrir une nouvelle dynamique au verdissement du patrimoine culturel face aux changements climatiques et à l'élévation du niveau de la mer.

[79] Comité des droits de l'enfant, Communication 104/2019, *Sacchi et al c. Argentine, Brésil, France, Allemagne et Turquie*, 11 oct. 2021 (irrecevabilité pour défaut d'épuisement des recours internes).

Patrimoine culturel mondial et changement climatique : dommage collatéral ou levier pour les droits humains ?[1]

Isabelle Anatole-Gabriel

Directrice du Master Biens sensibles, provenances et enjeux internationaux à l'École du Louvre, Professeure invitée à la Central European University
Chercheuse associée Héritages CYU/CNRS (UMR 9022)
Ancienne fonctionnaire internationale à l'Unesco

Le péril : vecteur de production normative

Dans l'histoire désormais longue de la protection du patrimoine culturel, la référence au *péril* a toujours constitué un élément de rhétorique efficace, productrice de normes. Au cours de cette histoire, nombreux ont donc été les facteurs identifiés de disparition des témoignages des sociétés humaines. De la Charte d'Athènes de 1931 qui pointe l'ignorance des populations comme facteur de risque à la Convention de 1954 qui traite des conflits armés, de l'inscription du site d'Angkor en 1992 sur la Liste du patrimoine mondial pour mettre un terme à son *abandon* à la Recommandation de 2011 sur le paysage historique urbain qui ambitionne de mettre un terme au développement urbain non maîtrisé, le péril – imaginé ou objectivé, constaté ou anticipé – fonde l'action de préservation par les États de leur patrimoine culturel. Il constitue pour cette raison le principal ressort de développement de réglementations à caractère juridique ou normatif.

La prise en compte des effets du changement climatique sur la conservation du patrimoine culturel constitue un facteur de péril relativement récent[2]. Au sein des Nations Unies, la question plus large des

[1] Texte révisé le 12 oct. 2024. Les références aux pages internet mentionnées ont été vérifiées à cette date.

[2] La question des désastres naturels avait bien été évoquée par les États non européens lors des débats pour la préparation de la Convention de 1954. Mais le contexte de l'immédiat après-guerre avait prévalu pour concentrer l'attention sur les destructions dues aux conflits armés. Isabelle Anatole-Gabriel, *La fabrique du patrimoine de l'humanité –*

effets négatifs de l'industrialisation et du développement sur l'environnement est pourtant ancienne de plusieurs décennies. Le programme des Nations Unies pour l'Environnement (PNUE ou UNEP) est créé à la suite de la Conférence de Stockholm de 1972 qui prend acte de ces risques. Deux décennies plus tard, en 1992, le Sommet de la Terre de Rio sur l'Environnement et le Développement établit trois conventions internationales (sur le climat, la biodiversité et la désertification), dont la mise en œuvre fait depuis lors l'objet d'un suivi régulier par l'ensemble des États signataires. Ce suivi, constitué de rapports étayés des analyses de commissions d'experts indépendants et de leurs recommandations, permet d'établir et d'ajuster régulièrement et au plus près des évolutions, les politiques internationales et nationales dans ces trois domaines.

Dans ce contexte, l'*aggiornamento* du cadre conventionnel international du patrimoine culturel pour prendre en compte le risque climatique sur le patrimoine s'effectue assez tard, au début des années 2000, dans le cadre de la Convention de 1972 sur la protection du patrimoine mondial culturel et naturel. La Convention de 1972 constitue, en effet, de l'avis des juristes, une exception dans la réflexion sur les rapports entre le cadre conventionnel international sur le patrimoine culturel et la prise en compte du changement climatique[3].

Cette contribution s'articule autour de cinq sections permettant de poser un état des lieux sur le rôle de l'UNESCO face au péril climatique affectant le patrimoine culturel et les points de jonction entre les différents droits concernés, notamment les droits des populations autochtones et les droits humains. Une première section présente une synthèse des documents de politique générale élaborés depuis les années 2000 pour la mise en œuvre de la Convention de 1972. Il est suivi de deux sections mettant en lumière successivement les limites observées du cadre réglementaire en appui sur des exemples et la dissymétrie entre patrimoine culturel et patrimoine naturel dans la prise en compte du changement climatique. Deux sections conclusives, l'une centrée sur la question des droits humains, l'autre sur les défis posés par le changement climatique à la mise en œuvre de la Convention de 1972, proposent des voies possibles vers un renforcement

---

l'UNESCO et la protection patrimoniale 1945-1992, Éditions de la maison des Sciences de l'Homme et Publications de la Sorbonne, 2016.

3 Voir également dans ce volume la contribution de Clémentine Bories sur le sujet.

du rôle de la Convention afin de répondre aux différentes formes de péril induit par le changement climatique.

I. Les documents prescripteurs de réponse au changement climatique

En 2005, à l'occasion de la session annuelle du Comité du patrimoine mondial, des associations de la société civile font parvenir à l'UNESCO des pétitions demandant l'inscription sur la Liste du patrimoine mondial en péril de quatre sites naturels : le parc national de Sagarmatha (Népal), le Parc national de Huascarán (Pérou), la Grande Barrière (Australie) et le Réseau de réserves de récifs de la barrière du Belize (Belize). Forte des mobilisations qui traversent la communauté internationale à la suite des premiers rapports de suivi de la Convention-cadre des Nations Unies sur le changement climatique (CCNUCC), la société civile se saisit de la préservation du patrimoine pour alerter sur les menaces qui pèsent sur les droits économiques, culturels et sociaux des communautés dont ces sites constituent le cadre de vie. Car à terme, ce sont bien les conditions de vie et de subsistance de ces populations qui sont en péril et non simplement un territoire objectivé comme patrimoine au motif de son exceptionnalité[4]. Par conséquent, et ainsi que le présente le Secrétariat dans le rapport sur l'état de la conservation des sites, « les pétitions passent en revue les instruments juridiques applicables et les obligations de chaque État partie vis-à-vis de chaque bien. Elles semblent indiquer qu'un consensus commence à apparaître entre les divers partenaires sur la nécessité d'une plus grande concertation dans les efforts de conservation de ces biens, face aux changements climatiques et à leurs effets associés »[5].

Le Comité du patrimoine mondial, l'organe directeur de mise en œuvre de la Convention de 1972, n'inscrit toutefois pas les quatre sites sur la Liste du patrimoine mondial en péril, mais, dans les Résolutions adoptées, le Comité reconnaît « les craintes légitimes évoquées par les diverses

---

[4] La Liste du Patrimoine mondial, instrument complémentaire à la Convention s'élabore à partir de l'application de la notion de Valeur Universelle Exceptionnelle définie par un certain nombre de critères. La mise en péril d'un de ces critères conditionnent (théoriquement) le transfert du bien inscrit sur la Liste du patrimoine mondial en péril. Voir *Orientations devant guider la mise en œuvre de la Convention du patrimoine mondial (Orientations)*.

[5] Document WHC-05/29.COM/7B.Rev, pp. 2-3.
Accessible sur https://whc.unesco.org/fr/sessions/29COM/documents/

organisations et particuliers signataires de ces pétitions concernant des menaces pour des biens naturels du patrimoine mondial, résultant, ou qui pourraient résulter, des changements climatiques »[6].

Cette décision marque le point de départ d'une série d'études des impacts du changement climatique sur les biens du patrimoine mondial et d'élaboration de documents de stratégie qui viennent compléter les directives existantes pour la mise en œuvre de la Convention de 1972 par les États. Ces documents de stratégie traitent dans un premier temps de la gestion des sites inscrits en tant qu'objets-cibles des dommages provoqués par le changement climatique puis, dans un reversement significatif, en tant que lieux privilégiés de résilience face aux effets globaux du changement climatique sur la planète. L'année suivante, l'UNESCO publie un *Cahier* présentant des études d'experts intitulé « Prévision et gestion des effets du changement climatique sur le patrimoine mondial », ainsi qu'un document de « Stratégie pour aider les États parties à la Convention à mettre en œuvre des réactions de gestion adaptées »[7]. Alliant collecte de données et analyse prévisionnelle des impacts, le volet d'études couvre successivement le patrimoine naturel et le patrimoine culturel, suivant en cela les deux catégories fondatrices de la Convention. Le texte souligne la nécessité d'intégrer la recherche en cours – notamment celle émanant des réseaux du GIEC – dans les mécanismes de suivi de la Convention, ainsi que de développer les liens de coopération avec les autres conventions du système des Nations Unies qui prennent en compte les effets du changement climatique. Le volet stratégique du *Cahier* rend compte de ces deux axes d'action (recherche et réseaux) et le complète d'un volet relatif à la sensibilisation et au partage des bonnes pratiques. La question juridique est évoquée de manière succincte et limitée principalement à l'intégration de la question générique du changement climatique dans le répertoire des directives de mise en œuvre de la Convention de 1972 intitulé *Orientations*.

Ce premier document fixe de manière durable les champs et les modalités institutionnelles de prise en compte du changement climatique par le cadre

---

[6] Résolution 29 COM 7B.a.
Accessible sur https://whc.unesco.org/fr/sessions/29COM/decisions/.

[7] *Changement climatique et patrimoine mondial*, Cahier n° 22, mai 2007, Publications de l'UNESCO. Accessible sur https://whc.unesco.org/fr/series/22/.

conventionnel international sur le patrimoine : études de cas, inscription du facteur de risque du changement climatique dans le mécanisme de suivi de l'état de conservation des sites, recommandations de politiques générales. En 2007, un *Document d'Orientation sur les effets du Changement climatique sur les biens du Patrimoine mondial* est adopté par l'Assemblée générale des États parties[8]. Son contenu s'attache, dans un exercice d'exégèse rétroactive du texte de la Convention, à actualiser la notion de risque pour la conservation des sites dans le contexte désormais nouveau de la lutte contre le changement climatique. Une nouvelle série d'*Études de cas sur le changement climatique et le patrimoine mondial,* publiée en 2009, catégorise les effets du changement climatique en suivant une présentation typologique de biens du patrimoine mondial : glaciers, biodiversité marine, biodiversité terrestre, sites archéologiques, villes et monuments[9].

Un premier temps de genèse normative se dessine donc entre 2005 et 2009. Il est consacré à la collecte de données nécessaires pour quantifier les effets du changement climatique et à l'énonciation de mesures de conservation adaptées à ce nouveau risque. Une seconde phase intervient entre 2015 et 2021. Elle est consécutive aux débats et aux évolutions politiques et scientifiques qui ont lieu d'une part au sein du GIEC, dans le cadre du suivi de la CCUNCC, et d'autre part au sein du programme transversal des Nations Unies pour le développement durable, Horizon 2030[10]. Le nouveau document institutionnel intitulé *Document d'orientation sur l'action climatique pour le patrimoine mondial* révèle un changement d'approche. Les directives préconisées s'éloignent de la simple quantification du facteur de risque sur les sites pour privilégier une approche politique plus large d'*action climatique.* Ce changement résulte autant des rapports de force géopolitiques entre États qui se sont fait jour dès le Sommet de Rio (1992) et se cristallisent lors de l'Accord de Paris (2015), que de la reconnaissance politique de l'indissociabilité des facteurs d'inégalité socio-économiques et des risques environnementaux. Préparé

[8] *Document d'orientation sur les Effets du changement climatique*, WHC-07/16.GA/10. Accessible sur https://whc.unesco.org/fr/sessions/16GA/documents/ et sur https://whc.unesco.org/fr/CC-document-orientation/.

[9] *Études de cas sur le changement climatique et le patrimoine mondial,* Publications de l'UNESCO, 2008. https://whc.unesco.org/fr/280/?id=473&&.

[10] Le programme des Nations Unies *Horizon 2030* définit des objectifs de développement durable (ODD) au nombre de 17. Il a été précédé entre 2000 et 2015, du programme *Objectifs du millénaire pour le développement* (OMD).

par un groupe d'experts, le *Document d'Orientation* est examiné en 2021 par le Comité du patrimoine mondial qui requiert d'y intégrer « le principe fondamental des responsabilités communes, mais différenciées, et des capacités respectives (PRCD-CR) » et d'établir « l'alignement des actions d'atténuation des changements climatiques sur le PRCD-CR et les Contributions déterminées au niveau national acceptées au titre de la CCNUCC et de l'Accord de Paris, sauf sur une base volontaire »[11].

Car, dans ce deuxième temps, les réponses développées dans le cadre de la mise en œuvre de la Convention de 1972 ressortent également du contexte plus large du Programme des Nations Unies pour le développement durable élaboré en 2015. La préservation des sites du patrimoine mondial y est mentionnée explicitement comme moyen de mise en œuvre de l'objectif 11.4 parmi les dix-sept objectifs de développement durable (ODD) qui vise, à l'Horizon 2030, à établir *des villes et des communautés durables et résilientes.* Les centres historiques des villes inscrites sur la Liste du patrimoine mondial sont donc désignés comme des espaces privilégiés de déploiement des politiques de développement. On peut remarquer toutefois que les ODD traitant des écosystèmes des océans (ODD 14) et des écosystèmes terrestres (ODD 15) ne mentionnent pas le rôle du patrimoine mondial. Cette singularité appuie l'idée de l'utilité de la Convention de 1972 pour la résilience des sites culturels du patrimoine.

La transposition du PRDC-CR, à caractère éminemment politique, en directives opérationnelles dans le document des *Orientations,* devait permettre que la protection du patrimoine mondial intègre pleinement la question de la justice climatique et de la dette écologique du Nord envers le Sud. Toutefois, le *Document d'orientation sur l'Action climatique pour le Patrimoine mondial* adopté par l'Assemblée générale des États parties à la Convention en novembre 2023 ne retient pas le PRCD-CR[12].

Ainsi, au terme de deux décennies d'élaboration normative, un cadre réglementaire ambitieux rend compte de l'intégration de la question du changement climatique dans les politiques de conservation du patrimoine mondial. Ce cadre spécifique s'articule avec une grande diversité de cadres

---

[11] Décision WHC/21/44COM/7C, § 7, al. b & c.
[12] Document WHC/23/24.GA/8. Accessible sur https://whc.unesco.org/fr/sessions/24GA/documents/

réglementaires complémentaires élaborés à partir d'autres champs disciplinaires (sciences, éducation) et domaines du droit. Au sein de l'UNESCO, la Commission mondiale d'éthique des connaissances scientifiques et des technologies (COMEST) prépare en 2015 une *Déclaration non contraignante de principes éthiques en rapport avec le changement climatique*[13]. En se situant dans le domaine de l'éthique, ce travail s'est attaché à réarticuler de manière claire les enjeux disciplinaires respectifs des missions de l'UNESCO (science, culture, éducation) avec le cadre normatif fondateur du système des Nations Unies, soit les droits humains fondamentaux. Ainsi est-il déclaré : « la nature des vulnérabilités potentielles et les incertitudes éthiques entourant une réponse appropriée contiennent en leur sein une série d'interrogations morales et politiques plus vastes, touchant aux droits fondamentaux de l'être humain et à l'essence même de la justice, du bien et de l'équité. » Y sont questionnées également les formes de justice (distributive, compensatoire, procédurale, et droits de l'homme) qu'appelle la question du changement climatique[14]. La *Déclaration*, adoptée en 2017 par la Conférence générale de l'UNESCO, peut être considérée comme fondatrice et directrice de l'actualisation des réponses apportées dans les différents domaines de compétence de l'UNESCO, dont celui du patrimoine. Il comporte désormais la réponse politique de protection de leurs droits qu'attendaient en 2005 les représentants des sites du patrimoine mondial du Pérou, du Népal et du Belize, et à laquelle le Comité apporta un constat frileux et général.

II. Les limites des instruments réglementaires : cas pratiques et analyses

Ce cadre doctrinal étant posé, on est fondé à s'interroger sur sa mise en œuvre pratique dans le cadre de la Convention de 1972[15]. Un premier constat, simple, s'invite pour ouvrir l'enquête : depuis 2005, aucun site du

---

[13] *Déclaration de l'UNESCO de principes éthiques en rapport avec le changement climatique.* Accessible sur https://unesdoc.unesco.org/ark:/48223/pf0000245280.

[14] *Déclaration, op. cit.*, pp. 15-16.

[15] C'est-à-dire sur les mesures concrètes de conservation des sites du patrimoine mondial prises depuis lors dans le cadre du suivi de l'état de conservation annuel des sites, processus appelé SOC.

patrimoine mondial n'a été reconnu par le Comité du patrimoine mondial en péril en raison des effets du changement climatique.

Deux exemples documentent ce constat, *Venise et sa lagune* et la *Grande Barrière* de corail. Le site *Venise et sa lagune* ont été inscrits sur la Liste du patrimoine mondial en 1987. Bien qu'affecté entre autres risques par le tourisme de masse depuis plus de trois décennies, le site passe jusqu'en 2014 sous les radars du processus de suivi de son état de conservation. À cette date, le seul facteur de risque identifié est le développement programmé d'infrastructures en vue d'augmenter le trafic de bateaux de croisière et de pétroliers. C'est seulement en 2019, à la suite d'une série d'*aqua alta* particulièrement importantes couvertes par la presse internationale, que « le changement climatique sous la forme d'événements météorologiques extrêmes, d'importantes marées fréquentes et l'augmentation continuelle du niveau de la mer » ainsi que « l'impact du changement climatique sur l'écologie et le tissu bâti de la lagune » sont mentionnés parmi les facteurs d'impact négatifs de la conservation du site, et que l'Italie informe l'UNESCO de la mise en place d'un *Plan d'Action pour le Climat* et d'une *Stratégie d'adaptation au changement climatique*[16]. Pourtant, c'est bien Venise sous les eaux des *aqua alta* qui illustre en 2006 la couverture du tout premier document sur le sujet publié par le Centre du Patrimoine mondial[17]. Inconsistance ou inadvertance, cet écart entre les principes et leur application ne plaide pas pour l'efficacité de l'importante littérature normative du patrimoine mondial[18].

L'exemple de la *Grande Barrière* en Australie illustre une autre forme de prise de distance critique des États vis-à-vis de la gestion par l'UNESCO de l'état de conservation de biens qu'ils ont eux-mêmes choisi de soumettre à des contrôles externes en demandant leur inscription sur la Liste du patrimoine mondial. La *Grande Barrière* a été en 1981 un des premiers sites naturels inscrits sur la liste du patrimoine mondial. L'Australie délimite une superficie de 344 000 km² qui représente

[16] Système d'information sur l'état de conservation (SOC) Acces WHC/19/43.COM/7B, p.195.
Accessible sur https://whc.unesco.org/archive/2019/whc19-43com-7B-fr.pdf.

[17] *Document d'orientation*, 2007, *supra.*

[18] Voir aussi dans le présent volume la contribution de Charlotte Beaucillon sur les conséquences pour le patrimoine culturel de l'élévation du niveau de la mer.

l'écosystème corallien le plus grand au monde, regroupant, entre autres richesses naturelles, « 400 espèces différentes de coraux, 1 500 espèces de poissons et 4 000 espèces de mollusques »[19]. Condition et coût de cette exceptionnalité, l'espace naturel ainsi défini est très sensible aux modifications les plus minimes des conditions climatiques, telles que l'augmentation du niveau de la mer, de la température, des circulations maritimes, de l'acidité de l'océan. Ces facteurs causent le blanchiment des coraux et leur mort. Pour ces raisons, la *Grande Barrière* fait l'objet depuis son inscription d'un suivi régulier de son état de conservation. Les facteurs d'impact négatifs relevés (impact des infrastructures de transport de surface, exploitation minière, infrastructures touristiques), auxquelles s'ajoute en 1999 l'absence de plan de gestion du site, recoupent les différentes causes du changement climatique à l'échelle du globe[20]. En 2011, l'analyse de l'UNESCO souligne finalement les effets négatifs de ces facteurs sur le site ainsi que sa détérioration rapide[21]. En 2015, l'Australie s'engage à mettre en œuvre une série de mesures correctives et de résilience (amélioration de la qualité de l'eau, limitation des industries, réintroduction d'espèces-clés) dans le cadre d'un *Plan de durabilité à long terme du récif* destiné à la conservation globale du bien à l'horizon 2050 (*Reef 2050 Long term Durability Plan*). Cependant, trois épisodes importants de blanchiment des coraux en 2016, 2017 et 2020 forcent au constat de la disparation avérée de 30 % de la barrière et provoquent l'émoi international. En 2021, une série de rapports demandés par l'UNESCO à l'Australie fait apparaître l'insuffisance ou l'absence de mise en œuvre des mesures identifiées dans le Plan et qualifie désormais le changement climatique comme facteur central d'impact[22]. La tentative de l'UNESCO

---

19 Synthèse de la valeur universelle du site La grande barrière. Accessible sur https://whc.unesco.org/fr/list/154.

20 Système d'information sur l'état de conservation (SOC). Accessible sur https://whc.unesco.org/fr/soc/?action=list&pattern=la+grande+barri%C3%A8re.

21 Par la pollution des eaux de surface, la pollution des eaux souterraines, l'augmentation des épisodes climatiques extrêmes dont les tempêtes.
Voir https://whc.unesco.org/fr/soc/317.

22 « Le changement climatique demeure la menace générale la plus significative pour l'avenir du bien. Il est recommandé que le Comité exprime sa profonde inquiétude quant au blanchiment et à la mortalité des coraux qui se sont produits en 2016 et lors du deuxième événement début 2017. Bien que les effets à long terme de ces événements ne puissent pas encore être entièrement évalués, leur ampleur permet de souligner la gravité de la menace que le changement climatique fait peser sur le bien ». Rapport sur l'état de conservation du bien la *grande barrière*, document WHC/17/41.COM/7B.Add, p. 22 et

de placer le bien sur la liste du patrimoine en péril afin de soutenir le renforcement des mesures de limitation des causes du changement climatique est activement contrée par l'Australie et échoue.

Ainsi, en dépit des données scientifiques, du caractère emblématique des biens touchés (*Venise et sa lagune* et *la Grande Barrière* parmi beaucoup d'autres) et de l'arsenal normatif existant, le refus des États à être placés sur la Liste en péril (la liste de la honte) contredit la valeur placée dans la norme, sa validité, et entretient le fossé entre déclaratif et réalité[23]. Un travail d'exégèse à caractère juridico-technique avait pourtant été conduit dès 2006 afin de déterminer dans quelle mesure le changement climatique, en tant que facteur d'impact négatif, pouvait engager la responsabilité des États en conformité avec leurs obligations pour la mise en œuvre de la Convention de 1972[24]. Les acteurs de la gouvernance de la Convention de 1972 sont volontaires à produire des normes sans toutefois se sentir liés par leur mise en œuvre.

WHC/21/44.COM/7B.Add, p. 84. Accessible sur https://whc.unesco.org/archive/2017/whc17-41com-7BAdd-fr.pdf et https://whc.unesco.org/archive/2021/whc21-44com-7B.Add-fr.pdf.

23 Pour la 45e session du Comité du patrimoine mondial (sept. 2023), les rapports établis par le Centre du patrimoine mondial et les organismes experts (ICOMOS, IUCN) sur l'état de conservation de *Venise et sa lagune* et de *la Grande Barrière*, largement repris dans la presse internationale, proposaient que *Venise et sa lagune* soient inscrits sur la Liste en péril mais non la *Grande Barrière*, soulignant ainsi, pour le premier, le rôle de pression de l'énoncé de la sanction et pour le second, la malléabilité des évaluations en fonction de facteurs extérieurs à la conservation des sites.

24 Voir *Document d'orientation*, 2007, *supra*, p. 12, Annex 2 : "*Consideration on some specific legal questions*". Voir également la décision 41COM 7, § 22, de 2017, par laquelle le Comité du patrimoine mondial « réaffirm[ait] qu'il est important que les États parties s'engagent dans la mise en œuvre la plus ambitieuse de l'Accord de Paris de la Convention-cadre des Nations Unies sur les changements climatiques (CCNUCC) en "contenant l'élévation de la température moyenne de la planète nettement en dessous de 2 °C par rapport aux niveaux préindustriels et en poursuivant les efforts visant à limiter l'augmentation de la température à 1,5 °C au-dessus des niveaux préindustriels, étant entendu que cela réduirait sensiblement les risques et les effets des changements climatiques », invite vivement tous les États parties à prendre des mesures pour faire face au changement climatique dans le cadre de l'Accord de Paris qui soient conformes à leurs responsabilités communes mais différenciées ainsi qu'à leurs capacités respectives, à la lumière des différentes circonstances nationales, et que ces mesures soient pleinement compatibles avec leurs obligations dans le cadre de la Convention du patrimoine mondial pour protéger la VUE [*sic*] de tous les biens du patrimoine mondial ». Accessible sur https://whc.unesco.org/fr/decisions/6940/.

La question de l'usage efficient de la Convention du Patrimoine mondial comme levier de justice, de résilience et de durabilité face au changement climatique se heurte par conséquent à un certain nombre de constats.

III. *Soft Law* et dissymétries typologiques

Le premier constat, c'est d'abord la subsidiarité du cadre normatif patrimonial à tous les autres, et notamment aux traités et accords internationaux tels que les Accords de Paris. La Convention de 1972, comme la quasi-totalité des instruments normatifs relatifs au patrimoine, ne prévoit pas de compétence judiciaire. Même si le patrimoine mondial est présenté comme un levier d'atténuation et de résilience, les objectifs fixés dans le cadre de la préservation du patrimoine ne peuvent être ni supérieurs à, ni différents de ceux fixés dans ces accords et traités[25]. Par conséquent, la position qui a pu sembler habilement stratégique de renversement du rôle des sites du patrimoine mondial, de victime collatérale à celui de lieu privilégié de résilience, se révèle contre-productive, car elle entretient l'illusion d'une prise de conscience des États et de leur engagement dans l'action pour protéger le patrimoine et lutter contre le changement climatique, alors que le seuil d'acceptabilité des impacts dans le cadre de la Convention de 1972 est sans cesse repoussé et demeure toujours en dessous et de plus en plus éloigné des seuils prescrits par les accords internationaux pour des espaces et territoires qui, par leurs qualités patrimoniales, sont plus fragiles que tous les autres.

La signature lors de la COP 26 d'accords entre la Colombie, l'Équateur, le Panama et le Costa Rica pour la protection du Corridor marin de conservation du Pacifique tropical oriental (CMAR) qui regroupe quatre sites du patrimoine mondial naturel, signale à cet égard deux choses : que l'action de protection du patrimoine face au changement climatique repose uniquement sur le bon vouloir des États et non sur le levier normatif de la Convention de 1972, mais que le label de la Convention permet de

---

[25] Voir le résumé des commentaires des membres du Comité du patrimoine mondial sur le *Mise à jour du document d'Orientation sur l'Action climatique pour le Patrimoine mondial.* Document WHC/21/23.GA/11, soumis à l'Assemblée générale des États parties à la Convention du Patrimoine mondial en 2021.
Accessible sur https://whc.unesco.org/fr/sessions/23GA/documents/.

valoriser l'action prise par les États individuellement ou collectivement dans le cadre d'accords internationaux[26].

En outre, second constat, d'importantes dissymétries existent dans la mise en œuvre du volet normatif de la Convention de 1972 élaboré pour lutter contre le changement climatique. La protection du patrimoine mondial naturel est favorisée par l'existence d'un cadre réglementaire plus important et plus diversifié que celui applicable au patrimoine culturel. En effet, les trois conventions adoptées en 1992 sur le changement climatique, la biodiversité et la désertification, constituent un nexus de cadres réglementaires qui augmente la gouvernance développée pour le patrimoine naturel par le croisement et le caractère cumulatif des normes. Le cadre des ODD, dans lequel quatre objectifs concernent directement l'environnement alors que la culture ne fait l'objet d'aucun objectif spécifique, confirme cette dissymétrie bien au-delà du périmètre de la Convention de 1972. Il est en outre intéressant de relever que l'application des conventions internationales concernant le patrimoine naturel repose aussi sur le développement d'un langage économique (écoservices, économie biocirculaire, *business model* écologique…) qui confère à l'application de normes non contraignantes le caractère de bonne gestion des ressources et la vertu de retour sur investissement, indépendamment de toute vérification et mesure[27]. Ainsi, par le biais du vocabulaire issu de l'économie gestionnaire, la protection du patrimoine naturel contre les effets négatifs du changement climatique est dotée d'une efficacité performative qui encourage à l'application des normes. Ce n'est pas le cas

---

[26] Les quatre sites sont le Sanctuaire de faune et de flore de Malpelo en Colombie (inscrit en 2006), le Parc national de l'Île Cocos au Costa Rica (inscrit en 1997), les Îles Galápagos en Équateur (inscrit en 1978) et le Parc national de Coiba et sa zone spéciale de protection marine au Panama (inscrit en 2005). Ce corridor couvre plus de 500 000 hectares et constitue une importante route migratoire pour les tortues de mer, les baleines, les requins et les raies manta. Suite à la signature de cette déclaration, les quatre pays vont renforcer leurs aires protégées et lancer un processus régional qui comprendra la création éventuelle d'une réserve de biosphère marine transfrontalière englobant les quatre sites du patrimoine mondial marin. La France a rejoint le CMAR en mars 2023.

[27] Ce langage est principalement le produit de l'engagement des entreprises du CAC 40 dans la lutte contre le changement climatique. Voir Pilar Acosta, Aurélien Acquier, Valentina Carbone *et al.*, « Les *business models* du développement durable », *L'Expansion Management Review*, 2014/1 (n° 152), pp. 20-29. DOI : 10.3917/emr.152.0020. URL : https://www.cairn.info/revue-l-expansion-management-review-2014-1-page-20.htm et également https://www.caissedesdepots.fr/blog/article/.

pour le patrimoine culturel qui n'entre dans le champ de compétence que d'une seule organisation internationale, l'UNESCO, comme toutes les conventions ayant trait à la culture ; en outre, les effets socio-économiques concrets de sa protection demeurent difficiles à saisir en dépit des efforts de théorisation[28].

Cela conduit au troisième constat, que le compartimentage typologique de la protection du patrimoine agit au détriment du patrimoine culturel. Construit par couches successives de politiques patrimoniales formulées au fur et à mesure de l'approfondissement de la notion de patrimoine, le cadre normatif du patrimoine porte en lui son histoire. À la séparation établie entre patrimoine naturel et culturel dans le cadre de la Convention de 1972, s'est ajoutée celle plus récente entre patrimoine matériel et immatériel avec la Convention pour la sauvegarde du patrimoine immatériel de 2003 ; la Convention sur la diversité des expressions culturelles fournit en 2005 une sorte de cadre théorique explicatif global du rôle de la culture, mais dans la pratique, cette dernière Convention a installé une cinquième catégorie dite des industries culturelles. La différenciation typologique du patrimoine qui a produit des systèmes de protection distincts rendant possible des politiques de conservation fines et spécifiques, conduit, dans le cas d'un risque aux effets réputés systémiques, à l'affaiblissement des mécanismes élaborés pour sa protection par l'absence d'outils visant ce qui les relie. Ainsi, on peut en outre remarquer qu'alors que les trois conventions « nature » (climat, biodiversité, désertification) s'attachent à la protection de mécanismes et de systèmes, les conventions culturelles sont solidement ancrées dans la conservation matérielle de séries d'objets et de pratiques matérielles et non des processus qui les créent et les font interagir.

À cette singularité de l'objet patrimonial culturel s'ajoute celui des déséquilibres résultants de l'histoire de la mise en œuvre de la Liste du patrimoine mondial. Quelques chiffres servent à brosser un tableau simple : sur 1 157 sites inscrits, 900 sont des sites culturels (y compris les

[28] Notamment par l'économie de la culture (*Cultural Economics*). L'UNESCO avait tenté dans le cadre de deux Rapports mondiaux sur la Culture, en 1998 et 2000, de créer des indicateurs culturels solides afin de démontrer l'apport global de la préservation du patrimoine au développement hors tourisme.

paysages culturels), 218 sont des sites naturels, 39 sont des sites mixtes[29]. Les sites culturels constituent de très loin le nombre le plus important de sites du patrimoine mondial. Dans le cas de la lutte contre le changement climatique, la différenciation typologique fondatrice de la Convention entre sites culturels et sites naturels est donc à double tranchant. D'une part, la surreprésentation des sites culturels devrait conférer à la Convention de 1972 un fort avantage comparatif dans leur protection — les sites naturels bénéficiant comme nous l'avons vu de mécanismes de conservation d'autres cadres conventionnels — mais, d'autre part, la faiblesse des normes qui s'appliquent au patrimoine culturel joue en défaveur de son utilité. Ainsi, le levier potentiel de la Convention du Patrimoine mondial pour lutter contre les effets du changement climatique sur le patrimoine dans son ensemble est affaibli par la dissymétrie typologique des sites inscrits sur la Liste[30].

L'ICOMOS, l'organisation expert chargée du patrimoine mondial culturel, prend acte, quoiqu'un peu tardivement, de cet enjeu. Elle place son Assemblée générale de 2020 sous le sceau de *l'Urgence climatique et écologique* et entame une série d'actions de recherche, de coopération et de publications qui ont pour objectifs de répondre tant aux défis techniques de conservation des sites culturels qu'à la dimension éthique de la justice climatique. Au cours des dernières trois années, le champ de la culture est donc convoqué dans les discours institutionnels en relais d'approches fondées sur les sciences afin de fournir de nouveaux outils opératoires aux politiques patrimoniales dans ce domaine. Les premiers résultats publiés du programme de recherche et d'action permettant de lier *Culture, Patrimoine et Changement climatique*, initié en décembre 2021 et parrainé par le GIEC, poursuivent ainsi l'ambiguïté gestionnaire établie dans l'usage de la Convention à partir de 2015, selon laquelle le patrimoine est à la fois une cible et une ressource[31] ; ambiguïté à laquelle les programmes de

---

29 Chiffres de juillet 2023. URL : https://whc.unesco.org/fr/list/stat.

30 L'action du Centre du Patrimoine mondial s'est en outre concentrée principalement sur le patrimoine naturel. Voir le guide pratique publié en 2014 : *L'adaptation au changement climatique pour les sites du patrimoine mondial naturel – Guide pratique*, Cahier n° 37, UNESCO, 2014. URL : https://whc.unesco.org/fr/series/37/. Voir également le nombre de publications sur la page *Ressources* du patrimoine naturel : URL https://whc.unesco.org/fr/patrimoine-mondial-naturel/.

31 URL : https://www.icomos.org/fr/themes-dactualite/changement-climatique/122835-publication-programme-mondial-recherche-action-fr-en.

recherche initiés par l'Union européenne n'échappent pas non plus[32]. Poursuivre concurremment ces deux objectifs est-elle la meilleure voie ?

IV. Le changement climatique : une question de droits humains

Dans ce contexte d'actualisation stratégique du discours institutionnel, le *Rapport sur les changements climatiques, la culture et les droits culturels* préparé en 2020 par la Rapporteuse spéciale des Nations Unies dans le domaine des droits culturels, auquel l'ICOMOS apporte sa contribution, permet de rediriger la réflexion de manière salvatrice[33]. Il est rappelé en préambule que : « Le mandat relatif aux droits culturels n'a pas été mis en place pour protéger la culture ou le patrimoine culturel en soi, mais plutôt les conditions permettant à toutes les personnes, sans discrimination, d'avoir accès, de participer et de contribuer à la vie culturelle d'une manière qui évolue en permanence. Ces conditions sont fortement compromises par l'urgence climatique. L'universalité des droits humains, y compris les droits culturels, n'a pas de sens aujourd'hui sans un environnement viable dans lequel on peut en jouir. »[34]

Quinze années après les pétitions des communautés locales auprès du patrimoine mondial, l'urgence climatique fait reconsidérer la question de l'application des droits fondamentaux des populations autochtones. La question des droits des populations autochtones permet en effet de connecter l'environnement et les droits économiques, sociaux et culturels et le droit du patrimoine ; dans le sens où c'est la question de la protection de tout leur environnement, de leurs territoires, en tant que ressource unique et non échangeable pour leur survie physique et psychique, qui est en jeu par le biais de la protection de leur patrimoine culturel[35]. La nature

[32] Voir les initiatives de programmation conjointe (JPI) entre le JPI Patrimoine culturel et changement global et le JPI Connecter le savoir climatique pour l'Europe.
[33] Rapport présenté lors de l'Assemblée générale des Nations Unies en oct. 2020. URL : https://www.icomos.org/fr/90-articles-en-francais/accueil/75184-droits-culturels-et-changements-climatiques-contribution-au-rapport-de-la-rapporteuse-speciale-de-l-onu.
[34] Assemblée générale des Nations Unies. Rapport A/75/298, 10 août 2020.
[35] L'UNEP répertoriait en juillet 2023 plus de 2100 actions en justice liées au changement climatique, parmi lesquelles les actions menées par les populations autochtones sont croissantes. Voir https://www.unep.org/news-and-stories/story/climate-crisis-alters-their-lands-indigenous-peoples-turn-courts.

n'étant pas (encore) dotée d'une personnalité juridique sur le plan international, les sites culturels (site mixte ou paysage culturel) qui sont les lieux de vie des populations autochtones, sont pour l'heure les seuls lieux dans lesquels il est possible d'opposer une pluralité de droits fondamentaux aux risques conjugués des menaces et de leurs effets sur l'environnement[36].

Le cadre normatif développé répond-il désormais aux questions soulevées en 2005 par les représentants des communautés autochtones des quatre sites en Australie, au Belize, au Népal et au Pérou ?

L'important travail de recherche de Disko et Tugendhat[37], publié en 2014, dresse deux constats : en premier lieu, que la protection du patrimoine mondial s'est construite contre les droits des populations autochtones[38], comme le rappelle en 2012 la Rapporteuse spéciale des Nations Unies sur les droits des populations autochtones[39] ; en second lieu, que les efforts faits par nombre d'organes internationaux œuvrant depuis le début des années 1990 pour l'inclusion des droits des populations autochtones dans les mécanismes des Nations Unies, au premier rang desquels la Convention du Patrimoine mondial, sont restés mitigés[40]. De fait, le Comité du patrimoine mondial a reconnu très récemment les droits des populations autochtones en adoptant en 2015 leur inclusion dans les *Orientations*, soit dix années après la reconnaissance du risque du

---

36 Voir dans le présent volume la contribution de Sacha Bourgeois-Gironde sur la personnalité juridique des entités environnementales. Voir également Dario Mantovani, Séminaire *Droit de nature, nature sans droit. Les implicites romains de la pensée moderne*, mars-mai 2023, Collège de France, Paris.

37 Stefan Disko & Helen Tugendhat (ed.), *World Heritage Sites and Indigenous Peoples' Rights*, IWGIA – Document 129, Copenhagen, 2014. "*Indigenous peoples have expressed concerns over their lack of participation in the nomination, declaration and management of World Heritage Sites, as well as concerns about the negative impact these sites have had on their substantive rights, especially their rights to lands and resources*": Stefan Disko, Helen Tugendhat et Lola Garcia-Alix, "*World Heritage Sites and Indigenous Peoples' Rights: An introduction*", p. 4.

38 On parle dans ce texte des droits de populations autochtones tels qu'ils sont exposés dans la *Déclaration des Nations unies sur les droits des populations autochtones* adoptée par l'Assemblée générale des Nations Unies en 2007.

39 "*Indigenous peoples have expressed concerns over their lack of participation in the nomination, declaration and management of World Heritage Sites, as well as concerns about the negative impact these sites have had on their substantive rights, especially their rights to lands and resources*": Stefan Disko, Helen Tugendhat et Lola Garcia-Alix, "*World Heritage Sites and Indigenous Peoples' Rights: An introduction*", *in* Stefan Disko & Helen Tugendhat et Lola Garcia-Alix, *op. cit.*, p. 4.

40 *Ibidem*, pp. 3-37.

changement climatique et concurremment avec l'adoption par l'Organisation de la *Déclaration non contraignante de principes éthiques en rapport avec le changement climatique*[41].

Si l'exposé du long débat pour la reconnaissance des droits des populations autochtones par la Convention de 1972 dépasse le sujet de cet article, l'écart temporel relevé entre la prise en compte du changement climatique et la reconnaissance des droits des populations autochtones dans le mécanisme de gouvernance de la Convention interroge toutefois sur l'usage de ceux-ci dans le contexte de lutte contre le changement climatique[42]. En effet, les travaux sur le patrimoine mondial et les droits des populations autochtones suggèrent moins la prise de conscience de ces droits humains fondamentaux par les acteurs de la gouvernance globale de la Convention (États, experts, secrétariat), que leur utilité dans le contexte de la lutte contre le changement climatique en raison des savoirs traditionnels vecteurs de résilience dont ils sont détenteurs.

Le cas du site emblématique de Uluru-Kata Tjuta (Australie) témoigne de ce biais utilitariste installé au cœur de la conservation du patrimoine mondial qui redistribue la hiérarchie des droits autour du maintien d'un système de valeurs exogènes[43]. D'une part, « la santé et le bien-être » de la communauté Anangu, « propriétaires traditionnels du paysage », sont

---

[41] Deux paragraphes (40 et 123) des *Orientations* sont amendés en 2015 pour inclure des références spécifiques aux populations autochtones. En 2019, deux nouveaux paragraphes (12 et 14 bis) sont introduits qui stipulent que la mise en œuvre de la Convention par les États doit être basée sur une approche basée sur les droits humains. Ces deux paragraphes mentionnent également la participation des populations autochtones.

[42] Les auteurs concluent : "*the World Heritage Committee acts, in many ways, as if the Convention existed in a vacuum and pays little to no regard to international standards developed in other governmental forums or the legal obligations of States under other international instruments. In particular, the Committee has been oblivious to the developments in human rights law since the Convention's adoption in 1972, as evident from the fact that the Operational Guidelines to this day contain no references whatsoever to human rights standards and instruments.*", *ibid.*, p. 31. En appui à cette interrogation, voir la thèse de Guillaume Blanc selon laquelle les politiques de conservation de la nature depuis le XIXe siècle se sont construites sur l'exclusion des communautés locales, notamment dans les anciens espaces coloniaux africains et asiatiques. Guillaume Blanc, Matthieu Guérin et Grégory Quenet (dir.), *Protéger et détruire – Gouverner la nature sous les tropiques (XXe -XXIe siècle)*, CNRS Éditions, Paris, 2022, pp. 7-32.

[43] Michael Adams, "*Welcome to Anangu Land: Word heritage at Uluru-Kata Tjuta National Park*", *in* Stefan Disko & Helen Tugendhat (ed.), *op. cit.*, pp. 289-311.

motivés par la nécessité du maintien des valeurs culturelles du patrimoine mondial et, d'autre part, « l'utilisation du savoir traditionnel dans la gestion du paysage » sert à la mise au point d'une stratégie de gestion du feu qui protège les espèces rares[44]. Plus près de nous en Europe, une partie des territoires ancestraux du peuple Saami en Suède a été inscrite en 1996 sur la Liste du patrimoine mondial sous le titre *région de Laponie*. Toutefois, « la coordination de la gestion du site a été reconnue comme un problème majeur dès les premières étapes d'inscription »[45]. Dans ce cas, les limites géographiques du bien inscrit servent également de frontières juridiques à l'exercice des droits des populations Saami contraintes de modifier leurs pratiques de la transhumance pour les mettre au service de la conservation du bien en dépit des effets constatés du changement climatique sur la limitation des ressources naturelles. Les savoirs traditionnels des Saami, intégrés en 2012 seulement dans la gestion du bien, sont destinés à assurer « une gestion écologique et durable du territoire »[46] et « mieux gérer les efforts de conservation naturelle et culturelle »[47]. D'un côté, la référence précoce (2011) et appuyée dans les manuels de conservation et de gestion des sites du patrimoine mondial aux savoirs traditionnels face au changement climatique et aux catastrophes naturelles ; de l'autre, la persistante déconnexion entre la mise en œuvre de la Convention de 1972 et les droits fondamentaux des populations autochtones (droits à la terre et droits aux ressources).

Les réponses mises en œuvre pour la protection des sites culturels face aux effets du changement climatique représentent donc un enjeu particulièrement important pour la crédibilité et l'efficacité de la

---

[44] *Paysages culturels du patrimoine mondial – Guide pratique de conservation et de gestion*, Cahiers du patrimoine mondial n° 26, UNESCO, 2011, pp. 108-109.

[45] *Ibidem*, pp. 62-63.

[46] *Ibidem*, p. 63.

[47] Carina Green, *"The Laponian World Heritage Area: Conflict and Collaboration in Swedish Sápmi"*, in Stefan Disko & Helen Tugendhat (ed.), *op. cit.*, pp. 85-101, p. 97. Au début des années 2020, plusieurs commissions « Vérité et Réconciliation » ont été créées dans les quatre États (Suède, Norvège, Danemark et Russie) qui se partagent la Laponie, dont l'objectif est d'enquêter sur les violations subies par les Saamis, le « dernier peuple autochtone d'Europe ». C'est dans ce contexte qu'en 2020, la Cour suprême suédoise a pris une décision pour attribuer à une communauté Saami les droits d'attribution des zones de pêche et chasse sur leur territoire antérieurement attribués à l'État suédois.

Convention de 1972. Mais force est de constater que certains défis doivent être relevés pour que la réalité rattrape les discours.

V. Les défis pour la Convention de 1972

Un premier défi est géopolitique. Au constat du déséquilibre typologique de la Liste s'ajoute celui étroitement lié de la représentativité géographique et régionale des sites du patrimoine mondial. 47 % des 1223 biens inscrits sont situés en Europe et Amérique du Nord, 24 % en Asie et Pacifique, 13 % en Amérique latine, 9 % en Afrique et 8 % dans le monde arabe. Or, dans cette cartographie statistique, les zones concernées par les risques les plus élevés et où les situations socio-économiques et sanitaires sont les plus fragiles sont, et de manière très significative, sous-représentées. L'Afrique, la Caraïbe, une partie de l'Amérique du Sud, le monde arabe et une partie de l'Asie sont les zones de plus forte vulnérabilité[48]. Ainsi, l'usage des sites du patrimoine mondial comme levier de résilience au changement climatique se heurte dans les régions les plus vulnérables et touchées (petits États insulaires, Afrique) à leur nombre très limité, réduisant de manière drastique la possibilité de la communauté internationale d'intervenir à partir de ce cadre conventionnel réputé plus consensuel que l'Accord de Paris. Un rééquilibrage géopolitique fort de la Liste du patrimoine mondial pour favoriser l'inscription d'urgence des zones les plus vulnérables paraît impératif ainsi que la réévaluation des critères typologiques afin de favoriser les paysages culturels. Une telle orientation revient à introduire volontairement un biais géopolitique dans le processus d'inscription, en substituant au principe tout théorique de la scientificité des critères d'inscription, le principe scientifiquement démontré de la force de la solidarité internationale face au changement climatique.

Dans ce prolongement, le deuxième défi est scientifique. La gestion des sites marins, des glaciers et des zones forestières inscrits sur la Liste du patrimoine mondial bénéficie de données récentes collectées auprès

[48] Voir la carte publiée par l'ONG *theshiftproject* dans la *Synthèse du Rapport AR6 du GIEC* publié le 28 févr. 2022, p. 4.THESHIFTERS, 2022.
URL: https://theshiftproject.org/wp-content/uploads/2022/03/Synthese-vulgarisee-Rapport-WGII-AR6-The-Shifters.pdf.

d'organismes experts (IUCN, IPCC, Union européenne, CNRS…). Elle bénéficie également de la clarté du lien entre les impacts climatiques et leurs effets sur l'objet patrimonial (fonte des glaciers, montée des eaux, diminution de la canopée). Il n'en est pas de même pour les sites culturels pour lesquels nombre de données et d'indicateurs (notamment de nature sociale, politique, économique et culturelle) n'interviennent jamais dans les processus de gestion en raison de la multifactorialité des causes et des processus qui déterminent les impacts sur les sites. L'enjeu scientifique de la gestion résiliente des sites culturels du patrimoine mondial au changement climatique repose donc sur la collecte de données, leur organisation et la production d'indicateurs qui puissent répondre à la notion de *système socio-écologique*. Cette notion a été développée par le *Arctic Resilience Report*, commissionné par le Conseil de l'Arctique afin de répondre aux facteurs de risques et fournir une matrice pour la durabilité des régions arctique et subarctique prioritaires par la limitation des effets du changement climatique[49].

Le troisième défi est de nature réglementaire et juridique. Les exemples présentés ont fait apparaître la faiblesse de l'articulation de la Convention de 1972 avec les droits humains. Leur récente prise en compte dans les directives opérationnelles se heurte à un demi-siècle de pratique dirigée par la conservation. Même si les documents directeurs établissent un langage commun autour d'objectifs et de normes qui mentionnent les droits humains, il apparaît dans la pratique que les acteurs de la gouvernance de la Convention de 1972 utilisent le mandat limité au patrimoine de la Convention pour rester en deçà des implications éthiques dans la prise de décision en déconnectant le culturel du politique. Le travail fait dans ce sens par les organismes experts (ICOMOS, IUCN) se heurte à la lourdeur du système du patrimoine mondial, à sa lenteur à intégrer les changements en raison du passage par la norme, à la faille désormais béante entre le besoin de sciences (sociales et dures) pour la conservation des sites et la gouvernance politicienne de la marque « Patrimoine mondial », à l'intérêt porté aux inscriptions de nouveaux sites plutôt qu'à la conservation des sites et au refus des États d'accepter l'inscription en péril des sites.

[49] Arctic Council (2016). Marcus Carson and Garry Peterson, (ed.), *Arctic Resilience Report*, Arctic Council, Stockholm Environment Institute and Stockholm Resilience Centre, Stockholm, 2016. URL: http://www. arctic-council.org/.

L'universalité de la Convention de 1972 en fait néanmoins un levier unique pour l'action nationale et internationale. Les ajustements éthiques récents interrogent toutefois sur la pertinence de ses objectifs par rapport à d'autres droits humains et l'utilité première de ces derniers dans la lutte contre le changement climatique. Le rapport du GIEC 2023 indique la pauvreté, les inégalités et l'injustice comme premiers facteurs limitatifs de l'action collective et individuelle pour sécuriser un futur vivable et durable pour tous alors que les premières conditions qui la favorisent sont la gouvernance inclusive et la diversité des valeurs et des connaissances[50]. La réécriture des objectifs de la Convention de 1972 pour substituer à la conservation du patrimoine mondial l'objectif constitutionnel de l'UNESCO de poursuite de la justice, des droits humains et des libertés fondamentales devrait par conséquent permettre le rééquilibrage géopolitique de la Liste du patrimoine mondial[51].

Les faiblesses de la gouvernance et de l'ensemble du système du patrimoine mondial sont significatives de la situation particulière dans laquelle nous nous trouvons, entre deux entités, le mondial et le planétaire. En écho aux experts du climat et de la biodiversité qui postulent la nécessité d'une rupture et d'un changement complet de narratif sur l'avenir de nos sociétés, l'historien Dipesh Chakrabarty appelle à une nouvelle anthropologie philosophique et ouvre ainsi des voies de réflexion qu'il faut saisir[52].

Le système du patrimoine mondial peut représenter une opportunité concrète de penser cette zone de friction entre un inventaire mondial établi selon des catégories anciennes et une philosophie planétaire qui tendrait à la conservation du vivant. Il semble que vouloir concilier les deux (les sites du patrimoine mondial victimes collatérales du dérèglement climatique mis au service de la résilience au changement climatique) relève au mieux

---

50 Figure SPM.6, *Sixième Rapport d'évaluation du Groupe intergouvernemental d'experts sur l'évolution du climat* (GIEC), mars 2023.
Accessible sur https://report.ipcc.ch/ar6syr/pdf/IPCC_AR6_SYR_SPM.pdf.

51 Luke T. Lee, *UNESCO: Some comments on Purpose, Program and Administration*, Duke Law Journal, Vol. 1965, n° 4, pp. 735-763. Cité par Stefan Disko, Helen Tugendhat et Lola Garcia-Alix, *op. cit.*

52 Dipesh Chakrabarty, *The planetary Turn – Historical Thought in the Anthropocene*, Conférence donnée à l'École normale supérieure, Paris, le 19 sept. 2019, sur le livre *The Climate of History in a Planetary Age*, University of Chicago Press, Chicago, 2021. https://www.ens.psl.eu/actualites/une-conference-de-l-historien-dipesh-chakrabarty-decouvrir-sur-savoirs.

d'une aporie, au pire d'une hypocrisie permettant de maintenir la rentabilité pour ses acteurs du système actuel. Ainsi, pour pouvoir envisager des solutions, faudrait-il changer au préalable le système du patrimoine mondial (les catégories de sites et le mode de gouvernance) afin d'y penser cette nouvelle anthropologie philosophique et y installer les modes d'incarnation patrimoniaux. On peut tout du moins en formuler l'espoir.

Changement climatique et patrimoine culturel en droit international

Clémentine Bories

Professeure à l'Université Toulouse Capitole

« Faire face au changement climatique, c'est donner la priorité à l'élimination du clivage entre les spécialistes et les politiques de la nature et de la culture ». Par ces mots, le Conseil International des Monuments et des Sites (ICOMOS)[1] constate qu'enjeux culturels et environnementaux sont désormais étroitement liés. Le milieu du patrimoine n'est pas à l'abri du changement climatique, qui se présente déjà comme une question majeure. En attestent les actions *coup-de-poing* conduites par des militants qui prennent pour cible des œuvres d'art emblématiques dans l'espoir d'attirer l'attention de l'opinion publique mondiale sur les enjeux environnementaux en cours.

Ce rapprochement entre protection du patrimoine culturel et de l'environnement procède d'un mouvement de fond, non limité à la lutte contre le changement climatique. La dimension naturelle de la culture, prégnante avant tout dans des cultures non occidentales, tend ainsi à se frayer une place dans le droit positif. En attestent par exemple les propos du Comité des droits de l'homme concernant les pêcheries maories, dans l'affaire *Apirana Mauhuika et a. contre Nouvelle-Zélande.* L'organe conventionnel prend en considération le lien essentiel avec leur tribu, leurs ancêtres et leur généalogie que les Maoris voient incarné par l'exercice traditionnel de la pêche : « *a 'hurt' to the environment or to the fisheries may be felt personally by a Maori person or tribe, and may hurt non only the physical being, but also the prestige, the emotions and the mana* »[2].

---

[1] ICOMOS France, *Activités. Réflexions. 2020*, adopté par l'Assemblée générale d'ICOMOS France le 30 juin 2021.

[2] Comité des droits de l'homme, Communication n° 547/1993, *Apirana Mahuika et al. vs. New Zealand*, date, § 8.2. Le Comité cite ici le Tribunal de Waitangi (Nouvelle-Zélande, Tribunal de Waitangi, *Muriwhenua Fishing Report*, pp. 180-181, § 10.3.2).

Les incidences du changement climatique sur le patrimoine culturel sont vastes, insoupçonnables, allant de la menace directe que représentent la montée des eaux et les glissements de terrain pour certains monuments au défi que représente le déplacement des communautés pour la sauvegarde de leurs traditions. Des chercheurs en météorologie estiment que 19 % des sites du patrimoine mondial pourraient se trouver submergés par les flots d'ici à 2000 ans, dans le scénario d'un réchauffement global de 3 °C[3]. D'après différentes études d'impact effectuées, les conséquences du changement climatique vont affecter le patrimoine culturel « sur les côtes et à l'intérieur des terres, sous forme d'événements extrêmes d'une évolution des tendances, d'effets subtils et dramatiques, et de conséquences matérielles et immatérielles »[4]. Dans un tel contexte, la Rapporteuse spéciale des Nations Unies relève que le changement climatique démultiplie les risques déjà encourus par le patrimoine culturel, et le qualifie de « multiplicateur de risques »[5]. De façon plus optimiste, un colloque historique du Conseil scientifique de l'ICOMOS sur le changement climatique mondial concluait en 2008 que le changement climatique augurait « autant de perte et de destruction que de préservation du patrimoine culturel ». L'Assemblée générale a pris conscience des effets culturels à venir de la crise climatique, et a interpellé la Cour internationale de Justice sur ce point dans sa requête pour avis consultatif du 29 mars 2003[6].

Face à ces faits et à une prise de conscience des enjeux à venir, la réponse normative internationale paraît encore bien timide. Deux logiques doivent être articulées : la première répond à une logique de préservation patrimoniale et de conservation, la seconde à une dynamique de protection du milieu environnemental. Œuvrer en faveur d'un droit adapté suppose que soit posée la question de l'articulation des dispositifs normatifs

---

[3] Ben Marzeion, Anders Levermann, "A Loss of Cultural World Heritage and Currently Inhabited Places to Sea-Level Rise", *Environmental Resource Letter*, n° 9, 2014, p. 34001.

[4] Source : Leigh Welling, Marcy Rockman, James Watson et al., « Le rôle du patrimoine mondial face au changement climatique », *Patrimoine mondial*, n° 77, *Changement climatique*, octobre 2015, p. 6.

[5] Rapporteuse spéciale dans le domaine des droits culturels, *Droits culturels : rapport marquant le dixième anniversaire du mandat*, A/HRC/40/53, 17 janv. 2019, § 70.

[6] Cour internationale de Justice, Requête pour avis consultatif transmise à la Cour en vertu de la résolution 77/376 de l'Assemblée générale du 29 mars 2023, *Obligation des États en matière de changement climatique*, p. 9.

internationaux de réponse au changement climatique d'une part, et de protection du patrimoine culturel d'autre part. La mise en cohérence des règles internationales existantes au service d'une meilleure et plus large préservation du patrimoine culturel face aux défis soulevés par le changement climatique impose d'abord de constater le hiatus existant actuellement dans le dispositif normatif, car il est un droit originellement fragmenté en deux corps de règles distincts (**I**). Ensuite, il convient de relever que des pistes de conciliation existent et se développent, et qu'elles devraient permettre de combler nombre des limites actuelles du droit positif (**II**).

I. Le hiatus initial du dispositif normatif

A priori, les corps de règles dédiés à la lutte contre le changement climatique d'une part, et à la protection du patrimoine culturel d'autre part, ne sont pas pensés comme articulés. Ils fonctionnent, chacun, en silo. L'analyse des sources du droit conduit à constater que la porosité de chacun de ces corps de règles envers l'autre demeure très limitée. La fragmentation du droit international en autant de sources et d'organes thématiques dessert ici une cause qui impliquerait une approche concertée, voire holistique, ainsi que le reconnaissent les experts et les institutions internationales dans l'organisation même de leurs réflexions, à un stade non ou pré-normatif cependant[7].

Le patrimoine cultuel constitue, dès le départ, le grand absent du droit international du changement climatique[8]. La Déclaration de Stockholm de 1972, par exemple, ne fait aucune référence à la question culturelle[9]. Lors de la Conférence préparatoire, un groupe de travail avait tout de même été consacré à la question. Mais tout comme la Convention-cadre des Nations

[7] Voir la rencontre d'une semaine organisée en ligne par l'UNESCO, le GIEC et l'ICOMOS sur le thème *Cultural Heritage and Climate Change* (déc. 2021).

[8] Sur ce sujet, voir notamment : Alessandro Chechi, "The Cultural Dimension of Climate Change : Some Remarks on the Interface between Cultural Heritage and Climate Change Law", *in* Sabine Von Schorlemer, Sylvia Maus (dir.), *Climate Change as a Threat to Peace. Impacts on Cultural Heritage and Cultural Diversity*, Dresden Papers on Law and Policy of the United Nations, Band 19, Peter Lang GmbH Academic Research, 2014, p. 181.

[9] Rapport de la Conférence des Nations Unies sur l'environnement, Stockholm, 5-16 juin 1972, A/CONF.48/14/Rev.1.

Unies sur les changements climatiques[10], le Protocole de Kyoto tait la problématique culturelle[11]. Traditionnellement, le Groupe d'experts intergouvernemental sur l'évolution du climat (GIEC) ne traite pas directement la question culturelle. Atteste également de l'existence d'un hiatus entre les mondes de la nature et de la culture, le silence du résumé publié pour le GIEC à l'attention des décideurs et résumé technique : il ne dit mot du patrimoine culturel[12].

Le constat de l'absence de dialogue existant entre réponse au changement climatique et protection internationale du patrimoine culturel est effectué depuis peu dans les enceintes de lutte contre le réchauffement climatique, sous un angle non spécifiquement normatif. Dans un Appel signé à Pocantico en 2015, des organisations nationales et internationales appellent des voix à émerger et se faire entendre au soutien de la cause patrimoniale au sein des enceintes de négociation et des organes décisionnels à tous les niveaux, locaux comme internationaux[13]. En 2017, la question s'introduit par la petite porte dans les discussions sur le climat, avec l'organisation d'une session de présentations autour de la thématique « *Cultural Sites, Resources and Climate Change* »[14]. On relèvera une accélération des réflexions croisées, avec l'organisation de sessions de travail[15] et d'une Réunion internationale coparrainée sur la culture, le patrimoine culturel et le changement climatique entre l'UNESCO, le GIEC et l'ICOMOS en 2021[16]. Ces prises de conscience récentes n'ont pas débouché sur des

---

[10] Convention-cadre sur les changements climatiques (CCNUCC), New York, 9 mai 1992.

[11] Protocole de Kyoto à la Convention-cadre des Nations Unies sur les changements climatiques, 1998, FCCC/INFORMAL.83.

[12] https://www.icj-cij.org/sites/default/files/case-related/187/187-20230630-req-05-01-fr.pdf [consulté le 8 févr. 2025].

[13] *Pocantico Call to Action on Climat Impacts and Cultural Heritage*, 4 févr. 2015, https://www.ucsusa.org/sites/default/files/attach/2015/05/Pocantico-Call-to-Action-on-Climate-Impacts-Cultural-Heritage-4-29-2015.pdf, consulté le 4 janv. 2023. L'appel a été rédigé par une vingtaine d'organisations locales, nationales et internationales.

[14] https://unfccc.int/event/cultural-sites-resources-and-climate-change, consulté le 26 janv. 2025.

[15] Ke Leng, UNESCO'Efforts on Safeguarding Culture in the Face of Climate Change and its Funding Mechanism, UNFCCC Loss and Damage Workshop, 16 July 2023 (https://unfccc.int/sites/default/files/resource/WS2_16July_UNESCO.pdf?download, consulté le 26 janv. 2025).

[16] International Co-Sponsored Meeting on Culture, Heritage & Climate Change, 6-10 déc. 2021. Voir : https://www.cultureclimatemeeting.org/.

évolutions normatives. Le droit international de l'environnement est inadapté à la situation de fait actuelle, puisqu'il paraît inefficace face à des questions juridiques nouvelles, et laisse nombre de points en suspens.

L'indifférence initiale entre les deux corps de règles est réciproque : à ses origines, le droit international du patrimoine culturel est indifférent à la question du changement climatique. La question ne fait, en tant que telle, l'objet d'aucune mention dans la Convention du patrimoine mondial ou dans celle du patrimoine immatériel. À l'heure de la rédaction des premiers instruments de protection du patrimoine culturel (conventions de 1954 et de 1972 notamment), la venue du changement climatique ne soulève pas de questions prégnantes. En 2003, bien que le maintien du contexte des éléments immatériels du patrimoine culturel soit reconnu comme nécessaire à leur sauvegarde, la Convention ne fait référence ni à la protection de l'environnement, ni à la question du changement climatique. C'est pourtant au cœur même de la définition du patrimoine culturel immatériel qu'apparaît le facteur environnemental, vital à sa protection : le « patrimoine culturel immatériel, transmis de génération en génération, est recréé en permanence par les communautés et groupes *en fonction de leur milieu, de leur interaction avec la nature* et de leur histoire »[17].

Aussi le réchauffement climatique n'est-il pas directement abordé par les grands textes conventionnels. L'on relèvera certes la présence dans les principaux traités multilatéraux du droit du patrimoine culturel des éléments susceptibles d'apporter un premier degré de réponse à la question du changement climatique. Les générations futures, mentionnées par plusieurs traités et dont la prise en considération découle naturellement de la notion de « patrimoine »[18], sont omniprésentes dans les textes de protection du patrimoine culturel[19]. Cette circonstance n'est néanmoins

---

[17] Convention pour la sauvegarde du patrimoine culturel immatériel, Paris, 17 oct. 2003, article 2, § 2, italiques ajoutés.

[18] L'expression anglaise "*heritage*" est plus parlante encore à cet égard. Selon l'*English Oxford Dictionnary*, "*The concept of heritage carries the assumption that common areas should be looked upon as inheritances transmitted down or heirs, or as estates which by birth rights are passed down from ancestors to present and future generations*" (*English Oxford Dictionnary*, vol. III, 2nd ed., Clarentdon, 1989, p. 167, cité par Kemal Baslar, "The Concept of the Common Heritage of Mankind in International Law" *Development in International Law*, vol. 30, The Hague : Martinus Nijhoff Publishers, 1998, pp. 61-62).

[19] Voir notamment : Convention pour la protection du patrimoine mondial, culturel et naturel, *op. cit.*, Préamb., al. 1 ; Convention pour la sauvegarde du patrimoine culturel

pas, à elle seule, de nature à emporter un régime juridique idoine pour protéger le patrimoine culturel face au changement climatique. En 2005 encore, le silence de l'article 8 de la Convention-cadre de Faro sur la valeur du patrimoine culturel pour la société sur la question climatique est symptomatique de l'indifférence encore récente des sources internationales de protection du patrimoine culturel à ce sujet. En effet, la disposition, pourtant intitulée « *Environnement, patrimoine* et cadre de vie »[20], n'apporte aucune clé de réponse.

La prise en considération des situations dramatiques et des catastrophes subies par le patrimoine culturel permet d'apporter quelques réponses aux effets du changement climatique sur le patrimoine. Celle-ci passe soit par les sources dédiées à la protection du patrimoine culturel (organisation de campagnes internationales d'assistance à un site en danger dans le cadre de l'UNESCO ou plus précisément de la seule Convention du patrimoine mondial)[21], soit par le droit international des catastrophes[22]. Des dispositifs ne sont toutefois pas toujours bien adaptés aux situations générées par le changement climatique, ni au caractère global de ses conséquences, alors que des dommages simultanés et nombreux sont amenés à se produire à l'avenir.

---

immatériel, *op. cit.*, art. 2, § 1. Convention-cadre du Conseil de l'Europe sur la valeur du patrimoine culturel pour la société, Faro, 27 oct. 2005, *Série des Traités du Conseil de l'Europe – n° 199*, art. 2, b.

20 Convention-cadre du Conseil de l'Europe sur la valeur du patrimoine culturel pour la société, Faro, *op. cit.* Nous soulignons.

21 Les campagnes internationales ainsi conduites dans le cadre de l'UNESCO le sont sur la base de l'article 1, § 2, c) de l'Acte constitutif de l'UNESCO : voir en ce sens la justification apportée par le Comité juridique de l'UNESCO : *Rapport final* (prov., 12 C/LEGLSR. 13 (prov.). Celles qui concernent les biens inscrits sur la Liste du patrimoine mondial prennent pour leur part appui sur l'article 6 de la Convention éponyme ; elles sont appelées « campagnes d'assistance », et sont orchestrées par le Comité du patrimoine mondial.

22 Voir par exemple : Giulio Bartolini, "Disasters: An Additional (Legal) Dimension for the International Protection of Cultural Heritage", *in* Massimo Iovane, Fulvio M. Palombino, Daniele Amoroso, Giovanni Zarra (dir.), *The Protection of General Interests in Contemporary International Law: A Theoretical and Empirical Inquiry*, Oxford U.P., 2021, pp. 385 et s. ; Eleni Polymenopoulou, "Cultural Rights in the Prevention and Management of Disasters", *in* Flavia Zorzi Giustiniani, Emanuele Sommario, Federico Casolari, Giulio Bartolini (dir.), *Routledge Handbook of Human Rights and Disasters*, London and New York: Routledge, 2018, pp. 262 et s.

Il résulte de l'état du droit positif une difficulté à appréhender la question des changements climatiques dans un cadre conventionnel.
Trois questions en particulier devraient se poser pour la mise en œuvre de la Convention du patrimoine mondial au bénéfice d'éléments du patrimoine culturel face aux conséquences du réchauffement climatique[23]. Premièrement, alors que le patrimoine pourrait subir des modifications très importantes de nature à affecter son importance, sa représentativité et sa rareté, l'adéquation de la notion de « valeur universelle exceptionnelle », et sa qualité de critère premier de qualification du patrimoine mondial pourraient soulever des difficultés. La dégradation des biens du patrimoine mondial suite au changement climatique, et la capacité de ce critère à constituer un élément pérenne de qualification, méritent d'être interrogées. Deuxièmement, le patrimoine en danger en raison du changement climatique ne se trouve pas exactement dans l'un des cas de figure envisagés par les auteurs de la Convention de 1972. En effet, le système initialement prévu pour renforcer la protection internationale d'un bien du patrimoine mondial en situation de péril a été conçu en songeant à des hypothèses dans lesquelles l'État territorial aurait une prise sur les événements et le sort des biens concernés, alors que, dans le cas du changement climatique, il n'en a pas (et pas seul) la maîtrise. Troisièmement, alors que la place accordée aux mécanismes classiques de droit international en matière de responsabilité de l'État est plus que marginale en matière de protection du patrimoine mondial, de potentiels actes internationalement illicites pourraient désormais être caractérisés dans un nouveau contexte. Ainsi, peut-être un État partie pourrait-il engager la responsabilité d'un autre État partie en matière de changement climatique pour inaction, sur le fondement de l'article 6, paragraphe 3, de la Convention du patrimoine mondial. Cette disposition prévoit en effet que « [c]hacun des États parties à la présente convention s'engage à ne prendre délibérément aucune mesure susceptible d'endommager directement ou indirectement le patrimoine culturel et naturel [...] qui est situé sur le territoire d'autres États parties à cette convention »[24] ; l'inaction climatique ou l'exécution de politiques préjudiciables pour l'environnement pourraient-elles donner lieu à des recours sur ce

[23] Voir *World Heritage Reports, Climate Change and World Heritage. Report on predicting and managing the impacts of climate change on World Heritage and Strategy to assist States Parties to implement appropriate management responses*, n° 22, mai 2007, https://whc.unesco.org/uploads/activities/documents/activity-474-1.pdf, consulté le 26 janv. 2025.
[24] Convention concernant la protection du patrimoine mondial culturel et naturel, Paris, 16 nov. 1972, article 6, § 3.

fondement ? L'interprétation de la Convention de Paris risque de se trouver bousculée par le changement climatique, et des précisions pourraient s'avérer opportunes, par exemple par le biais d'une nouvelle révision des *Orientations devant guider la mise en œuvre de la Convention du patrimoine mondial.*

Dans l'ensemble, il apparaît donc que les textes et règles du droit international de la protection du patrimoine culturel sont peu efficaces pour répondre aux défis qui se présentent et vont s'accroître. Dans un tel contexte, on peut regretter des lacunes normatives susceptibles de générer une certaine insécurité juridique, et l'absence de réponse idoine aux problématiques de demain. Il apparaît néanmoins que le hiatus qui sépare initialement droit du patrimoine culturel et droit de l'environnement en matière de réponses au changement climatique peut être résorbé au moins partiellement par le recours à des voies alternatives.

II. Des pistes de réconciliation

En dépit de la situation initiale, le droit du patrimoine culturel commence à mettre en place des débuts de réponse au réchauffement global de la planète en prenant précisément appui sur les voies du droit du changement climatique. Dans un mouvement de mise en cohérence et d'emprunt, qui prémunit contre une trop grande fragmentation du droit international, le droit du patrimoine culturel évolue et s'intègre plus naturellement dans des logiques qui ne sont plus exclusivement tournées vers un objectif de conservation. Plus qu'une articulation des corps de règles, c'est à une prise en considération des faits connexes que l'on assiste. Pour exemple, lorsque le Comité du patrimoine mondial a adopté, en 2007, une *Stratégie de réduction des risques liés aux catastrophes sur les biens du patrimoine mondial*, il a introduit le changement climatique parmi les éléments pris en compte. Dix ans plus tard, l'Assemblée générale de l'ICOMOS a pris acte de l'importance de l'Accord de Paris et de la mise en place, en s'inspirant des mécanismes climatiques, d'une meilleure mise en œuvre du droit international en vigueur. Ainsi, une résolution « encourage tous les membres de l'ICOMOS à renforcer leurs efforts pour appuyer la mise en œuvre de l'accord de Paris et identifier des réponses qui s'appuient sur le patrimoine ou les paysages culturels […] »[25].

Un mouvement de rapprochement plus net peut être parfois constaté, qui développe la synergie entre les deux corps de règles. En 2005, déjà, le Comité du patrimoine mondial encourageait les États parties à la Convention de 1972 à ratifier la Convention-cadre des Nations Unies sur le changement climatique. Les dispositifs de protection du patrimoine culturel s'avèrent également de plus en plus poreux au droit de l'environnement, surtout au bénéfice du patrimoine mondial. Ainsi, le Comité du patrimoine mondial a demandé au Centre du patrimoine mondial de réviser le *Document d'orientation sur l'action climatique pour le patrimoine mondial* de façon à y intégrer des principes et orientations du droit du changement climatique[26]. Le principe des responsabilités communes, mais différenciées (PRCMD), au cœur du droit international de l'environnement depuis la Déclaration de Rio[27] et la Convention des Nations Unies sur les changements climatiques[28], est ainsi repris dans un instrument de *soft law* au service de la protection du patrimoine mondial. Aussi un principe[29] à bien des égards structurants[30], voire une règle coutumière[31] du droit international de l'environnement, voit-il son

---

25 General Assembly of ICOMOS, *Mobilizing ICOMOS and the cultural heritage community to help meet the challenge of climate change*, Resolution 19 AG 2017/30, December 2017.

26 Voir désormais la version revue en 2021 : Comité du patrimoine mondial, *Documentation d'orientation sur l'action climatique pour le patrimoine mondial*, 44e session élargie, WHC/21/44.COM/7C, Annexe 1, § 10, 31 juil. 2021.

27 Déclaration de Rio sur l'environnement et le développement, dans : *Rapport de la Conférence des Nations Unies sur l'environnement et le développement*, A/CONF.151/26 (vol. I), 12 août 1992.

28 Convention-cadre des Nations Unies sur les changements climatiques (CCNUCC), 9 mai 1992.

29 Sophie Lavallée, « Responsabilités communes mais différenciées et protection internationale de l'environnement : aune assistance financière en quête de solidarité ? », *Les cahiers de droit*, vol. 55, n° 1, mars 2014, § 10 ; Ulrich Beyerlin, Thilo Marauhn, *International Environmental Law*, Oxford : Hart Publishing, 2011, pp. 69-70.

30 Certains parlent d'un "*framework principle*" : Patricia Brine, Alan Boyle, Catherine Redgwell, *International Law and the Environment*, 3e ed., Oxford : Oxford UP, 2009, p. 135 ; ou de principe législatif : Sophie Lavallée, « Responsabilités… », *op. cit.*, § 11.

31 Le principe aurait un caractère coutumier en droit de l'environnement selon certains : Jean-Marc Lavielle, *Droit international de l'environnement*, 3e ed., Paris, Ellipses, 2010 ; Anjali D. Nanda, "India's Environmental Trump Card : How Reducing Black Carbon Through Common But Differentiated Responsibilities Can Curb Climate Change", *Denver Journal of International Law and Policy* vol. 39, 2011, p. 537 ; Paul G. Harris,

application attraite vers le champ de la protection du patrimoine naturel et culturel mondial.

La réduction de la distance séparant les systèmes de protection du patrimoine mondial et ceux de la lutte contre le changement climatique passe par un rapprochement des différentes parties prenantes. Dans une déclaration adoptée à Hawaï en 2006, les organisations non gouvernementales spécialisées dans la protection de la culture et de la nature, consultatives auprès de la Convention du patrimoine mondial, ont ainsi appelé les différents acteurs des deux sphères à collaborer afin de répondre aux défis urgents, dont le changement climatique, par le biais de solutions hybrides au croisement de l'environnement et des enjeux patrimoniaux[32]. Les acteurs du changement climatique tendent d'ailleurs la main aux organes et experts patrimoniaux, au service d'une plus grande coopération. Le Secrétariat de la Convention-cadre des Nations Unies sur le changement climatique propose ainsi au Comité du patrimoine mondial, dès 2007, de travailler ensemble, d'échanger des informations, et de transmettre son savoir-faire. Plusieurs canaux de rapprochement sont préconisés : des rencontres, une implication du Comité du patrimoine mondial dans le *Numerical Weather Prediction*, l'encouragement à suivre les préconisations de la Convention-cadre des Nations Unies sur les changements climatiques, le développement de la coopération entre les points focaux nationaux travaillant sur le réchauffement climatique. Le Comité est plus largement incité à s'inspirer du travail conduit par d'autres organisations travaillant sur les questions climatiques[33].

Au-delà de ces mouvements des acteurs du changement climatique, de la protection du patrimoine mondial et des premières évolutions de la *soft*

"Common But Differentiated Responsiblity: The Kyoto Protocol and United States Policy", *New York University Environmental Law Journal*, vol. 27, 1999, p. 45 ; Y. Yadav, T. Priyadarshini, "Trade Imperialim Versus Environmental Protectionism. An Analysis Using Interpretation of Article XX", *Currents International Trade Law Journal*, vol. 15, 2006, p. 97.

[32] *Mālama Honua – Prendre soin de notre île la Terre*, *Une déclaration d'engagements des participants du parcours Nature – Culture au Congrès mondial de la nature de l'UICN 2016 à Hawai'i*, sept. 2016 (https://www.iucn.org/sites/default/files/2022-09/malama-honua-fr.pdf, consulté le 26 janv. 2025).

[33] Source: WHC Reports 22, *Climate Change and World Heritage*, Report on Predicting and Managing the Impacts of Climate Change on World Heritage and Strategy to Assist States Parties to Implement Appropriate Management Responses, 2007.

law, d'autres voies peuvent être empruntées qui permettent de mettre davantage en cohérence la protection du patrimoine culturel avec le défi que représente le changement climatique. Ainsi, il est possible de trouver dans l'interprétation du droit international positif actuel des ressources permettant de prémunir plus efficacement le patrimoine culturel contre certains effets du changement climatique. Amender les traités en vigueur peut s'avérer complexe, long et périlleux, et contenir les progrès dans les seuls textes de mise en œuvre, relevant de la *soft law*, produit des effets potentiellement moins décisifs et systémiques. Aussi, une interprétation téléologique de certaines sources existantes de droit international permettrait-elle de les mettre en cohérence avec des objectifs de la communauté internationale, et de faire évoluer le sens du droit international du patrimoine culturel dans une direction plus conforme aux orientations du droit du changement climatique.

Le droit international des droits de l'homme présente des potentialités importantes pour la protection du patrimoine culturel contre les changements et possibles catastrophes climatiques. Les droits culturels font naître des obligations à la charge des États et des personnes privées et autres acteurs, ce qui permet une approche large susceptible d'embrasser les différentes situations dans lesquelles peuvent se trouver les éléments patrimoniaux[34]. En 2020, Karima Bennoune, Rapporteur spécial des Nations Unies pour les droits culturels, a relevé combien les droits de l'homme étaient en danger en raison du changement climatique, mentionnant en particulier le cas des sites menacés de disparition par la montée des eaux : "*On mission in Tuvalu, I visited the country'only library, 20 metres from the shore and threated by sea level rise. […] Climate change-induced destruction of cultural heritage has particularly significant effects on indigenous peoples, from whom connections to land and ecosystems play such an important role*". Plusieurs droits culturels peuvent être mobilisés au service de la protection des éléments du patrimoine culturel, notamment immatériel. Les migrations climatiques, par exemple, créent de potentielles entraves importantes au bon exercice de la liberté de participer à la vie culturelle. Celle-ci est pourtant reconnue par la Déclaration universelle des droits de l'homme[35],

[34] Voir en ce sens le *Global Climate Action Summit* de San Francisco (12-14 sept. 2018).

[35] Assemblée générale des Nations Unies, *Déclaration universelle des droits de l'homme*, Résolution 217 A (III), 10 déc. 1948, article 27.

le Pacte international relatif aux droits civils et politiques[36], la Charte africaine des droits de l'homme et des peuples [37], la Déclaration interaméricaine des droits de l'homme[38], et la Déclaration de l'UNESCO sur la diversité culturelle[39]. L'élévation des températures et le dérèglement climatique peuvent également générer des entraves au bon exercice des droits collectifs en matière culturelle. Le droit des membres d'une minorité (reconnu à l'article 27 du Pacte international relatif aux droits civils et politiques[40]) et celui des peuples autochtones (reconnu par la Déclaration des Nations Unies sur les droits des peuples autochtones[41]) sont protégés en droit international ; tous deux peuvent servir à justifier que le patrimoine culturel soit mis à l'abri, dans la mesure du possible, des effets du changement climatique. En particulier, l'article 31 de la Déclaration sur les droits des peuples autochtones reconnaît le droit de protéger, développer et contrôler les différentes dimensions des expressions culturelles et savoirs traditionnels, notamment par l'intermédiaire du patrimoine culturel[42]. L'on relèvera qu'outre les droits culturels, d'autres droits humains pourraient s'avérer utiles à une préservation du patrimoine culturel qui prenne davantage en considération les solutions du droit de l'environnement et de la lutte contre le réchauffement climatique (liberté religieuse, droit à une vie privée et familiale…). Ainsi, les droits humains sont et pourraient, de façon croissante, être interprétés de manière à prendre en considération les atteintes au patrimoine culturel que génère le changement climatique.

Alors que l'une des trois dimensions du développement durable est environnementale [43], une approche compréhensive du développement

---

[36] Pacte international relatif aux droits civils et politiques, New York, 16 déc. 1966, article 15, § 1.

[37] Charte africaine des droits de l'homme et des peuples, Banjul, 27 juin 1981, article 17.

[38] Organisation des États américains, *Déclaration américaine des droits et devoirs de l'homme*, 9e Conférence Internationale Américaine, Bogota, article 13.

[39] UNESCO, Conférence générale, *Déclaration universelle sur la diversité culturelle*, 2 nov. 2001, article 5.

[40] Pacte international relatif aux droits civils et politiques, *op. cit.*, article 27.

[41] Assemblée générale des Nations Unies, *Déclaration des Nations Unies sur les droits des peuples autochtones*, A/RES/61/295, 13 sept. 2007.

[42] Déclaration des Nations Unies sur les droits des peoples autochtones, *op. cit.*, article 31.

[43] Voir notamment : Assemblée générale des Nations Unies, A/RES/70/1, *Transformer notre monde : le Programme de développement durable à l'horizon 2030*, A/RES/70/1, 25 sept. 2015.

durable peut également conduire à œuvrer pour une protection plus efficace du patrimoine culturel face aux défis du réchauffement climatique global. Si aucun des Objectifs du Développement Durable n'est centré sur la culture, le développement durable comporte une irréductible part culturelle[44]. Ainsi, la cible 11.4 mentionne la nécessité de « [r]enforcer les efforts de protection et de préservation du patrimoine culturel et naturel mondial ». Or, le développement durable au bénéfice des générations futures peut présenter des potentialités non encore exploitées juridiquement au service de la protection des éléments du patrimoine culturel[45] menacés par l'évolution du climat. Le développement durable comporte un volet culturel. Il constitue un objectif en faveur de modes de vie plus respectueux à la fois de l'environnement et du patrimoine. Du fait de sa préoccupation pour l'avenir, il attire l'attention sur des points centraux pour le patrimoine culturel, et le rend pérenne, en faisant un pont vers le passé au bénéfice des générations futures[46].

Des évolutions en ce sens commencent à voir le jour. Les perspectives d'une fertilisation croisée des actions environnementale et culturelle au service d'une réponse aux défis climatiques ont été reconnues par l'Assemblée générale des Nations Unies au cours de ses réflexions sur le développement durable[47]. L'appel des États à l'occasion de la Conférence Mondialcult en 2022 à faire de la culture « un objectif spécifique à part entière dans le programme de développement au-delà de 2030 »[48] conduit

---

[44] Voir notamment le Principe 5 adopté à la Conférence du Caire en 1994 : « Les objectifs et les politiques relatifs à la population font partie intégrante du développement culturel, économique et social dont le but principal est d'améliorer la qualité de la vie pour tous » (Rapport de la Conférence internationale sur la population et le développement, Le Caire, 5-13 sept. 1994, A/CONF.171/13/Rev.1).

[45] En faveur de l'extension du droit au développement dans le champ des biens culturels au service de la sauvegarde et du culturel, voir Enguerrand Serrurier, *La résurgence du droit au développement. Recherche sur l'humanisation du droit international*, Paris, Pedone, 2022, pp. 189 et s.

[46] En ce sens : Ben Boer, Rowena Cantley-Smith, "Environmental Human Rights Defenders, Rule of Law and Sustainable Development Goals", intervention lors du colloque *Sustainability and Cultural Heritage*, University of Technology of Sydney, déc. 2023.

[47] Assemblée générale des Nations Unies, *Culture et développement durable*, A/70/474/Add.3, 22 déc. 2015.

[48] Conférence mondiale de l'UNESCO sur les politiques culturelles et le développement durable, MONDIALCULT 2022, 28-30 sept. 2022, *Déclaration finale*, MONDIALCULT-2022/CPD/6, § 19.

à espérer une évolution plus favorable à une réponse au changement climatique qui procède d'une synergie entre Objectifs du Développement Durable et protection du patrimoine culturel. L'utilité du patrimoine culturel immatériel pour garantir un développement durable a d'ailleurs été reconnue par l'Assemblée générale des États parties à la Convention de 2003[49].

C'est avant tout dans le cadre de la protection du patrimoine mondial que le développement durable peut être invoqué efficacement pour faire face aux aléas climatiques. L'opportunité de cette conception a d'ores et déjà été relevée par les instances en charge de la protection et de la surveillance des biens culturels du patrimoine mondial[50]. Ainsi, la perspective d'une immersion de Venise sous les eaux peut-elle justifier une approche du développement économique de la ville qui la prémunisse contre une surexploitation et lui offre la possibilité de mettre tout en œuvre pour éviter l'immersion et préserver ses biens de la montée du niveau de la mer. Cela permettrait d'aller au-delà de la construction de digues protectrices des montées du niveau de l'eau (système MOSE[51]) en réduisant le tourisme et multipliant les installations qui assurent une préservation du site.

Il est à relever que les différents objectifs poursuivis par la communauté internationale et nourris par des sources de droit international convergent ; d'ailleurs, si la protection des droits de l'homme et les objectifs du développement durable sont susceptibles de participer plus activement à la protection du patrimoine culturel face au réchauffement climatique, la rapporteuse spéciale sur les droits culturels auprès du Conseil des droits de l'homme appelle à aller plus loin, et à reconnaître la part indispensable que jouent les droits culturels de l'homme dans la réalisation du développement durable[52]. Une dernière voie peut être empruntée pour

---

49 AG des Parties à la Convention de 2003, Directives opérationnelles pour la mise en œuvre de la Convention pour la sauvegarde du patrimoine immatériel, 2016, p. 41, §§ 192-194.

50 *Policy Document for the Integration of a Sustainable Development Perspective into the Processes of the World Heritage Convention*, WHC-15/20.GA.INF.13, 6 November 2015; *World Heritage and Sustainable Development: Reports of the World Heritage Centre and Advisory Bodies*, 4 June 2021, WHC/21/44.COM/5D.

51 MOSE : MOdulo Sperimentale Elettromeccanico (« module expérimental électromécanique »).

52 Voir le rapport publié le 15 août 2022 : *Report of the Special Rapporteur in the field of cultural rights*, Alexandra Xanthaki, A/77/290.

développer une approche patrimoniale qui inclut la problématique environnementale. Il s'agit d'encourager une plus large participation des communautés culturelles, et de prendre en considération leur approche traditionnelle, souvent bien plus adaptée à une nécessaire résilience climatique.

Le droit international du patrimoine culturel tend à modifier son approche du problème du changement climatique. Face à l'insuffisance des mécanismes et modes de raisonnement préexistants, il met désormais en avant une approche plus locale et différenciée, fondée sur la résilience climatique. L'existence et la pertinence de plusieurs visions sont ainsi reconnues au service de la protection du patrimoine culturel face à l'aléa climatique. En 2007, déjà, des experts réunis à Delhi pour réfléchir aux effets du changement climatique sur le patrimoine culturel ont reconnu l'importance des réponses apportées par le patrimoine à l'adaptation climatique, ainsi que les potentialités offertes par le patrimoine culturel pour apporter des réponses globales à la problématique de la régulation climatique mondiale.

Le rôle du patrimoine culturel immatériel dans ces processus, en particulier, a été relevé par la doctrine[53] ainsi que par la Rapporteuse spéciale dans le domaine des droits culturels[54], en ce qu'il est plus adaptable que le patrimoine tangible. Les *Directives opérationnelles pour la mise en œuvre de la Convention pour la sauvegarde du patrimoine culturel immatériel* prennent appui sur cette approche résiliente des communautés pour mentionner les risques climatiques et les catastrophes naturelles[55]. L'Assemblée générale des États parties à la Convention a elle aussi relevé que « le patrimoine culturel immatériel peut être utilisé en tant que ressource pour soutenir les processus de préparation, de réponse et de relèvement »[56]. Aussi des

---

[53] Voir notamment le projet de recherche conduit autour du cas des petits États insulaires du Pacifique conduit par Kristin Hausler, Alina Holzhausen, Berenika Drazewska, Petra Butler, le Konrad Adenauer Stiftung (KAS) : https://periscopekasaustralia.com.au/papers/special-edition-2023/, consulté le 26 janv. 2025.

[54] Voir dans ce sens le rapport de Karima Bennoune sur les effets des changements climatiques sur les cultures humaines et la jouissance des droits culturels : Rapporteuse spéciale dans le domaine des droits culturels, A/75.298, 10 août 2020, p. 19.

[55] Assemblée générale des États parties à la Convention, *Directives opérationnelles pour la mise en œuvre de la Convention pour la sauvegarde du patrimoine culturel immatériel*, § 191.

[56] Assemblée générale des États parties à la Convention, 8e session, *Le patrimoine culturel immatériel dans les situations d'urgence*, 8-10 sept. 2020, LHE/20/8.GA/9 doc 2020, § 6.

« mesures juridiques, techniques, administratives et financières appropriées » doivent-elles être adoptées, qui impliquent une forte participation des communautés à la préservation de leur patrimoine culturel immatériel »[57]. Sont en particulier prônées des politiques prenant appui sur les connaissances traditionnelles, dans la mesure où les États sont invités à « promouvoir l'accès aux connaissances relatives à la terre et au climat qui sont reconnues par les communautés, les groupes et, le cas échéant, les individus comme faisant partie de leur patrimoine culturel immatériel, ainsi que de leur transmission »[58]. De plus, une approche participative qui permet aux groupes humains de prendre pleinement part à la sauvegarde de leur patrimoine en prenant appui sur leurs pratiques et croyances traditionnelles est préconisée, puisque les États parties à la Convention sont invités à « intégrer pleinement les communautés, les groupes et les individus qui sont les détenteurs de ces connaissances dans les systèmes et les programmes de réduction des risques [...] d'adaptation au changement climatique et de son atténuation »[59]. La « base théorique et méthodologique »[60] mise en place par les organes conventionnels pour faire face aux situations d'urgence, destinée à donner lieu à des actions pratiques, procède de cette même logique[61].

Au-delà du champ du patrimoine culturel immatériel, la protection du patrimoine mondial s'engage également dans cette voie. Ainsi, les biens du patrimoine culturel mondial se conçoivent comme un laboratoire d'essai au service de cette logique nouvelle[62]. C'est ici la culture qui constitue

---

57 Assemblée générale des États parties à la Convention, *Directives opérationnelles [...] patrimoine culturel immatériel*, *op. cit.*, § 191, c) i).
58 *Ibidem*, § 191, c).
59 *Ibidem.*
60 Assemblée générale des États parties à la Convention pour la sauvegarde du patrimoine culturel immatériel, Paris, 8-10 sept. 2020, *Point 9 de l'ordre du jour provisoire : Le patrimoine culturel immatériel dans les situations d'urgence*, § 10.
61 Assemblée générale des États parties à la Convention, *Principes et modalités opérationnels pour la sauvegarde du patrimoine culturel immatériel dans les situations d'urgence*, préc., Annexe au Point 9 de l'Ordre du jour provisoire : « Le patrimoine culturel immatériel dans les situations d'urgence », LHE/20/8.GA/9.
62 Source : Comité du patrimoine mondial, Quarante-quatrième session élargie de Fuzhou (Chine), *Convention du patrimoine mondial et développement durable*, WHC/21/44.COM/5D, § 13, p. 2.

l'origine de ses propres solutions[63], suivant une approche aujourd'hui assumée par la Conférence des Parties sur les Changements climatiques à Dubaï (COP 28) et intégrée à son agenda[64]. Une nouvelle synergie est ainsi en marche, la logique patrimoniale étant reprise dans l'enceinte des négociations climatiques, en dehors de la seule sphère de la protection du patrimoine culturel. Peu à peu, le hiatus se réduit donc entre deux sphères de réponse aux défis que le changement climatique pose au patrimoine culturel, à coup d'emprunts et d'imprégnations réciproques.

---

[63] En ce sens, voir : Hana Morel, William Megarry, Andrew Potts, Jyoti Hosagrahar, *et alii.*, *Programme mondial de recherche et d'action sur la culture, le patrimoine et le changement climatique*, Compte- rendu de projets ICOMOS & ISCM CHC, disponible à l'adresse : https://openarchive.icomos.org/id/eprint/2795/, consulté le 26 janv. 2025, pp. 9 et s., consulté le 26 janv. 2025. Voir dans le même sens l'approche choisie par ONU Climat, au travers notamment de la Plateforme des communautés locales et des peuples autochtones et du portail internet dédié (Portail LCIPP : *Local Communities and Indigenous Platform web Portal*).

[64] Le 9 décembre 2023, dans le cadre de la 28e Conférence des Parties sur les changements climatiques (COP 28), à Dubaï, s'est tenu la première réunion ministérielle de haut niveau sur le sujet (*High-Level Ministerial Dialogue on Culture-Based Climate Action* ; séance disponible sur la page https://unfccc.int/event/high-level-ministerial-dialogue-for-culture-based-climate-action, consulté le 26 janv. 2025).

II

Les conflits armés

L'interaction entre le droit international du patrimoine culturel, le droit international des droits humains et le droit pénal international concernant la destruction du patrimoine culturel : un aperçu

Alessandro Chechi

Chercheur associé au Centre de Recherche sur les Relations entre les Risques et le Droit (C3RD) de la Faculté de droit de l'Université catholique de Lille

L'importance des objets qui font partie du patrimoine culturel d'un pays – tels que les matériaux archéologiques et les objets autochtones – ne découle pas de leur valeur esthétique, de leur origine historique ou de leur caractère unique (qui servent toutefois à les différencier des marchandises ordinaires et fongibles). Elle découle plutôt des valeurs qui leur ont été attribuées par les individus, les communautés et les nations qui les ont créées, ou pour lesquels ils ont été créés, ou encore de l'identité et de l'histoire que ces objets représentent. Autrement dit, la valeur des biens culturels n'est pas inhérente à ces derniers, mais elle leur est accordée par les gens qui les reconnaissent comme faisant partie de leur identité et de leur histoire. La valeur des objets culturels est donc une « construction sociale », dans le sens où elle découle de la « relation » établie par les individus, les communautés et les nations avec ces objets[1]. Il s'ensuit que le patrimoine culturel n'est pas protégé uniquement pour sa dimension physique. C'est également la relation entre les éléments du patrimoine culturel et les personnes, individuellement ou en groupe, et la diversité de ces relations, qui font l'objet de protection – et qui sont promues – par le droit international du patrimoine culturel (DIPC)[2]. Par la même, cela signifie que la dimension matérielle de tout bien culturel est complétée et

---

[1] Neil MacGregor, "Why Do We Value Cultural Heritage?", *in* James Cuno and G. Thomas Weiss (ed.), *Cultural Heritage and Mass Atrocities*, Getty Publications, 2022, pp. 49-58, spec. pp. 49-50; Bella Dick, "Heritage as a Social Practice", *in* G. Hooper (ed.), *Heritage at the Interface. Interpretation and Identity*, University Press of Florida, 2018, pp. 11-24, spec. p. 12; Derek Gillman, *The Idea of Cultural Heritage*, Institute of Art and Law 2006, p. 44.

[2] F. Ana Vrdoljak, "Introduction", *in* F. Ana Vrdoljak (ed.), *The Cultural Dimension of Human Rights*, Oxford University Press, 2013, 1.

accompagnée d'une dimension immatérielle, humaine, qui est l'ensemble de valeurs symboliques, spirituelles ou historiques incarnées dans chaque objet culturel, et qui est indépendante de la valeur esthétique ou monétaire[3].

Le lien intrinsèque et indissociable entre le patrimoine culturel et les êtres humains fait comprendre pourquoi les biens culturels sont invariablement visés lors des conflits armés. En effet, les atrocités commises à l'encontre des populations civiles lors de conflits armés, internationaux ou non internationaux, s'accompagnent souvent de la destruction ou du pillage du patrimoine matériel de la nation ennemie, tels que les monuments, les bâtiments, les sites, les biens archéologiques et les objets sacrés liés à l'histoire, à la littérature, à l'art ou à la science. Les combattants ne ciblent pas ces éléments uniquement pour s'en débarrasser ; leur intention réelle est de saper le moral de l'ennemi, d'anéantir l'identité des personnes pour lesquelles le patrimoine visé revêt une importance particulière et, par là même, de compromettre leur survie (y compris culturelle)[4].

Il s'ensuit que la question de la protection du patrimoine culturel en cas de conflit armé ne peut pas être traitée uniquement sous l'angle du DIPC. Au contraire, elle doit être évaluée en tenant également compte des règles pertinentes du Droit international des droits humains (DIDH) et du Droit pénal international (DPI). L'objectif de ce chapitre est précisément d'explorer le développement de ces domaines juridiques et d'étudier leur interconnexion en relation avec les problématiques de la destruction intentionnelle et du pillage du patrimoine culturel en cas de conflit armé.

I. L'émergence du Droit international du patrimoine culturel

Depuis la fin de la Seconde Guerre mondiale, la communauté internationale a œuvré à l'élaboration d'instruments de droit international public afin d'assurer la protection du patrimoine culturel. En particulier,

---

[3] Yvonne Donders, "Cultural Heritage and Human Rights", *in* Francesco Francioni and F. Ana Vrdoljak (ed.) *Oxford Handbook on International Cultural Heritage Law*, Oxford University Press, 2020, pp. 379-406, spec. p. 385.

[4] UN Human Rights Council et Farida Shaheed, *Report of the independent expert in the field of cultural rights*, 21 mars 2001, A/HRC/17/38, § 18.
En ligne : https://digitallibrary.un.org/record/680585?v=pdf.

le patrimoine culturel a commencé à être traité comme un objet distinct de protection internationale à la suite de la création de l'Organisation des Nations Unies pour l'éducation, la science et la culture (UNESCO) en 1945.

Dans le cadre de son mandat visant à promouvoir la paix par l'éducation et la culture – car « les guerres prenant naissance dans l'esprit des hommes, c'est dans l'esprit des hommes que doivent être élevées les défenses de la paix »[5] –, l'UNESCO a conduit des campagnes et adopté des instruments juridiques, notamment des traités et des déclarations. Les traités adoptés par l'UNESCO pour la protection du patrimoine culturel sont les suivants : la Convention pour la protection des biens culturels en cas de conflit armé de 1954 (Convention de 1954), la Convention concernant les mesures à prendre pour interdire et empêcher l'importation, l'exportation et le transfert de propriété illicites des biens culturels de 1970 (Convention de 1970), la Convention concernant la protection du patrimoine mondial, culturel et naturel de 1972 (Convention de 1972), la Convention sur la protection du patrimoine culturel subaquatique de 2001 (Convention de 2001), la Convention pour la sauvegarde du patrimoine culturel immatériel de 2003 (Convention de 2003), et la Convention sur la protection et la promotion de la diversité des expressions culturelles de 2005 (Convention de 2005). Les déclarations les plus importantes sont la Déclaration universelle sur la diversité culturelle de 2001 (Déclaration de 2001), et la Déclaration concernant la destruction intentionnelle du patrimoine culturel de 2003 (Déclaration de 2003). De toute évidence, ces instruments juridiques ont été adoptés afin de s'attaquer — de manière réactive — aux problèmes qui menacent le patrimoine culturel, qu'il s'agisse des conflits armés, du commerce illicite, de la mondialisation croissante ou des transformations sociales. Quoi qu'il en soit, il s'agit de relever que, à la suite de l'activité normative de l'UNESCO et d'autres organisations internationales[6], le DIPC est considéré, désormais, comme une branche distincte du droit international[7].

---

[5] *Preamble UNESCO Constitution.*

[6] Parmi les organisations internationales qui ont adopté des instruments juridiques en matière de protection du patrimoine culturel, figure l'Institut international pour l'unification du droit privé (UNIDROIT), le Conseil de l'Europe et l'Union européenne.

[7] Cela ne signifie pas que le DIPC constitue un régime autonome détaché du droit international général, car le premier s'appuie sur les outils du second pour adopter des règles, évaluer les responsabilités et obtenir le respect des règles.

A. Sur l'évolution des définitions

Aux fins de la présente étude, il est important de s'arrêter sur les définitions figurant dans les traités adoptés sous l'égide de l'UNESCO, et leur évolution, car elles témoignent de l'évolution constante du DIPC.

Les premiers instruments internationaux adoptés durant la seconde moitié du XIXe siècle et au début du XXe siècle pour atténuer la violence de la guerre ne contenaient pas de terme précis permettant de distinguer les monuments et les œuvres d'art des autres biens. Ils étaient, en effet, identifiés sur la base de leur utilisation, ou par le biais de listes explicatives. Par exemple, l'article 35 du Code Lieber de 1863 prévoit que les « *[c]lassical works of art, libraries, scientific collections, or precious instruments [...] must be secured against all avoidable injury* »[8]. En outre, l'article 27 du Règlement annexé à la Convention (IV) concernant les lois et coutumes de la guerre sur terre de 1907 (Règlement de 1907), oblige les États à prendre « toutes les mesures nécessaires [...] pour épargner » dans « les sièges et bombardements », « les édifices consacrés aux cultes, aux arts, aux sciences et à la bienfaisance, les monuments historiques, les hôpitaux et les lieux de rassemblement de malades et de blessés ». De la même manière, l'article 56 du Règlement de 1907 porte sur les « biens des communes, ceux des établissements consacrés aux cultes, à la charité et à l'instruction, aux arts et aux sciences, même appartenant à l'État [...] ». Il sied de relever que les objets couverts par ces instruments – et par d'autres instruments de droit international humanitaire qui ont été adoptés depuis la seconde moitié du XXe siècle et que nous ne traiterons pas dans cette étude – n'étaient pas protégés en raison de leur valeur intrinsèque. La protection juridique découlait plutôt de la conviction que ces biens – même s'ils appartiennent aux États impliqués dans le conflit – ne devaient pas être pris pour cible car ces derniers ne pouvaient donner un avantage militaire en raison de leur fonction, mais aussi parce qu'ils pouvaient être utilisés par des civils cherchant un abri contre les ravages de la guerre.

La notion de « bien culturel » a été introduite, pour la première fois, dans un contexte juridique international, par la Convention de 1954. Selon son article premier, « sont considérés comme biens culturels, quels que soient

---

[8] *Instructions for the Government of Armies in the Field as Authorized by the Laws and Usages of War on Land*, General Orders no 100, 24 avr. 1863.

leur origine ou leur propriétaire : (a) [l]es biens, meubles ou immeubles, qui présentent une grande importance pour le patrimoine culturel des peuples, tels que les monuments d'architecture, d'art ou d'histoire, religieux ou laïques, les sites archéologiques, les ensembles de constructions […], les œuvres d'art, les manuscrits, livres et autres objets d'intérêt artistique, historique ou archéologique, ainsi que les collections scientifiques et les collections importantes de livres, d'archives ou de reproductions des biens définis ci-dessus ». Ce nouveau concept a servi de catégorie synthétique pour identifier les objets mobiliers et immobiliers qui méritent d'être protégés en raison de leur valeur intrinsèque plutôt que de leur vulnérabilité [9]. En d'autres termes, les biens culturels sont différenciés par définition des marchandises ordinaires et fongibles.

Au fil du temps, le concept de « patrimoine culturel » s'est ajouté à l'expression « bien culturel ». Il en résulte qu'aujourd'hui le terme patrimoine culturel est utilisé dans le langage juridique pour englober toute manifestation matérielle ou immatérielle du processus artistique et créatif du présent et du passé. Bien qu'il soit déjà apparu dans la Convention de 1954, le terme « patrimoine culturel » a été développé par la Convention de 1972 et puis par la Convention de 2001. En introduisant cette nouvelle notion, le premier texte a transformé la question de la protection en un intérêt collectif[10]. En outre, l'utilisation du terme « patrimoine culturel » implique que les biens culturels qui le composent (qu'ils soient meubles ou immeubles) doivent être transmis aux générations futures avec l'obligation de les préserver [11]. Finalement, l'introduction du terme « patrimoine culturel » a progressivement imposé l'extension de la protection internationale aux formes immatérielles du patrimoine culturel par le biais d'une nouvelle génération d'instruments de l'UNESCO.

[9] Francesco Francioni, "A Dynamic Evolution of Concept and Scope: From Cultural Property to Cultural Heritage", *in* Yusuf A. Abdulqawi (ed.), *Standard-Setting in UNESCO, Normative Action in Education, Science and Culture*, Martinus Nijhoff and UNESCO Publishing, 2007, pp. 221-236, spec. p. 225.

[10] Francesco Francioni, "World Cultural Heritage", *in* Francesco Francioni and F. Ana Vrdoljak (ed.), *Oxford Handbook on International Cultural Heritage Law*, Oxford University Press, 2020, pp. 250-271, spec. pp. 250-251.

[11] V. Lyndell Prott and J. Patrick O'Keefe, ""Cultural Heritage" or "Cultural Property"?", *International Journal of Cultural Property*, 1992, pp. 307-320, p. 307, spec. p. 311.

La Convention de 2003 est le premier traité international juridiquement contraignant axé sur le patrimoine culturel immatériel des communautés, des groupes et des individus. Elle définit le « patrimoine culturel immatériel » comme « les pratiques, représentations, expressions, connaissances et savoir-faire – ainsi que les instruments, objets, artefacts et espaces culturels qui leur sont associés – que les communautés, les groupes et, le cas échéant, les individus reconnaissent comme faisant partie de leur patrimoine culturel. Ce patrimoine culturel immatériel, transmis de génération en génération, est recréé en permanence par les communautés et groupes en fonction de leur milieu, de leur interaction avec la nature et de leur histoire, et leur procure un sentiment d'identité et de continuité, contribuant ainsi à promouvoir le respect de la diversité culturelle et la créativité humaine » [12] . Cette définition englobe de nombreuses expressions culturelles (telles que la musique, la littérature, la danse, la mythologie, les rituels, etc.) et établit un lien direct entre le patrimoine immatériel et l'identité (culturelle) des individus et des communautés. En effet, la Convention de 2003 considère que la sauvegarde du patrimoine culturel immatériel d'un groupe fait partie de la revendication de ses droits humains à maintenir et à développer son identité en tant que corps social au-delà de la vie biologique de ses membres. La Convention de 2003 marque donc la confluence du DIPC avec le DIDH et le droit de la protection des minorités et des peuples autochtones[13].

La Convention de 2005 est également pertinente pour la présente analyse. Ce traité met l'accent sur la pluralité des cultures et la diversité culturelle, car elles constituent le « patrimoine commun de l'humanité »[14]. Le texte fait écho à la Déclaration de 2001, qui affirme que la diversité culturelle est « le patrimoine commun de l'humanité »[15], et que le patrimoine culturel « sous toutes ses formes, doit être préservé, mis en valeur et transmis aux générations futures en tant que témoignage de l'expérience et des aspirations humaines, afin de nourrir la créativité dans toute sa diversité et d'inspirer un véritable dialogue entre les cultures »[16]. La Convention de

12 Articles 2(1) et (2).
13 Francesco Francioni, "Public and Private in the International Protection of Global Cultural Goods", *European Journal of International Law*, 2012, pp. 719-730, spec. p. 726.
14 Préambule, deuxième paragraphe.
15 Article 1.
16 Article 7.

2005 souligne, cependant, que la protection de la diversité culturelle passe par la protection des droits (culturels) de chaque individu, et non par la seule préservation des manifestations matérielles ou immatérielles exprimant sa culture.

B. Le respect des droits humains au cœur des conventions de l'UNESCO

Au départ, l'objectif de l'UNESCO, à travers sa fonction législative, était principalement axé sur la préservation de l'intégrité des biens culturels en cas de conflit armé, c'est-à-dire lorsque les dommages et la destruction des sites, des monuments et des biens culturels résultaient soit d'actes intentionnels ou d'utilisation à des fins militaires, soit de dommages collatéraux. Par la suite, la protection juridique a été étendue aux sites d'importance culturelle et naturelle. Plus tard, la diversité culturelle et le patrimoine immatériel en tant que porteur d'identité culturelle et vecteur de continuité de la communauté détentrice de ce patrimoine sont entrés dans le champ de compétence du DIPC.

Il est important de noter que, en étendant la protection juridique au patrimoine culturel immatériel, à l'identité culturelle et à la diversité culturelle, les instruments les plus récents de l'UNESCO placent la question du respect des droits humains liés à la construction et l'expression de l'identité culturelle des individus et des communautés plus qu'auparavant au premier plan de la protection du patrimoine culturel[17]. Cela signifie que le DIPC n'est plus orienté exclusivement vers la protection des biens culturels matériels pour le bénéfice de l'humanité dans son ensemble. Au contraire, le DIPC met aujourd'hui davantage l'accent sur l'importance de la sauvegarde du patrimoine culturel pour les communautés qui l'ont créé, ou pour lesquelles il a été créé, ou qui y trouvent leur identité et leur histoire. L'une des raisons de cette évolution demeure dans l'apparition de conflits inter-ethniques et inter-religieux (en cours ou latents) qui sévissent dans de nombreux États où la discrimination et la persécution des individus au sein des communautés ethniques ou religieuses sont courantes. Dans ce type de contexte, la communauté internationale s'est engagée à promouvoir la diversité

---

[17] Janet Blake, *International Cultural Heritage Law*, Oxford University Press, 2015, p. 271.

culturelle (plutôt que de supprimer les différences culturelles, ethniques ou religieuses) afin de s'attaquer aux causes profondes de ces conflits et de garantir la paix et les droits humains pour tous[18].

Les préoccupations relatives aux droits de l'homme, individuels et collectifs, se retrouvent également (bien que parfois de manière implicite) dans les traités moins récents de l'UNESCO en matière de protection du patrimoine culturel matériel. Par exemple, l'article premier de la Convention de 1954 proclame que sont considérés comme « biens culturels » « les biens [...] qui présentent une grande importance pour le patrimoine culturel des peuples », et non pas des États. De même, au titre de la Convention de 1972, les communautés locales devraient être impliquées dans le processus menant à l'inscription de sites culturels et naturels sur la Liste du patrimoine mondial, ainsi qu'à leur gestion. Les Orientations pour la mise en œuvre de la Convention de 1972 déclarent que les « États parties à la Convention sont encouragés à adopter une approche basée sur les droits humains [...], ainsi que la participation d'une large variété d'acteurs concernés et de détenteurs de droits, y compris les [...] populations locales, peuples autochtones, organisations non gouvernementales (ONG), autres parties prenantes et partenaires intéressés par les processus d'identification, de proposition d'inscription, de gestion et de protection des biens du patrimoine mondial »[19]. De même, les Directives opérationnelles pour la mise en œuvre de la Convention de 1970 affirment que « [l]a perte, par suite du vol, de l'endommagement, des fouilles clandestines, ou du transfert ou du commerce illicites, de ces biens précieux et exceptionnels constitue un appauvrissement du patrimoine culturel de tous les peuples et nations du monde et une atteinte aux droits fondamentaux de l'homme à la culture et au développement »[20]. Ces extraits soulignent clairement que la symbiose entre le DIPC et le DIDH – et donc la constatation que les individus et les communautés ont des

---

[18] F. Ana Vrdoljak, "Human Rights and Cultural Heritage in International Law", *in* Federico Lenzerini and F. Ana Vrdoljak (ed.), *International Law for Common Goods*, Hart Publishing, 2014, pp. 139-175, spec. p. 139.

[19] *Orientations devant guider la mise en œuvre de la Convention du patrimoine mondial*, 31 juil. 2021, § 12.

[20] Directives opérationnelles pour la mise en œuvre de la Convention concernant les mesures à prendre pour interdire et empêcher l'importation, l'exportation et le transfert de propriété illicites des biens culturels de 1970, 18-20 mai 2015, § 1.

droits et des obligations à l'égard de leur patrimoine matériel – est nécessaire pour faire face aux dangers menaçant le patrimoine culturel matériel.

Enfin, il convient de souligner ici que la sauvegarde du patrimoine culturel immatériel n'est pas absolue. En effet, les conventions de l'UNESCO proclament invariablement que les « pratiques traditionnelles préjudiciables » (aussi appelées « pratiques culturelles néfastes »)[21] – telles que les mutilations génitales féminines, la polygamie, l'infanticide féminin, le mariage forcé des enfants et les « crimes d'honneur » – ne sauraient être protégées par le droit du patrimoine culturel. Par exemple, l'article 2(1) de la Convention de 2003 déclare qu'« aux fins de la présente Convention, seul sera pris en considération le patrimoine culturel immatériel conforme aux instruments internationaux existants relatifs aux droits de l'homme [...] ». De même, l'article 2(1) de la Convention de 2005 affirme que « nul ne peut invoquer les dispositions de la présente Convention pour porter atteinte aux droits de l'homme et aux libertés fondamentales [...] ». Dans l'ensemble, ces dispositions affirment que l'impératif de protection du patrimoine culturel ne doit pas être utilisé pour justifier des pratiques violentes, abusives ou discriminatoires, même si un individu consent à de telles pratiques culturelles, et même si le groupe auquel cet individu appartient les valide[22]. En d'autres termes, la protection du patrimoine culturel suppose le respect des droits humains.

C. La question de la responsabilité pénale individuelle

Il sied de relever enfin que les instruments juridiques adoptés par l'UNESCO ne prévoient pas de sanctions à l'encontre des responsables

[21] Les pratiques traditionnelles néfastes peuvent être définies comme toutes les pratiques qui sont considérées par les membres d'une communauté donnée comme faisant partie de leur culture et qui causent des dommages ou des souffrances physiques ou mentales aux membres vulnérables de cette communauté (par ex. les femmes et les enfants). Alessandro Chechi, "When Culture and Human Rights Collide: The Long Road to the Elimination of Gender-Based Harmful Traditional Practices", *Rivista Ordine internazionale e diritti umani*, 2020, pp. 839-862, spec. pp. 843-844.

[22] Alexandra Xanthaki, "Multiculturalism and International Law: Discussing Universal Standards", *Human Rights Quarterly*, 2020, pp. 21-48, spec. p. 43.

de la destruction de monuments, de bâtiments ou de sites, ou du pillage de biens culturels. En effet, ces instruments présentent plusieurs limites.

Tout d'abord, la Convention de 1954, étant un traité de droit international humanitaire, ne porte que sur des situations extrêmes (confits armés internationaux ou non internationaux) et sur une catégorie restreinte de biens culturels, notamment les « biens meubles ou immeubles, qui présentent une grande importance pour le patrimoine culturel des peuples »[23]. Ensuite, la Convention de 1970 ainsi que la Convention de 2001 portent essentiellement sur les mesures de prévention et de coopération et sur la restitution des biens culturels, les sanctions pénales jouant un rôle mineur.

D'autre part, il est évident que les conventions de l'UNESCO laissent aux États une grande latitude pour définir quels agissements et omissions doivent être sanctionnés et quelles sanctions doivent être imposées à l'encontre des personnes responsables (sanctions pénales ou non pénales). La Convention de 1954 prévoit que « les Hautes Parties contractantes s'engagent à prendre, dans le cadre de leur système de droit pénal, toutes mesures nécessaires pour que soient recherchées et frappées de sanctions pénales ou disciplinaires les personnes, quelle que soit leur nationalité, qui ont commis ou donné l'ordre de commettre une infraction à la présente Convention »[24]. Il ne s'agit donc pas d'une obligation de poursuivre et de punir les auteurs des infractions, mais plus simplement de prendre « toutes les mesures nécessaires » à cette fin. La Convention de 1970 est ultérieurement limitée car elle demande aux États parties d'imposer des sanctions (pénales ou administratives) seulement à l'encontre des personnes responsables d'une infraction des interdictions prévues aux articles 6(b) et 7(b)[25]. Il est intéressant de noter que la Déclaration de 2003 laisse également aux États une marge d'appréciation considérable car son Principe VII prévoit que : « les États devraient prendre toutes les mesures appropriées, conformément au droit international, pour établir leur compétence à l'égard des personnes qui commettent ou donnent l'ordre de commettre des actes de destruction intentionnelle du patrimoine

[23] Article 1(a).
[24] Article 28.
[25] Article 8.

culturel revêtant une grande importance pour l'humanité […] et pour fixer les sanctions pénales adéquates à appliquer à ces personnes ».

En revanche, le Deuxième Protocole relatif à la Convention de La Haye de 1954 pour la protection des biens culturels en cas de conflit armé de 1999 (Deuxième Protocole) consacre son chapitre 4, intitulé « responsabilité et compétence », à la criminalisation des infractions classiques du droit international humanitaire en matière de biens culturels. Notamment, l'article 15 est consacré à la criminalisation de « violations graves », tandis que l'article 21 vise les « autres infractions ». Les infractions suivantes, lorsqu'elles sont commises intentionnellement et en violation de la Convention de 1954 et du Deuxième Protocole, sont les « violations graves » : « (a) faire d'un bien culturel sous protection renforcée l'objet d'une attaque ; (b) utiliser un bien culturel sous protection renforcée ou ses abords immédiats à l'appui d'une action militaire ; (c) détruire ou s'approprier sur une grande échelle des biens culturels protégés par la Convention et le présent Protocole ; (d) faire d'un bien culturel protégé par la Convention et le présent Protocole l'objet d'une attaque ; (e) le vol, le pillage ou le détournement de biens culturels protégés par la Convention, ou les actes de vandalisme dirigés contre des biens culturels protégés par la Convention ». Les Parties s'engagent à adopter toutes les mesures nécessaires pour que ces violations figurent dans leur droit interne en tant qu'infractions pénales et pour qu'elles soient réprimées par des peines appropriées[26]. Les « autres infractions » prévues à l'article 21 sont : « (a) toute utilisation de biens culturels en violation de la Convention et du […] Protocole ; (b) toute exportation, tout autre déplacement ou transfert de propriété illicites de biens culturels depuis un territoire occupé, en violation de la Convention et du […] Protocole ». Pour ces infractions, le Deuxième Protocole donne une instruction claire aux États parties, en disposant que, « sans préjudice de l'article 28 de la Convention » de 1954, « chaque Partie adopte les mesures législatives, administratives ou

---

[26] Vittorio Mainetti, « De Nuremberg à La Haye : l'émergence des crimes contre la culture et la pratique des tribunaux internationaux », *in* Vincent Négri (dir.), *Le patrimoine culturel, cible des conflits armés. De la guerre civile espagnole aux guerres du 21ᵉ siècle*, Bruylant, 2014, pp. 151-182, spec. pp. 160-162.

disciplinaires qui pourraient être nécessaires » pour les faire cesser, « dès lors qu'elles sont accomplies intentionnellement ».

II. La dimension culturelle du Droit international des droits humains

L'analyse qui précède démontre que le DIPC couvre tous les types d'expressions culturelles, ainsi que les droits humains qui leur sont associés. En effet, aujourd'hui, les droits culturels sont reconnus comme faisant partie du catalogue des droits humains[27]. Cela est dû à l'expansion exponentielle de la compréhension de la culture et du patrimoine culturel, d'une part, et à des interprétations plus approfondies des droits humains, d'autre part[28].

Les préoccupations relatives à la protection du patrimoine culturel ont progressivement influencé l'interprétation et la mise en œuvre des traités internationaux relatifs aux droits humains. Les conventions les plus pertinentes sont le Pacte international relatif aux droits économiques, sociaux et culturels de 1966 (Pacte DESC) et le Pacte international relatif aux droits civils et politiques de 1966 (Pacte DCP). En outre, la Déclaration des Nations Unies sur les droits des peuples autochtones de 2007 (Déclaration de 2007) doit aussi être considérée. Cette dernière reconnaît la personnalité juridique des peuples autochtones et contient des garanties de grande portée concernant leurs droits à l'autodétermination[29]. Il convient également de mentionner que la Déclaration de 2007 est le premier instrument relatif aux droits humains à contenir des références explicites au patrimoine culturel. Cela se comprend aisément pour deux raisons. Premièrement, puisqu'elle a été adoptée quelques années après

---

27 Voir par exemple, les articles 4 et 5 de la Déclaration de 2001, ainsi que la Déclaration de 2003 : « [l]e patrimoine culturel est une composante importante de l'identité culturelle des communautés, groupes et individus, et de la cohésion sociale, de sorte que sa destruction intentionnelle peut avoir des conséquences préjudiciables sur la dignité humaine et les droits de l'homme » (préambule) ; « […] les États reconnaissent la nécessité de respecter les règles internationales concernant la qualification pénale des violations flagrantes des droits de l'homme et du droit international humanitaire, en particulier lorsque la destruction intentionnelle du patrimoine culturel est liée à ces violations » (*Principle IX*).

28 Voir F. Ana Vrdoljak, préc. (note 18), p. 140.

29 Articles 3, 4 et 5.

l'adoption des instruments de l'UNESCO sur la sauvegarde du patrimoine culturel immatériel, de l'identité culturelle et de la diversité culturelle. Deuxièmement, car la Déclaration de 2007 reconnaît que les communautés autochtones adoptent une conception holistique de la culture qui couvre la terre, le patrimoine immobilier et mobilier, les éléments matériels et immatériels.

Néanmoins, malgré l'existence de dispositions sur les droits culturels disséminées dans un large éventail de traités et un certain nombre d'études entreprises par l'UNESCO, la portée de ces droits (et des obligations étatiques correspondantes), leur contenu juridique, leur applicabilité et leur justiciabilité sont restés inexplorés durant plusieurs années[30]. Ceci s'explique notamment par le fait que la culture est souvent abordée dans le contexte d'autres droits, tels que le droit à la religion ou la liberté d'expression[31]. Le fait que le Comité des droits économiques, sociaux et culturels (CDESC), l'organe d'experts indépendants chargés de surveiller la mise en œuvre du Pacte DESC, n'ait été créé qu'en 1985, c'est-à-dire près de vingt ans après l'adoption du Pacte, en constitue, également une raison. En outre, comme démontré, l'UNESCO n'a reconnu l'existence de la dimension humaine du patrimoine culturel qu'avec les instruments adoptés au début du XXIe siècle.

Quoi qu'il en soit, au cours des dernières années, un certain nombre d'organismes engagés dans la défense des droits humains ont exploré les concepts de culture et de patrimoine culturel sous l'angle des droits fondamentaux. Les constats de ces organismes sont précisés dans les sections suivantes.

A. Le Comité des droits économiques, sociaux et culturels et le droit de participer à la vie culturelle

Le Pacte DESC est le traité le plus complet sur la protection des droits culturels. La partie III du Pacte décrit les droits à protéger,

---

30 Voir Janusz Symonides, "Cultural Rights: A Neglected Category of Human Rights", *International Social Science Journal*, 1998, pp. 559-572.

31 S. Pok Yin Chow, "Culture as Collective Memories: An Emerging Concept in International Law and Discourse on Cultural Rights", *Human Rights Law Review*, 2014, pp. 611-646, spec. p. 617.

particulièrement le droit de participer à la vie culturelle à l'article 15(1)(a). Cet article contient une affirmation très générale et abstraite. Le contenu normatif du droit de participer à la vie culturelle a été précisé par le CDESC dans l'Observation générale n° 21 de 2009 [32]. Une analyse approfondie de ce document dépassant le cadre de la présente étude, un examen des questions clés qu'il pose suffira.

Premièrement, le CDESC rappelle que les « droits culturels font partie intégrante des droits de l'homme et, qu'au même titre que les autres droits, ils sont universels, indissociables et interdépendants » [33]. Il précise, également, que « les droits culturels peuvent être exercés par une personne (a) en tant qu'individu, (b) en association avec d'autres, ou (c) au sein d'une communauté ou d'un groupe »[34]. Il s'ensuit que le droit de participer à la vie culturelle appartient à tous les individus, quel que soit leur lien de citoyenneté.

Deuxièmement, le CDESC élabore les notions de « culture » et « participation ». D'après le Comité, le terme « culture » indique un « processus vivant, qui est historique, dynamique et évolutif et qui a un passé, un présent et un futur », un processus qui comprend « toutes les manifestations de l'existence humaine », y compris « le mode de vie, la langue, la littérature orale et écrite, la musique et la chanson, la communication non verbale, la religion ou les croyances, les rites et cérémonies, les sports et les jeux, les méthodes de production ou la technologie, l'environnement naturel et humain, l'alimentation, l'habillement et l'habitation, ainsi que les arts, les coutumes et les traditions, par lesquels des individus, des groupes d'individus et des communautés expriment leur humanité et le sens qu'ils donnent à leur existence, et construisent leur vision du monde représentant leurs rapports avec les forces extérieures qui influent sur leur vie » [35]. Ces citations indiquent que le CDESC considère que la culture est un processus dynamique englobant des aspects matériels et immatériels ; les individus et

---

[32] Observation générale n° 21 : Droit de chacun de participer à la vie culturelle (art. 15, § 1 a) du Pacte international relatif aux droits économiques, sociaux et culturels, UN Doc. E/C.12/GC21, 21 déc. 2009.

[33] *Ibidem*, § 1.

[34] *Ibidem*, § 9.

[35] *Ibidem*, §§ 11-13.

les communautés sont les détenteurs de ces droits ; le droit de participer à la vie culturelle n'est pas limité à la jouissance de ce qui est considéré comme ayant une valeur exceptionnelle pour l'humanité ou pour la « culture nationale » (c'est-à-dire la culture du groupe dominant), mais comprend également la jouissance des manifestations des cultures locales ou minoritaires qui sont importantes pour les individus et les communautés[36].

De plus, la notion de participation a été interprétée par le CDESC comme ayant plusieurs dimensions, notamment, la participation, l'accès et la contribution à la vie culturelle. Dans une perspective passive, « participer » signifie avoir accès à la vie culturelle et aux informations concernant celle-ci et profiter de ses avantages sans aucune forme de discrimination. Participer à la vie culturelle implique également que le patrimoine culturel qui lui est lié soit protégé et préservé et que tout le monde, y compris les individus appartenant à des groupes non dominants, ait le droit d'accéder aux monuments, aux espaces culturels et aux objets d'art situés dans les musées et institutions similaires. D'un point de vue actif, la participation à la vie culturelle implique le droit de choisir et de changer d'appartenance culturelle et de contribuer librement à la vie culturelle. Ce dernier aspect signifie que chaque individu doive être en mesure de participer à l'identification, à l'interprétation, à la protection, à la création et au développement du patrimoine culturel, ainsi qu'aux processus décisionnels concernant la conception et la mise en œuvre de politiques et de programmes y relatifs[37].

Finalement, l'Observation générale n° 21 confirme que les États conservent la responsabilité première de la promotion des droits culturels et de la protection du patrimoine culturel. Le concept de droits humains suppose l'existence de devoirs de la part des États. Sans ces obligations, les droits humains n'auraient aucun sens. Selon la situation, les États parties au Pacte DESC ont l'obligation négative de s'abstenir de toute ingérence dans l'exercice des pratiques culturelles et dans l'accès aux biens culturels, ainsi que l'obligation positive de prendre des mesures pour garantir la participation, l'accès et la jouissance du patrimoine culturel[38].

---

[36] *Ibidem*, § 15(b).

[37] Voir Yvonne Donders, préc. (note 3), p. 392.

[38] Observation générale n° 21 (n 32), §§ 6 et 44-59.

Dans l'ensemble, le CDESC s'est efforcé d'articuler l'obligation des États parties d'assurer la protection du patrimoine culturel matériel et immatériel situé dans leur juridiction, y compris le patrimoine culturel des communautés, telles que les minorités et les peuples autochtones, et de faire du droit de participer à la vie culturelle une liberté par opposition à la simple possibilité de s'engager dans des activités culturelles[39]. En effet, la préservation des monuments, sites et biens culturels ayant une valeur archéologique, historique, religieuse ou esthétique peut être considérée comme un moyen de sauvegarder les droits et l'identité des individus et des communautés qui les ont créés, ou pour lesquels ils ont été créés, ou dont l'identité et l'histoire sont liées. Il serait en effet inutile de préserver les éléments du patrimoine culturel pour eux-mêmes et non pour les personnes pour lesquelles ils ont un sens.

B. Comité des droits de l'homme et droits des minorités et des peuples autochtones

Au fil du temps, le Comité des droits de l'homme (CDH), l'organe de contrôle chargé de veiller au respect du Pacte DCP, a développé une importante jurisprudence en matière de droits culturels des minorités sur la base de l'article 27 du Pacte, qui dispose que « dans les États où il existe des minorités ethniques, religieuses ou linguistiques, les personnes appartenant à ces minorités ne peuvent être privées du droit d'avoir, en commun avec les autres membres de leur groupe, leur propre vie culturelle, de professer et de pratiquer leur propre religion, ou d'employer leur propre langue ». La portée de l'article 27 du Pacte DCP peut être délimitée comme suit.

Premièrement, le CDH a adopté une interprétation large et dynamique de la notion de « culture ». Dans l'Observation générale n° 23, il l'a définie comme une notion dynamique, qui inclut le mode de vie d'une communauté donnée[40], celui par lequel le groupe exprime sa spécificité

---

[39] *Ibidem*, §§ 6 et 54(b).

[40] CDH, Observation générale n° 23, article 27, CCPR/C/21/Rev.1/Add.5, 26 avr. 1994, § 7 et 9.

culturelle[41]. S'agissant d'une notion dynamique, le fait que, par exemple, des équipements ou des techniques modernes soient utilisés pour l'artisanat, les spectacles musicaux ou les activités traditionnelles telles que la pêche et la chasse ne rend pas ces activités moins dignes de protection.

Deuxièmement, le CDH a affirmé, à plusieurs reprises, que le droit énoncé à l'article 27 ne peut être réalisé de manière significative que lorsqu'il est exercé « en communauté » (bien que cet article parle des droits des « personnes » appartenant à des minorités)[42]. En outre, afin d'identifier les minorités visées par l'article 27 (et les personnes appartenant à ces minorités), un élément subjectif est requis, à savoir l'existence d'un lien avec un passé commun et des traditions partagées. Cet élément présente un fort parallélisme avec les finalités du patrimoine, dans le sens que le patrimoine a une valeur pour ceux qui y croient et qui l'identifient comme étant le leur[43]. Par conséquent, la jouissance des droits énoncés dans le Pacte DCP ne dépend pas d'un lien formel de citoyenneté entre les membres d'un groupe et un État, mais plutôt de la manifestation de caractéristiques stables qui distingue un groupe donné du reste de la population[44]. En ce sens, il faut souligner que les droits culturels et les droits des minorités sont différents en termes d'application, car les premiers sont accordés à tout un chacun, tandis que les seconds ne le sont qu'aux minorités reconnues.

Troisièmement, bien que le droit contenu dans l'article 27 soit conféré de manière négative (« [...] ne peuvent être privées du droit [...] »), les États sont tenus de ne pas entraver la capacité des minorités à jouir de leur propre culture, mais pareillement d'agir de manière proactive au nom des ayants droit pour protéger leur identité, ainsi que les biens culturels, meubles ou immeubles, religieux ou laïques, qui leur sont indispensables. Les États sont également tenus de prendre des mesures pour garantir

---

[41] Voir S. Pok Yin Chow, préc. (note 31), pp. 632-635 ; l'affaire *J.G.A. Diergaardt et al. c. Namibia* (Communication 760/1997), CCPR/C/69/D/760/1997 (2000).

[42] Voir les affaires *Ilmari Länsman and others c. Finland* (Communication n° 511/1992, 14 oct. 1993) ; et *Bernard Ominayak, Chief of the Lubicon Lake Band c. Canada* (Communication n° 167/1984, 26 mars 1990). Voir aussi Observation générale n° 23 (n 40), § 6(2).

[43] Voir Janet Blake, préc. (note 17), p. 292.

[44] Observation générale n° 23, préc. (note 40), § 6(2).

l'accès continu des communautés à leur patrimoine et leur capacité à le créer et à l'entretenir[45].

Enfin, bien que l'article 27 ne fasse pas spécifiquement référence aux peuples autochtones, le CDH n'a pas hésité à les rendre bénéficiaires de la protection offerte par cette règle[46]. Cette protection s'ajoute donc à celle conférée par la Déclaration de 2007, qui est spécifiquement destinée à leurs droits (y compris leurs droits culturels).

III. La contribution du Droit pénal international à la protection du patrimoine culturel

Afin d'approfondir la compréhension de la protection du patrimoine culturel contre les attaques intentionnelles pendant les conflits armés, il est nécessaire de se tourner vers le DPI[47].

A. Origines et développement de la responsabilité individuelle pénale internationale

Le DPI englobe, depuis sa création, des règles contre les actes menaçants et causant la destruction du patrimoine culturel. Par exemple, l'interdiction de la destruction intentionnelle du patrimoine culturel matériel a été énoncée dans le Lieber Code à l'article 44 : "*all wanton violence committed against persons in the invaded country, all destruction of property not commanded by the authorized officer, all robbery, all pillage or sacking, even after taking a place by main force… are prohibited under penalty of death, or such other severe punishment as may seem adequate for the gravity of the offense*". Le but du Lieber Code n'était pas seulement d'interdire une telle conduite, mais d'établir une base pénale à la responsabilité individuelle. L'article 8(2) de la Déclaration de Bruxelles de 1874 affirme, également, que « toute saisie, destruction ou dégradation intentionnelle de semblables établissements, de monuments historiques, d'œuvres d'art ou de science, doit être poursuivie par les autorités

45 *Ibidem*, §§ 6(1) et 6(2). Voir aussi Janet Blake, préc. (note 17), p. 292.

46 Observation générale n° 23, préc. (note 40), §§ 3(2) et 7.

47 Voir aussi F. Ana Vrdoljak, "Intentional Destruction of Cultural Heritage. Sentencing and Reparations", *in* Amy Strecker and Joseph Powderly (ed.), *Heritage Destruction, Human Rights and International Law*, Brill, 2023, pp. 112-141.

compétentes »[48]. Cette clause fut transposée dans l'article 56 du Règlement de 1907, lequel confirme que « toute saisie, destruction ou dégradation intentionnelle de semblables établissements, de monuments historiques, d'œuvres d'art et de science, est interdite et doit être poursuivie ».

Après la Première Guerre mondiale, alors que des sites culturels précieux ont été détruits – tels que la bibliothèque de l'Université catholique de Louvain et la cathédrale de Reims – les puissances alliées ont créé la *Commission on the Responsibility of the Authors of the War and on Enforcement of Penalties* lors de la Conférence préliminaire de paix de Paris de 1919. Cette commission a été chargée de déterminer "*[t]he facts as to breaches of the laws and customs of war*", "*the degree of responsibility for these offences attaching to particular members of the enemy forces*", et d'amener à la "*constitution […] of a tribunal appropriate for the trial of these offences*". Cela signifie que la Commission avait pour mandat de poursuivre les personnes responsables de violations des lois et coutumes de la guerre par un tribunal international spécialisé. Parmi les infractions pour lesquelles la responsabilité pénale individuelle devait être établie, figurait le "w*anton destruction of religious, charitable, educational, and historic buildings and monuments*", "*pillage*", "*confiscation of property*", "*wanton devastation and destruction of property*", and "*deliberate bombardment of undefended places*"[49]. Malheureusement, en pratique, personne n'a été tenu pénalement responsable de ces infractions. La prétendue demande des puissances alliées en matière de responsabilité pénale s'estompa face au pragmatisme politique et économique[50].

D'autres initiatives similaires ont été adoptées pour traiter les crimes commis pendant la Seconde Guerre mondiale. La *United Nations War Crimes Commission* (UNWCC) doit être considérée en premier lieu. Créée en octobre 1943, elle avait pour but d'aider les États à instruire les affaires impliquant des crimes de guerre. En tant que telle, l'UNWCC était considérée comme complémentaire aux procédures nationales. Aux fins

48 *International Declaration concerning the Laws and Customs of War*, 27 August 1874, *American Journal of International Law*, 1907, (Supp.) p. 96.

49 "Commission on the Responsibility of the Authors of the War and on Enforcement of Penalties", 14 *American Journal of International Law*, 1920, 95, p. 115.

50 Joseph Powderly, "Prosecuting Heritage Destruction", *in* James Cuno and G. Thomas Weiss (ed.), *Cultural Heritage and Mass Atrocities*, Getty Publications, 2022, pp. 430-447, spec. pp. 431-432.

de la présente étude, il convient de noter que l'UNWCC a participé activement à l'instruction des dossiers relatifs à la commission de crimes contre le patrimoine culturel. À cet égard, elle s'est principalement concentrée sur le pillage de biens culturels par les forces allemandes dans l'Europe occupée. Le procès engagé contre Arthur Greiser en Pologne a été l'une des procédures facilitées par l'UNWCC. L'acte d'accusation à son encontre contient des allégations relatives à la destruction du patrimoine polonais dans le cadre et en parallèle d'une campagne de génocide et de persécution. Greiser était, également, accusé d'avoir participé à la conception et à la mise en œuvre des politiques dites de *dénationalisation*, dont le but était d'éradiquer l'identité individuelle et collective et d'imposer à la population occupée une identité « allemande ». L'affaire porte donc sur la destruction du patrimoine culturel matériel et immatériel. Greiser fut condamné, entre autres, pour la destruction systématique de la culture polonaise, le vol des trésors culturels polonais, la germanisation du pays et de la population polonaise, la saisie illégale des biens publics, ainsi que pour la prise systématique et illégale des biens privés des Polonais. En outre, par ce jugement, le Tribunal national suprême de Pologne a établi pour la première fois le lien entre les actes de destruction du patrimoine et l'intention génocidaire[51].

Les travaux du Tribunal de Nuremberg (TMI) sont également importants pour la criminalisation des atteintes au patrimoine culturel. Le TMI a été créé à la fin de la Seconde Guerre mondiale alors que les biens culturels avaient fait l'objet de destructions délibérées, de spoliations et de bombardements. Il n'est donc pas surprenant que le TMI ait inclus ces actes dans les dossiers d'accusations. Par conséquent, ce tribunal a contribué à l'élaboration de normes internationales contre le pillage en temps de guerre en définissant, pour la première fois, les infractions pénales individuelles contre le patrimoine culturel. Le Statut du Tribunal militaire international (Statut du TMI)[52] précise à l'article 6 les crimes pour lesquels le Tribunal est compétent : (i) les crimes contre la paix, (ii) les crimes de guerre, et (iii) les crimes contre l'humanité. La deuxième catégorie se réfère aux violations des lois ou coutumes de la guerre, et

---

51 *Ibidem*, p. 434.

52 Accord concernant la poursuite et le châtiment des grands criminels de guerre des Puissances européennes de l'Axe et Statut du tribunal international militaire, Londres, 8 août 1945.

comprend les actes suivants : « le pillage des biens publics ou privés, la destruction sans motif des villes et des villages ou la dévastation que ne justifient pas les exigences militaires ». À ce titre, le Tribunal a condamné Alfred Rosenberg à la peine de mort pour crimes de guerre (y compris pour le pillage systématique de biens culturels) et pour crimes contre l'humanité (y compris pour le crime de persécution contre les Juifs). Concernant l'infraction de pillage, le Tribunal a estimé que Rosenberg était "*responsible for a system of organised plunder of both public and private property throughout the invaded countries of Europe. Acting under Hitler's orders [...] he organised and directed the "Einsatzstab Rosenberg", which plundered museums and libraries, confiscated art treasures and collections and pillaged private houses*"[53]. La condamnation de Rosenberg – mais aussi de Hermann Göring, Alfred Jodl et Wilhehn Keitel – était inédite en ce qu'elle imposait la responsabilité d'un agent individuel d'une puissance belligérante pour des actes commis au nom d'un État. Cependant, il convient d'observer que, dans ses décisions, le Tribunal se réfère au « pillage et destruction des biens publics et privés ». Cela est probablement dû au fait que le terme « bien culturel » n'était pas utilisé par le Statut du TMI. De plus, il sied de relever que le TMI s'est peu concentré sur la destruction de sites culturels, c'est-à-dire du patrimoine culturel immobilier[54].

Malgré son caractère exceptionnel, les jugements du Tribunal de Nuremberg constituent un important précédent historique. En effet, le Statut du TMI a inspiré les rédacteurs de la Convention de 1954 ainsi que du Statut du Tribunal pénal international pour l'ex-Yougoslavie (TPIY) et de la Cour pénale internationale (CPI), sur lesquels nous nous pencherons par la suite. En outre, à leur tour, ces sources ont influencé, comme nous l'avons vu, la rédaction du Deuxième Protocole.

Le Statut du TPIY a été le premier statut d'un tribunal pénal international à envisager des crimes contre les biens culturels. Créé en 1993

---

53 International Military Tribunal, *The Trial of German Major War Criminals. Proceedings of the International Military Tribunal sitting at Nuremberg. Judgement: Rosenberg*, Avalon Project, Yale Law School, http://avalon.law.yale.edu/imt/judrosen.asp.

54 Les procédures mettent beaucoup plus l'accent sur le pillage d'objets culturels que sur les preuves relatives à la destruction de biens et de sites culturels. Par conséquent, le processus de Nuremberg et le jugement final en particulier ne constituent pas une source particulièrement riche de conseils juridiques en ce qui concerne les poursuites pour destruction de patrimoine. Voir Joseph Powderly, préc. (note 50), p. 435.

conformément à la résolution 827 du Conseil de sécurité des Nations Unies, invoquant ses pouvoirs en vertu du chapitre VII de la Charte des Nations Unies, le TPIY était compétent pour les crimes de guerre, les crimes contre l'humanité et le génocide commis sur le territoire de l'ex-Yougoslavie depuis le 1er janvier 1991. Son article 3 déclarait que le Tribunal était compétent pour poursuivre les personnes qui avaient commis des violations des lois ou coutumes de guerre, telles que « (d) la saisie, la destruction ou l'endommagement délibéré d'édifices consacrés à la religion, à la bienfaisance et à l'enseignement, aux arts et aux sciences, à des monuments historiques, à des œuvres d'art et à des œuvres de caractère scientifique ». Il ne fait aucun doute que cette disposition s'inspirait des articles 27 et 56 du Règlement de 1907 plutôt que des termes de la Convention de 1954. Cela a par ailleurs amené des experts à déclarer que l'article 3(d) ne reconnaissait pas la valeur culturelle des biens à protéger[55].

Le TPIY a rendu plusieurs décisions relatives à des affaires impliquant la destruction ou le pillage de biens culturels. En effet, lors des conflits armés qui se sont déroulés sur le territoire de l'ex-Yougoslavie, les dommages subis par le patrimoine culturel ont pris des proportions énormes. Le conflit inter-ethnique a été brutal, caractérisé par un nombre effrayant de victimes civiles, un nettoyage ethnique et la destruction intentionnelle de biens publics et privés, y compris le ciblage délibéré de sites culturels par toutes les factions belligérantes. Il s'agit pour la plupart d'attaques contre les lieux de culte, mais aussi contre du patrimoine séculier, comme le pilonnage de la vieille ville de Dubrovnik et du pont de Mostar, ou la mise à feu de la bibliothèque nationale et universitaire de Sarajevo. Cependant, la compétence pour poursuivre les crimes contre le patrimoine culturel ne se limitait pas à cet article. Le caractère inter-ethnique des conflits qui ont ravagé l'ex-Yougoslavie exigeait que les poursuites reflètent les motivations sous-jacentes et l'intention spécifique qui poussaient les auteurs à cibler le patrimoine culturel. En effet, la destruction du patrimoine en Croatie, Bosnie-Herzégovine et Serbie a été le résultat de campagnes concertées de nettoyage ethnique (et culturel), de persécution et de génocide. Étant donné que l'article 3(d) n'était pas en mesure de saisir

---

55 Micaela Frulli, "The Criminalization of Offences against Cultural Heritage in Times of Armed Conflict: The Quest for Consistency", *European Journal of International Law*, 2011, pp. 203-217, spec. p. 207.

cette réalité, le TPIY, rattaché à la « technique cumulative » employée par le procureur[56], a eu recours à l'article 4 (Génocide) et à l'article 5 (Crimes contre l'humanité) du Statut[57]. Parmi les décisions au sein desquelles le patrimoine a occupé une place prépondérante[58], l'on mentionnera ici celle rendue à l'encontre de Blaskic[59], Kordic et Cerkez[60], Brdanin[61] et Strugar[62]. Avec ces décisions, le TPIY a poursuivi avec succès les attaques contre le patrimoine culturel en tant que crime contre l'humanité de persécution à teneur de l'article 5(h) du Statut du TPIY. En outre, le TPIY a eu également le mérite de démontrer le lien qui existe entre les actes de destruction et le crime de génocide. À cet égard, il convient de rappeler que la définition universellement acceptée de génocide, telle que consacrée dans la Convention pour la prévention et répression du crime de génocide de 1948, exclut le génocide culturel[63]. Toutefois, le TPIY a établi que, lors du conflit en ex-Yougoslavie, les tentatives d'élimination physique d'un groupe ethnique sont allées de pair avec la destruction des symboles de la culture et de la religion de ce groupe. C'est pour cette raison que, dans l'affaire Krstic, la chambre de première instance a affirmé que la destruction des biens culturels et religieux pouvait constituer un élément

56 Voir Vittorio Mainetti, préc. (note 26), p. 169.

57 Serge Brammertz *et al.*, "Attacks against Cultural Heritage as a Weapon of War: Prosecutions at the ICTY", 14 *Journal of International Criminal Justice*, 2016, pp. 1149 et s., spec. p. 1157.

58 La destruction du patrimoine culturel n'a jamais été la seule charge des affaire décidées par le TPIY.

59 *Le Procureur c. Tihomir Blaskic*, Second acte d'accusation modifié, 25 avr. 1997, Affaire n° IT-95-14-T.

60 *Le Procureur c. Kordić & Čerkez*, Acte d'accusation modifié, 30 sept. 1998, Affaire n° IT-95-14/2-Pr.

61 *Le Procureur c. Radoslav Brđanin*, Sixième acte d'accusation, 9 déc. 2003, Affaire n° IT-99-36-T.

62 *Le Procureur c. Pavle Strugar et al.*, Acte d'accusation initial, 27 févr. 2001, Affaire n° IT-01-42.

63 Raphael Lemkin, le juriste polonais connu pour avoir inventé le terme de « génocide », avait envisagé le concept sous un double angle, considérant les procédés de destruction physique et culturelle d'un groupe comme des modes de perpétration complémentaires du même crime. De son point de vue, un groupe n'avait pas à être exterminé physiquement pour être victime d'un génocide ; cela pouvait aussi être la conséquence de la destruction de toute trace de son identité culturelle (Jasmina Zagorac, *Le génocide culturel. Un crime oublié du droit international ?* Helbing Lichtenhahn, Bâle, 2022, p. 31). Cette conception a été rejetée par les rédacteurs de la Convention de 1948. En effet, l'article II de cette Convention confirme que le génocide est restreint aux méthodes d'anéantissement physique et biologique.

de preuve de la *mens rea* du crime de génocide[64]. Sans pour autant admettre le génocide culturel, le TPIY a, ainsi, apporté une contribution importante au débat sur de la dimension culturelle du crime de génocide[65].

Le Statut de la CPI couvre l'atteinte faite aux biens culturels à l'article 8, lequel s'occupe des « crimes de guerre ». En particulier, cet article distingue les violations graves suivantes : « le fait de diriger intentionnellement des attaques contre des bâtiments consacrés à la religion, à l'enseignement, à l'art, à la science ou à l'action caritative, des monuments historiques [...], à condition qu'ils ne soient pas des objectifs militaires » (article 8(2)(b)(ix) et article 8(2)(e)(iv))[66] ; « le fait de détruire ou de saisir les biens de l'ennemi, sauf dans les cas où ces destructions ou saisies seraient impérieusement commandées par les nécessités de la guerre » (article 8(2)(b)(xiii) et article 8(2)(e)(xii))[67] et « le pillage d'une ville ou d'une localité, même prise d'assaut » (article 8(2)(b)(xvi) et article 8(2)(e)(v)) [68]. Ces dispositions reflètent clairement l'influence, entre autres, du Règlement de 1907. Cela est démontré par le fait que l'article 8 n'utilise pas la notion « bien culturel », mais fait recours à une énumération des biens protégés. De plus, il est intéressant de relever que les articles 8(2)(b)(ix) et 8(2)(e)(iv) semblent soumettre la poursuite des infractions contre les biens culturels à l'existence d'une attaque intentionnelle exclusivement lors de la conduite des hostilités, et non pas lors des autres phases du conflit armé, tel que les situations d'occupation. La CPI a eu l'occasion d'appliquer ces articles dans l'affaire *Al Mahdi.*

Ahmad Al Faqi Al Mahdi, malien et membre du groupe islamiste militant Ansar Dine, a participé, avec d'autres personnes, à la destruction de dix sites à caractère historique et religieux dans la ville de Tombouctou, au Mali, entre le 30 juin et le 12 juillet 2012, dans le contexte d'une la guerre

---

64 *Le Procureur c. Radislav Krstic*, Jugement de la Chambre de première instance du 2 août 2001, Affaire n° IT-98-33-T), §§ 569-599.

65 Voir aussi *Le Procureur c. Zdravko Tolimir*, Jugement de la Chambre de première instance du 12 déc. 2012, Affaire n° IT-05-88/2-T, § 746.

66 Voir l'article 8(2)(b)(ix) (pour les conflits internationaux) et l'article 8(2)(e)(iv) (pour les conflits non internationaux).

67 Voir l'article 8(2)(b)(xiii) (pour les conflits armés internationaux) et l'article 8(2)(e)(xii) (pour les conflits armes non internationaux).

68 Voir l'article 8(2)(b)(xvi) (pour les conflits armés internationaux) et l'article 8(2)(e)(v) (pour les conflits armés non internationaux).

civile, c'est-à-dire un conflit armé ne présentant pas un caractère international. Les sites ciblés ne constituaient pas des objectifs militaires et étaient (à l'exception du mausolée Cheikh Mohamed Mahmoud Al Arawani) inscrits sur la Liste du patrimoine mondial établi par la Convention de 1972. À la suite de l'émission d'un mandat d'arrêt international[69], Al Mahdi a été arrêté au Niger et remis à la CPI en septembre 2015. Dans ce cadre, non seulement Al Mahdi était la première personne à être exclusivement accusée d'avoir ordonné des attaques à l'encontre du patrimoine culturel, mais aussi le premier suspect à plaider coupable devant la CPI.

Le 27 septembre 2016, Al Mahdi a été reconnu coupable de crime de guerre, au sens des articles 8(2)(e)(iv)[70] et 25(3)(a)[71] du Statut de la CPI, consistant à diriger intentionnellement des attaques contre des bâtiments à caractère religieux et historiques à Tombouctou. Il a été condamné à neuf ans d'emprisonnement[72]. La CPI a également reconnu la responsabilité d'Al Mahdi au titre des réparations individuelles et collectives pour le crime de destruction de biens culturels avec l'ordonnance du 17 août 2017, par laquelle il a été condamné à verser 2,7 millions d'euros pour les dommages liés à la condamnation pour

---

[69] À la suite de la ratification du Statut de Rome en 2000, le Mali a déféré la situation qui prévalait sur son territoire à la CPI le 13 juillet 2012. Après avoir procédé à un examen préliminaire de la situation, le 16 janvier 2013, le Bureau du Procureur de la CPI a ouvert une enquête sur les crimes de guerre présumés commis sur le territoire du Mali depuis janvier 2012. Le 18 sept. 2015, la Chambre préliminaire a délivré un mandat d'arrêt.

[70] Une autre disposition du Statut aurait pu être utilisée, à savoir l'article 8(2)(e)(xii) du Statut, qui sanctionne « le fait de détruire ou de saisir les biens d'un adversaire, sauf si ces destructions ou saisies sont impérieusement commandées par les nécessités du conflit ». Toutefois, l'attaque intentionnelle de biens protégés est apparue à la Chambre comme la *lex specialis* applicable dans le cas d'espèce. Vittorio Mainetti, « La Cour pénale internationale face à la destruction du patrimoine culturel. Réflexions à propos de l'Affaire al-Mahdi », *Ethnologies* 2017, pp. 213-236, spec. p. 219.

[71] Cet article prévoit la commission et coaction de la commission du crime de guerre : « Aux termes du présent Statut, une personne est pénalement responsable et peut être punie pour un crime relevant de la compétence de la Cour si : a) elle commet un tel crime, que ce soit individuellement, conjointement avec une autre personne ou par l'intermédiaire d'une autre personne, que cette autre personne soit ou non pénalement responsable ».

[72] *Le Procureur c. Ahmad Al Faqi Al Mahdi*, Jugement du 27 sept. 2016, ICC-01/12-01/15. Toutefois, en novembre 2021, sa peine d'emprisonnement a été réduite de deux ans.

crimes de guerre[73]. Néanmoins, reconnaissant qu'Al Mahdi est indigent, la CPI a encouragé le Fonds au profit des victimes à couvrir l'indemnité de réparation dans la mesure du possible[74].

La décision *Al Mahdi* est une décision historique et hautement symbolique, car il s'agit de la première fois que les juges de la CPI ont dû répondre à une accusation portant exclusivement sur les atteintes au patrimoine culturel commises par un mouvement terroriste lié à Al-Qaïda. De plus, avec cet arrêt, la Cour a fait clairement savoir que le fait de cibler des biens culturels constituait un crime grave qui devait être sanctionné puisqu'il touchait à la fois la population locale et l'ensemble de la communauté internationale[75]. Pour toutes ces raisons, cette affaire a été définie comme une « affaire pilote » qui ne manquera pas d'influencer la jurisprudence de la CPI et d'autres tribunaux à l'avenir[76].

Néanmoins, l'affaire a soulevé quelques critiques. Certains ont souligné que la décision d'Al Mahdi de plaider coupable à l'accusation a empêché les juges de la CPI de détailler l'étendue de la protection accordée au patrimoine culturel par le Statut de Rome. Il a également été reproché au procureur et à la Chambre de première instance de ne pas avoir abordé la question de savoir si les attaques portées aux mausolées de Tombouctou pouvaient aussi être considérées comme des crimes contre l'humanité, et en particulier comme « crime de persécution » aux termes de l'article 7(1)(h) du Statut[77]. Dans ce sens, les critiques ont souligné que la justice pénale internationale a éludé les souffrances physiques que les groupes djihadistes ont fait subir à la population de Tombouctou[78]. En

---

73 *Le Procureur c. Ahmad Al Faqi Al Mahdi*, Ordonnance de réparation du 17 août 2017, ICC-01/12-01/15.

74 L'examen de la problématique de la réparation nécessite une discussion distincte qui dépasse le cadre de ce travail. Voir Boubacar Sidiki Haidara, « À Tombouctou, les réparations de la CPI ne font pas l'unanimité », 8 déc. 2022 (https://www.justiceinfo.net/fr/109944-tombouctou-reparations-cpi-pas-unanimite.html) ; Marina Lostal, « Implementing Reparations in the *Al Mahdi* Case », *Journal of International Criminal Justice*, 2021, pp. 831-853.

75 Bureau du procureur de la Cour pénale internationale, *Document de politique générale relative au patrimoine culturel* (Document BCPI), Juin 2021 (https://www.icc-cpi.int/fr/news/document-de-politique-generale-relative-au-patrimoine-culturel), § 6.

76 Voir Vittorio Mainetti, préc. (note 70), p. 214.

77 *Ibidem*, pp. 227-228.

78 Émile Ouédraogo, « Le procès *Al Mahdi* : "Un pas de géant" pour la Cour pénale internationale ? », *Revue québécoise de droit international*, déc. 2017, pp. 101-124.

outre, des doutes ont été soulevés concernant l'applicabilité de l'article 8(2)(e)(iv) – qui sanctionne comme crime de guerre « le fait de diriger intentionnellement des attaques contre des bâtiments » – au comportement d'Al Mahdi. En effet, les mausolées de Tombouctou n'avaient pas été détruits pendant la phase de conduite des hostilités du conflit armé, mais en dehors de celle-ci, quand les sites historiques étaient désormais sous le contrôle du groupe Ansar Dine[79]. Par conséquent, le doute demeure quant à la question de savoir si un lien étroit existait entre la destruction des mausolées de Tombouctou et le conflit non international en cours en Mali à l'époque des faits. Étant donné que les crimes de guerre sont des violations des lois et des coutumes de guerre, les actes ou les omissions qui les concrétisent doivent être commis non seulement lors d'un conflit armé, mais avoir un lien avec celui-ci. C'est pour cette raison que, d'après la jurisprudence pénale internationale, la vérification de l'existence du dit lien représente une condition impérative[80].

B. Quel futur pour la jurisprudence de la Cour pénale internationale après l'affaire *Al Mahdi* ?

La section précédente a démontré que les tribunaux pénaux internationaux, du TMI à la CPI, ont apporté une contribution importante à la fin de l'impunité pour la destruction du patrimoine et au développement du droit international en général et du DIPC en particulier.

Cependant, il convient d'admettre que le positionnement de la CPI par rapport à la destruction intentionnelle du patrimoine culturel pendant les conflits armés est difficile à comprendre. En effet, il est important de noter que le Statut de la CPI (i), le Document de politique générale relative au patrimoine culturel du Bureau du procureur de la CPI (ii) et les décisions dans l'affaire *Al Mahdi* (iii), démontrent que la CPI dans son ensemble ne donne pas une vision homogène et solide concernant la question de la destruction du patrimoine culturel[81]. Afin d'identifier les faiblesses de

---

[79] William Schabas, "Al Mahdi Has Been Convicted of a Crime He Did Not Commit", *Case Western Reserve Journal of International Law*, 2017, pp. 75-102.
[80] *Ibidem*, p. 77. Voir Vittorio Mainetti, préc. (note 70), pp. 221-225.
[81] La CPI aurait pu clarifier sa position et répondre aux critiques avec le jugement dans l'affaire *Al Hassan*, un autre membre du groupe terroriste Ansar Dine qui était soupçonné d'être impliqué dans les attaques contre les monuments historiques de Tombouctou.

l'approche de la CPI, nous souhaitons nous pencher sur chacun de ces trois éléments dans les sections qui suivent.

1. Comme discuté, le Statut de Rome n'utilise pas les termes « bien culturel » et « patrimoine culturel » dans les articles sur les crimes de guerre ou les crimes contre l'humanité[82]. En effet, les articles 8(2)(b)(ix) et 8(2)(e)(iv) interdisent le fait de diriger intentionnellement, dans le cadre d'un conflit armé international ou non international, des attaques contre les « bâtiments consacrés à la religion, à l'enseignement, à l'art, à la science ou à l'action caritative, des monuments historiques, des hôpitaux et des lieux où des malades ou des blessés sont rassemblés, à condition qu'ils ne soient pas des objectifs militaires ». Comme nous l'avons mentionné, les articles 8(2)(b)(ix) et 8(2)(e)(iv) trouvent leur origine dans le Règlement de 1907, qui reflète le droit international coutumier.

L'absence de notions rattachées au DIPC ne doit pas être considérée comme un oubli. En effet, il serait difficile d'argumenter que les négociateurs des États réunis à Rome ne connaissaient pas les termes « bien culturel » et « patrimoine culturel » et les conventions de l'UNESCO. En réalité, il est fort probable que les négociateurs du Statut de Rome aient sciemment choisi de soumettre aux États des notions traditionnelles du droit international humanitaire[83] au lieu de leur soumettre des notions nouvelles provenant du DIPC. La raison en est que l'objectif original des articles 8(2)(b)(ix) et 8(2)(e)(iv) était d'empêcher que les bâtiments, les monuments historiques, les hôpitaux et les lieux où des malades ou des blessés sont rassemblés, fassent l'objet d'une attaque car, d'une part, ils ne sont pas protégés et, d'autre part, il se peut que des civils y aient trouvé refuge. Les articles 8(2)(b)(ix) et 8(2)(e)(iv) ne visent donc pas à protéger ces biens et leur valeur culturelle des effets directs ou indirects de conflits armés, mais à assurer la protection de la population civile qui pourrait être dans ces bâtiments et monuments. En d'autres

Cependant, M. Al Hassan n'a pas été reconnu responsable de ce crime de guerre. *Le Procureur c. Al Hassan Ag Abdoul Aziz Ag Mohamed Ag Mahmoud*, Jugement du 26 juin 2024, ICC-01/12-01/18-2594.

[82] Toutefois, le terme « patrimoine » figure dans le préambule, lequel rappelle « que tous les peuples sont unis par des liens étroits et que leurs cultures forment un patrimoine commun » et que cette mosaïque délicate peut être brisée à tout moment.

[83] Notamment les définitions et les règles contenues dans le Règlement de 1907 et dans les Conventions de Genève de 1949 et leurs Protocoles additionnels de 1977.

termes, l'accent fut mis sur l'usage civil plutôt que sur la valeur culturelle des biens indiqués dans les articles en question[84]. Ceci est indirectement confirmé par le fait que ces dispositions n'incluent pas les biens culturels meubles.

2. Le Document de politique générale relative au patrimoine culturel, publié en juin 2021 par le Bureau du procureur de la CPI (Document BCPI), vise à « aider à renforcer la protection du patrimoine culturel et la prévention des atteintes portées à son encontre », ainsi qu'à « apporter des éclaircissements et donner des instructions au personnel du Bureau dans l'application et l'interprétation des dispositions du Statut de Rome et du Règlement de procédure et de preuve [...] à tous les stades des activités du Bureau, afin de mener efficacement des enquêtes et des poursuites quant aux crimes commis à l'encontre ou au détriment du patrimoine culturel »[85].

Il est intéressant de noter que, d'une part, le Document BCPI utilise (déjà dans son titre) les termes « bien culturel » et « patrimoine culturel ». Il affirme que « le patrimoine culturel est un concept qui recouvre au sens large l'expression à la fois tangible et intangible de l'existence humaine », que « le patrimoine culturel [...] constitue un important témoignage unique de la culture et de l'identité des peuples et que sa dégradation et sa destruction [...] constituent une perte pour les communautés touchées et pour toute la communauté internationale », et que les « crimes visant ou touchant ce patrimoine ont une incidence sur le sentiment d'humanité ». De plus, il s'attarde sur les définitions de « bien culturel » et « patrimoine culturel », et précise que le BCPI privilégie l'emploi d'une interprétation large de ses termes afin d'englober toutes les « réalisations de l'homme », c'est-à-dire « des nombreuses manières dont les attaques visant ou touchant le patrimoine culturel peuvent constituer divers crimes relevant de la compétence de la Cour ou y être associées »[86]. L'interprétation donnée à l'expression « patrimoine culturel » par le Bureau s'étend donc au-delà des expressions matérielles, comme les biens meubles ou immeubles, et comprend aussi le patrimoine culturel immatériel, tel que

[84] Voir Micaela Frulli, préc. (note 55), pp. 206-207, spec. pp. 210-211.
[85] Document BCPI préc. (note 75), §§ 19-20.
[86] *Ibidem*, § 14.

les pratiques, représentations, expressions, connaissances d'un groupe ou d'une société[87].

En outre, le Document BCPI postule que, « la Cour est compétente à l'égard des crimes commis à l'encontre ou au détriment du patrimoine culturel, complétant ainsi les règles du droit international régissant la protection de ce patrimoine et les droits de l'homme y afférents »[88]. Selon le Bureau, les crimes commis à l'encontre du patrimoine culturel « constituent avant tout une attaque contre l'identité et les pratiques d'un groupe donné, mais aussi une attaque contre un intérêt essentiel pour la communauté internationale dans son ensemble »[89]. Le Bureau précise aussi que les crimes commis à l'encontre ou au détriment du patrimoine culturel peuvent priver les victimes directes de ces crimes d'un certain nombre de droits humains, dont le droit d'avoir accès à la vie culturelle, d'y participer et d'y contribuer[90].

Enfin, le BCPI analyse les dispositions du Statut qui pourraient se rapporter à la protection du patrimoine culturel, c'est-à-dire, les règles interdisant les « crimes de guerre » et les « crimes contre l'humanité ». Concernant les crimes de guerre, le Document BCPI se penche sur le contenu et l'interprétation des articles 8(2)(b)(ix) et 8(2)(e)(iv)[91], également à la lumière de la jurisprudence de la TPIY, et précise que ces articles reconnaissent que les biens culturels ont une valeur supplémentaire par rapport aux autres biens à caractère civil[92]. Concernant les crimes contre l'humanité, le Document BCPI souligne que les actes indiqués à l'article 7 du Statut – tels que la « déportation ou [le] transfert forcé de population », « l'emprisonnement ou autre forme de privation grave de liberté physique », la « torture », la « persécution », la « disparition forcée de personnes », les « atteintes à la dignité de la personne, notamment les traitements humiliants et dégradants » – ont des répercussions dévastatrices sur le patrimoine culturel immatériel d'un groupe. Par

---

87 *Ibidem*, §§ 15-16
88 *Ibidem*, § 1.
89 *Ibidem*, § 17.
90 *Ibidem*, §§ 26, 28.
91 Le Document BCPI analyse aussi les crimes de guerre prohibés par l'article 8 (*ibidem*, §§ 48-60).
92 *Ibidem*, §§ 42-47.

exemple, à la suite de la commission – ou à la menace – de ces actes, (i) les membres d'un groupe donné sont dans l'impossibilité d'accéder aux sites sacrés et de pratiquer les rites traditionnels ; (ii) les structures familiales et sociales qui soutiennent certaines pratiques sont détruites ; (iii) les groupes sont contraints à abandonner leurs traditions et à renoncer à les transmettre aux générations futures[93]. De plus, ces mêmes crimes peuvent avoir un effet désastreux sur le patrimoine d'une communauté quand les victimes sont prises pour cible en raison de leur importance pour le patrimoine culturel de ce groupe, à l'instar de chefs religieux ou spirituels, c'est-à-dire les personnes qui connaissent, dirigent et transmettent le patrimoine immatériel aux générations futures[94].

Toutefois, bien que la réalisation des objectifs du Document BCPI soit liée au Statut de Rome, ce dernier, comme nous l'avons observé, ne contient ni le terme « bien culturel » ni l'expression « patrimoine culturel ». Plus précisément, aucun des crimes visés par le Statut ne fait explicitement référence à la destruction de biens culturels ou du patrimoine. À ce propos, le Document BCPI souligne que la CPI a la compétence de s'occuper des crimes commis à l'encontre ou au détriment du patrimoine culturel par le biais de l'article 21(1) du Statut. Intitulé « Droit applicable », cet article prévoit que « la Cour applique : (a) en premier lieu, le présent Statut, les éléments des crimes et le Règlement de procédure et de preuve ; (b) en second lieu, selon qu'il convient, les traités applicables et les principes et règles du droit international, y compris les principes établis du droit international des conflits armés ; (c) à défaut, les principes généraux du droit dégagés par la Cour à partir des lois nationales représentant les différents systèmes juridiques du monde, y compris, selon qu'il convient, les lois nationales des États sous la juridiction desquels tomberait normalement le crime, si ces principes ne sont pas incompatibles avec le présent Statut ni avec le droit international et les règles et normes internationales reconnues ». C'est par le biais de cet article que l'inscription sur la Liste du patrimoine mondial prévue par la Convention de 1972 des sites à caractère historique et religieux de la ville de Tombouctou détruits par M. Al Mahdi et ses complices – et donc leur « valeur universelle exceptionnelle » – a pu être prise en considération par la CPI dans le cadre

93 *Ibidem*, §§ 69-75.
94 *Ibidem*, §§ 60, 69, 72.

de l'affaire *Al Mahdi.* De plus, c'est à travers cet article que la CPI pourra appliquer les principes et les règles du DIPC afin d'assurer la protection du patrimoine culturel, tant matériel qu'immatériel. L'article 21(1)(c) permet en outre à la Cour d'appliquer des lois nationales ainsi que des principes généraux de droit issus de ces lois afin de définir le patrimoine culturel ou pour identifier les moyens et les modalités de réparations pour les victimes des crimes touchant au patrimoine culturel[95]. Par conséquent, il semblerait que l'absence de notions issues du DIPC et de références explicites aux conventions de l'UNESCO (telles que la Convention de 1954, la Convention de 1972 ou la Convention de 2003) dans le Statut ne constitue pas un obstacle pour la CPI dans le traitement des crimes commis à l'encontre ou au détriment du patrimoine culturel.

Enfin, il est aussi intéressant de noter que, comme les instruments juridiques adoptés par l'UNESCO [96] , l'article 21(3) prévoit que l'application et l'interprétation du Statut doivent être compatibles avec les droits humains internationalement reconnus.

3. Malgré le fait que le Statut de la CPI ne contienne pas les termes « biens culturels » ou « patrimoine culturel », ces derniers ont été employés par les juges de la CPI dans l'affaire *Al Mahdi*, tant dans le jugement de 2016 que dans l'ordonnance de 2017.

Par exemple, dans l'effort de déterminer la peine d'Al Mahdi, la Chambre de première instance a reconnu la « valeur symbolique et émotionnelle » attachée aux mausolées détruits, leur statut de sites du patrimoine mondial de l'UNESCO (à la suite de l'inscription sur la Liste du patrimoine mondial prévue par la Convention de 1972) et le fait qu'ils ont été détruits pour des motifs religieux[97]. Elle a également jugé que les mausolées des saints et les mosquées de Tombouctou font partie intégrante de la vie religieuse de ses habitants, que la communauté de la ville considère ces sites comme faisant partie de leur patrimoine commun. De plus, le jugement souligne que les mausolées étaient fréquemment visités par les habitants et constituaient des lieux de prière et, pour certains, des lieux de pèlerinage. Il s'ensuit que, selon la CPI, la destruction de ces biens culturels n'a pas seulement affecté

95 *Ibidem*, §§ 34-35.

96 Voir IB.

97 *Le Procureur c. Ahmad Al Faqi Al Mahdi*, Jugement du 27 sept. 2016, ICC-01/12-01/15, paras 46-47, 79-81.

les victimes directes des crimes, à savoir les fidèles et les habitants de Tombouctou, mais aussi les populations de tout le Mali ainsi que la communauté internationale[98].

De manière analogue, l'ordonnance de 2017 contient une section concernant « l'importance du patrimoine culturel international »[99], étant donné qu'il constitue une composante essentielle des charges pour lesquelles M. Al Mahdi a été reconnu coupable. Dans cette section, la Chambre admet « l'importance du droit humain à la vie culturelle et à ses manifestations physiques »[100], que le « patrimoine culturel doit être appréhendé comme l'ensemble des ressources qui rendent possibles les processus d'identification et de développement culturels des personnes et des groupes »[101], que le « patrimoine culturel est important non seulement en lui-même, mais aussi dans sa dimension humaine »[102], et que la « destruction du patrimoine culturel international […] c'est une […] négation de l'humanité »[103].

Or, il semblerait que, dans les passages ci-dessus, les juges de la CPI ont reconnu la gravité du crime, l'importance du patrimoine culturel détruit pour les habitants de Tombouctou, ainsi que la motivation religieuse sous-jacente à sa destruction. En d'autres termes, selon la Cour, la protection des sites du patrimoine culturel est tout aussi importante que la protection des populations civiles et que, dans le cas d'espèce, les mausolées et les mosquées de Tombouctou étaient le ciment social de la communauté de la ville. Comme l'ont fait observer à juste titre deux experts, sans culture, les gens ne sont qu'un groupe d'organismes de la même espèce. La culture fait de ce même groupe un peuple, une civilisation[104].

En réalité, le jugement de 2016 envoie également le message que la CPI accorde moins d'importance aux biens culturels qu'à la vie humaine, en

---

98 *Ibidem*, §§ 46-80.
99 Section III, §§ 13-22.
100 *Ibidem*, § 14.
101 *Ibidem*, § 15.
102 *Ibidem*, § 16.
103 *Ibidem*, § 22.
104 Lucas Lixinski and Sarah Williams, "The ICC's Al-Mahdi Ruling Protects Cultural Heritage, but Didn't Go Far Enough", *The Conversation*, 18 oct. 2016 (https://theconversation.com/the-iccs-al-mahdi-ruling-protects-cultural-heritage-but-didnt-go-far-enough-67071).

observant que « [...] bien que fondamentalement graves, les crimes contre les biens le sont généralement moins que les crimes contre les personnes »[105]. En d'autres termes, la destruction du patrimoine culturel a été considérée de la même manière d'autres infractions contre les biens. Ce faisant, la CPI suggère que, par exemple, la destruction d'un monument millénaire est aussi grave que la destruction d'un hôpital moderne, même dans le cas où le monument joue une partie essentielle pour l'histoire, l'identité et la cohésion d'un groupe. Toutefois, si les deux bâtiments jouent un rôle important, l'un est beaucoup plus difficile à remplacer que l'autre[106]. Il en découle que la CPI a négligé le lien entre la destruction des mausolées et mosquées de Tombouctou et les violences commises contre la population civile[107]. Comme nous l'avons mentionné, et comme l'a démontré le TPIY, les attaques contre le patrimoine culturel sont rarement des incidents isolés, mais s'inscrivent dans un ensemble de comportements connexes visant à éradiquer les marqueurs de l'identité religieuse et culturelle d'un groupe distinct[108].

Conclusions

Ce chapitre a démontré que la synergie entre le DIPC, le DIDH et le DPI est essentielle pour prévenir et punir la destruction intentionnelle du patrimoine culturel et le pillage de biens culturels associés aux crimes graves commis dans le contexte de conflits armés contemporains par des belligérants appartenant aux forces armées d'un État ou à des groupes armés non étatiques. Dans ce sens, comme nous l'avons vu, la jurisprudence en matière de responsabilité pénale individuelle pour la destruction du patrimoine culturel matériel démontre que les attaques contre ce patrimoine sont rarement des incidents isolés ; en réalité, ces violences s'inscrivent fréquemment dans le cadre d'un ensemble de comportements connexes visant à éradiquer les signes de l'identité culturelle et religieuse de l'ennemi. En d'autres termes, le DIPC, le DIDH et le DPI se renforcent mutuellement dans la mesure où la protection du patrimoine culturel et des droits qui y sont associés, ainsi que la poursuite

---

105 *Le Procureur c. Ahmad Al Faqi Al Mahdi*, Jugement du 27 sept. 2016, ICC-01/12-01/15, § 77.

106 Voir Lucas Lixinski and Sarah Williams, préc. (note 104).

107 Voir IIIA.

108 Voir Joseph Powderly, préc. (note 50), p. 438.

des personnes responsables pour des actes de destruction intentionnelle du patrimoine culturel, peuvent protéger les êtres humains.

Cette étude a également montré que, en matière de prévention et répression de la destruction intentionnelle du patrimoine culturel pendant les conflits armés, le positionnement de la CPI reste complexe à appréhender. D'une part, cela résulte du fait que la Cour s'est rarement prononcée sur cette problématique. D'autre part, cela découle d'une approche –telle qu'elle ressort du Statut de la CPI, du Document BCPI et des jugements rendus dans l'affaire *Al Mahdi* – que l'on pourrait qualifier d'incohérente, voire de paradoxale. Par conséquent, le doute demeure quant à la question de savoir si les faiblesses de l'approche de la CPI entraîneront des répercussions sur la prévention et la répression des actes de destruction commis à l'encontre du patrimoine culturel matériel dans les conflits armés, lorsque ces attaques peuvent être qualifiées de crimes de guerre ou de crimes contre l'humanité. À cet égard, il est possible que la CPI soit amenée à se pencher sur cette problématique dans le futur par rapport aux « situations » en Ukraine et dans l'État de Palestine. En effet, outre les graves crises humanitaires qui ont un impact sur la population civile, on a assisté à des attaques – par l'armée russe en Ukraine et par l'armée israélienne dans la bande de Gaza et en Cisjordanie – qui ont causé la destruction de nombreux sites d'importance historique, religieuse et culturelle, y compris de sites du patrimoine mondial de l'UNESCO.

La politique russe d'effacement culturel en Crimée
Que peut le droit ?[1]

Catherine Iffly

Ancienne élève de l'ENS (Ulm)
Consultante politique internationale

La péninsule de Crimée, qui jouit d'une position géographique avantageuse, fut occupée par différents peuples dont les traces sont souvent bien conservées. Ces œuvres humaines sont indissociables du patrimoine naturel ; il en va ainsi de plusieurs cités troglodytes. Cette richesse culturelle est aussi le reflet d'une grande diversité de religions, qui ont coexisté en bonne entente. Dans la ville fortifiée de Çufut Qale par exemple, deux *kenesas* (synagogues) karaïtes en assez bon état de conservation côtoient la mosquée construite par le premier khan de la Crimée indépendante. La richesse des fonds des musées, avant les transferts vers la Russie effectués à partir de 2014, celle des sites archéologiques et des monuments historiques, sur terre et sous la mer, étaient à l'image de cette diversité historique et culturelle.

Je considère le patrimoine culturel de la Crimée dans ses différentes dimensions, les œuvres matérielles de l'homme ainsi que ses œuvres immatérielles, et l'espace naturel dans lequel elles s'inscrivent ; mais, compte tenu de l'ampleur des problèmes actuels, je ne pourrai développer dans ma contribution la question du patrimoine naturel, profondément affecté sur la péninsule depuis 2014.

Après l'invasion fin février 2014 de la République autonome de Crimée par les forces armées russes et le référendum d'annexion réalisé sous occupation, non reconnu par la communauté internationale, la situation du patrimoine culturel en Crimée présente plusieurs singularités.

[1] Je remercie les professeures Charlotte Beaucillon, Géraldine Goffaux et Muriel Ubéda-Saillard de leur lecture attentive et leurs précieuses observations.

Contrairement aux autres régions d'Ukraine[2], il n'y a jamais eu de frappes militaires, de bombes et de missiles touchant le patrimoine[3]. Pour autant, les atteintes au patrimoine culturel et les dommages qu'il a subis n'en sont pas moins considérables. D'autre part, la République autonome de Crimée et la ville de Sébastopol (en plus court par la suite, la « Crimée »[4]) sont restées inaccessibles aux organismes internationaux qui souhaitaient s'y rendre pour suivre l'état du patrimoine, ainsi qu'aux enquêteurs ukrainiens.

L'agression et la guerre sans déclaration de guerre menées par la Fédération de Russie contre l'Ukraine depuis 2014, avec des soldats russes sans insignes, dans le déni de l'existence de cette guerre internationale, ont représenté une nouveauté sur le continent européen au regard des conflits précédents, venant interroger les modes de fonctionnement des organisations internationales et leurs réponses possibles, et susciter une nouvelle jurisprudence des cours internationales. De même, nous verrons que la situation du patrimoine culturel sur la péninsule nous amène en dernier ressort à mettre en question les catégories du droit international existantes quant à la protection de ces biens.

Les préjudices subis par le patrimoine culturel matériel sont multiformes. Je n'évoquerai que quelques exemples, qui nous renvoient aux enjeux de mémoire du patrimoine de Crimée, avant de réfléchir aux réponses apportées à cette situation : que peuvent la coopération internationale et les organismes spécialisés pour protéger le patrimoine en Crimée ? Que peut le droit international ?

---

[2] *Cf.* "Damaged cultural sites in Ukraine verified by UNESCO", disponible sur https://www.unesco.org [dernière consultation le 30.04.2025, comme pour les autres références à une ressource numérique ci-après, sauf mention contraire] et « Register of objects affected by russian aggression » sur https://ciss.org.ua/en/. Voir aussi Kateryna Busol, Elmira Ablyalimova-Chyihoz, Dmytro Koval & Denys Yashnyi, "Overview of threats to cultural heritage in Ukraine", *in* Evelien Campfens *et al.*, *Protecting cultural heritage from armed conflicts in Ukraine and beyond: Research for CULT Committee*, European Parliament, Bruxelles, 2023, p. 93-101.

[3] Les attaques éventuelles (drones, missiles), qui ciblent des objectifs militaires russes en Crimée, viennent actuellement de l'Ukraine et donnent lieu à des tirs de la Russie pour les intercepter. Ce qui n'a pas exclu des accidents et victimes à la suite de ces interceptions. Le patrimoine culturel n'a jamais été touché, malgré des installations militaires russes très denses sur toute la péninsule, particulièrement à Sébastopol.

[4] La République autonome de Crimée et Sébastopol sont deux entités administratives distinctes dans l'organisation territoriale ukrainienne.

I. Le patrimoine culturel de la Crimée mis à mal

A. Transferts de collections muséales vers la Russie

On constate d'abord le transfert de nombreux biens culturels sous prétexte d'expositions. Ainsi les collections d'arts et de traditions de la culture nomade tatare, provenant de la Réserve historique et culturelle d'État de Bakhtchissaraï, du Musée central de Tauride (à Simferopol), du Musée des antiquités de Feodossiia et du Musée historique et littéraire de Yalta ont été transférées en Russie à Kazan. Une grande exposition a été réalisée au Centre Ermitage de Kazan sur « la Horde d'or et la mer noire », en 2019 ; ensuite, il est impossible de savoir ce qu'il est advenu de ces collections enlevées des musées ukrainiens. Selon les comptes rendus dithyrambiques et les photos publiés dans la presse russe, l'exposition incluait des pièces monumentales, transportées hors de la péninsule, tels « des fragments de forteresses de Crimée ». Et « le cadre d'un puits du XIIIe siècle pesant une demi-tonne a été livré de Yalta »[5]. Les artefacts de la ville de Staryï Krym – Eski Qırım en tatare, ville qui a donné son nom à la péninsule –, appelée aussi Sourkhat dans le passé, tenaient une place particulière dans l'exposition :

> « (…) Sourkhat – capitale de la région de la Horde de la mer Noire et de la Crimée. Cette région fut pour les Mongols la porte d'entrée de l'Europe. La culture et la religion de divers peuples s'y sont miraculeusement mélangées : Génois, Karaïtes, Seldjoukides, Vénitiens, Arméniens. Cette ville antique apparaît ici dans toute sa grandeur monumentale : de nombreux monuments funéraires en pierre, des fragments de forteresses et même des conduites d'eau en argile »[6].

---

[5] Selon « В Казани открылась уникальная выставка, посвященная истории Золотой Орды », Российская газета, 3 avr. 2019. Voir aussi pour ses photos « Нашествие « золотых » выставок на Казань продолжила Орда », Казанский репортер, 4 avr. 2019, sur https://kazanreporter.ru [dernière consultation le 20 avr. 2023]. Une partie des 600 objets (environ) exposés provenaient également de musées russes, pour les pièces transférées lors de fouilles à l'époque soviétique, à l'Ermitage à Saint-Pétersbourg particulièrement.

[6] « В Казани открылась уникальная выставка […] », *ibid.*, disponible sur http://rg.ru/2019/04/03/reg-pfo/v-kazani-otkrylas-vystavka-posviashchennaia-

De plus, quelques pièces de l'exposition ont pu être identifiées comme issues des fouilles archéologiques illégales réalisées après l'annexion, versées dans les collections de l'Ermitage, comme l'atteste le catalogue en ligne de cette institution[7]. Quant aux collections de peintures des musées de Crimée, le ministère russe de la Culture avait annoncé préparer en novembre 2018, au nom du vice-premier ministre Dmitri Kozak, le transfert de propriété à l'État fédéral russe (à la Galerie nationale Tretiakov) de la galerie Aïvazovski à Feodossia, municipale, et de ses œuvres [8] (environ 13 000, dont 416 œuvres d'Aïvazovski). Les protestations des habitants de Feodossia ont conduit à l'abandon de ce projet[9]. Mais 38 peintures d'Ivan Aïvazovski appartenant à cette galerie en Crimée, dont certaines fameuses, avaient été emportées à Moscou dès 2016 pour des expositions — simple emprunt, indiquait la directrice adjointe de la galerie Tretiakov face à l'émoi suscité. Après les expositions, il est cependant difficile de savoir ce que sont devenus ces biens culturels (et, le cas échéant, lesquels seraient revenus dans leurs établissements d'origine respectifs en Crimée), à défaut pour les spécialistes de pouvoir accéder aux musées de la péninsule et à un registre des pièces transférées puis retournées.

Après l'invasion à plus grande échelle de l'Ukraine en 2022, la situation est devenue particulièrement confuse et l'accès à l'information plus difficile. En outre, de nombreuses peintures des musées pillés à Kherson en Ukraine continentale ont été emmenées en Crimée (au Musée central de Tauride à Simferopol). De même, des pétroglyphes pillés dans la réserve historique et archéologique nationale du « tombeau de pierre » (liste indicative du Patrimoine mondial, et monument le plus ancien d'Ukraine), dans le raïon de Melitopol, ont été transférés puis exposés en 2023 à

---

istorii-zolotoj-ordy.html (ma traduction, comme pour les autres citations de textes russes données dans ce texte).

7 Entretien vidéo avec Denys Yashnyi (CISS, Kiev, et chercheur à la Réserve nationale de la laure Kiev-Petchersk).

8 *Cf.* « Картинная галерея Айвазовского – будет федеральной, республиканской или городской ? », *KafaNews* (média local russe, à Feodossia), 10 nov. 2018, et « Феодосийская картинная галерея остаётся в собственности города », *KafaNews*, 7 déc. 2018.

9 Les protestataires s'appuyaient aussi sur le testament d'Ivan Aïvazovski. Ses parents, arméniens (Aïvazian), après avoir vécu longtemps à Lviv, se sont installés en Crimée où est né l'artiste, qui dans son testament a voulu que sa maison/galerie, avec toutes ses œuvres (peintures, sculptures et autres), soit l'entière propriété de la ville de Feodossia.

Sébastopol au musée de Chersonèse, comme d'autres objets présentés dans une seconde exposition l'année suivante, issus de cette réserve archéologique du « tombeau de pierre », rattachée administrativement par les autorités russes au musée-réserve de Chersonèse[10]. Par ailleurs, en juin 2024 était publiée une instruction du « ministère de la culture » *de facto* en Crimée, qui aurait été adressée aux responsables des institutions muséales de la péninsule en mai 2024, demandant de préparer les objets les plus précieux de ces musées pour leur « évacuation » en cas d'opérations militaires[11].

Les interceptions réalisées par les douanes de différents pays à partir de 2018[12], qui ne constituent sans doute qu'une fraction du trafic d'objets culturels ukrainiens, présagent l'ampleur du problème et la diversité des acteurs impliqués. Il convient de noter dès à présent que les pays à l'origine des interceptions et restitutions, dans cette liste établie par le ministère de la culture ukrainien, ne représentent qu'une petite partie du monde (États membres de l'UE, Grande-Bretagne et États-Unis).

Mais les objets des collections des musées de Crimée et ceux pillés dans le sud de l'Ukraine ont parfois été retrouvés beaucoup moins loin. C'est lors d'une perquisition à Kiev dans une enquête sur des flux illégaux d'argent vers la « République populaire de Donetsk » et vers la Russie, que la police a découvert en juin 2022 dans les bureaux d'un ancien homme politique, Valeriy Gorbatov, plus de 6 000 objets d'art et d'histoire, d'époques

---

10 *Cf.* « Rapport de l'ICOMOS (1er mars 2024) », inclus dans : Conseil exécutif de l'UNESCO, « 220 EX/5.I.F Suivi de la situation en République autonome de Crimée (Ukraine) », 2024, p. 39. (La référence à ces rapports annuels sur la situation en Crimée sera abrégée dans la suite de ces notes sous la forme : UNESCO, « *Suivi 2024* »). En mai 2023, ce sont des objets provenant de la cité antique de Chersonèse qui partaient vers le musée des beaux-arts de Novgorod pour l'exposition « L'or de Byzance ». Ce ne sont que quelques exemples ; la constitution de registres occupe actuellement les spécialistes.

11 Pas de précisions sur la destination. Voir « Окупанти з ТОТ Криму готуються до вивозу музейних фондів з півострова », 14 juin 2024 (Centre de résistance nationale, ministère de la Défense de l'Ukraine), accessible sur https://sprotyv.mod.gov.ua/ [dernière consultation le 30 nov. 2024].

12 Voir l'énumération du ministère de la culture ukrainien : « Евакуація культурної спадщини: культурні цінності з 55 музеїв і бібліотеки України врятовано від війни », 14 nov. 2024 (https://mcsc.gov.ua/). La provenance des 274 objets archéologiques ukrainiens saisis en 2018 à la frontière entre la Russie et l'Estonie n'est pas précisée ici, mais s'agissant de bijoux en or et argent de l'époque scythe et romaine, de décorations de harnais de cavaliers khazars, etc., ce pourrait être notamment la Crimée.

différentes allant de l'âge de bronze au moyen-âge tardif[13]. Nommé en 1994 par le président Leonid Koutchma représentant du président en Crimée, Valeriy Gorbatov y a occupé ensuite divers postes politiques et figurait en 2008 parmi les hommes les plus riches de la péninsule, alors qu'il était à la tête de sanatoriums et de vastes terres (et aurait détourné des ressources de la Fédération des syndicats ukrainiens)[14]. C'est un proche de Sergueï Aksionov, « chef de la République de Crimée » mis en place par la Russie en 2014, avec qui il est aussi associé en affaires. Une partie des biens culturels découverts dans ses bureaux, selon la Procureure générale de l'Ukraine, proviendrait des musées de Crimée ; ils sont pour une autre partie issus de fouilles archéologiques « noires » menées en Crimée et dans des régions d'Ukraine continentale, comme Zaporijiia, le sud de l'oblast de Donetsk, etc. Les artefacts trouvés étaient stockés dans de mauvaises conditions, certains détruits, des céramiques très anciennes brisées ; mais ils représentent un trésor d'objets rares et précieux, et témoignent également de pillages à grande échelle (avec 200 épées scythes par exemple, des acinaces liées chacune à un lieu de sépulture différent). Il est difficile de savoir quand ces vols ont commencé (avant ou après 2014), et depuis quand Valeriy Gorbatov se livrait à ce trafic. En l'absence d'un catalogue des collections des musées de Crimée – qui fait défaut de manière particulièrement flagrante dans ces situations –, la question restera sans doute sans réponse.

Selon les autorités ukrainiennes, en 2014, la République autonome de Crimée comptait 4 095 (5 342 en ajoutant la ville de Sébastopol) sites culturels d'importance nationale et locale protégés par l'État (sans tenir compte des sites internes complexes), dont 1 279 sites historiques (2 072 avec Sébastopol), 2 037 sites archéologiques (2 189 en incluant Sébastopol) et 519 sites architecturaux et urbanistiques (794 avec Sébastopol), plus de 30 musées et galeries d'art, représentant un fonds de

---

13 Voir "Ukraine Uncovers Antiquities Looted from Crimean Museums", *OCCRP*, 29 juin 2022, et les informations du Bureau étatique d'investigation : "The SBI seized property of former MP of Ukraine, who financed the occupiers from Crimea", 12 sept. 2022.

14 *Cf.* « Police searched the Crimean ex-prime minister's office for evidence of his connections with the occupiers », Бабель, 1er juil. 2022. Selon cet article, en 2010, Valeriy Gorbatov a vendu le complexe balnéaire Mriya à la branche ukrainienne de la Sberbank (russe) : les partisans de Vladimir Poutine s'y sont retrouvés lors de sa première venue après l'annexion.

1,2 million d'objets (pour les seules institutions publiques, communales ou étatiques), ainsi que 773 bibliothèques. Mais en vérité, au-delà des chiffres, qui donnent une idée de la richesse patrimoniale de la Crimée, un problème majeur est qu'il n'existait pas en Ukraine de catalogue national des collections muséales, en 2022 comme en 2014. Il n'y a pas non plus, concernant la Crimée, de registres complets établis au niveau des musées.

B. Multiplication des fouilles archéologiques

Un second problème rencontré pour la protection du patrimoine culturel de la Crimée résulte des nombreuses fouilles illégales qui y sont menées, dont les découvertes sont souvent exportées vers la Russie ou circulent sur le marché noir, alors que des pièces importantes sont volées. Cette situation est plus difficile que pour les collections déjà connues : il sera compliqué de savoir où se trouvent les objets issus de ces fouilles illégales ou prélèvements[15]. Par exemple, des fouilles de grande envergure ont été effectuées par plusieurs institutions russes sur le site de la ville troglodyte d'Eski-Kermen, citadelle établie par les Byzantins dans la montagne non loin des Goths. En 2022, un nouveau temple a été mis au jour dans la citadelle, et par ailleurs de nombreux éléments ont été trouvés et extraits, notamment des objets ayant appartenu à une colonie de Goths de Crimée dans la vallée[16]. En outre, ces nombreux chantiers archéologiques, rarement réalisés dans le respect des règles de l'art, auraient conduit à des dégradations, voire des destructions importantes. Les experts ukrainiens ont ainsi alerté sur la situation du site archéologique de Mangoup (voir *infra*). Un autre exemple est celui des forteresses génoises, caractéristiques des paysages côtiers pittoresques de la Crimée. Depuis 2015, nous parviennent régulièrement des informations sur de nouveaux périls les menaçant, sur les dommages subis par le complexe de la citadelle de

[15] Voir dans le présent volume la partie consacrée au patrimoine culturel face à la mondialisation, spécialement le travail de Jean-Christophe Barbato.

[16] Voir « Эски-Кермен открыл Крыму новые тайны », *For Post* (média local russe), 18 janv. 2023, accessible sur https://sevastopol.su.

Soudak[17], par la forteresse génoise Cembalo à Balaklava, à la suite de fouilles qui ont entraîné des destructions.

C. Le patrimoine sous les coups de boutoir des grands projets de construction

De vastes chantiers de construction de routes et autoroutes ont été ouverts, notamment entre l'aéroport de Simferopol et la ville de Sébastopol, et entre le pont de Kertch (reliant la péninsule à la Russie) et Sébastopol, l'autoroute Tavrida, dont l'utilité est aussi militaire. Depuis la loi russe du 4 avril 2020, qui a amendé la loi constitutionnelle fédérale du 21 mars 2014 sur « l'admission de la République de Crimée dans la Fédération de Russie » et créé une *situation d'exception juridique*, les procédures de marchés publics en vigueur en Russie dans le choix des entreprises prestataires pour des travaux de construction, de reconstruction ou de démolition, les « travaux de préservation des sites du patrimoine culturel (monuments de l'histoire et de la culture) » et l'aménagement paysager ne s'appliquent pas en Crimée : mais ces modalités de choix doivent simplement, selon cet amendement, « répondre aux besoins de l'État et des municipalités de Crimée »[18].

D'après les experts d'ONG ukrainiennes, fin 2021 environ 90 monuments archéologiques avaient été détruits ou endommagés lors du seul chantier de l'autoroute Tavrida, l'archéologie préventive ne jouant plus son rôle, et de nombreux objets archéologiques détruits ou pillés[19]. Ces dommages concernent également le patrimoine culturel subaquatique, très important dans le détroit de Kertch. Des travaux de grande envergure pour la construction d'un pont et d'un pipeline ont été réalisés notamment près d'un « monument exceptionnel de l'histoire et de la culture, les colonnes

---

[17] Voir « Sudak Fortress » dans le Registre disponible sur https://ciss.org.ua et les *Suivis* de l'UNESCO. La forteresse est connue comme « génoise » mais ce complexe inclut aussi des monuments d'époques différentes.

[18] Loi constitutionnelle fédérale n° 2-FKZ du 4 avr. 2020 (ma traduction), qui a créé le paragraphe 1.3. de l'article 12.1 dont les dispositions ont été prorogées ultérieurement jusqu'à fin 2024, puis fin 2026.

[19] *Cf.* UNESCO, « *Suivi 2022* », p. 11, et Regional Center for Human Rights, « Вплив на українську ідентичність в Криму », déc. 2021, rapport disponible sur https://krymbezpravil.org.ua.

antiques de l'ensemble architectural et archéologique de la « cité antique de Panticapée » à Kertch, inscrite au Registre national des monuments d'importance nationale de l'Ukraine », qui selon l'Ukraine auraient endommagé ce site – tandis qu'un grand nombre d'amateurs venaient plonger et prélever des objets culturels antiques[20] (voir *infra*). Un autre exemple récent est issu de la situation à Chersonèse, sur le territoire adjacent à l'ancienne cité hellénique (patrimoine mondial de l'UNESCO avec sa *chôra*), où des travaux ont été menés en vue de développer un grand complexe, un « parc historique et archéologique » appelé aussi « Nouvelle Chersonèse »[21]. Un organisme russe privé, en guise « d'étude culturelle » préalable, est intervenu avec des équipements lourds, une excavatrice et de gros camions-bennes : « chaque heure, des tombereaux chargés non seulement de terre ordinaire, mais aussi de pièces antiques quittent le territoire » pour aller à la décharge, indiquaient les journalistes qui y exhumèrent diverses pièces de l'époque hellénique[22]. L'archéologue de l'Académie des sciences de Russie interviewé voyait dans cette situation le résultat de la nouvelle législation sur les constructions, et du peu d'intérêt accordé dans son pays aux réserves archéologiques – évoquant avec regret le four et les tombeaux antiques découverts récemment, mais volés aussitôt. Par la suite, compte tenu des travaux à grande échelle pour la construction de la « Nouvelle Chersonèse » sur le territoire correspondant aux faubourgs sud et *chôra* de la cité antique, des fouilles archéologiques ont été mises en œuvre sur 86 500 m^2. Dans la précipitation des entreprises pour terminer les travaux à l'été 2024, les archéologues sont parfois arrivés lorsque brise-roche hydraulique et engins de chantier étaient déjà à l'œuvre, pour sauver *in extremis* des objets précieux[23]. Sur ce site où était connue de longue date la présence d'une nécropole des époques hellénistique et romaine, ont été extraits à l'occasion des travaux, selon la directrice du

20 Voir les photos diffusées par le club de plongée de Rostov, reprises dans : CPA Affaire No. 2017-06, *Revised memorial of Ukraine*, 20 mai 2021, p. 128-143. Sur la destruction du monument, voir UNESCO, « Suivi 2019 », p. 14.

21 Sur ce projet, voir « "Новый Херсонес" в Севастополе ждет грандиозная застройка », *ForPost*, 24 mars 2023.

22 Voir « Кто дал команду копать Херсонес экскаваторами – неизвестно », НТС (télévision de Sébastopol), 17 juin 2021, qui inclut un vidéo-reportage, accessible sur : https://nts-tv.com/news .

23 Selon UNESCO, « *Suivi 2024* », p. 6.

musée-réserve de Chersonèse Taurique, sept millions d'objets archéologiques[24], certains exceptionnels.

Le Conseil international des monuments et des sites (ICOMOS) a indiqué son inquiétude face à « l'absence de mention d'études préalables d'impact sur le patrimoine réalisées conformément aux normes internationales dans le contexte des travaux de restauration/fouille et de développement à grande échelle » effectués sur la péninsule, notamment pour les constructions de la « Nouvelle Chersonèse », les travaux menés sur le Palais du Khan, le grand projet de pôle culturel au Cap Khroustalny à Sébastopol, etc. « L'évaluation des impacts potentiels des projets pouvant affecter les valeurs des sites (en particulier la valeur universelle exceptionnelle des sites du patrimoine mondial) est en effet désormais considérée comme une bonne pratique à appliquer avant de prendre une décision »[25].

Cependant les derniers changements normatifs rendent plus improbable encore la mise en œuvre de ces « bonnes pratiques », avec la signature d'un décret gouvernemental qui supprime l'examen historique et culturel obligatoire avant des travaux de construction et ouvrages dans le sol[26]. Outre l'impact patrimonial, c'est l'impact environnemental de ces grands projets[27], de cette importante densification immobilière de la petite péninsule, notamment à Sébastopol et à Simferopol, qui reste un impensé – alors que rien, ou presque, n'a été fait depuis dix ans face à certains problèmes aigus, comme celui de l'eau. Un autre grand projet est

---

[24] Selon Elena Morozova, directrice : *cf.* « Музейно-храмовый комплекс "Новый Херсонес" откроется для посетителей 30 июля », 23 juil. 2024, accessible sur : https://chersonesos-sev.ru [dernière consultation le 19 nov. 2024]. Voir aussi, quant au caractère exceptionnel du site sur lequel est construite la Nouvelle Chersonèse, « На Херсонес обрушился поток уникальных артефактов », *ForPost*, 3 mars 2022.

[25] « Rapport de l'ICOMOS (1er mars 2024) », *op. cit.*, p. 38.

[26] Sauf pour certains travaux, notamment sur un site où se trouvent des objets de patrimoine déjà identifiés. Voir « Севастопольцы могут повлиять на судьбу археологического наследия » (Les habitants de Sébastopol peuvent influer sur le sort du patrimoine archéologique), *ForPost*, 15 mars 2023 : il est suggéré aux lecteurs de se mobiliser contre le projet réglementaire. Décret N2418 du président du gouvernement russe signé le 30 déc. 2023.

[27] Ces questions sont étroitement liées, par exemple a été relégué le patrimoine immatériel des Tatares, qui inclut des méthodes de gestion parcimonieuse de l'eau (ressource qui fut toujours rare en Crimée).

le complexe culturel du Cap Khroustalny, au centre de Sébastopol, pour lequel le bureau d'architecture autrichien Coop Himmelb(l)au a présenté régulièrement à la presse russe les dernières moutures de son projet[28] ; tandis que le programme immobilier Yuga mené par un promoteur moscovite et Promsviazbank, dont le contrat a été signé en 2022 avec le « gouverneur », prévoit la construction sur la rive nord de la baie de Sébastopol de 200 000 m² de locaux (immeubles de seize étages d'appartements et hôtels de luxe). Il a été découvert il y a peu que ce projet, dit aussi « nouveau Manhattan », menaçait la sécurité physique de plusieurs sites de patrimoine culturel, notamment le site « Règlement des VIIIe-Xe siècles – Oust-Belbekskoe », dont la préservation s'avère impossible compte tenu de la tranchée requise pour le passage de deux gazoducs d'alimentation[29].

Si les grands projets de construction évoqués jusqu'à présent sont menés à l'instigation des autorités, les ouvrages d'initiative privée ont des effets non moins préjudiciables pour le patrimoine. Par exemple, une villa était en construction sur les tombes d'un cimetière sarmate à Sébastopol, identifié depuis l'époque soviétique (Belbek-4), le propriétaire ayant bénéficié de la complaisance de la Direction du patrimoine culturel de la ville de Sébastopol, dirigée alors par Mikhaïl Riazantsev. Entre autres faits notables de son action dans le gouvernement municipal depuis 2014, celui-ci a retiré nombre d'édifices ou de sites de la liste du patrimoine protégé de Sébastopol et modifié, pour en réduire fortement la portée, les règles de protection de la plupart des bâtiments et ensembles architecturaux demeurant encore sur ce registre[30] – avant d'être promu directeur adjoint du musée-réserve de Chersonèse. Ces tombes sarmates des Ie et IIe siècles (apr. J.-C.) étaient demeurées enfouies intactes, mais furent pillées à la suite

28 Voir sur ce projet de l'architecte Wolf D. Prix, « Вольф Прикс рассказал о севастопольских мотивах в архитектуре театра оперы и балета », *ForPost*, 27 oct. 2022 (musée d'art et théâtre-opéra).

29 *Cf.* « Курортный кластер на Северной стороне Севастополя угрожает древнему поселению », *ForPost,* 22 nov. 2024. Ce projet du promoteur Nail Izmaïlov a été conçu par un bureau d'architecture moscovite (Kleinewelt), la société de conseil britannique Knight Frank et le bureau espagnol CityMakers : « На Северной стороне Севастополя построят туристический кластер за 15 млрд рублей », *ForPost,* 16 juin 2022.

30 *Cf.* « Экс-глава Севнаследия Рязанцев уволился из "Херсонеса Таврического" », НТС, 3 nov. 2020. Il a démissionné peu après sa nomination à Chersonèse.

de l'ouverture du chantier[31]. La presse locale, sollicitée par la population, rend compte de manière récurrente de telles constructions endommageant des « OKN » (objets de patrimoine culturel) – comme, en avril 2023, sur un autre site, les vestiges d'un camp romain à Balaklava.

D. Reconstruction de monuments historiques sous couvert de « restauration » : construction destructive ?

Des dommages considérables ont aussi été provoqués par des travaux injustifiés de restauration-reconstruction de grande ampleur. Dès 2016, les autorités d'occupation ont ainsi décidé de *restaurer* le palais des Khans de Crimée à Bakhtchissaraï, joyau historique et culturel dont la fontaine inspira à Pouchkine un long poème. Cet ensemble architectural inclut mosquée, quartiers de vie, harem, bains, jardins, écuries, et un cimetière. Les travaux ont commencé par le bâtiment le plus ancien, la mosquée du Grand Khan (1533). Malgré les protestations des autorités ukrainiennes[32], le toit d'origine a été remplacé en 2017 par des matériaux modernes, tandis que, en raison de l'emploi de marteaux-piqueurs et de machines lourdes engendrant des vibrations, les fresques murales ont également été en partie détruites et plusieurs vitraux brisés. Alors que ces constructions reposaient sur des ceintures sismiques en bois, la mise en place d'une ceinture sismique en béton ainsi que d'un nouveau toit ont accru de manière excessive la charge, et de grandes failles ont surgi dans la façade nord de la mosquée, celles du minaret est et du bâtiment adjacent à la mosquée, qui à l'hiver 2021-2022 menaçait de s'effondrer – le Palais fut fermé provisoirement aux visiteurs[33]. Fin novembre 2024, la reprise des travaux

---

[31] À l'été 2022, un tiers des sépultures avaient été détruites par les engins de chantier, les pierres tombales étant jetées : « Дом на могильнике привел хозяина к уголовному делу в Севастополе », *For Post*, 20 juil. 2022. Les archéologues évoquaient le grand intérêt de ce cimetière, peu étudié encore, pour la connaissance des Sarmates.

[32] Il va sans dire que la condition de l'article 5 de la Convention pour la protection des biens culturels en cas de conflit armé (1954), imposant à la Puissance occupante une « étroite collaboration » avec les autorités nationales compétentes, n'a jamais été respectée pour ces travaux comme pour les autres.

[33] *Cf.* « Стена одного из корпусов Ханского дворца в Бахчисарае повреждена во время реставрации », *Kryminform* (agence de presse russe à Simferopol), 8 févr. 2022 : www.c-inform.info/news/id/100576 [dernière consultation de la vidéo le 13 mars 2023]. Cet article présentait une vidéo des dommages, retirée ensuite.

de « restauration » sur la mosquée était annoncée, une nouvelle entreprise ayant été choisie, mais la reconstruction des autres édifices encore intacts de l'ensemble architectural était allée bon train, touchant presque tous les monuments, avec des effets semblables[34].

Dans leur étude, les experts du Centre international d'études pour la conservation et la restauration des biens culturels (ICCROM) constataient dès 2018 que le travail effectué sur le Palais du Khan « est caractéristique d'une *nouvelle construction* » (nous soulignons). En effet, les règles et principes régissant toute restauration ont été violés, notamment parce qu'il a été procédé au remplacement d'éléments structurels au lieu de restaurer les éléments d'origine. Ainsi, ce travail « altère l'authenticité historique de l'ensemble, viole la valeur esthétique et la complexité du monument, et cause des dommages irréparables à l'histoire et la culture des Tatares de Crimée »[35].

E. Utilisation inappropriée de sites patrimoniaux

Par ailleurs, il convient d'évoquer les dommages causés au patrimoine culturel par une utilisation inadéquate : un exemple notable sont les nombreux aménagements réalisés sur le territoire de la cité antique de Chersonèse Taurique, fondée au Ve siècle avant J.-C. par les Doriens. Le site inscrit au patrimoine mondial de l'humanité correspond aux vestiges de la polis et à sa *chôra*, l'arrière-pays agricole[36]. Chersonèse incluait l'une des collections archéologiques les plus riches d'Europe : en février 2014, les fonds de la réserve comptaient plus de 200 000 objets domestiques trouvés lors de fouilles dans les environs de Sébastopol. Le président de la Fédération de Russie souhaitant voir des spectacles l'été à Chersonèse, sise sur une colline baignée par les baies de Sébastopol, plusieurs scènes pour la danse et le théâtre ainsi qu'une tribune ont été installées sur les vestiges pour accueillir à partir de l'été 2017 un festival, auquel Vladimir Poutine a

---

34 Voir « Bakhchysarai Khan Palace », in *Register of objects affected by russian aggression* de l'ONG CISS : https://ciss.org.ua/en/home.html_[dernière consultation le 15 mai 2025].

35 Cité dans « Bakhchysarai Khan Palace », *ibid.* Voir aussi UNESCO, « *Suivi 2019* », p. 11-12, qui renvoie aux analyses de l'ICCROM en 2018. Ce ne sont que quelques exemples des substantiels préjudices subis par le Palais.

36 *Cf.* https://whc.unesco.org/fr/list/1411/.

assisté tous les ans (sauf en 2022). Ces travaux, nécessitant le passage de nombreux camions et machines, ont engendré divers dommages et pertes[37]. Tandis qu'une maquette en bronze présentant le territoire de Chersonèse, posée sur un piédestal en béton et une large dalle de quelques mètres de diamètre, ainsi qu'un bas-relief ont été construits pour accueillir les visiteurs à l'entrée du site – nous y reviendrons.

Entre les nombreux projets en cours sur la péninsule, on peut évoquer également la construction d'infrastructures touristiques au pied de la cité troglodyte d'Eski-Kermen, inscrite sur la liste indicative du patrimoine mondial de l'UNESCO (comme le Palais du Khan et d'autres sites criméens).

F. Privatisation de monuments historiques et amputation des réserves naturelles

Les paysages culturels sur la péninsule présentent un intérêt particulier par eux-mêmes, mais aussi parce qu'ils sont indissociables de certaines œuvres humaines. À cet égard, il faut préciser que la « Réserve naturelle de Crimée », la plus grande des réserves de la péninsule, a changé de statut par décision de Moscou, devenant un « parc national », autorisant la création de zones récréatives et commerciales et la construction d'infrastructures touristiques sur une partie de ces territoires.[38] Les réserves naturelles sont frappées par toutes sortes d'activités, notamment minières et militaires : à partir de 2014, de nombreux exercices de tirs, lancements de missiles et simulations de bombardements ont été réalisés dans la Réserve naturelle d'Opuk ou à proximité de celle-ci ; ils se sont multipliés en 2022. Le territoire de la Réserve naturelle des montagnes et forêts de Yalta a été amputé, pour les besoins notamment de quelques grandes villas luxueuses.

Certes, l'existence de ces datchas luxueuses est ancienne, elles étaient le privilège des dirigeants soviétiques, puis de ceux de l'Ukraine

[37] Voir « Учёные бьют тревогу из-за происходящего в Херсонесе », *For Post*, 3 sept. 2018. Voir aussi : https://youtu.be/8HH7eswX1vQ. L'amphithéâtre dans la Nouvelle Chersonèse devait remplacer ce site en 2024.

[38] Décret n° 1091 du gouvernement russe du 13 sept. 2018.

indépendante et d'autres États de la CEI. Ce qui est nouveau, cependant, est que les résidents des villages à proximité de ces villas ont été expulsés de leurs habitations, et de grandes enclaves ont été prises sur la montagne et les réserves naturelles, interdisant aux locaux l'accès à la côte au sud de Yalta [39]. Certaines de ces villas destinées aux responsables de l'État demeurent la propriété d'entités publiques, mais, sous le contrôle et la gestion des services de sécurité russes, ont été affectées à l'usage exclusif de personnalités, du président Poutine (Datchas d'État 6 et 8 près d'Oliva), de Dmitri Medvedev (Datchas 9 et 10), de hauts responsables du FSB (Tavria), etc., avec des aménagements et constructions somptuaires[40]. Elles voisinent d'autres datchas, privées, comme la Datcha Wisteria ou encore l'énorme construction à Batiliman dans la réserve naturelle de Cap Aya, achevée par une société détenue par des hommes d'affaires proches de Vladimir Poutine (SARL Bereg), dont il n'était pas clair alors si elle était destinée à la présidente du Conseil de la Fédération, Valentina Matvienko, ou à la compagne du président Poutine, Alina Kabaeva.

Enfin, d'autres difficultés résultent du transfert de biens patrimoniaux publics (immobiliers) à des propriétaires privés, comme plusieurs demeures remarquables liées à certains personnages à Yalta ou d'autres à Simferopol inscrites sur la liste du patrimoine culturel d'importance régionale. En matière de patrimoine culturel immatériel, les caves historiques et grands domaines viticoles de Novy Svet et de Massandra, réputés depuis l'époque des tsars et demeurées dans les mains de la puissance publique depuis la révolution[41], sont devenus propriété d'une société liée à un oligarque.

---

[39] Voir « Маленький Крым для больших людей » (Petite Crimée pour les grands), Проект, 11 déc. 2019 : https://www.proekt.media/ [dernière consultation du texte le 6 avr. 2021] (média russe, contraint à l'exil depuis 2021). Certains habitants expulsés à Oliva indiquent avoir saisi la CEDH. Sur les expulsions à Ponizovka en avr. 2023, voir par exemple les *posts* sur le réseau social VK : https://m.vk.com/wall686740122_14?reply=30#reply30 [consulté le 9 avr. 2023].

[40] *Cf.* « Маленький Крым… », art. cit. Sur les fonds publics russes engagés pour certains travaux, voir « Президентские дачи в Крыму », Новый Взгляд, 6 mai 2017, ainsi que le reportage de la TV Dojd.

[41] Jean Radvanyi, « Massandra, les caves des tsars dans la tourmente de l'Histoire », *Revue du vin de France*, 30 juin 2021.

G. Patrimoine culturel, clientélisme et corruption

La privatisation d'hôtels particuliers et de maisons historiques en ville semble avoir répondu également à des logiques de népotisme, mais selon des jeux d'influence locaux : les acquéreurs qui auraient obtenu ces « objets du patrimoine historique […] pour le prix d'un appartement moderne » sont liés aux autorités en place à Simferopol, selon la presse[42]. Par exemple, la maison de la famille (karaïte) du marchand Sariban à Simferopol a été acquise par une société détenue en partie par le fils du maire de Simferopol Igor Loukachev (alors en poste), telle autre demeure historique par une société liée au fils du « chef de la République de Crimée » Sergueï Aksionov.

Pour ce qui est des sites culturels historiques majeurs, qui n'ont pas été privatisés, la corruption a eu des conséquences particulièrement dommageables. Ainsi, c'est la même entreprise pétersbourgeoise, la société Meandr, qui a obtenu une grande partie des chantiers du patrimoine en Crimée, représentant des milliards de roubles, sur des sites emblématiques : entre autres exemples, l'ensemble de monuments de la forteresse de Soudak (IVe à XVIe siècles), le palais des Khans de Crimée à Bakhtchissaraï, le monastère arménien médiéval de Sourkhat, les escaliers du mont Mithridate à Kertch, la mosquée du Khan Ouzbeg (XIVe siècle) et sa médersa, le palais Livadia à Yalta, le palais Vorontsov à Aloupka, et bien d'autres sites. À mesure que les chantiers avançaient, outre la disparition de l'argent alloué et des retards considérables, étaient constatés des désastres : dans le palais des Khans, dans le palais Vorontsov (où lors de la restauration, certaines salles ont été inondées par la pluie et des décorations d'intérieur détruites[43]…). Cependant, malgré ces déboires, la société Meandr a continué de remporter de nouveaux marchés publics pour le patrimoine culturel en Crimée, jusqu'à ce qu'éclate une affaire de détournement de fonds publics de grande ampleur à Saint-Pétersbourg, où Meandr a bénéficié d'importantes commandes de même qu'à Moscou et en Crimée. La presse a établi un lien étroit entre cet afflux de grosses commandes publiques – deux cents environ attribuées à Meandr, dont un

---

[42] Selon Victoria Vecelova *in* « Дома для богатых: кто скупает историческое наследие Симферополя », КрымРеалии, 18 oct. 2020.

[43] « Cf. « Во власти стихии и проблем : что происходит в Воронцовском дворце », *КрымРеалии*, 30 juill. 2020.

quart en Crimée – et le rôle du ministre de la Culture de Russie Vladimir Medinski[44]. À la suite de ce scandale, Vera Novosselskaïa, « ministre de la culture » en Crimée depuis le 27 février 2014 et la prise du parlement par les forces armées russes, a été condamnée à la prison pour avoir reçu de substantiels pots-de-vin de l'entreprise[45]. Les dommages subis par le patrimoine culturel sur la péninsule renvoient donc aussi à l'impéritie des autorités, à Moscou comme en Crimée occupée, et à un *système de collusions pour le partage des marchés et la captation de fonds publics.*

II. Patrimoine culturel, enjeux de mémoire et droits humains : réécriture de l'histoire de la Crimée

A. La cité antique de Chersonèse et la fabrication d'une mémoire

Le patrimoine culturel fonde en Crimée une *reconstruction de la mémoire et de l'histoire.* Dans ce projet politique, la ville antique de Chersonèse Taurique occupe une place centrale. Elle a donné lieu à l'émission d'un billet de banque russe de 200 roubles (2017). La série historique « Chersonèse - Mon histoire », en 40 épisodes, qui doit « aider [le spectateur] à découvrir où se trouve le berceau de l'orthodoxie »[46], a été diffusée sur les réseaux sociaux en Russie à partir d'avril 2020. Puis un nouveau film sur Chersonèse a été lancé, *La patrie de notre patrie*, qui aurait été vu par des

---

[44] Sur son rôle, ainsi que celui des frères Aristarkhov (respectivement vice-ministre de la Culture chargé de la construction, et conseiller du ministre), voir notamment « Дрянь-team для Крыма и Севастополя - ООО "Меандр" », Объектив (Sébastopol, site russe), 20 mars 2020, et « Культурный распил. Структуры Мединского зарабатывают на реставрации в Крыму », КрымРеалии (service ukrainien de Radio Free Europe), 12 déc. 2021. Après de nombreux scandales qui ont marqué sa longue conduite du ministère de la Culture, Vladimir Medinski est devenu en 2020 conseiller de Vladimir Poutine et a présidé la délégation russe lors des négociations avec l'Ukraine à Minsk fin février 2022. Un petit nombre d'entreprises, telle la société Gouar, pétersbourgeoise, ont bénéficié des autres chantiers publics de restauration patrimoniale en Crimée, avec les mêmes résultats, comme dans le cas du Musée d'art de Sébastopol (gros investissements publics mais chantiers inachevés et malfaçons voire dégradations importantes).

[45] *Cf.* « Крымскому министру культурно откатили », Коммерсантъ, 8 juil. 2022.

[46] Selon le communiqué du service de presse de la fondation Mon histoire, cf. « Премьера исторического сериала о Херсонесе Таврическом пройдет во вторник », *Ria Novosti*, 21 avr. 2020 (disponible sur ria.ru).

millions de spectateurs en juillet 2023 lors de sa diffusion en Russie sur une chaîne de télévision fédérale ainsi qu'en Crimée sur les télévisions régionales, de sa projection sur grand écran à Sébastopol et dans les parcs « Russie - mon histoire » dans toute la Fédération, de sa retransmission sur les réseaux sociaux[47]. À Sébastopol, le spectacle historique multimédia *Griffon*, écrit par le métropolite Tikhon (Chevkounov), qui se veut la présentation de « faits historiques réels qui se sont déroulés à Chersonèse au cours des 2 500 dernières années », a évoqué tous les étés, sur la scène montée dans les ruines du site archéologique, la Grèce antique, puis les baptême et mariage du prince Vladimir, la guerre de Crimée et la défense de Sébastopol durant la Seconde Guerre mondiale[48].

De grands kakémonos avaient été installés le long de la route aux abords de la cité antique. Cet affichage, demeuré en place quelques années,[49] se poursuivait à l'intérieur des ruines de Chersonèse, le long du sentier descendant à la mer et à la scène de spectacles où fut inaugurée *Griffon* en juillet 2019, ainsi qu'en quelques autres emplacements. Les panneaux présentaient les portraits de certains personnages accompagnés d'une phrase ou maxime courte associée à celui-ci, proposant une lecture de l'histoire et du pouvoir. Le premier personnage offert au regard en arrivant, de face, peu avant de pénétrer dans la cité antique, était Vladimir Poutine (voir photo 1). Il indiquait :

> « En Crimée, littéralement, tout est imprégné de notre histoire et notre fierté communes. Voici l'ancienne Chersonèse, où le saint prince Vladimir a été baptisé. Son exploit spirituel – se tourner vers l'orthodoxie – a prédéterminé une base culturelle commune, de valeurs et de civilisation, qui unit les peuples de Russie, d'Ukraine et de Biélorussie »[50].

---

47 *Cf.* « Память об истоках. Состоялась премьера фильма о Херсонесе Таврическом », 31 juil. 2023, sur aif.ru.

48 Selon le site https://grif.one/4season#.

49 Apparus en 2019, ces panneaux sont demeurés en place été comme hiver, encore à l'automne 2021. Nous n'avons pu vérifier au moment de mettre sous presse ce qu'il en est actuellement, mais ils semblent avoir été remplacés en 2022.

50 (Ma traduction). Cette dernière thèse sera développée par Vladimir Poutine dans son essai *De l'unité historique des Russes et des Ukrainiens*, publié en juillet 2021, puis reprise par la propagande en Russie. *Cf.* notamment « En réaction à la publication du recueil de

À sa droite, contre les grilles, un portrait de l'historien Vassili Ossipovitch Klioutchevski (reproduit plusieurs fois sur le parcours), tandis que celui du président de la Fédération de Russie était suivi de Piotr Arkadievitch Stolypine, Premier ministre de Nicolas II : « Vous, messieurs, avez besoin de grands bouleversements. Nous avons besoin d'une grande Russie ».

L'examen des figures choisies, très significatives, nous éloignerait un peu de notre objet, mais on note, parmi les personnages du passé présentés au promeneur dans Chersonèse, l'empereur et philosophe stoïcien Marc Aurèle, Sainte-Olga, convertie à l'orthodoxie, grand-mère de celui qui deviendra Volodymyr/Vladimir le Grand, Ivan Tourgueniev et, quant aux contemporains, l'écrivain Valentin Grigorievitch Raspoutine ainsi que, bien sûr, le Patriarche Kirill.

Après avoir passé l'entrée de Chersonèse, le visiteur se trouve alors face à la maquette en bronze cartographiant la cité antique, surmontée par un bas-relief en arc de cercle de plusieurs mètres, en bronze, qui en constitue l'arrière-plan : il met en scène le baptême orthodoxe du prince Vladimir (voir photos 2a et 2b, *infra*).

Tandis que la matérialisation sculpturale dans la cité hellénique de la conversion de saint Vladimir, qui aurait eu lieu en l'an 988[51], participe d'un projet idéologique permettant d'inscrire dans une durée plus longue la seconde annexion de la Crimée en 2014, en la reliant non seulement à la période ouverte en 1783 par l'annexion du khanat de Crimée par Catherine la Grande, mais aussi plus loin, au Xe siècle, en revanche l'empreinte culturelle et historique du peuple autochtone de la péninsule ne paraît pas avoir vraiment de place dans cette réécriture de l'histoire. Si l'on remonte le cours du temps pour se prévaloir de la présence russe en Crimée à partir de 1783, alors pourquoi s'arrêter arbitrairement à 1783 ? L'anamnèse du baptême de saint Vladimir enjambe les siècles jusqu'en 988…

---

documents "De l'unité historique des Russes et des Ukrainiens" », 15 nov. 2023, sur https://memorial-france.org.

51 À Kiev ou à Chersonèse ? Il n'y a pas de consensus sur l'année et le lieu de cet événement : le baptême du prince Vladimir est souvent situé à Kiev, mais aussi à Chersonèse, ou à Berestov, non loin de Kiev. Quant aux travaux des historiens, voir Vladimir Vodoff, *Naissance de la chrétienté russe : la conversion du prince Vladimir de Kiev, 988, et ses conséquences, XIe-XIIIe siècles*, Fayard, Paris, 1988, spec. p. 62-81, et « Le millénaire de la nation russe », *L'Histoire*, n° 112, juin 1988.

B. La Nouvelle Chersonèse, un projet conduit dans la précipitation par l'Église orthodoxe russe et l'armée (2022-2024)

À partir d'une idée formulée par le président de la Fédération de Russie en 2015, le président du Conseil patriarcal de la culture, le métropolite Tikhon (Chevkounov)[52], a fourni en 2019 une ébauche du projet de « parc historique et archéologique Chersonèse Taurique ». La création du parc a été confiée à la fondation Mon Histoire supervisée par le Conseil patriarcal pour la culture[53], institution de l'Église orthodoxe russe, et son projet présenté à Sébastopol en 2021. Le complexe de construction militaire du ministère russe de la Défense a été chargé de son édification sur 24 hectares, principalement sur le site des vestiges des faubourgs et d'une *chôra* (territoire économique) de la cité antique de Chersonèse[54]. En mars 2023, le président Poutine visitait deux premiers bâtiments construits en un an, incluant une antenne du camp Artek pour les enfants. Selon une petite enquête réalisée par le média local *ForPost*, neuf habitants sur dix à Sébastopol étaient alors d'avis qu'il vaudrait mieux transférer les fonds du projet à des équipements sociaux plus urgents que la Nouvelle Chersonèse, et dont la construction ne cessait d'être reportée (hôpital d'urgence, station d'épuration pour la ville, bâtiment de cancérologie, etc.)[55].

Le Musée sur la Crimée et la Novorossia (multimédia)[56], ainsi qu'un amphithéâtre en plein air de 1 200 places sont sortis de terre en un temps

---

52 Vu parfois comme le « confesseur » du président Poutine, Tikhon a été nommé par le Saint-Synode d'abord métropolite de Pskov et de Porkhov, puis en octobre 2023 métropolite de Simferopol et de la Crimée.

53 Il est présidé par le Patriarche de Moscou et toute la Russie, Kirill, tandis que Tikhon est président de ce Conseil « en tant que département synodal ». *Cf.* https://psk-mp.ru/. Quant à la fondation Mon Histoire, elle a été enregistrée en mai 2014 à Sébastopol.

54 Voir « Как будет выглядеть грандиозный историко-археологический парк в Херсонесе », *ForPost*, 20 août 2021.

55 « "Новый Херсонес" в Севастополе ждет грандиозная застройка », art. cit.

56 En première approche, de longues vidéos de visiteurs russes accessibles sur internet permettent d'avoir une idée du contenu de ce musée. Ainsi, quelques décors en trompe-l'œil placent les visiteurs face à un quartier de la Chersonèse antique. Ailleurs, une petite vidéo représente le mariage du Prince Vladimir. Outre les salles sur l'époque de Pierre le Grand à Catherine la Grande, sur la défense de Sébastopol pendant la Guerre de Crimée, puis en 1941-1942, et sur la flotte de la mer noire, le musée inclut deux salles consacrées au « Donbass, cœur de la Russie » et au pont de Crimée, tandis que la présence des Tatares, réduite à la période du XVe au XVIIIe, apparaît d'une manière purement folklorique.

record (avec espaces verts, boutiques, restaurants, hôtels, parking pour 1 000 véhicules) : la Nouvelle Chersonèse a été inaugurée le 30 juillet 2024. Elle inclut un *remake* d'un quartier de la cité antique sur 5 500 m^2, abritant ces commerces, et une église « à ciel ouvert ». L'ouverture du Musée du Christianisme, considéré comme le monument principal de la Nouvelle Chersonèse et doté d'un dôme « construit par analogie avec le dôme de Sainte-Sophie à Istanbul », ainsi que celle du Musée de l'Antiquité et de Byzance, étaient annoncées pour la fin de l'année 2024, puis pour l'été 2025. En réalité, par Musée du Christianisme, il faut entendre un musée consacré à « l'histoire de Chersonèse et l'histoire de la Russie depuis le baptême de la Russie jusqu'à nos jours ».[57] Quant au Musée sur la Crimée, il ne semble faire aucune place à la diversité passée des groupes humains qui l'ont peuplée, et moins encore à l'histoire des politiques de déportation et autres mesures mises en œuvre par les autorités russes, puis par Staline, qui ont remodelé la population de la péninsule, depuis le transfert forcé des chrétiens en 1778 (principalement les Grecs et Arméniens[58]) jusqu'à l'épuration ethnique, dans les années quarante, de toute la population non slave de Crimée.

En même temps que ces constructions, des aménagements importants et dommageables ont été réalisés dans la cité antique de Chersonèse. En outre, l'Église orthodoxe russe a revendiqué et obtenu auprès de Rossimouchtchestvo (l'Agence fédérale russe pour la gestion des biens de l'État) la propriété de tous les bâtiments qui abritaient le musée-réserve. Ils ont été transférés à l'Église pour devenir un monastère (ce qu'ils avaient été entre 1850 et 1924) et les collections de ce musée doivent passer dans

[57] *Cf.* « "Новый Херсонес" в Севастополе: как посетить и что посмотреть », *Interfax,* 18 sept. 2024, et « Новый Херсонес: как посетить и что посмотреть », *ForPost* (туризм), 2024.

[58] Beaucoup sont décédés lors du périple. Le bannissement de la population chrétienne, particulièrement des Grecs (assimilés linguistiquement aux Tatares), visait à affaiblir économiquement le khanat de Crimée pour le soumettre. Après l'annexion de 1783, les expropriations de Tatares (qui cependant représentaient encore 73 % de la population en 1858) ont laissé des fermes vides, où s'installèrent de nouveaux colons d'origines diverses – jusqu'aux déportations massives des années quarante, frappant les colons allemands (1941), puis tous les Tatares de Crimée (avec ceux des Krymtchaks ayant échappé à la Shoah), et enfin les Grecs, Bulgares, Arméniens ainsi que des Karaïtes (1944). Quant aux Krymtchaks, petit peuple autochtone de Crimée, ils avaient été en grande partie massacrés par les occupants nazis. *Cf.* Nikita Khrapounov, Dmitri Prokhorov, Краткая история Крыма, Simferopol, Dolia, 2013.

le Musée de l'Antiquité et de Byzance de la Nouvelle Chersonèse, à l'extérieur de la réserve nationale archéologique de Chersonèse donc. De manière significative, le métropolite Tikhon (Chevkounov), devenu aussi en mars 2024 archimandrite de ce « monastère Saint-Vladimir de Chersonèse », a été nommé ensuite par Vladimir Poutine chef de la « commission pour la préservation, l'utilisation et la vulgarisation du patrimoine historique et culturel » au sein du Conseil auprès du président de la Fédération de Russie pour la culture et l'art.

C. La Crimée transformée en bastion de l'orthodoxie et de la Novorossia

Selon le politologue russe Alexeï Makarkine, « *La légende du baptême du prince Vladimir à Chersonèse*, qui symbolise la jonction de la vie laïque et religieuse, a une fonction idéologique importante pour l'État [russe] ». Le métropolite Tikhon « dispose de ressources que la plupart des évêques dirigeants des diocèses de l'Église orthodoxe russe n'ont pas. Son avantage est qu'il *promeut une idéologie très conservatrice grâce à la technologie moderne* et aux expositions interactives »[59].

Il est prévu que la Nouvelle Chersonèse puisse accueillir jusqu'à 50 000 visiteurs par jour, et 500 000 Russes l'ont visitée en août 2024[60]. Le patrimoine culturel de la Crimée est donc mis au service d'une réécriture de l'histoire et de la diffusion au public de ce récit qui prétend faire de la Crimée le socle de l'identité russe et le berceau de l'orthodoxie, par toutes sortes de moyens médiatiques et artistiques : bas-relief en bronze à l'entrée de Chersonèse, Musée de la Crimée et la Novorossia, spectacle *Griffon*, série *Chersonèse – Mon histoire* et film, en particulier. Un « Train routier », dont l'idée serait venue du président de la Fédération de Russie, « composé de cinq voitures multimédias, qui raconte 1 000 ans d'histoire de la Russie », stationnait aussi à Sébastopol en novembre 2024, après avoir

---

[59] (Je souligne). Alexeï Makarkine interviewé par le journal économique *Vedomosti* : « Как и для чего создали "Новый Херсонес" », 24 juil. 2024, accessible sur www.vedomosti.ru.

[60] Selon « "Новый Херсонес" в Севастополе … », *Interfax*, art. cit.

été à Moscou, à Kherson et en « République populaire de Donetsk »[61] (c'est-à-dire dans les territoires ukrainiens occupés), mais nous n'avons pas davantage d'informations sur son contenu.

Certes, les identités et les récits sur l'histoire nationale sont souvent le fruit de reconstructions. Déjà, Catherine II avait créé l'image de la Crimée comme espace de l'Antiquité, afin de forger un « nouveau mythe d'État » et d'inventer une filiation de la Russie avec cette grande civilisation, la Grèce ancienne, grâce au patrimoine notamment (mise en valeur du site de Chersonèse) — mais sans les Grecs de Crimée, bannis de la péninsule (*cf. supra*). L'impératrice, selon le philologue Aleksandr Kravetski, s'efforça ainsi de « transformer une province lointaine de l'Empire ottoman en une région antique moderne »[62]. Plus tard, pendant la Seconde Guerre mondiale, les nazis allemands ont convoqué d'autres références patrimoniales, celles des Goths de Crimée, et rebaptisé à leur tour les sites de la péninsule, vue comme le *Gotenland*.

Cependant l'ampleur des moyens médiatiques mis en œuvre actuellement et la systématisation du récit sur Chersonèse et le baptême du Prince Vladimir relèvent d'un effort de persuasion et de propagande sans commune mesure, tandis que la presse russe reproduit les mêmes formules au sujet de la Nouvelle Chersonèse[63] (mais aussi des éléments de langage identiques pour évoquer d'autres sites patrimoniaux de la Crimée, comme Mangoup [Doros], « dernier vestige de l'Empire byzantin »[64]). Simultanément, la tendance à effacer les autres éléments du patrimoine, composé de multiples couches et empreintes culturelles laissées par une grande diversité de peuples et de cultures — dont la présence objective sur la péninsule est souvent beaucoup plus longue que celle des Russes –, atteste d'une entreprise de dénaturation de l'histoire de la Crimée. Celle-ci

[61] Selon les termes de la dépêche « Автопоезд "Россия - Моя история" начнет работу в Севастополе », *Interfax*, 29 oct. 2024. On a noté la présence de la salle « Donbass, cœur de la Russie » dans le Musée de la Crimée et Novorossia. Voir aussi dans le « Registre des objets affectés par l'agression russe » du CISS (*cf. infra*), les dossiers consacrés aux destructions du patrimoine culturel dans les régions de Donetsk et Lougansk.
[62] Aleksandr Kravetski, « Миф наш » (Notre mythe), Коммерсантъ, 8 oct. 2017.
[63] *Cf.* entre autres « "Новый Херсонес"…, *Interfax*, art. cit., et « Новый Херсонес … », *ForPost*, art. cit., ce dernier précisant que « des sources officielles ont été utilisées ».
[64] Cette conception diverge de celle des historiens qui rappellent l'indépendance de la principauté de Théodoros, dont la capitale était Doros et qui occupait le sud de la péninsule (premiers linéaments d'une Crimée indépendante).

doit être mise en relation avec d'autres faits dans le domaine de l'enseignement dans les écoles criméennes et l'introduction de nouveaux manuels d'histoire – ainsi que l'installation de nouveaux monuments dans l'espace public.

D. Les Tatares de Crimée : un patrimoine culturel en délitement

Divers noms de lieux provenant de la langue tatare ont été changés sur la péninsule depuis 2014. Les Tatares de Crimée, qui, dans leur ethnogenèse, ont aussi assimilé les descendants de divers groupes humains qui les précédèrent sur la péninsule, constituent la population autochtone. Après leur déportation en mai 1944 sur l'ordre de Staline, dans des conditions telles qu'elles ont entraîné la mort d'environ 45 % de la population, les Tatares qui tentèrent de revenir en Crimée à partir des années 1960 étaient à nouveau déportés. Ils ne furent autorisés à s'y réinstaller qu'à partir de la fin des années 1980. Alors que, après l'annexion de 2014, les collections de différents musées de la péninsule relatives à l'histoire de la vie et à la culture des Tatares en Crimée pendant les siècles passés ont été transférées en Russie, que la nécropole musulmane de Kyrk-Azizler (fin XIIIe-XVe siècle), très importante pour la communauté tatare, a été fortement endommagée et en partie démolie lors de la construction de l'autoroute Tavrida ainsi que d'autres cimetières tatares anciens, les travaux de grande envergure en cours dans le Palais du Khan ont suscité une vive inquiétude. Cet unique exemple architectural, résidence principale et symbole du pouvoir d'État des khans de Crimée pendant plusieurs siècles, figure sur la liste indicative du patrimoine mondial de l'UNESCO avec son environnement historique à Bakhtchissaraï, ancienne capitale du khanat. En 2024, il était indiqué par les autorités en place que les travaux de restauration/reconstruction portant sur neuf des seize monuments du complexe architectural étaient achevés, tandis qu'ils se poursuivaient sur les sept sites restants. Aux yeux de l'ancienne directrice du Musée-réserve du Palais du Khan, une telle rénovation, touchant à tous les éléments du Palais, n'était pas justifiée : elle constitue une violation du droit humanitaire international[65].

[65] Selon Elmira Ablyalimova (entretien) : "Russia Continues Erasing Cultural Heritage, Legacy in Crimea", *Kyiv Post*, 8 déc. 2022.

Le *patrimoine culturel immatériel tatare* est particulièrement visé, ainsi que la langue qui en est le vecteur. Les classes en langue tatare, dans les écoles primaires de villages du sud de la péninsule où les Tatares de Crimée constituent la majeure partie de la population, ont été supprimées par les autorités municipales actuelles. Après l'annexion, les publications de presse sur la péninsule devaient s'enregistrer auprès de l'autorité russe Roskomnadzor, qui a opposé un refus à la plupart des journaux en langue ukrainienne et en tatare. Ainsi, la populaire revue pour enfants Арманчыкъ, qui présentait sur un mode ludique des éléments des traditions festives, vestimentaires et culinaires des Tatares de Crimée, a dû cesser de paraître dès 2015. Leurs assemblées participatives locales (Qurultay) et les organes représentatifs des Mejlis, insérés au sein des institutions ukrainiennes, ont été interdits à partir d'avril 2016 et leurs représentants persécutés. Cette situation du patrimoine culturel tatare est en rapport étroit avec celle des droits humains sur la péninsule depuis février 2014, où les Tatares sont particulièrement touchés : harcèlement par de fréquentes perquisitions de la police dans les maisons, arrestations arbitraires et condamnations à de lourdes peines de dix à vingt ans de camp de travail à partir de procédures controuvées, enlèvements et disparitions de jeunes hommes… Ces abus ont été favorisés par la mise en place, concomitante à l'annexion, d'une législation de circonstance, adoptée en 2014 par la Douma de la Fédération de Russie[66].

Plus largement, alors que le patrimoine sur la péninsule renvoie à la présence d'une grande diversité de cultures et de religions, ces objets culturels sont ignorés ou niés, voire effacés, lorsqu'ils ne relèvent pas du récit officiel russe (fermeture de la maison-musée de la poétesse ukrainienne Lessia Oukraïnka à Yalta, privatisation de demeures classées renvoyant à la présence karaïte, reconstruction de monuments historiques…). Certains choix opérés lors des fouilles archéologiques menées depuis 2014 sont notables. Le site protégé de Mangoup (liste indicative de l'UNESCO) est très riche, à l'image des peuples qui l'ont

---

[66] Pour l'analyse du lien entre l'emballement répressif dans la production législative russe au cours de l'année 2014 et la question ukrainienne, voir mon article : « Les sociétés civiles dans l'étau du droit russe », *Esprit*, avr. 2022, p. 75-87. Un amendement, sans doute conçu d'abord pour la Crimée, ajouté dans la précipitation en mars 2014, a instauré une législation d'exception en Russie, toujours en vigueur, donnant compétence aux *tribunaux militaires* pour juger les civils pour nombre de délits.

habité. Fondée au milieu du IIIe siècle, sans doute par des Goths et des Alains, puis tombée pour un temps aux mains des Khazars, la cité a péri à la fin du XVIIIe siècle, avec le départ de ses derniers habitants karaïtes à l'époque de l'Empire russe. Mangoup comprend, sur un plateau dominant les vallées environnantes et un paysage somptueux, des murailles d'enceinte, quatre sites de développement urbain, des temples, des mosquées, plusieurs monastères troglodytes, la Grande Basilique, une synagogue karaïte (*kenesa*), un mikveh, des nécropoles chrétienne, musulmane et karaïte, et le complexe des monuments de l'État de Théodoros, dont la capitale était Doros (Mangoup), avec les ruines du Palais (sans évoquer ici les monuments remarquables se trouvant aussi à l'extérieur du plateau). Les publications des archéologues russes permettent de préciser les objets sur lesquels ont porté les campagnes de fouilles réalisées à Mangoup entre 2014 et 2021. À part le Palais de 1425, un mur défensif et deux nécropoles, les fouilles se sont concentrées, lors de cinq campagnes menées en des périodes différentes, sur un petit nombre d'objets : la basilique sud et quatre églises chrétiennes — dont plusieurs avaient déjà été complètement explorées précédemment entre 1967 et 2013[67]. En outre, les experts ukrainiens estiment que, du fait du manque de conservation et de restauration de la maçonnerie fouillée lors de ces campagnes et des dommages causés, « la couche musulmane et des Karaïtes de Crimée du patrimoine de Mangoup est en train d'être supprimée »[68]. À défaut pour les équipes d'experts internationaux de pouvoir se rendre sur la péninsule pour examiner de près la situation, on voit à tout le moins qu'il est fait un usage sélectif du patrimoine lors des fouilles archéologiques, qui se trouve être en lien avec le projet politique des autorités moscovites. Par la suite, les présentations de Mangoup données dans les pages touristiques des médias locaux (russes) en 2024 reprennent aussi, comme les publications archéologiques, un même discours centré sur l'orthodoxie, et omettent la diversité des empreintes

---

67 Selon les analyses des archéologues (Académie des sciences d'Ukraine) du *Crimean Institute for Strategic Studies* (ONG, Kiev) : voir Dossier « Mangup Kale », in *Register of objects affected by russian aggression*, disponible sur https://ciss.org.ua

68 *Ibidem.* Ils croisent différentes sources et travaillent sur les images satellite.

culturelles et religieuses portées par ce site archéologique, où ont coexisté pendant des siècles églises chrétiennes, synagogues et mosquées[69].

III. Quelles réponses de la coopération et du droit internationaux ?

Face à cette situation du patrimoine culturel en Crimée, quelles peuvent être les réponses de la coopération et du droit internationaux ? La résolution du 27 mars 2014 de l'Assemblée générale des Nations Unies[70], qui a affirmé son attachement à l'intégrité territoriale de l'Ukraine, a été suivie de différentes résolutions, notamment sur les droits de l'homme en Crimée. Par ailleurs, ont été adoptées des sanctions économiques, telles que celles décidées par le Conseil de l'Union européenne, touchant en mars 2014 diverses personnes pour leur rôle dans l'annexion, suivies de sanctions économiques de l'UE contre la Russie et la Crimée en juin et juillet 2014. Cela n'a pas empêché certaines entreprises de les violer dans des secteurs d'importance stratégique, comme dans le cas des quatre turbines à gaz exportées d'Allemagne par Siemens, décisives pour l'alimentation en électricité de la péninsule[71]. La Crimée peut donc être vue à plus d'un titre comme un laboratoire quant aux instruments

---

[69] Voir par exemple « Мангуп-Кале — последний осколок Византийской империи в Крыму », *ForPost* (туризм), Гид по Крыму (Guide de la Crimée), 2024. « […] un immense plateau, où se trouvait autrefois la ville de Mangoup. Debout au pied de la montagne, on ne peut s'empêcher d'imaginer la beauté de la ville antique. Les dômes dorés des églises orthodoxes, le tintement des cloches, la beauté majestueuse des palais antiques ».

[70] Résolution 68/262 de l'Assemblée générale sur l'intégrité territoriale de l'Ukraine, A/RES/68/262, 27 mars 2014.

[71] Une *joint-venture* de Siemens à Saint-Pétersbourg devait les livrer à l'entreprise publique russe chargée du chantier en Crimée, qui les avait commandées prétendument pour Taman (Kranosdar) : la supercherie ayant été éventée en juin 2015 par le journal moscovite *Vedomosti*, il semblait clair que le projet avait échoué. Mais Siemens a démenti, puis livré les turbines à gaz. Voir la question au gouvernement de députés verts : Deutscher Bundestag, « Antwort der Bundesregierung auf die Kleine Anfrage der Abgeordneten Marieluise Beck […] », *Drucksache* 18/13639, 25 sept. 2017. Le Parquet de Hambourg a inculpé quatre ex-salariés et un salarié de Siemens pour avoir sciemment exporté ces turbines vers la Crimée sous sanctions. Voir « Staatsanwaltschaft erhebt Anklage wegen sogenannter Krim-Affäre », *Der Spiegel*, 27 mars 2024. À l'ouverture du procès de deux d'entre eux à l'été 2025, a été mis en exergue à nouveau le rôle qu'aurait joué l'ancien vice-chancelier SPD Sigmar Gabriel.

internationaux, dont peut-être quelques enseignements utiles pourraient être tirés. Qu'en est-il en matière de patrimoine culturel ?

A. L'UNESCO et la coopération internationale pour protéger les biens culturels

L'UNESCO, à la suite de la décision adoptée par le Conseil exécutif lors de sa 194e session en avril 2014[72], et renouvelée tous les ans, a mis en place un « Suivi de la situation en République autonome de Crimée (Ukraine) » dans ses domaines de compétence, plus larges que le seul patrimoine culturel, afin de recueillir des informations actualisées auprès des organisations internationales et d'ONG. Au regard du patrimoine culturel, les rapports annuels ont permis d'enregistrer et de documenter certains faits précis, tels que les transferts de collections des musées de Crimée vers la Russie, les détériorations de certains sites, etc. Plusieurs organisations internationales prennent part aux réunions sur la Crimée, ainsi que des ONG, dont ICOMOS, et d'autres organisations spécialisées dans les droits humains. Ce suivi annuel est basé en particulier sur des sources synthétisées par la délégation permanente de l'Ukraine auprès de l'UNESCO. Outre les ONG ukrainiennes, qui bénéficient d'informations factuelles de première main par leur réseau sur la péninsule (l'accès à l'information étant ici un problème majeur), les institutions suivantes, notamment, ont participé à ce travail collaboratif, en apportant leur expertise technique : le Centre international d'études pour la conservation et la restauration des biens culturels (ICCROM), ICOMOS, et, au sein de l'UNESCO, le Centre du patrimoine mondial.

Des visites sectorielles de suivi direct de l'évolution de la situation dans les domaines de compétences de l'UNESCO devaient être réalisées en Ukraine. Deux missions ont eu lieu à Kiev en 2019, qui ont permis de recueillir des informations sur la situation en Crimée auprès des spécialistes des institutions concernées, de membres d'organisations de la société civile et de responsables gouvernementaux. Mais après ces visites préparatoires, et des réunions en ligne pendant la crise sanitaire de la

---

72 Par 28 voix contre 4, celles de la Russie, la Chine, le Brésil et Cuba (avec vingt abstentions). Les documents de ce *Suivi* sont disponibles sur https://unesdoc.unesco.org/.

COVID-19, aucune mission n'a pu avoir lieu sur la péninsule[73]. En tout état de cause, dans le contexte de l'extension de l'agression militaire de la Russie à tout le territoire ukrainien, cette visite de terrain en Crimée, souhaitable pour mieux se rendre compte de la situation, est devenue en pratique impossible. Tandis que l'antenne de l'UNESCO ouverte à Kiev depuis octobre 2022 participe aussi à cette surveillance de l'évolution de la situation en Crimée, le Secrétariat a continué de mener dans la capitale ukrainienne des missions sectorielles, en octobre 2021, juillet 2022, janvier et mars 2023 et février 2024.

L'espoir de ce *Suivi,* présenté devant le Conseil exécutif de l'UNESCO tous les ans, était probablement à la fois d'essayer de contenir les situations abusives par la publicité donnée, et de constituer un cadre de coopération et d'action. Pour autant que l'on puisse en juger, le suivi de la situation mené par l'UNESCO n'a pas permis de protéger le patrimoine en Crimée, *en amont* : ce cadre de la coopération au sein de l'UNESCO semble n'avoir eu que peu d'incidence sur les pratiques de l'État russe occupant la Crimée (pas plus pour le patrimoine culturel que pour les autres éléments du *Suivi*). En revanche, le *Suivi* établissant un « registre » régulier de faits, qui a favorisé la synergie de différentes institutions et organisations internationales, pourrait être un instrument utile dans une phase ultérieure, de retour et de restitutions – ainsi que pour les réparations.

Par ailleurs, paraît essentiel le rôle d'organisations spécialisées susceptibles d'agir *en aval*, en matière de trafic illicite de biens culturels, telles que l'Organisation mondiale des douanes (OMD), la Confédération internationale des négociants en œuvres d'art (CINOA), UNIDROIT, l'ONUDC, le Conseil international des musées, ICOMOS, etc. INTERPOL avait lancé un avis de recherche en 2017 pour des tableaux d'Ivan Aivazovsky. Le rôle de ces organisations (partenaires de l'UNESCO), important dès les lendemains de l'annexion de la Crimée, s'est renforcé à la suite de l'invasion à grande échelle de l'Ukraine. Le

[73] Dans le respect du droit international, l'UNESCO ne pouvait organiser cette visite qu'en réitérant que la Crimée fait partie du territoire de l'Ukraine, ce qui n'était pas admissible pour la Russie. Le projet a tourné court en dépit des discussions engagées en vue de cette mission sur la péninsule, sans que nous ayons plus de détails. Le Comité du patrimoine mondial, qui tente depuis 2016 de mettre en place une visite dans la cité antique de Chersonèse, n'a pas eu plus de succès (n'ayant pas reçu « l'invitation de l'État partie » : cf. UNESCO, « *Suivi 2022* », p. 3).

ministère de la Culture de l'Ukraine a publié récemment une liste d'objets d'art et de biens culturels ukrainiens volés qui, grâce à la coopération internationale, lui ont été restitués (sans préciser leur provenance régionale). Ils ont été saisis depuis 2018 par les douanes de différents pays européens et des États-Unis, ainsi que dans des salles de ventes, à Londres et Munich. Cette coopération met en jeu – outre le Bureau du procureur général d'Ukraine, qui dispose maintenant d'une unité spécialisée sur les crimes visant les biens culturels, et les autres institutions internes –, nombre d'acteurs internationaux, l'UNESCO, l'OSCE, Interpol et Europol, le FBI et d'autres organisations des États partenaires de l'Ukraine[74]. L'Ukraine consacre des expositions à ce patrimoine retrouvé, telle celle du Musée national d'histoire à Kiev, présentant trois cents artefacts archéologiques ukrainiens saisis en Estonie en 2016 et 2024, issus de fouilles illégales en Crimée et autres[75]. Le Conseil international des musées a créé en 2022 une « liste rouge d'urgence » pour l'Ukraine, qui, à titre préventif, permet d'illustrer les catégories de biens culturels exposés au plus grand risque de trafic illicite (culture matérielle et spirituelle) et inclut des exemples d'objets des Tatares de Crimée. Mais pour que la coopération internationale puisse se déployer, la question du recensement des biens volés paraît centrale. Depuis 2022, le ministère de la Culture travaille avec le soutien du gouvernement polonais à la création d'un catalogue électronique unifié répertoriant les collections des musées de l'État ukrainien, qui fonctionne actuellement en mode expérimental[76]. Mais, de toute évidence, sa mise en œuvre restera impossible dans le cas des collections en Crimée, pour les raisons évoquées plus haut. Le ministère teste aussi une boîte à outils pour inventorier les objets culturels volés ou disparus[77]. Enfin, l'Ukraine a notablement amélioré sa législation interne pour la protection du patrimoine culturel, préalablement à la ratification en février 2025 de la Convention du Conseil de l'Europe sur les infractions visant des biens culturels (Convention de Nicosie).

---

[74] *Cf.* ministère de la Culture (Ukraine), *op. cit.*

[75] « Exposition - D'une mer à l'autre », disponible sur https://www.idavoll.fr/.

[76] Catalogue unifié, en cours de remplissage, disponible sur https://museum.mcsc.gov.ua.

[77] Ministère de la Culture (Ukraine), *op. cit.*

B. La riposte juridique internationale de l'Ukraine

Confrontée depuis février 2014 à l'agression de la Fédération de Russie, l'Ukraine a dès le début du conflit eu recours à différentes organisations internationales et juridictions, en particulier la Cour européenne des droits de l'homme (CEDH) dès mars 2014 et la Cour pénale internationale (CPI) (voir les analyses *infra*), mobilisant « tous azimuts » *le droit international* pour essayer de contenir l'agression russe, faire connaître la réalité de l'agression militaire et de l'occupation (dont l'existence même était niée par la Russie) en même temps que faire reconnaître son statut de victime, et demander justice. Si cette stratégie a été infructueuse pour contenir l'agression russe et les abus de l'occupation, elle a donné en revanche des résultats sur les autres aspects.

En matière pénale, l'État ukrainien, qui avait signé, mais non ratifié le Statut de Rome (comme la Russie, qui a retiré sa signature en 2016), a reconnu la compétence de la CPI sur son territoire par ses deux déclarations du 17 avril 2014 et du 8 septembre 2015, la seconde relative à des crimes présumés commis à partir du 20 février 2014 en Crimée et dans l'est de l'Ukraine – avant que le parlement ukrainien ne ratifie le Statut, le 21 août 2024[78]. Dès 2016, le bureau de la Procureure de la CPI avait estimé que la situation en Crimée et à Sébastopol « équivalait à un conflit armé international entre l'Ukraine et la Fédération de Russie qui débute le 26 février 2014 au plus tard» et que «le droit des conflits armés internationaux continuait à s'appliquer après le 18 mars 2014 dans la mesure où la situation sur le territoire de la Crimée et de Sébastopol revient, dans les faits, à un état d'occupation »[79]. Au terme de son examen préliminaire, la Procureure a conclu fin 2020 qu'il y avait des motifs raisonnables de croire qu'un large éventail de comportements constituant des crimes de guerre et des crimes contre l'humanité avaient été commis, suffisamment graves pour justifier une enquête de son bureau. Son successeur Karim Khan a annoncé le 2 mars 2022 commencer à enquêter

---

[78] Il a ensuite adopté une législation transposant les crimes prévus par le Statut dans le droit national. L'Ukraine est devenue officiellement un État partie à la CPI depuis le 1er janvier 2025.

[79] ICC - Office of the Prosecutor, « Report on Preliminary Examination Activities (2016) », 14 nov. 2016, § 158.

activement sur les crimes commis en Ukraine, après que nombre d'États parties ont déféré à son bureau la situation de l'Ukraine.

1. Les crimes contre les biens culturels vus sous le prisme de la propriété

Depuis 2016, le Procureur de la République autonome de Crimée et de Sébastopol, dont le bureau est délocalisé à Kiev, a adressé à plusieurs reprises au Procureur de la CPI des rapports d'information complémentaires – basés sur les informations recueillies lors des enquêtes pénales menées par son bureau[80]. Les dommages sur le patrimoine culturel ont été inclus à titre de saisie de biens publics de l'Ukraine ou de leur destruction, comme la privatisation de la Cave Massandra, qualifiée de crime de guerre. Le Procureur notait à cet égard que les expropriations de biens publics et privés ukrainiens sur le territoire occupé n'avaient eu aucune fin militaire, et que la privatisation ultérieure de Massandra confirmait que l'occupant en disposait à son gré. À ses yeux, ce sont « les faits d'appropriation massive et systématique de biens ukrainiens qui permettent de qualifier de crime de guerre les actions de l'administration d'occupation de la Fédération de Russie »[81]. La coopération du bureau du Procureur de la République autonome de Crimée et de Sébastopol avec les experts d'ONG ukrainiennes, notamment du Centre régional pour les droits humains (créé à Sébastopol puis déplacé à Kiev), a permis la collecte de nombreuses preuves de l'appropriation et la destruction du patrimoine culturel sur la péninsule de Crimée, pour donner lieu à une communication conjointe à la CPI sur les crimes de guerre contre les sites de patrimoine culturel[82]. Le Procureur de la République autonome de Crimée a annoncé aussi la transmission à la CPI début 2023 d'un dossier relatif aux crimes environnementaux.

Les seuls documents publics du Procureur de la CPI sur cette procédure en cours sont les rapports sur les activités menées en matière d'examen préliminaire, puis ses rapports annuels. Le Procureur, à l'issue de son

80 Selon le Procureur de la Crimée : *cf.* « Игорь Поночовный: Основная цель репрессий России в Крыму — колонизация полуострова и изменение состава населения » (entretien), ЗЕРКАЛО НЕДЕЛИ, 14 déc. 2020. Disponible sur https://zn.ua.

81 *Ibidem.*

82 Voir https://rchr.org.ua/en/humanrights et Regional Center for Human Rights, *2021, Annual activity report*, p. 16.

examen préliminaire, incluait dans les crimes possiblement commis sur la péninsule à partir du 26 février 2014, « le fait de saisir les biens de l'ennemi sans que cela soit impérieusement commandé par les nécessités de la guerre, s'agissant de biens privés et culturels, en vertu de l'article 8-2-b-xiii du Statut »[83]. On voit donc que les crimes relatifs au patrimoine culturel ont été considérés ici sous le prisme de la propriété (article 8-2-b-xiii), *comme un quelconque autre bien matériel saisi*. Ce qui ne prend pas en compte la spécificité de ces biens.

Après l'offensive militaire russe de grande envergure, le Procureur de la CPI a indiqué mettre l'accent sur la situation après l'escalade du conflit en février 2022, tout en continuant à poursuivre plusieurs lignes d'enquête concernant les événements survenus sur le territoire de l'Ukraine depuis novembre 2013[84].

La question du patrimoine subaquatique est un peu à part dans cette discussion, ayant fait l'objet d'une procédure arbitrale en relation à la Convention des Nations Unies sur le droit de la mer. Dans la procédure initiée le 16 septembre 2016 par l'Ukraine devant la Cour permanente d'arbitrage, où l'Ukraine soutient que la Russie a violé cette Convention, elle évoque parmi les motifs principaux de son mémoire du 20 mai 2021, outre des motifs environnementaux, le « patrimoine culturel subaquatique de l'humanité » unique dans cette région de Kertch[85] (où ont été réalisés de grands travaux, notamment la construction d'un pont reliant la Crimée à la Russie et la création d'un *pipeline*, sans mesures appropriées de protection). Il est reproché à la Fédération de Russie d'avoir violé « les droits de l'Ukraine sous la CNUDM et [ses] propres devoirs en matière de patrimoine culturel sous-marin ». L'Ukraine, qui a été parmi les premiers

---

83 ICC — Office of the Prosecutor, « Report on Preliminary Examination Activities (2020) », 14 déc. 2020, § 278.

84 *Cf.* ICC - Office of the Prosecutor, "*The law in action For all - Annual report 2024*", 4 déc. 2024, p. 23. Quant aux procédures pénales engagées par la justice ukrainienne, le Procureur général indiquait en 2023 mener des enquêtes préliminaires dans le cadre de 24 procédures pénales concernant plus de 70 « faits de vol illégal délibéré, de destruction et de détérioration d'objets du patrimoine culturel de l'Ukraine en Crimée et de leurs éléments » ainsi que de fouilles archéologiques illégales. *Cf.* UNESCO, « *Suivi 2023* », p. 16. Depuis juin 2022, aucune nouvelle procédure pénale n'avait été engagée dans cette catégorie, et la situation n'a pas changé en 2024 : *cf.* UNESCO, « *Suivi 2024* », p. 7.

85 « Différend concernant les droits de l'État côtier dans la mer noire, la mer d'Azov et le Détroit de Kertch (*Ukraine c. La Fédération de Russie*) », CPA No. 2017-06, *op. cit.*, p. 26 et s.

pays maritimes signataires de la Convention sur la protection du patrimoine culturel subaquatique (2001), avait mis au jour la richesse de ce site dans la décennie précédant l'annexion[86].
L'affaire est en instance après l'audience de l'automne 2024.

2. Liens intrinsèques entre patrimoine culturel et identité d'un peuple : montée d'une problématique

Dès sa requête du 16 janvier 2017 auprès de la Cour internationale de Justice (CIJ), organe judiciaire principal de l'ONU, pour ce qui concerne l'application en Crimée de la convention internationale sur l'élimination de toutes formes de discrimination raciale (CIEDR), il est notable que l'Ukraine centrait son argumentation sur la « *campagne d'effacement culturel* » menée par la Fédération de Russie à l'égard des Tatares et des Ukrainiens ethniques, incluant des mesures de « suppression politique et culturelle » des premiers[87]. Outre les violations des droits de l'homme et les suppressions/restrictions frappant l'enseignement des langues et les médias tatares ou ukrainiens, elle évoquait les mesures d'interdiction des célébrations de la communauté tatare ou de ses institutions communautaires représentatives, les *Mejlis* (c'est-à-dire d'éléments du patrimoine culturel immatériel), visant aussi les célébrations culturelles ukrainiennes. Les atteintes aux biens culturels n'y sont pas mentionnées (ni le terme même de patrimoine culturel), mais apparaîtront en juin 2018 dans un second mémoire, évoquant « la dégradation du patrimoine culturel », avec peu d'exemples au regard de l'étendue des problèmes (voir mes observations en conclusion)[88]. L'Ukraine a obtenu la reconnaissance

---

86 Sur l'archéologie sous-marine en Ukraine, voir Sergiy Voronov, "*Ukraine : national report on underwater cultural heritage*", document de programme, UNESCO, 2010 : les scientifiques ukrainiens y sont fiers d'avoir créé lors des explorations menées entre 2000 et 2010 le premier registre du patrimoine subaquatique de l'Ukraine ainsi qu'une cartographie des « Monuments du patrimoine culturel subaquatique de l'Ukraine », 2 514 objets archéologiques et historiques ayant été localisés sur la carte (eaux territoriales). La présence dans ces profondeurs d'une couche d'hydrogène gris serait favorable à la bonne conservation des monuments antiques.

87 *Cf.* CIJ, « Requête introductive d'instance (Ukraine c. Fédération de Russie) », 16 janv. 2017, p. 56 et s., p. 64-68. Accessible sur https://www.icj-cij.org/fr/affaire/166 (je souligne). La discussion relative à la convention pour la répression du financement du terrorisme concerne l'est de l'Ukraine.

88 CIJ, Mémoire déposé par l'Ukraine (*Ukraine c. Fédération de Russie*), 12 juin 2018, p. 197-201.

par la Cour, dans son arrêt du 31 janvier 2024, que « par la manière dont elle a mis en place son système d'éducation en Crimée après 2014 pour ce qui est de l'enseignement scolaire en langue ukrainienne », la Fédération de Russie a violé ses obligations en relation aux articles 2§1er (a), et 5(e)(v) de la CIEDR. De manière surprenante, n'ont pas été considérés comme des violations de la CIEDR des faits similaires relatifs à l'enseignement de la langue tatare, la Cour ayant rejeté la plupart des autres arguments de l'Ukraine[89]. En particulier, elle a estimé que les violences physiques dont ont été victimes des Tatares de Crimée et des personnes d'origine ethnique ukrainienne, ainsi que l'effet préjudiciable pour les Tatares des mesures de répression prises par la Fédération de Russie, reconnu par la Cour, pouvaient s'expliquer par leur opposition politique, non leur origine ethnique[90].

En revanche, la CEDH, qui se prononçait sur les violations des droits fondamentaux alléguées par l'Ukraine, a conclu dans son arrêt du 25 juin 2024 à de nombreuses violations de la Convention européenne des droits de l'homme et de ses protocoles par la Fédération de Russie en Crimée. Elle établit, singulièrement, l'existence d'un traitement discriminatoire de la population tatare de Crimée, ainsi que d'une campagne systématique d'expropriation à grande échelle de biens appartenant à des personnes civiles et à des entreprises privées en Crimée, sans indemnisation, non justifiée par des nécessités militaires impérieuses. Mais le patrimoine culturel matériel, les monuments historiques et biens culturels sont à peine mentionnés, sauf les lieux de culte (fermetures, confiscations ou destructions), alors que les faits soumis aux juges de la CEDH correspondent à la période du 27 février 2014 au 26 août 2015[91].

---

89 *Cf.* CIJ, « Application de la convention internationale pour la répression du financement du terrorisme et de la convention internationale sur l'élimination de toutes les formes de discrimination raciale (*Ukraine c. Fédération de Russie*) », arrêt du 31 janv. 2024.

90 Pour une analyse de cet arrêt, voir Yann Kerbrat et Guillaume Le Floch, « Chronique de jurisprudence de la Cour internationale de Justice », *Journal du Droit International - Clunet*, 2025, n° 1, p. 227-243. Par ailleurs, il est intéressant d'examiner dans les conclusions de cet arrêt, ainsi que dans les Déclarations et Opinions individuelles jointes, les positions respectives des quinze juges selon leur profil, particulièrement selon leur nationalité – la composition de cette Cour étant par nature fort différente de celle de la Grande Chambre de la CEDH qui a rendu l'arrêt du 25 juin 2024.

91 Pour la première requête – la seconde portant sur les prisonniers politiques ukrainiens en Crimée et Russie. *Cf.* CEDH (Grande Chambre), Affaire *Ukraine c. Russie (Crimée)* (Requêtes nos 20958/14 et 38334/18), *Arrêt,* 25 juin 2024. Est fait mention de rapports

Si les questions de langue et de culture (ukrainienne et tatare) et d'identité culturelle sont conceptualisées dès le départ dans les requêtes de l'Ukraine à la CEDH et de la CIJ et largement argumentées, la problématique des biens culturels et de l'intentionnalité des dommages, dans ses liens avec les questions d'identité d'un peuple, se développe un peu plus tard[92]. Dans la société civile, c'est par exemple en 2017, face à la décision des autorités russes de reconstruire les différents bâtiments constituant le complexe du Palais du Khan (sous couvert de restauration), qu'une équipe se constitue avec le projet de suivre l'état des sites de patrimoine culturel au regard du droit international humanitaire – ce qui a conduit à l'établissement d'un registre documenté des dommages causés par la Russie à ces sites[93] sur la péninsule, puis dans les autres territoires occupés (voir *infra*).

L'offensive militaire russe de grande envergure en Ukraine à partir de février 2022 semble susciter une perception plus large des liens intrinsèques entre menaces sur le patrimoine culturel et crimes contre un peuple. Alors que les services de police ukrainiens venaient de saisir plus de 6 000 objets historiques de grande valeur, présumés volés en partie dans les musées de Crimée, la Procureure générale déclarait en juillet 2022 : « Nous avons récupéré ce contre quoi le président Vladimir Poutine se bat – notre identité et notre culture »[94]. Il est possible que l'opinion publique internationale ait pris conscience de cette problématique à partir de faits marquants, tels que les destructions volontaires de nombreux sites culturels et monuments ou les pillages dans la région de Kherson, à Marioupol et ailleurs. Cependant, il convient de souligner que le caractère délibéré – l'intentionnalité – de certains dommages causés au patrimoine culturel matériel sur la péninsule sous occupation russe était retenu par le bureau du Procureur de la République autonome de Crimée et de Sébastopol dans les enquêtes menées avant février 2022, en l'absence même de faits de violences militaires[95]. Le Centre régional pour les droits

d'ONG, incluant des « attaques contre des biens culturels, religieux et privés » (sans plus de précisions).

92 Nous n'avons bien sûr pas eu accès aux communications du Procureur général de l'Ukraine à la CPI.

93 Entretien vidéo avec Elmira Ablyalimova-Chyihoz, Institut Criméen pour les Études stratégiques, basé à Kiev (ancienne directrice du Musée-réserve du Palais du Khan).

94 "Ukraine seizes stolen antiquities collection after multiple raids in Kyiv", AFP/Alarabiya News, 24 juin 2022, et "Ukraine Uncovers Antiquities Looted from Crimean Museums", art. cit.

95 Voir par exemple les informations communiquées par le Bureau du Procureur de Crimée : UNESCO, « *Suivi 2021* », p. 11 : « enquête préliminaire dans huit procédures pénales sur des faits de vol, destruction et détérioration intentionnels illégales d'objets de

humains, dont les avocats ont préparé plusieurs communications à la CPI (*cf. supra*), soutenait pour sa part dans son rapport de décembre 2021 que les « actes de dégradation, de destruction et de pillage du patrimoine culturel en Crimée ne sont ni isolés ni sporadiques, mais s'inscrivent dans la politique d'État de la Fédération de Russie en matière de gestion du territoire occupé »[96]. Se pose la question des instruments et catégories disponibles dans le droit international pour la protection des biens culturels, en l'absence d'attaques armées sur ces biens. En outre, il faut prendre en compte le contexte international, non dénué d'une certaine ambivalence jusqu'en février 2022 quant à la Crimée annexée par la Russie[97].

Ces interrogations sur les instruments juridiques relatifs à la qualification de violations commises contre le patrimoine culturel ne sont pas levées après les débuts de l'offensive militaire de grande envergure de la Fédération de Russie. Mais, dans ce contexte, se développe lentement la prise en compte des violations contre des biens culturels articulée à celle des autres crimes. Alors que la commission d'enquête internationale indépendante sur l'Ukraine, établie par la résolution du Conseil des droits de l'homme des Nations Unies le 4 mars 2022, n'évoquait pas dans ses trois premiers rapports les violations du droit international humanitaire relatives au patrimoine culturel, elle a récemment enquêté pour la première fois sur des attaques militaires visant des bâtiments culturels et sites historiques (au centre d'Odessa), et saisies (pillages) de biens culturels (rapport de mars 2024). Il s'agit néanmoins de violations s'inscrivant dans *les catégories les mieux appréhendées* par le droit international humanitaire. A été examiné notamment le transfert à l'automne 2022 de plus de 10 000 objets du Musée d'art régional de Kherson et des documents

patrimoine culturel de l'Ukraine », « Il a été établi que [...] le Palais du Khan est intentionnellement détruit et endommagé », etc.

[96] Regional Center for Human Rights, « Вплив на українську ідентичність в Криму », doc. cit., p. 3. Cette ONG, qui a déposé de très nombreuses requêtes individuelles (Crimée) auprès de la CEDH et plaintes auprès du Comité des droits de l'homme (ONU), a transmis 17 communications à la CPI.

[97] Voir Catherine Iffly, « Quelles perspectives pour la Crimée ? », *Politique étrangère*, vol. 82, n° 2, été 2017, p. 141. Accessible aussi sur : https://www.ifri.org/fr/articles/quelles-perspectives-pour-la-crimee.

d'archives des Archives d'État de la région de Kherson vers la Crimée, qualifié de crime de guerre[98].

Dans sa résolution « Lutter contre l'effacement de l'identité culturelle en temps de guerre et de paix », adoptée en juin 2024, l'Assemblée parlementaire du Conseil de l'Europe estime que « l'effacement culturel et la destruction ou le pillage délibérés et systématiques des biens culturels constituent des crimes de guerre et des crimes contre l'humanité, et révèlent également [...] l'intention génocidaire spécifique de détruire le groupe national ukrainien ou au moins une partie de celui-ci ». Elle tire des conclusions plus larges quant au droit international : estimant que « le cadre juridique international concernant le patrimoine culturel dans les conflits armés reste fragmenté et présente de grandes lacunes », elle recommande son renforcement. En particulier, les États membres sont exhortés à coopérer avec les Nations Unies, l'UE et d'autres organisations compétentes, « afin d'entreprendre une révision de la Convention de La Haye pour la protection des biens culturels en cas de conflit armé (1954) et de la Convention de Genève relative à la protection des personnes civiles en temps de guerre (1949) et de leurs protocoles ». Il est recommandé notamment « d'élargir leur champ d'application afin de *couvrir les atteintes moins évidentes au patrimoine culturel, comme l'épuration et l'effacement culturels* »[99] ; sont jugés souhaitables également des mécanismes de protection préventive plus solides, un renforcement des sanctions et une réparation intégrale, par la restitution, l'indemnisation et la restauration.

---

[98] *Cf.* « Rapport de la Commission d'enquête internationale indépendante sur l'Ukraine », 18 mars 2024 (Conseil des droits de l'homme), p. 7, 9 et s. Quant aux rapports sur la Crimée annexée publiés régulièrement par le HCDH, ils évoquent les violations des droits culturels (langue et célébrations) mais n'incluent pas le patrimoine culturel matériel. Voir par exemple "Situation of human rights in the temporarily occupied ARC and the city of Sevastopol (Ukraine)", 25 sept. 2017, et "Ten Years of Occupation by the Russian Federation: Human Rights in the ARC and the City of Sevastopol, Ukraine", 28 févr. 2024.

[99] Résolution 2558 et Recommandation 2280 votées le 26 juin 2024 (qui évoquent aussi la situation en Biélorussie), *cf.* https://pace.coe.int/fr/files/33685. Une première version de la résolution, non examinée par l'Assemblée, avait été proposée en juin 2022 par la députée ukrainienne Yevheniia Kravchuk (rapporteure du texte adopté).

3. Le problème de la réparation et l'indemnisation

Dans cette guerre par le droit international menée par l'Ukraine, dont la Crimée ne constitue qu'un volet, des décisions importantes ont été prises – qui ne sont pas sans incidence en retour sur le rôle de ces cours internationales[100]. Il reste que la Cour internationale de Justice a rejeté dans son arrêt de janvier 2024 la demande de réparations financières, fondée dans l'argumentation de l'Ukraine sur le double impératif d'établir les responsabilités et de « réparer le préjudice causé à l'Ukraine et à son peuple » [101] . Quant à l'arrêt de Grande Chambre de la CEDH, se prononçant sur de nombreuses violations des droits fondamentaux en Crimée au titre de la Convention européenne des droits de l'homme[102], il ne prévoit pas de réparations (outre qu'il ne peut avoir de conséquences concrètes dans l'immédiat, après l'exclusion de la Fédération de Russie du Conseil de l'Europe).

En matière pénale, tout en poursuivant très activement le travail d'enquête et de coopération avec la CPI, l'Ukraine était mobilisée avec ses alliés du Groupe restreint sur la création d'un Tribunal spécial pour le crime d'agression contre l'Ukraine, qui s'est réuni de janvier 2023 à mars 2025 et a permis la signature, le 25 juin 2025, dans le cadre du Conseil de l'Europe, de l'accord créant un tribunal spécial pour le crime d'agression contre l'Ukraine, doté de la personnalité juridique internationale[103]. Le Centre

---

[100] Sur la CIJ, voir Klaus Bachman, "Fighting impunity or containing occupiers: How the Ukrainian selfreferrals reshape the ICC's role in international relations", *in* Klaus Bachmann, Igor Lyubashenko et Aleksandar Fatić (ed.), *Transitional Justice in Troubled Societies*, Londres, Rowman & Littlefield International, 2018, p. 143-160. Quant au rôle de la CEDH, sont notables aussi certaines décisions de recevabilité des requêtes ukrainiennes.

[101] *Cf.* CIJ, « Requête introductive d'instance… », doc. cit., p. 10, 16 et CIJ, « Affaire relative à l'application… », doc. cit., p. 239.

[102] Outre les requêtes interétatiques, environ 8 500 requêtes individuelles ont été soumises à la Cour en relation à la Crimée, au conflit dans l'est de l'Ukraine et la mer d'Azov (juin 2022) : selon Communiqué de presse (Greffière), « Affaire interétatique *Ukraine c. Russie (X)* : réception du formulaire de requête complet », CEDH, 28 juin 2022.

[103] *Cf.* Ministry of Foreign Affairs, Republic of Latvia, "The Core Group on the Establishment of a Special Tribunal for the Crime of Aggression against Ukraine to meet in Riga", 20 nov. 2024. Voir la décision du Comité des ministres du Conseil de l'Europe du 24.06.2025, autorisant le secrétaire général à signer l'accord bilatéral entre le Conseil de l'Europe et l'Ukraine relatif à la création de ce tribunal : CM/Del/Dec(2025)1532/2.3, ainsi que l'accord lui-même : CM(2025)104-final-[1532/2.3], et le Statut du tribunal : CM(2025)103-final-[1532/2.3], sur https://search.coe.int.

international chargé des poursuites pour le crime d'agression contre l'Ukraine, pôle judiciaire international créé au sein d'Eurojust, a débuté ses activités en juillet 2023 afin de recueillir des éléments de preuve et de participer à la constitution des dossiers de crime d'agression. Par ailleurs, le Conseil de l'Europe a mis en place en mai 2023 le « Registre des dommages causés par l'agression de la Fédération de Russie contre l'Ukraine »[104], de portée générale, couvrant à la fois les dommages matériels et immatériels, qui doit constituer la première composante d'un futur mécanisme international d'indemnisation. Il doit inclure les dommages et destructions relatifs à des objets ou édifices de patrimoine historique, culturel et religieux, et la perte d'objets culturels. Ce registre, qui reçoit les demandes depuis avril 2024, a ouvert pour le moment une dizaine de catégories, portant sur les personnes ainsi que les destructions de biens immobiliers (résidentiels et non résidentiels) ou leur endommagement. Concernant le patrimoine culturel, des organisations de la société civile ukrainienne s'efforcent depuis plusieurs années de recenser et d'analyser les dommages. L'ONG Institut Criméen pour les Études stratégiques (CISS), qui a commencé ses travaux en 2017, publie un registre en ligne des objets de patrimoine culturel ukrainien affectés par l'agression russe, pour lesquels des violations du droit international ont été commises, sur la péninsule et dans les autres régions occupées de l'Ukraine[105]. Le statut du Registre des dommages créé par le Conseil de l'Europe lui donne pour mandat de consigner preuves et informations relatives aux demandes d'indemnisation des dommages, pertes ou préjudices causés par l'agression de la Russie à partir du 24 février 2022, sur le territoire de l'Ukraine dans ses frontières internationalement

---

104 « Résolution CM/Res(2023)3 établissant l'Accord partiel élargi sur le Registre des dommages causés par l'agression de la Fédération de Russie contre l'Ukraine », Comité des ministres (Conseil de l'Europe) du 12 mai 2023, amendée le 27 sept. 2023. Ce document évoque la Résolution de l'Assemblée générale des Nations Unies du 14 nov. 2022, « Agression contre l'Ukraine : recours et réparation », qui recommande d'établir un mécanisme international aux fins de la réparation et de créer un registre international des dommages (adoptée par 94 voix pour, 14 contre, 73 abstentions, avec 12 absents).

105 Sont répertoriés pour la Crimée (ainsi que les régions de Donetsk, Zaporijjia, Lougansk et Kherson) : Bombardement, Dommages, Destruction, Utilisation à des fins militaires, Fouilles archéologiques illégales, Objets emportés lors de fouilles illégales, Enlèvement ou exportation illégale de collections muséales, Altération/travaux de reconstruction/construction sur des sites de patrimoine culturel, Explorations archéologiques sous-marines illégales, Détournement.

reconnues ; alors que le « Registre des objets affectés par l'agression russe » (CISS) commence son recensement en 2014, au premier chef pour les sites patrimoniaux et monuments historiques, en produisant des études d'experts fouillées pour chaque objet. Le Conseil de l'Europe a aussi envisagé, au moment de la création du Registre des dommages, un futur mécanisme international d'indemnisation, telle qu'une commission d'indemnisation et un fonds.

Mais la création d'une commission d'indemnisation, en vue de laquelle s'est tenue en mai 2025 une seconde réunion de négociations d'un traité international, suppose encore que soient aplanis d'importants obstacles[106], tandis que le tribunal spécial pour le crime d'agression contre l'Ukraine[107] devra trouver un soutien plus large auprès d'autres États, en particulier auprès des pays du sud – ce qui est un processus incertain et demandera à tout le moins du temps. Aussi, parallèlement à ces efforts, il pourrait être judicieux de mener dès à présent des procédures de droit pénal pour « biens mal acquis ».

C. Les sanctions internationales

L'Union européenne a élargi régulièrement les mesures restrictives décidées à la suite de l'annexion de la Crimée, y compris pour répondre à des violations du droit international humanitaire relatives au patrimoine culturel. Tatyana Manezhina, « ministre de la culture de la République de Crimée », nommée par les autorités russes depuis décembre 2021, a été incluse en 2023 dans la liste des personnes sanctionnées, en ce qu'elle est « responsable d'actions contre le patrimoine culturel et les monuments des Tatares de Crimée, qui sont menées en violation du droit international et sans expertise appropriée, et ainsi [porte] atteinte à l'héritage culturel de la

---

106 Voir la discussion avec Markiyan Kliuchkovskyi : "When will Register of Damage start working and how will Ukrainians be able to receive compensation from Russia?", 14 févr. 2024, accessible sur www.eurointegration.com.ua.

107 Andriy Kostin, alors Procureur général de l'Ukraine, affirmait en avril 2024 que « le Tribunal spécial pour le crime d'agression est la seule option viable pour l'Ukraine et la communauté internationale ». *Cf.* Andriy Kostin, « Investigation and prosecution of the crime of aggression by domestic jurisdictions", Séminaire CAHDI.

Crimée »[108]. De même, font l'objet de mesures restrictives le directeur du musée central de Tauride à Simferopol, Andrei Malgin – après le transfert des œuvres d'art du musée des beaux-arts de Kherson à Simferopol, où elles sont conservées sous son contrôle –, ainsi que, depuis mai 2025, la directrice du musée-réserve d'État de Chersonèse Taurique, Elena Morozova[109]. Cependant, les autorités des États membres et la Justice se sont parfois montrées conciliantes. D'une part, lorsque ces sanctions ont été violées par des entreprises européennes, l'affaire a pu se terminer par un accord à l'amiable avec la justice de leur pays — comme pour les entreprises néerlandaises ayant participé à la construction du pont de Crimée[110]. D'autre part, lorsque les mesures restrictives de l'UE touchent les biens d'oligarques du cercle restreint de Vladimir Poutine dans un pays de l'UE, les autorités nationales ont quelquefois trouvé de bonnes raisons d'y déroger[111]. Mais de nouvelles règles ont été définies par l'UE en avril 2024 (*cf. infra*) ; pourront-elles infléchir cette situation[112] ?

D. Pour des procédures de biens mal acquis[113]

En mars et avril 2014, tous les biens de l'État ukrainien et les entreprises publiques ukrainiennes sur le territoire de la péninsule avaient été nationalisés au profit, pour les plus importants, de la direction des affaires

---

108 *Cf.* Règlement d'exécution (UE) 2023/1216 du Conseil du 23 juin 2023, accessible sur https://eur-lex.europa.eu.

109 *Cf. ibid.* pour Andrei Malgin ; et Règlement d'exécution (UE) 2025/933 du Conseil du 20 mai 2025.

110 Du travail communautaire pour les personnes concernées, et une amende totale de 160 000 euros pour quatre entreprises (ainsi que le remboursement du profit du chantier). *Cf.* « Des entreprises néerlandaises sanctionnées pour avoir participé à la construction du pont russe de Crimée », *Euractiv,* 16 oct. 2023.

111 Voir par exemple « Au Lavandou, un accord entre Bercy et l'hôtel appartenant à Elena Timchenko », *Le Figaro*, 21 juil. 2023 et « Notre si cher oligarque », *Le Nouvel Obs*, 27 mars 2014.

112 Alors qu'il a été indiqué que les travaux pour le pont auraient endommagé un site archéologique remarquable, et que la Russie a annoncé son intention de construire un tunnel sous le détroit de Kertch, il serait peut-être plus dissuasif (au regard des sanctions) que l'Ukraine, qui mène des procédures interétatiques, demande réparation par ailleurs à quelques entreprises responsables de la construction, pour les dommages au patrimoine de l'humanité – d'autant que les travaux ont été effectués par ces entreprises sans le moindre accord de l'État ukrainien, seul habilité à en décider.

113 Voir *infra* pour une définition.

du président de la Fédération de Russie (dite aussi réserve présidentielle), et, pour les autres, de l'autorité exécutive *de facto* en Crimée, tandis que la loi régionale « sur les particularités du rachat de biens » adoptée le 8 août 2014 par l'assemblée locale a légalisé l'expropriation d'entités privées dites vitales. En réalité, un très grand nombre d'entreprises privées ont par la suite été confisquées dans tous les secteurs, y compris la culture, les transports et l'agroalimentaire, souvent sans compensation [114] . La superficie totale des biens immobiliers de l'État ukrainien nationalisés représenterait sept fois la taille d'un État comme Monaco[115].

Les années suivantes, on constate que les biens publics placés d'abord sous contrôle présidentiel vont passer dans les mains d'oligarques et de différentes sociétés, après avoir été transférés aux autorités régionales *de facto* en Crimée en vue de leur privatisation. Il en va ainsi de la légendaire cave-domaine viticole de Massandra, achetée en décembre 2020 pour un montant en roubles équivalent à 59 millions d'euros par la société Ioujny Proïekt (Projet sud), créée fin 2017 et détenue en grande partie par l'oligarque Iouri Kovaltchouk, milliardaire appartenant au cercle restreint du président Poutine. Massandra inclut une réserve d'environ un million de bouteilles, 4 400 hectares de vignobles réputés, et plusieurs caves vinicoles de production. La valeur de ce patrimoine avait été estimée en 2014 à 6,4 milliards d'euros[116]. Quels que soient les ajustements évaluatifs, le montant payé semble très éloigné de la valeur réelle. Ioujny Proïekt avait racheté précédemment, en matière de patrimoine culturel immatériel, une autre cave historique réputée, l'entreprise d'État Novy Svet, dans des conditions tout aussi avantageuses, ainsi que divers biens importants sur la péninsule.

Plusieurs sites d'investigation russes ont cherché à répondre à la question de savoir à qui profitait l'annexion de la Crimée et montré que les privatisations des biens confisqués à l'État ukrainien ont été réalisées dans l'intérêt d'un cercle restreint. Sur 967 mises en vente de biens entre

---

[114] Le tout premier acte avait été la Résolution du « Conseil d'État de la République de Crimée » du 26 mars 2014 N1836-6/14 nationalisant les entreprises, institutions et organisations de l'agroalimentaire.

[115] Selon « Кому сейчас принадлежит бывшая дача Горбачева в Крыму », ProfiDOM, 29 mars 2018.

[116] Selon Halya Coynash, *in* "Russia 'sells' plundered Ukrainian heritage in occupied Crimea", 30 oct. 2020, disponible sur le site https://khpg.org/en/.

2014 et 2022, dix acquéreurs représenteraient plus des deux tiers du montant total des acquisitions[117]. Sont mentionnés occasionnellement des « objets du patrimoine culturel » (inclus par exemple dans l'acquisition du sanatorium Livadia par Konstantin Malofeïev). La corruption est d'autant plus endémique en Russie[118] que l'attribution des postes et des avantages est fondée sur un système de gratifications pour ceux qui servent les intérêts de Vladimir Poutine et son parti – et de répression brutale pour ceux qui s'y opposent. En Crimée, en particulier, les postes ont manifestement été distribués sur des critères fort éloignés de la question des compétences.

Alors que la captation des ressources nationales par les dirigeants russes au détriment de la population est un fait à la fois bien connu et ancien (au point que la caste des oligarques est devenue héréditaire[119]), on pouvait s'étonner qu'aucun Russe n'ait été concerné par des procès de « biens mal acquis » en Europe, menés contre des dirigeants africains, kazakhs, etc., et un ancien Premier ministre ukrainien, pour avoir détourné des richesses de leur pays. Par « biens mal acquis », on entend les fonds placés à l'étranger à des fins personnelles résultant du détournement du patrimoine public ou/et de la corruption ou d'autres infractions financières[120]. Des organisations et journalistes d'investigation se débattent en Russie depuis des années pour essayer d'éclairer les mécanismes de captation des richesses nationales et de corruption gouvernementale (dont la Fondation contre la corruption créée par Alexeï Navalny). En tout état de cause, la question de la restitution aux populations spoliées, qui constitue l'objectif de principe visé par les procédures de biens mal acquis menées ces

---

117 « Ковальчук, Ротенберг, Малофеев и другие покупатели Крыма », Важных историй, 1er févr. 2023 (également disponible en anglais : "How Putin's Friends "Bought Out" Occupied Crimea").

118 Dans ce contexte, la lutte contre la corruption n'est possible que si elle est au service du clan Poutine, pour lequel elle constitue une arme. *Cf.* Gilles Favarel-Garrigues, « Les figures du justicier anticorruption en Russie postsoviétique », *in* Jens Ivo Engels, Olivier Dard, Frédéric Monier et Cesare Mattina (dir.), *Dénoncer la corruption*, Demopolis, 2018.

119 Les enfants des oligarques du cercle restreint du président Poutine sont eux-mêmes devenus des oligarques.

120 Sur cette problématique des biens dits « mal acquis », voir le rapport du CCFD qui a fait date et a été suivi de procédures menées en France par les ONG : Comité catholique contre la Faim et pour le Développement, *Biens mal acquis… profitent trop souvent. La fortune des dictateurs et les complaisances occidentales*, 2007.

dernières années en France par les ONG comme Transparency International (et a été inscrite dans la loi du 4 août 2021[121]), peut sembler une difficulté majeure pour la Russie. Or, dans le cas présent, la Crimée, la corruption et la spoliation concernent des biens ukrainiens.

Ainsi, il pourrait être envisagé, comme premier scénario, que l'autorité judiciaire ukrainienne mène des procédures pénales à un niveau national[122], pour des faits de trafic d'influence par exemple (à moins que l'angle du blanchiment d'argent ne soit privilégié), contre les acquéreurs de biens patrimoniaux de grande valeur sur la péninsule (comme la cave-domaine viticole Massandra[123]), ces oligarques ayant de toute évidence bénéficié, lors de la vente, de leur proximité avec les autorités politiques. Si la procédure débouchait sur une condamnation et une décision de confiscation, l'Ukraine ayant ratifié les deux Conventions sur la corruption du Conseil de l'Europe, civile et pénale (qui prévoient une obligation d'exécution des décisions de confiscation rendues par les États parties), elle pourrait ensuite demander, dans le cadre de l'entraide judiciaire internationale, la confiscation de biens mobiliers ou immobiliers détenus à l'étranger par les personnes russes condamnées. Par exemple, le code de procédure pénale français, modifié par la loi du 9 juillet 2010, permet dans ce cadre la saisie puis la confiscation de « tout bien dont la valeur correspond au produit de [l'] infraction ».

Que les biens luxueux achetés en Europe ou ailleurs avec de l'argent d'origine illicite soient difficiles à appréhender du fait de montages visant à l'opacité, cela n'est pas spécifique aux biens russes, mais est une donnée constante dans l'analyse des biens mal acquis. Du reste, certains sites d'investigation russes sont allés assez loin dans la mise à jour des personnes dissimulées derrière des montages de sociétés-écran et hommes de paille : nombre d'informations ont été rendues disponibles[124].

---

121 À la suite des propositions de Transparency France.

122 Des enquêtes et procédures pénales en cours en Ukraine ont été mentionnées plus haut, mais les qualifications juridiques retenues et leur avancement demeurent inconnus.

123 Le nouveau propriétaire, considéré comme le trésorier de Poutine (Rossia Bank), est sous sanctions (voir le 3e scénario *infra*).

124 Par exemple, en mars 2022, des journalistes d'investigation russes et ukrainiens, dans un travail commun, ont documenté les nombreux actifs immobiliers en France de « piliers du régime de Poutine » moins connus en Europe, qui joueraient un rôle clé dans l'industrie de l'armement.

Toutefois, il est important que la procédure nationale débouchant sur la demande d'entraide judiciaire soit menée dans le respect des droits de la défense. Au regard de la guerre sur le territoire de l'Ukraine, il est aussi possible qu'une telle procédure soit plus difficile et plus longue. En l'absence de requête de l'État ukrainien, un deuxième scénario envisageable pourrait être celui d'une procédure pénale menée directement en France, contre des personnes ou sociétés russes détenant des avoirs de grande importance, sur la base de la disposition légale française qui retient notamment comme infraction dans certains cas de figure « le fait de ne pas pouvoir justifier de ressources correspondant à son train de vie ou de ne pas pouvoir justifier de l'origine d'un bien détenu » (art. 321-6 du Code pénal français). Compte tenu de la Convention des Nations Unies contre la corruption[125] (ratifiée aussi par l'Ukraine), l'État ukrainien pourrait alors se constituer partie civile dans cette procédure[126] et formuler une demande de dommages et intérêts en s'appuyant sur la spoliation dont il a été victime lors de la commission de l'infraction d'origine sur son territoire.

Un troisième scénario (ou variante du précédent) serait une constitution de partie civile de l'État ukrainien lors d'une procédure pénale menée dans les États de l'UE où les personnes ou entités russes sous sanctions détiennent des avoirs importants, dans le cas de la violation, par l'un des intéressés, des sanctions mises en œuvre par l'UE depuis mars 2014. Déjà tenue pour une infraction dans plusieurs pays européens (dont la France depuis 2001), la violation des mesures restrictives constitue désormais une infraction pénale dans toute l'UE, à la suite de la décision du Conseil de novembre 2022 et de la directive adoptée par le Parlement européen et le Conseil en avril 2024[127]. Celle-ci établit des règles minimales afin que certaines actions relatives à la violation des sanctions de l'Union soient

[125] Convention des Nations Unies contre la corruption, adoptée par la résolution de l'Assemblée générale 58/4 du 31 oct. 2003.

[126] Voir Sara Brimbeuf et Rahima Zitoumbi, « Constitution de partie civile d'États étrangers. Quel impact sur le recouvrement des « biens mal acquis » ? », *Revue internationale de la Compliance et de l'éthique des affaires*, juin 2022.

[127] Décision (UE) 2022/2332 du Conseil du 28 nov. 2022, modifiant l'art. 83 du TFUE pour ajouter la violation des mesures restrictives aux « domaines de criminalité particulièrement grave revêtant une dimension transfrontière ». La directive (UE) 2024/1226 du 24 avr. 2024 a défini ensuite, en cas de violation, des infractions pénales et sanctions.

considérées comme des infractions pénales dans tous les États membres (comme le fait de dissimuler que des ressources économiques appartiennent à une personne, une entité ou un organisme faisant l'objet de mesures restrictives). Des enquêtes ont été lancées par la Justice française[128]. Le cas échéant, l'État ukrainien pourrait présenter une demande de dommages et intérêts fondée sur le préjudice dont il a été victime en Crimée, si ce préjudice résultait de l'implication par corruption, ou trafic d'influence et autres délits apparentés, du propriétaire du bien en France ou ses proches.

En matière de biens mal acquis russes, pour la première fois l'Association Transparency France déposait en mai 2022 au parquet national financier une plainte contre X pour blanchiment, non-justification de ressources, recel et complicité, basée sur une liste de noms d'oligarques et de proches du président de la Fédération de Russie, avec leurs actifs en France. Ce qui, en décembre 2023, a permis la saisie d'une villa appartenant au mari de l'ex-femme de Vladimir Poutine : l'enquête pour soupçons de blanchiment aggravé, menée par l'Office central pour la répression de la grande délinquance financière, doit déterminer si les fonds ayant permis cette acquisition ont une origine frauduleuse[129]. Transparency France indiquait son espoir que cette procédure puisse aboutir à une confiscation définitive.

Toutefois, à supposer qu'il y ait une décision de justice de confiscation, les dispositifs légaux français relatifs à la restitution de biens mal acquis concernent une restitution au pays d'origine, c'est-à-dire au peuple russe (organisations de la société civile, ou État sous certaines conditions). On n'est donc *pas fondé, en droit, à restituer ou transférer cet argent à l'Ukraine* ; quels que soient les impératifs moraux qui peuvent être invoqués, il existe un hiatus juridique. De même, lors d'une constitution de partie civile, la réparation du préjudice concerne l'infraction d'origine.

---

[128] *Cf.* "One villa seized and multiple investigations opened: French sanctions against Russian oligarchs begin to bear fruit", *Le Monde*, 1er mars 2023 (enquête notamment sur une villa, saisie à Saint-Jean-Cap Ferrat, dont Viktor Rashnikov, qui est sous sanctions, est suspecté d'être le propriétaire, malgré des sociétés-écrans).

[129] *Cf.* « La villa de l'ex-femme de Vladimir Poutine saisie par la justice française à Anglet », *Ouest France*, 18 avr. 2024. Voir par ailleurs « El dúplex de dos millones que la ex mujer de Putin quiere vender rápido en Marbella », *El Mundo*, 14 févr. 2023. A été saisi aussi un appartement de l'ex-épouse de Dmitri Peskov.

L'équation est donc la suivante : pour que les biens russes acquis en France grâce à des fonds « blanchis », éventuellement confisqués par la Justice, puissent être utilisés aux fins d'indemniser l'Ukraine et le peuple ukrainien, il faudrait démontrer que les personnes détentrices des biens en France se sont rendues coupables de l'une des infractions mentionnées (corruption et autres procédés de détournement de ressources publiques) et qu'il est résulté de ces infractions un préjudice pour l'Ukraine sur son territoire internationalement reconnu. (Il peut s'agir aussi des biens détenus en France par les proches des auteurs de l'infraction, ou des intermédiaires).

On pourrait donc envisager de partir de telles infractions commises dans des affaires concernant la République autonome de Crimée et la ville de Sébastopol par des personnes russes ayant des fonctions officielles – en croisant cette enquête avec la liste des biens détenus en France par ces mêmes personnes, ou par leurs proches, ou des intermédiaires[130]. Sont apparus au fil de ce texte un certain nombre de Russes qui en Crimée ont tiré grand profit de leur position, au préjudice du patrimoine culturel ukrainien et de l'environnement (réserves naturelles). Cela permettrait de *fonder une constitution de partie civile ukrainienne* à la suite d'une procédure engagée par des associations.

130 Pourrait être examinée aussi de la même manière la situation des personnes sous sanctions. On note par exemple que les travaux de construction de la Nouvelle Chersonèse, dans les faubourgs et *chôra* de la Cité antique de Chersonèse, ont été financés en grande partie par l'entreprise publique Transneft (transport d'hydrocarbures), dirigée par Nikolaï Tokarev (selon *Vedomosti*, art. cité — le journal a enquêté pour connaître le coût « sans précédent » de cette opération, en vain). Nikolaï Tokarev est sous mesures restrictives.

Conclusions

Alors que le patrimoine culturel de la Crimée est l'expression de la mosaïque de peuples qui l'ont habitée, l'existence historique de cette diversité est niée depuis 2014, en lien avec le projet idéologique de transformer la péninsule en berceau de l'orthodoxie et de l'État russe, afin de légitimer son occupation par la Fédération de Russie. La construction de la Nouvelle Chersonèse en un temps record à partir de mars 2022, peu après le déclenchement de « l'opération militaire spéciale » russe en Ukraine continentale, est significative de l'urgence de ce projet où Chersonèse est devenue la matrice de la propagande médiatique sur la Nouvelle Russie. La richesse du patrimoine de la péninsule se prête évidemment à diverses appropriations et récits historiques concurrentiels. Il peut y avoir des éléments mémoriels conflictuels. L'inauguration en février 2015 d'une statue de Staline, pour commémorer, avec celles de Roosevelt et Churchill, la conférence de Yalta, et la commémoration par les Tatares de Crimée du jour du Souvenir de la déportation (18 mai), usuelle jusqu'à son interdiction en mai 2014, sont insérées dans deux récits qui s'opposent. Mais cette politique d'effacement va beaucoup plus loin que le refus de la coexistence de dissonances et leur suppression ; en outre, elle touche diverses couches culturelles de la péninsule, incluant celles de peuples disparus. La volonté d'emprise sur le présent s'accompagne ici d'une volonté d'emprise sur le passé et les mémoires, d'un effort pour incurver ce passé. Violation des droits humains et effacement culturel vont de pair. Cette politique d'effacement menée par la Russie constitue une menace majeure pour le patrimoine de la Crimée et la source d'atteintes graves à celui-ci.

Très dommageables pour le patrimoine culturel sont aussi les conséquences de l'appropriation privée par un petit nombre de proches du président de la Fédération de Russie d'une grande partie des biens de valeur sur la péninsule [131] – renvoyant à un détournement de ressources publiques à grande échelle –, l'intervention d'un petit nombre d'entreprises qui se sont partagé marchés et fonds publics sur le patrimoine, sans compétences en la matière, et la mise en place de grands

[131] Par cercles concentriques, la privatisation des objets du patrimoine culturel dits d'importance régionale a permis aussi aux proches des autorités locales de participer à ce processus d'enrichissement personnel au détriment du patrimoine.

projets de construction et parcs de loisirs, sans se préoccuper de leur impact (à Chersonèse, dans les réserves naturelles).

Dans ce contexte, la poursuite, au niveau de pays européens comme la France, de procédures pénales de biens mal acquis russes prendrait tout son sens ; elle pourrait peut-être permettre d'aboutir à une décision de confiscation de biens, puis de restitution au profit de l'Ukraine ou d'organisations de la société civile ukrainienne, par un raisonnement juridique articulé autour de la Crimée. Elle ne se substitue pas à la recherche d'un mécanisme global d'indemnisation pour les conséquences de l'agression de l'Ukraine par la Russie à partir de 2014 (notamment sur le patrimoine culturel), inscrit dans une temporalité plus longue et indissociable de l'exigence de responsabilité et de réparation — avec des enjeux financiers incomparables.

Du point de vue du *droit international pénal et spécialement de la Cour pénale internationale*, la situation en Crimée est singulière : outre l'impossibilité d'accéder à ce territoire, la première difficulté au regard de la qualification de ces violations du droit international humanitaire est qu'il n'y a pas eu sur la péninsule « d'attaques » au sens propre sur le patrimoine culturel, perpétrées par un groupe armé, pas d'assaut de violence (sauf celui de bulldozers et de marteaux piqueurs maniés par des ouvriers, le cas échéant). Les monuments sont endommagés ou détruits par « nécessité » (par exemple pour faire passer une autoroute précisément sur le territoire d'une nécropole médiévale musulmane connue, en y détruisant 153 tombes, ou un pont sur le détroit à proximité d'un site archéologique subaquatique remarquable). Depuis 2014, la Fédération de Russie s'est aussi employée, sous couvert de restauration, à la reconstruction méthodique de certains monuments, de leurs différentes composantes, dont l'historicité était liée à la présence séculaire de certains peuples sur la péninsule. Ainsi, en guise de mesures de protection du patrimoine culturel, de conservation, sont commises des violations du droit international humanitaire.

L'une des voies retenues pour qualifier les crimes sur les biens culturels a été l'article 8-2-a-iv du Statut de Rome — selon les communiqués et rapports publics accessibles. Cette qualification générale de *crimes de guerre* (« destruction et appropriation de biens, non justifiées par des nécessités militaires et exécutées sur une grande échelle ») ne prend pas en compte la spécificité des biens de patrimoine culturel et ne s'appuie pas sur la protection spéciale dont jouissent en droit international les « bâtiments consacrés à la religion, à l'enseignement, à l'art, à la science ou à l'action caritative, les monuments historiques, les hôpitaux » — soit les crimes visés à l'article 8-2-b-ix[132], dans le cas de conflits armés internationaux, ou, dans le cas de conflits armés ne présentant pas un caractère international, à l'article 8-2-e-iv, son pendant. Certes, les autorités russes se sont en Crimée approprié les biens ukrainiens, mais les crimes commis sur certains monuments historiques, tel le Palais du Khan, vont beaucoup plus loin que l'appropriation[133].

Les rédacteurs du Statut de la Cour pénale internationale n'ont envisagé pour la protection spéciale que des attaques « franches », comme dans le cas Al Mahdi qui entre parfaitement dans la définition du crime visé à l'article 8-2-e-iv, l'intention d'attaquer des biens protégés ayant été énoncée de manière non voilée. Nombre de situations sur la péninsule occupée ne correspondent pas à cette qualification. *L'intérêt du cas de la Crimée est de mettre en lumière la nécessité d'élargir la protection spéciale accordée aux monuments historiques et bâtiments consacrés à l'art et à la culture, de manière à ce que soient prises en compte d'autres manières délibérées de porter gravement atteinte aux biens culturels, d'autres modes opératoires. L'article 8 du Statut de Rome ne pourrait-il être complété en ce sens, dans le cadre d'amendements adoptés par l'Assemblée des États parties ?*

Par ailleurs, nous avons vu qu'une deuxième approche juridique de l'Ukraine, devant la CIJ et la CEDH particulièrement, a été d'inclure les violations commises contre la langue et la culture ukrainiennes ou tatares dans son argumentation sur la discrimination et la persécution politiques, culturelles, religieuses des Ukrainiens et des Tatares. En ce sens, on note, concernant le Statut de Rome de la CPI, que la « persécution de tout groupe ou de toute collectivité identifiable pour des motifs d'ordre politique, racial, national, ethnique, culturel, religieux ou sexiste », définie à l'article 7-1-h, pourrait sans doute permettre – dans le cadre d'une

132 « Le fait de diriger intentionnellement des attaques contre des bâtiments consacrés à la religion, à l'enseignement, à l'art, à la science ou à l'action caritative, des monuments historiques, des hôpitaux [...] ».

133 De plus, s'il n'y avait que quelques sites patrimoniaux appropriés ou détruits, le critère de « grande échelle » ne serait peut-être pas rempli pour qualifier un crime selon cet article.

agression généralisée contre une population civile – d'inclure les violations graves du droit international humanitaire contre *le patrimoine spécifiquement ukrainien et tatare*, dans une argumentation sur les *crimes contre l'humanité*[134]. Mais que dire, dans ce contexte, de dommages ou destructions et spoliations concernant des biens culturels faisant partie de l'histoire d'un peuple, de son territoire et de son identité sans être pour autant des artefacts de ce peuple lui-même ? – tels les productions culturelles des Scythes et bien d'autres en Ukraine, ou le patrimoine de l'humanité.

La culture apparaît ici (article 7-1-h) comme motif possible du crime de persécution, pas comme définition du crime – qui est le fait de persécuter un groupe. Si le lien entre les deux peut sembler étroit, ne serait-il préférable que soient *explicitement* inclus certains actes graves contre les biens culturels comme éléments des crimes contre l'humanité ?[135]

---

134 En cette phase d'enquête, nous n'avons pas plus d'éléments sur la procédure pénale en cours à la CPI que ceux évoqués ci-dessus.

135 Cette remarque s'entend certes dans un contexte où les actes inhumains commis contre les personnes sont au cœur de l'effort mené pour poursuivre des crimes de masse (voir les critiques faites par les communautés de victimes dans l'affaire Al Mahdi) : inclure les crimes contre les biens culturels comme élément inhérent à une politique de destruction d'un groupe humain pourrait alors permettre une meilleure réponse à ces situations.

1

2a

2b

L'UNESCO et le Fonds au profit des victimes de la Cour pénale internationale[1]

Niki Siampakou

Docteure en droit public
Chercheure au T.M.C. Asser Instituut

Depuis l'affaire de *l'Usine de Chorzow* en 1927, la réparation est considérée comme un principe du droit international lié au régime de la responsabilité étatique [2]. Le *Projet d'articles sur la responsabilité de l'État pour fait internationalement illicite* de la Commission du droit international a inclus la réparation dans son chapitre sur les conséquences juridiques nées après la commission d'un fait internationalement illicite [3], en indiquant les différentes formes que cette réparation pourrait prendre[4]. Ainsi, en droit international public, la réparation survient quand un État cause un préjudice à un autre État.

Le droit international des droits de l'homme et la mise en place de mécanismes internationaux des droits de l'homme ont changé l'arène internationale en faisant de l'individu un sujet du droit international. Cette évolution a entraîné des conséquences sur la réparation, qui est désormais devenue une obligation de l'État à l'égard des individus, sans forcément que l'État de nationalité intervienne à la procédure. En 1998, et sous l'influence du mouvement des droits de l'homme, l'article 75 du Statut de Rome instituant la Cour pénale internationale (CPI) a introduit la possibilité de la Cour d'ordonner des réparations aux victimes des crimes internationaux jugés devant elle. Cette évolution a conduit à la désignation de la CPI comme le premier tribunal pénal international ayant un mandat de réparation.

[1] Toutes les pages internet ont été vérifiées le 24 sept. 2024.
[2] Cour internationale de justice, *Affaire relative à l'Usine de Chorzow*, arrêt sur la compétence, n° 8, 1927, Publications de la Cour internationale de justice, série A n° 9, p. 21.
[3] Commission du droit international, Projet d'articles sur la responsabilité de l'État pour fait internationalement illicite, Deuxième partie, article 31.
[4] *Ibidem*, chapitre II Réparation du préjudice, articles 34 et s.

À ce jour, la CPI a publié cinq ordonnances de réparation dans les affaires *Lubanga*[5], *Katanga*[6], *Al Mahdi*[7], *Ntaganda*[8] et *Ongwen*[9]. La procédure de réparation qui avait commencé dans l'Affaire *Bemba* a dû s'arrêter après l'acquittement de M. Bemba par la Chambre d'appel[10]. Le présent chapitre est consacré à la question de la coopération entre l'UNESCO, d'une part, et la CPI et le Fonds au profit des victimes (FPV, le Fonds), d'autre part. L'article vise à mettre en exergue la relation établie entre les deux institutions ainsi que son importance pour l'avenir. Pour ce faire, il commence par une présentation du régime de réparation de la CPI et du FPV (**I**), et continue avec une analyse de la relation établie entre les deux organisations. Cette dernière est liée à la réparation dans l'affaire *Al Mahdi*[11], la première ordonnance de réparation publiée par une juridiction pénale internationale concernant le crime de guerre de destruction du patrimoine culturel (**II**).

---

5 *Le Procureur c. Thomas Lubanga Dyilo*, Chambre d'appel, Arrêt relatif aux appels interjetés contre la Décision fixant les principes et procédures applicables en matière de réparations rendue le 7 août 2012 accompagné de l'Ordonnance de réparation modifiée (annexe A) et des annexes publiques 1 et 2, ICC-01/04-01/06-3129-tFRA, ICC-01/04-01/06-3129-AnxA-tFRA, 3 mars 2015 (*Lubanga*, Ordonnance de réparation).

6 *Le Procureur c. Germain Katanga*, Chambre de première instance II, Ordonnance de réparation en vertu de l'article 75 du Statut, ICC-01/04-01/07-3728, 24 mars 2017.

7 *Le Procureur c. Ahmad Al Faqi Al Mahdi*, Chambre de première instance VIII, Ordonnance de réparation, ICC-01/12-01/15-236-tFRA, 17 août 2017 (*Al Mahdi*, Ordonnance de réparation).

8 *Le Procureur c. Bosco Ntaganda*, Chambre de première instance VI, Ordonnance de réparation, ICC-01/04-02/06-2659-tFRA, 8 mars 2021.

9 *Le Procureur c. Dominic Ongwen*, Chambre de première instance IX, Ordonnance de réparation, ICC-02/04-01/15-2074, 28 févr. 2024.

10 *Le Procureur c. Jean-Pierre Bemba Gombo*, Chambre d'appel, Arrêt relatif à l'appel interjeté par Jean-Pierre Bemba Gombo contre le Jugement rendu en application de l'article 74 du Statut par la Chambre de première instance III, ICC-01/05-01/08-3636-Red-tFRA, 8 juin 2018 ; *Le Procureur c. Jean-Pierre Bemba Gombo*, Chambre de première instance III, Décision finale relative à la procédure en réparation, ICC-01/05-01/08-3653-tFRA, 3 août 2018.

11 Pour une analyse détaillée de l'ordonnance, voir Niki Siampakou, "The Al Mahdi Reparations Order: Reparations for the Destruction of Cultural Heritage", *L'Observateur des Nations Unies*, vol. 43, 2017.

I. La réparation devant la Cour pénale internationale et le mandat du Fonds au profit des victimes

Le régime de réparation de la CPI[12] est basé sur l'article 75 du Statut de Rome qui annonce la possibilité de la CPI d'accorder des réparations aux victimes qui relèvent des crimes commis sous sa juridiction (**A**) ainsi que l'article 79 qui présente le rôle du FPV (**B**).

A. L'article 75 du Statut de Rome

L'article 75 du Statut de Rome constitue une innovation pour la justice pénale internationale. Selon ce dernier, « 1. La Cour établit des principes applicables aux formes de réparation, telles que la restitution, l'indemnisation ou la réhabilitation, à accorder aux victimes ou à leurs ayants droit. Sur cette base, la Cour peut, sur demande, ou de son propre chef dans des circonstances exceptionnelles, déterminer dans sa décision l'ampleur du dommage, de la perte ou du préjudice causé aux victimes ou

12 Pour plus d'informations, voir notamment Christopher Muttukumaru, "Reparation to Victims", *in* Roy S Lee (ed.), *The International Criminal Court: The Making of the Rome Statute: Issues, Negotiations, Results*, Kluwer Law International, 1999; Gilbert Bitti et Gabriela González Rivas, "The Reparations Provisions for Victims Under the Rome Statute of the International Criminal Court", *in* The International Bureau of the Permanent Court of Arbitration (ed.), *Redressing Injustices Through Mass Claims Processes: Innovative Responses to Unique Challenges*, Oxford University Press, 2006 ; Jean-Baptiste Jeangène Vilmer, *Réparer l'irréparable : Les réparations aux victimes devant la Cour pénale internationale*, Presses universitaires de France, 2009 ; Eva Dwertmann, *The Reparation System of the International Criminal Court: Its Implementation, Possibilities and Limitations*, Martinus Nijhoff Publishers, 2010 ; Christine Evans, *The Right to Reparation in International Law for Victims of Armed Conflict*, Cambridge University Press, 2012, pp. 99-110 ; Conor McCarthy, *Reparations and Victim Support in the International Criminal Court*, Cambridge University Press, 2012 ; David Donat-Cattin, "Article 75", *in* Kai Ambos (ed.), *The Rome Statute of the International Criminal Court: A Commentary*, C.H. Beck ; Hart ; Nomos, 4th ed., 2022, pp. 2240-2262; Stanislas Kabalira, *The Right to Reparations under the Rome Statute of the International Criminal Court (ICC) : The Content of the Right and Its Implementation in the Light of the Early Case Law of the Court*, Wolf Legal Publishers, 2016 ; William A. Schabas, *The International Criminal Court: A Commentary on the Rome Statute*, Oxford University Press, 2nd ed., 2016 ; Sarah Pellet, « Article 75. Réparation en faveur des victimes », *in* Julian Fernandez, Xavier Pacreau et Muriel Ubéda-Saillard (dir.), *Statut de Rome de la Cour pénale internationale : Commentaire article par article*, Pedone, 2019 ; Niki Siampakou, *Against all hopes : The untenable promise of reparations of the International Criminal Court*, thèse soutenue le 17 déc. 2020, Aix-Marseille Université; Niki Siampakou, « La pratique de la réparation devant la Cour pénale internationale », *Revue belge de droit international*, 2025, vol. 58, pp. 113-119.

à leurs ayants droit, en indiquant les principes sur lesquels elle fonde sa décision. 2. La Cour peut rendre contre une personne condamnée une ordonnance indiquant la réparation qu'il convient d'accorder aux victimes ou à leurs ayants droit. Cette réparation peut prendre notamment la forme de la restitution, de l'indemnisation ou de la réhabilitation. Le cas échéant, la Cour peut décider que l'indemnité accordée à titre de réparation est versée par l'intermédiaire du Fonds visé à l'article 79. »

Même si l'article 75 a établi la possibilité pour la CPI d'ordonner des réparations, il s'agit d'un article assez vague qui a laissé une importante marge de manœuvre à chaque Chambre. En effet, les principes de réparation ont été établis par la Chambre d'appel lors de la première ordonnance de réparation dans le cadre de l'affaire *Lubanga*[13].

Pour la CPI, la réparation est étroitement liée à la condamnation de la personne qui a commis le crime. Autrement dit, si la personne est acquittée, aucune réparation ne peut avoir lieu. Par ailleurs, la réparation concerne seulement le dommage lié aux crimes pour lesquels la personne a été reconnue coupable et est adressée aux victimes reconnues de ces crimes. La réparation peut prendre la forme de la restitution, de l'indemnisation et de la réhabilitation ainsi que celle de la satisfaction et des garanties de non-répétition, même si ces deux dernières ne sont pas mentionnées dans l'article 75. En effet, la jurisprudence de la CPI prouve que des mesures de satisfaction ainsi que des garanties de non-répétition peuvent être ordonnées comme forme de réparation. C'était précisément le cas dans l'affaire *Al Mahdi* où les garanties de non-répétition ont été ordonnées pour la première fois dans la jurisprudence de la Cour.

---

[13] *Lubanga*, ordonnance de réparation, annexe A. Les principes généraux établis par la Chambre d'appel dans l'affaire Lubanga concernent : i) les bénéficiaires des réparations, ii) le préjudice subi par les victimes, iii) le lien de causalité entre le crime et le préjudice, iv) le principe de dignité, de non-discrimination et de non-stigmatisation, v) la responsabilité de la personne reconnue coupable, vi) la norme d'administration de la preuve et la charge de la preuve, vii) l'âge des victimes, viii) l'accès aux réparations et les consultations avec les victimes, ix) les différentes modalités de réparations, x) l'adéquation et la proportionnalité des réparations au préjudice subi, xi) le respect des droits de la défense, xii) le rôle des États e d'autres parties prenantes, xiii) la publicité des principes.

B. L'article 79 et l'établissement du Fonds au profit des victimes

Étant donné les violations massives et la situation financière des personnes condamnées, il ne fait aucun doute que le cadre de réparation de la CPI aurait été confronté à des problèmes existentiels s'il n'avait pas été complété par le Fonds au profit des victimes, un mécanisme unique au niveau international[14].

Le FPV a été créé par l'Assemblée des États parties en septembre 2002[15] et a commencé à fonctionner en 2007. Il dispose d'un double mandat : i) mettre en œuvre les réparations ordonnées par la Cour et ii) fournir une assistance aux victimes de crimes relevant de la compétence de la Cour. Les ressources de financement du FPV proviennent de quatre sources : l'argent et les biens collectés par le biais d'amendes ou de confiscations ; les réparations accordées par la Cour au profit des victimes ; les contributions volontaires d'États, d'organisations internationales, de particuliers, de sociétés et d'autres entités ; et les ressources allouées par l'Assemblée des États parties[16]. La version initiale du règlement du Fonds ne permettait pas l'affectation des dons par les donateurs, ce qui rendait

---

[14] Voir par exemple F. Mégret, "Justifying Compensation by the International Criminal Court's Victims Trust Fund: Lessons from Domestic Compensation Schemes", *Brooklyn Journal of International Law*, 2010, vol. 36 ; William Schabas, *The International Criminal Court: A Commentary on the Rome Statute*, Oxford University Press, 2e ed., 2016, pp. 1182-1192; Karim Khan et Aiden Ellis, "Article 79", *in* Kai Ambos (ed.), *Rome Statute of the International Criminal Court: A Commentary*, 4e ed. , CH Beck / Hart / Nomos, 2022 ; Pieter De Baan et Esther Saabel, « Article 79. Fonds au profit des victimes », *in* Julian Fernandez, Xavier Pacreau et Muriel Ubéda-Saillard (dir.), *Statut de Rome de la Cour pénale internationale : Commentaire article par article,* Pedone, 2019 ; Marieke Wierda et Pablo De Greiff, "The Trust Fund for Victims of the International Criminal Court: Between Possibilities and Constraints", *in* Koen De Feyter *et al.* (ed.), *Out of the Ashes: Reparation for Victims of Gross and Systematic Human Rights Violations*, Intersentia, 2005; Edda Kristjansdottir, "International Mass Claims Processes and the ICC Trust Fund for Victims", *in* Carla Ferstman, Mariana Goetz et Alan Stephens (ed.), *Reparations for Victims of Genocide, War Crimes and Crimes against Humanity: Systems in Place and Systems in the Making*, Martinus Nijhoff Publishers,1st ed., 2009.

[15] ICC-ASP/1/Res.6, « Création d'un fonds au profit des victimes de crimes relevant de la compétence de la Cour et de leurs familles », 3e séance plénière, 9 sept. 2002.

[16] ICC-ASP/4/Res. 3, « Règlement du Fonds d'affectation spéciale au profit des victimes », 4e séance plénière, 3 déc. 2005. Voir également *ibidem*, § 2.

difficile la collecte de fonds[17]. Finalement, un amendement a été apporté en 2007[18]. Les fonds collectés par le biais de l'attribution de réparations ne peuvent être utilisés qu'au profit des victimes des crimes pour la commission desquels l'accusé a été condamné[19]. En revanche, les « autres ressources » du Fonds peuvent être utilisées au profit des victimes de crimes relevant de la compétence de la Cour, même avant l'ouverture d'une affaire.

Le mandat de réparation du FPV est lié à la possibilité donnée à la Chambre de première instance d'ordonner que des réparations soient versées par l'intermédiaire du FPV ou que des réparations soient déposées auprès du Fonds. Cela peut se produire dans trois circonstances : (a) lorsqu'au moment de rendre l'ordonnance, il est impossible ou impraticable de verser des indemnités individuelles directement à chaque victime, (b) lorsque le nombre de victimes et l'étendue, les formes et les modalités des réparations rendent une indemnité collective plus appropriée, et (c) lorsque l'indemnité est versée à une organisation intergouvernementale, internationale ou nationale[20].

En outre, selon la Chambre d'appel, le FPV peut être impliqué dans la procédure de réparation si la personne condamnée est indigente. Dans ce cas, le FPV peut avancer ses « autres ressources » pour les réparations dues aux victimes. Néanmoins, l'octroi de réparations par l'intermédiaire du Fonds n'est qu'une « alternative à la condamnation "directe" de la personne condamnée »[21]. Par conséquent, la personne condamnée est la seule responsable des réparations et doit rembourser le FPV[22].

---

17 ICC-ASP/7/11, "Financial statements for the period 1 January to 31 December 2007", 5 août 2008, §§ 12-13.

18 ICC-ASP/6/Res.3, "Amendment to the Regulations of the Trust Fund for Victims", 7e séance plénière, 14 déc. 2007; ICC-ASP/7/13, "Report to the Assembly of States Parties on the activities and projects of the Board of Directors of the Trust Fund for Victims for the period 1 July 2007 to 30 June 2008", 3 sept. 2008, § 2.

19 Règlement du FPV, Règlement 46.

20 CPI, Règlement de procédure et de preuve, Règlement 98(2-4).

21 *Lubanga*, Ordonnance de réparation, § 71.

22 Selon l'article 75 § 2, « […] le cas échéant, la Cour peut décider que l'indemnité accordée à titre de réparation est versée par l'intermédiaire du Fonds visé à l'article 79 ». La Chambre d'appel dans l'affaire Lubanga a déclaré que « lorsque la personne déclarée coupable n'est pas en mesure d'exécuter immédiatement une ordonnance de réparation en raison de son indigence, le Fonds peut avancer ses "autres ressources" conformément

Dans les cas susmentionnés, le FPV doit préparer un projet de plan de mise en œuvre qui doit être approuvé par la Chambre compétente[23]. Le projet de plan de mise en œuvre[24] doit fournir les informations suivantes : spécifier les victimes éligibles et leur localisation, ou, dans le cas de bénéficiaires identifiés, présenter des données démographiques/ statistiques sur le groupe de victimes, énumérer les procédures de collecte des informations manquantes et inclure les différentes modalités de versement des réparations. En cas de réparations collectives, le projet de plan de mise en œuvre doit préciser (i) la nature des réparations collectives (ii) l'identification des intermédiaires ou des partenaires et (iii) les procédures de suivi de la mise en œuvre.

Les « autres ressources » du Fonds sont principalement destinées à son mandat d'assistance. Actuellement, le Fonds est présent sous son mandat d'assistance en République démocratique du Congo, en Ouganda, en République centrafricaine, en Côte d'Ivoire, au Mali, au Kenya et en Géorgie[25]. Lorsque le Fonds agit dans le cadre de son mandat d'assistance, l'éventail des bénéficiaires s'élargit. Les victimes qui peuvent bénéficier des activités et projets mis en œuvre par le Fonds ne doivent pas nécessairement être des victimes relevant d'une affaire poursuivie par la CPI, mais peuvent également être des victimes d'une situation faisant l'objet d'une enquête. Cependant, le Conseil d'administration du Fonds doit notifier à la Cour les mesures d'assistance à prendre et cette dernière a le pouvoir de s'y opposer[26].

Le régime de réparation de la CPI, fondé sur l'article 75 du Statut de Rome, constitue une nouveauté dans la justice pénale internationale. La création du FPV a permis la mise en œuvre des ordonnances de réparation ainsi que des projets d'assistance sous la base de son double mandat. Toutefois, l'indigence de toutes les personnes condamnées jusqu'à aujourd'hui, le

---

à la règle 56 de son règlement, mais pareille intervention ne décharge pas la personne déclarée coupable de sa responsabilité. Cette responsabilité subsiste et l'intéressé doit rembourser le Fonds », *Lubanga*, ordonnance de réparation, § 5.

[23] Règlement du FPV, Règlement 54-58.

[24] Règlement du FPV, Règlement 59-72.

[25]. Rapport du Conseil d'administration du FPV à l'Assemblée des États parties sur les activités du Fonds au profit des victimes pour la période du 1er juillet 2024 au 30 juin 2025, ICC-ASP/24/14, §77.

[26] Règlement du FPV, Règlement 50.

nombre croissant des ordonnances de réparation et le financement du FPV par des contributions volontaires semblent de contribuer à une insécurité concernant la capacité de ce dernier à compléter les réparations ordonnées par la Cour dans l'avenir.

II. L'affaire *Al Mahdi* et l'UNESCO

Aujourd'hui, les relations de la Cour pénale internationale avec l'UNESCO concernent la situation en République du Mali. Il s'agit de deux affaires : l'affaire *Al Mahdi* et l'affaire *Al Hassan.* Les enquêtes portent sur les crimes de guerre commis en 2012, notamment dans la ville de Tombouctou (**A**). La collaboration du FPV avec l'UNESCO, à ce jour, se produit lors de la phase de réparation de l'affaire *Al Mahdi* (**B**).

A. L'ordonnance de réparation et le rôle de l'UNESCO

Dans le cadre de l'affaire *Al Mahdi,* la CPI s'est penchée pour la première fois sur la destruction du patrimoine culturel. Il s'agit donc d'un jugement historique. La situation a été renvoyée à la CPI par le gouvernement malien en juillet 2012 et les enquêtes de la CPI ont été ouvertes en janvier 2013. Le 27 septembre 2016, M. Al Mahdi a été déclaré coupable et condamné à neuf ans d'emprisonnement en tant que coauteur du crime de guerre consistant à avoir dirigé intentionnellement des attaques contre des bâtiments à caractère religieux et historique (Article 8§ 2e [iv] du Statut de Rome) à Tombouctou, au Mali, entre environ le 30 juin et le 11 juillet 2012[27].

Tombouctou est inscrite sur la liste du patrimoine mondial depuis 1988. Les bâtiments attaqués ont été des lieux importants de pèlerinage tant pour les communautés locales que pour des fidèles qui viennent de partout dans le monde[28]. En particulier, les dix monuments les plus importants et les plus connus de Tombouctou détruits lors des attaques sont : 1) le mausolée Sidi Mahamoud Ben Omar Mohamed Aquit, 2) le mausolée

27 *Le Procureur c. Ahmad Al Faqi Al Mahdi*, Chambre de première instance VIII, Jugement portant condamnation, ICC-01/12-01/15-171-tFRA, 27 sept. 2016. Sa peine d'emprisonnement a été réduite de deux ans. Il a été libéré en septembre 2022.
28 *Ibidem*, § 34.

Sheikh Mohamed Mahmoud Al Arawani, 3) le mausolée Sheikh Sidi El Mokhtar Ben Sidi Mouhammad Al Kabir Al Kounti, 4) le mausolée Alpha Moya, 5) le mausolée Sheikh Sidi Ahmed Ben Amar Arragadi, 6) le mausolée Sheikh Mouhamad El Mikki, 7) le mausolée Sheikh Abdoul Kassim Attouaty, 8) le mausolée Ahmed Fulane, 9) le mausolée Bahaber Badadié, et 10) la porte de la mosquée Sidi Yahia. À l'exception du mausolée Cheick Mohamed Mahmoud Al Arawani, tous étaient inscrits sur la liste du patrimoine mondial de l'UNESCO[29].

L'UNESCO a coopéré avec la CPI depuis l'ouverture des enquêtes en janvier 2013[30]. Entre janvier 2013 et octobre 2015, elle a fourni des documents photographiques et cartographiques à la CPI[31]. En juin 2013, un représentant de la Cour a participé à la première mission internationale organisée par l'UNESCO à Tombouctou[32]. Par ailleurs, l'UNESCO a mis ses compétences techniques à disposition de la Cour pour répondre à toute question soulevée dans le cadre des enquêtes de la CPI[33]. Nous pouvons également constater l'implication de l'UNESCO dans la confirmation des charges de l'affaire *Al Mahdi*. En effet, des rapports de l'UNESCO sur le Mali ont été utilisés par le Bureau du Procureur pour établir les charges[34]. Par ailleurs, pendant le procès de M. Al Mahdi, des experts de l'UNESCO ont été invités en tant que témoins et un représentant de l'organisation a été présent pendant le procès. De même, dans la confirmation des charges de l'affaire *Al Hassan*, nous trouvons une série de références aux rapports, missions et déclarations de l'UNESCO[35]. Par ailleurs, le 6 novembre 2017,

---

29 *Le Procureur c. Ahmad Al Faqi Al Mahdi*, Chambre préliminaire I, Version publique expurgée du « Dépôt de l'Accord sur l'aveu de culpabilité de M. Ahmad Al Faqi Al Mahdi », 25 févr. 2016 ICC-01/12-01/15-78-Conf-Exp, ICC-01/12-01/15-78-Red2, 19 août 2016, Annexe 1 Document conjoint du Procureur et de la défense présentant les faits justifiant l'aveu de culpabilité de M. Ahmad Al Faqi Al Mahdi, ICC-01/12-01/15-78-Anx1-tENG-Red, § 33.

30 UNESCO, Observations présentées par l'UNESCO en qualité d'*amicus curiae* en vertu de la règle 103 du Règlement de procédure et de preuve devant la Chambre de première instance VIII, 2 déc. 2016, ICC-01/12-01/15-194-tFRA, § 13 (UNESCO, *Amicus curiae*)

31 *Ibidem.*

32 *Ibidem.*

33 *Ibidem.*

34 *Le Procureur c. Ahmad Al Faqi Al Mahdi*, Chambre de première instance I, Décision relative à la confirmation des charges portées contre Ahmad Al Faqi Al Mahdi, ICC-01/12-01/15-84-Red-tFRA, 24 mars 2016, § 33.

35 *Le Procureur c. Al Hassan Ag Abdoul Aziz Ag Mohamed Ag Mahmoud, Chambre préliminaire I,* Rectificatif à la Décision relative à la confirmation des charges portées

Irina Bokova, Directrice générale de l'UNESCO, et Fatou Bensouda, Procureure de la Cour pénale internationale, ont signé une lettre d'intention par laquelle l'UNESCO et le Bureau du Procureur de la CPI officialisent et renforcent leur collaboration[36].

Pourtant, l'implication de l'UNESCO à titre principal se trouve dans la phase de réparation de l'affaire *Al Mahdi*. En effet, le 2 décembre 2016, l'UNESCO a déposé des interventions d'*amicus curiae* devant la CPI où elle a présenté son mandat de la protection du patrimoine culturel dans le monde, fourni des informations concernant le cas de Tombouctou, notamment les mausolées détruits et leur reconstruction effectuée par elle-même avec d'autres parties prenantes depuis les attaques, ainsi que la coopération entre elle et la CPI[37]. Selon *l'amicus curiae*, « les biens en question [...] témoignent du passé prestigieux de la ville et de son rôle essentiel dans la diffusion de l'islam en Afrique »[38] et leur destruction « a nui à la préservation de l'histoire et de l'identité de Tombouctou »[39]. Elle a également causé « des troubles d'ordre social et moral » et a affaibli le tissu social[40]. L'UNESCO est intervenue avec d'autres partenaires, notamment la Mission multidimensionnelle intégrée des Nations unies pour la stabilisation en Centrafrique (MINUSMA), l'Union européenne et la Suisse, afin de reconstruire et de restaurer le patrimoine culturel de Tombouctou suite à la demande du gouvernement malien[41]. Ainsi, en

contre Al Hassan Ag Abdoul Aziz Ag Mohamed Ag Mahmoud, ICC-01/12-01/18-461-Corr-Red, 13 nov. 2019 ; M. Al Hassan a finalement été acquitté du crime de guerre d'attaques contre des biens protégés. *Le Procureur c. Al Hassan Ag Abdoul Aziz Ag Mohamed Ag Mahmoud,* Chambre de première instance X, Jugement, ICC-01/12-01/18-2594-Red, 26 juin 2024.

36 CPI, Communiqué de presse, « Le Bureau du Procureur de la CPI et l'UNESCO signent une lettre d'intention pour renforcer leur coopération sur la protection du patrimoine culturel », 6 nov. 2017, https://www.icc-cpi.int/fr/news/le-bureau-du-procureur-de-la-cpi-et-lunesco-signent-une-lettre-dintention-pour-renforcer-leur ; UNESCO, Communiqué de presse, « La Cour pénale internationale et l'UNESCO renforcent leur coopération en matière de protection du patrimoine culturel », 6 nov. 20 17, https://www.unesco.org/fr/articles/la-cour-penale-internationale-et-lunesco-renforcent-leur-cooperation-en-matiere-de-protection-du?TSPD_101_R0=080713870fab2000136451899e70f85204579e7ac6ac6275963dcb5486b55e28c65943cf7f53dbb9089a944bd71430008970a5cb89b01d7382a4bef18e143896f248a31f772fd96b74bbe523bd96087f0c4670d82f6a80ae263575115237bdd9.

37 UNESCO, *Amicus curiae.*

38 *Ibidem*, § 8.

39 *Ibidem*, § 10.

40 *Ibidem.*

41 *Ibidem*, § 11.

2015, les mausolées détruits ont été reconstruits, les mosquées et les bibliothèques de manuscrits restaurées et le processus de reconstruction du monument Al Farouk commencé[42]. Le coût de ces activités s'est élevé à plus de trois millions de dollars des États-Unis[43]. Cependant, l'UNESCO n'a pas demandé de réparation lors de la phase dédiée aux réparations pour les victimes car, pour elle, « les communautés locales [...] sont ici les principales victimes »[44]. Par conséquent, elle a indiqué sa volonté d'appuyer toute action entreprise par la CPI afin d'aider ces dernières[45].

Dans son ordonnance de réparation, la Chambre a identifié trois formes de préjudice : la destruction des bâtiments, la perte économique et le préjudice moral. Pour réparer ces préjudices, elle a ordonné une série de mesures de réparation. Concernant la première forme de préjudice, la Chambre a ordonné des réparations collectives sous la forme de réhabilitation des bâtiments détruits et de garanties de non-répétition, ainsi que la publication sur le site de la CPI d'un extrait des excuses présentées par M. Al Mahdi lors de son procès avec la transcription dans les principales langues parlées à Tombouctou[46]. Pour le préjudice économique, elle a ordonné des réparations individuelles sous la forme de compensation « aux personnes dont les sources de revenus dépendaient exclusivement des Bâtiments protégés »[47], ainsi que des réparations collectives sous la forme notamment des programmes communautaires d'éducation et de sensibilisation, de retour/réinstallation ou des programmes d'appui financier[48].

Enfin, pour le préjudice moral, la Chambre a ordonné des réparations individuelles, sous la forme d'indemnisation, et collectives, sous la forme d'une réhabilitation, notamment via des mesures symboliques (édification d'un monument, cérémonie de commémoration)[49]. Au-delà de ces modalités de réparation, la Chambre a ordonné qu'un euro symbolique soit versé à la communauté internationale représentée par l'UNESCO

[42] *Ibidem,* § 12. En décembre 2021, l'UNESCO a annoncé sur les réseaux sociaux la reprise
de vie du monument Al Farouk. Voir https://x.com/UNESCOBamako/status/147287 1022944788481.

[43] UNESCO, *Amicus curiae*, §12.

[44] *Ibidem,* § 15.

[45] *Ibidem.*

[46] *Al Mahdi*, Ordonnance de réparation, § 71.

[47] *Ibidem*, § 81.

[48] *Ibidem*, § 83.

[49] *Ibidem*, § 90.

ainsi qu'à l'État malien[50]. La cérémonie de remise d'un euro a eu lieu le 30 mars 2021 à Bamako[51].

B. Les relations entre l'UNESCO et le Fonds au profit des victimes

Les relations entre l'UNESCO et le Fonds au profit des victimes concernent la mise en œuvre de l'ordonnance de réparation dans le cadre de l'affaire *Al Mahdi*. La Chambre a identifié le FPV comme l'organisme chargé de la mise en œuvre de cette ordonnance, sur la base de son mandat de réparation[52]. Le FPV a dû déposer un projet de plan de mise en œuvre qui a été finalement approuvé par la Chambre le 4 mars 2019[53]. Dans ce dernier, le FPV a identifié des partenaires locaux et internationaux. Puisque M. Al Mahdi a été déclaré indigent,[54] le Fonds a été invité par la Chambre à compléter les mesures de réparation individuelles et collectives dans la mesure du possible – la responsabilité de M. Al Mahdi s'est élevée à 2,7 millions d'euros –, et à effectuer une campagne de collecte de fonds pour compléter la totalité des mesures ordonnées[55]. Sur la base de la décision du 4 mars 2019, le FPV a commencé la mise en œuvre des réparations.

---

50 *Ibidem*, §§ 106-107.

51 Site officiel de l'UNESCO, https://whc.unesco.org/fr/soc/4052/ ; voir aussi UNESCO, Communiqué de presse, « Un euro remis mardi 30 mars au Mali et à l'UNESCO en réparation symbolique du patrimoine de Tombouctou », 29 mars 2021, en ligne : https://www.unesco.org/fr/articles/un-euro-remis-mardi-30-mars-au-mali-et-lunesco-en-reparation-symbolique-du-patrimoine-de-tombouctou?hub=701.

52 *Al Mahdi*, Ordonnance de réparation, § 136.

53 CPI, Chambre de première instance VIII, *Le Procureur c. Ahmad Al Faqi Al Mahdi*, Décision relative à la version mise à jour du plan de mise en œuvre des réparations présenté par le Fonds au profit des victimes, ICC-01/12-01/15-324-Red-tFRA, 4 mars 2019.

54 *Al Mahdi*, Ordonnance de réparation, § 138.

55 *Ibidem.* Selon le Rapport du Conseil d'administration du FPV à l'Assemblée des États parties sur les activités du Fonds au profit des victimes pour la période du 1er juillet 2023 au 30 juin 2024, 23e session du 2 au 7 décembre 2024, ICC-ASP/23/4, le FTV a presque entièrement complété le montant total, y compris avec des contributions affectées du Canada, de l'Allemagne, de l'Italie, de la Norvège et du Royaume-Uni.

En septembre 2021, un projet d'accord-cadre a été proposé par l'UNESCO au FPV[56], et a été signé quelques mois plus tard[57]. Ce projet d'accord-cadre avait pour objectif « de renforcer la protection du patrimoine culturel de Tombouctou (Mali) et d'accorder réparation aux victimes de crimes contre le patrimoine culturel, par la mise en œuvre du projet intitulé "Réhabilitation et valorisation des bâtiments protégés de Tombouctou" »[58]. Plus précisément, le projet visait : « à mener à bien, sous la supervision et avec l'assistance de l'UNESCO, la réhabilitation et l'amélioration des conditions de sécurité de dix biens culturels concernés par l'ordonnance de réparation de la CPI, [...] la réhabilitation des cimetières abritant les mausolées des saints, l'entretien des mausolées reconstruits, l'électrification des cimetières, le renforcement des capacités des acteurs locaux des métiers du patrimoine, y compris de la Mission culturelle, des maçons et des jeunes, et la promotion de la transmission des connaissances traditionnelles et des techniques de maçonnerie traditionnelle »[59].

Pour l'exécution de ce projet, le FPV a donné une somme de 427 069 euros à l'UNESCO[60]. L'implication de l'UNESCO se fait donc dans le cadre des réparations collectives. Ces dernières ont été lancées le 6 juillet 2022 par le FPV et ses partenaires, le Centre de Formation, de Gouvernance et de Recherche Action pour le Développement (CFOGRAD), l'UNESCO et la Fondation CIDEAL pour la coopération et la recherche (CIDEAL), lors d'une cérémonie tenue à l'Institut des hautes études et de recherches islamiques Ahmed Baba à Tombouctou, en partenariat avec les autorités locales et régionales et en présence du

---

56 Projet d'Accord-cadre entre l'UNESCO et la Cour pénale internationale, agissant en relation avec le Fonds au profit des victimes et Accord-cadre entre la CPI agissant en relation avec le Fonds au profit des victimes et l'UNESCO disponible en ligne : https://unesdoc.unesco.org/ark:/48223/pf0000378781_fre (Projet d'Accord-cadre et Accord-cadre).

57 Selon le 23e rapport du FPV à la Chambre, le contrat a été signé le 25 novembre 2021. Voir FPV, *Public redacted version of "Twenty-third update report on the updated implementation plan"*, 25 févr. 2022, § 38. De la part du FPV, les accords d'implémentation avec leurs partenaires ne sont pas publics.

58 Projet d'Accord-cadre, § 5 ; Accord-cadre, § 1.1.

59 Projet d'Accord-cadre, § 7 ; Accord-cadre, § 7.

60 Projet d'Accord-cadre, Article 4 ; Accord-cadre, article 5.1.

Représentant malien de la Cour pénale internationale[61]. Des représentants du Canada et de la Norvège, qui contribuent au programme de réparation du Fonds, étaient également présents lors de la cérémonie[62]. Ces réparations comportent trois volets : i) la restauration du patrimoine culturel par l'UNESCO ; ii) les commémorations pour remédier au préjudice moral causé à la communauté de Tombouctou par le CFOGRAD ; iii) une facilité de résilience économique pour faire face aux dommages causés à l'économie de Tombouctou à la suite de la destruction de son patrimoine culturel par la CIDEAL[63].

Sur la base des objectifs cités dans l'accord-cadre, deux formations ont été organisées en 2022 par l'UNESCO (les 12 et 13 octobre[64] et les 13 et 15 décembre[65]) en collaboration avec le FPV, la CFOGRAD et l'Association pour le Développement du Cercle de Tombouctou (ARDCT), ainsi qu'une troisième formation en mars 2023[66], en collaboration avec le ministère malien de l'Artisanat, de la Culture, de l'Industrie hôtelière et du Tourisme. Les formations ont été financées par

61 FPV, Communiqué de presse, « Ahmad Al Faqi Al Mahdi case: collective reparations are launched upon completion of the individual reparations », 12 juil. 2022, https://www.trustfundforvictims.org/en/news/ahmad-al-faqi-al-mahdi-case-collective-reparations-are-launched-upon-completion-individual.

62 *Ibidem.*

63 *Ibidem.*

64 UNESCO, Communiqué de presse, « L'UNESCO et ses partenaires forment plus de soixante-dix maçons et acteurs de la gestion des bâtiments protégés de Tombouctou sur les méthodes de conservation du patrimoine architectural en terre dans le cadre de la mise en œuvre de l'Ordonnance de la CPI », 22 nov. 2022, https://fr.unesco.org/news/lunesco-ses-partenaires-forment-plus-soixante-dix-macons-acteurs-gestion-batiments-proteges-0.

65 Page Facebook, UNESCO Mali, publication 20 déc. 2022, https://www.facebook.com/100067322282985/posts/pfbid02KwwWv5F615TpUMyJ9ehytqBt3EPU35Ls9aMNH311WndWSDrEqogGQf5DnUd7UWXMl/?mibextid=cr9u03.

66 UNESCO, Communiqué de presse, « Atelier de renforcement des capacités au bénéfice d'une cinquantaine de maçons traditionnels de Tombouctou sur les techniques améliorées d'architecture de terre », 3 avr. 2023, https://fr.unesco.org/news/atelier-renforcement-capacites-au-benefice-dune-cinquantaine-macons-traditionnels-tombouctou ; Page Facebook, UNESCO Mali, publication 14 mars 2023, https://www.facebook.com/UNESCOBAM/posts/pfbid02RzrnroSVWpnfAAEJgrBfuBpc2rCPfj4usGXC9kKeNW5aakBrppyZZtRR8iB15F72l.

le FPV dans le cadre du Projet « Réhabilitation et valorisation des bâtiments protégés à Tombouctou »[67].

Enfin, en mars 2023, les travaux de reconstruction du mausolée Arawani ont été lancés. La cérémonie pendant laquelle la première pierre de la reconstruction du Mausolée a été posée a eu lieu le 8 mars 2023 et a été suivie de la lecture du Coran[68]. Des représentants de l'UNESCO et du FPV étaient présents. Selon le dernier rapport du Conseil d'administration du FPV à l'Assemblée des États parties, concernant le premier volet de la réparation, le mausolée Al Arawani, les clôtures des cimetières de Sidi Mahamoud et Cheihk Sidi El Moctar sont maintenant reconstruits par le FPV et l'UNESCO[69]. De plus, la plantation des haies et des arbres a débuté en février 2024 et le marché du fournisseur pour l'éclairage solaire a été conclu en juin 2024[70].

---

[67] Entre 2022 et 2023, le projet a permis la formation de 140 acteurs à Tombouctou, dont 120 maçons traditionnels sur les techniques améliorées de l'architecture de terre. Page Facebook, UNESCO Mali, publication 8 août 2024, https://www.facebook.com/UNESCOBAM/posts/pfbid0wf2ctFAohHa7aXyWGRK47n3AAJ9JDM3mv4zRv3Fz2Q2tuHzW9ZMJh53xUnq8JaQfl.

[68] Maliweb.net, « Justice Internationale : Le Fonds au Profit des Victimes de la CPI et l'UNESCO ont procédé au lancement des travaux de reconstruction du mausolée Cheikh Al Arawani », 13 mars 2023, https://www.maliweb.net/societe/justice-internationale-le-fonds-au-profit-des-victimes-de-la-cpi-et-lunesco-ont-procede-au-lancement-des-travaux-de-reconstruction-du-mausolee-cheikh-al-arawani-3014628.html.

[69] Rapport du Conseil d'administration du FPV à l'Assemblée des États parties sur les activités du Fonds au profit des victimes pour la période du 1er juil. 2023 au 30 juin 2024, 23e session du 2 au 7 déc. 2024, ICC-ASP/23/4, § 55. Voir également page Facebook, UNESCO Mali, publication 27 déc. 2023, https://www.facebook.com/UNESCOBAM/posts/pfbid02wwC3WFcPW6diBzv3gM8FqdnMCaFWbbNj93YbHciAGFKMjK2KLtyKznPjqTrdEDxKl.

[70] *Ibidem*. Voir également page Facebook, UNESCO Mali, publication 7 août 2024, https://www.facebook.com/UNESCOBAM/posts/pfbid0YBWKTatXiATwnszuBPKxmBgPaHxtpMwJmoZBnegUtjMFW6sqvYnYQQrYZVc19Rrvl. La cérémonie de lancement de la phase 2 des travaux de plantation d'arbres et de haies a eu lieu le dimanche 4 août 2024. La seconde phase des travaux concerne les cimetières Sidi Mahamoud et Cheick Sidi el Moctar El Kount ; UNESCO, « L'UNESCO et ses partenaires renforcent les capacités opérationnelles de la Mission culturelle de Tombouctou », 6 août 2024, https://www.unesco.org/fr/articles/lunesco-et-ses-partenaires-renforcent-les-capacites-operationnelles-de-la-mission-culturelle-de

***

La relation entre le FPV, la CPI et l'UNESCO est d'une importance primordiale pour les différents organes de la Cour (FPV, Bureau du procureur, Chambres) pour plusieurs raisons. Concernant la collaboration avec le Bureau du procureur, nous pouvons constater que le 14 juin 2021, la Procureure de la CPI, Mme Fatou Bensouda, a publié le « Document de politique générale relative au patrimoine culturel », qui s'inscrit dans le cadre du Plan stratégique adopté par le Bureau[71]. Ce dernier, rédigé après des consultations sous forme de tables rondes avec un groupe d'experts externes (représentants de l'UNESCO inclus)[72], se focalise sur les crimes commis contre le patrimoine culturel. Ainsi, il semble que cette collaboration étroite ait conduit la CPI à accorder une attention particulière aux crimes contre le patrimoine culturel qui désormais peuvent être traités par la justice pénale internationale.

Une autre conséquence concerne l'efficacité de la justice pénale internationale à traiter la destruction du patrimoine culturel. En effet, la Chambre préliminaire VIII a reconnu dans l'affaire *Al Mahdi* que la destruction du patrimoine culturel est « une perte irremplaçable et une négation de l'humanité »[73] et que l'Humanité dans son ensemble pourrait constituer sa victime. Nous pouvons ainsi constater que la CPI reconnaît l'importance de ces crimes et leurs conséquences non seulement pour les communautés locales, mais aussi pour l'ensemble de l'Humanité et est capable d'identifier des mesures de réparation adaptées au préjudice causé. Cependant, cette « interprétation anthropocentrique » pourrait entraîner

---

71 CPI, Le Bureau du Procureur, « Document de politique générale relative au patrimoine culturel », juin 2021, https://www.icc-cpi.int/sites/default/files/itemsDocuments/20210614-otp-policy-cultural-heritage-fra.pdf; CPI, Communiqué de presse, « Le Procureur de la CPI, Mme Fatou Bensouda, publie la Politique générale relative au patrimoine culturel : « Le patrimoine culturel est le dépositaire de l'expérience humaine acquise au fil des siècles et des millénaires », 14 juin 2021, https://www.icc-cpi.int/fr/news/le-procureur-de-la-cpi-mme-fatou-bensouda-publie-la-politique-generale-relative-au-patrimoine ; Le Bureau du Procureur, Plan stratégique 2019-2021, https://www.icc-cpi.int/sites/default/files/itemsDocuments/20190726-strategic-plan-fra.pdf.

72 Compte twitter de la CPI, Publication 11 juil. 2017, https://twitter.com/IntlCrimCourt/status/884753348313919488.

73 *Al Mahdi*, Ordonnance de réparation, § 22.

des problèmes concernant la destruction du patrimoine culturel qui n'a pas un impact direct vis-à-vis de la communauté locale ou internationale[74].

Enfin, le FPV a pu profiter de l'expertise de l'UNESCO pour les réparations dans le cadre de l'affaire *Al Mahdi*, et le pourra encore dans le futur. Par exemple, l'affaire *Yekatom et Ngaissona* (même si les sites ne sont pas inscrits sur la liste du patrimoine mondial de l'UNESCO) pourrait, en cas de conviction en appel, conduire à une ordonnance de réparation pour le crime de guerre constitué par des attaques contre des bâtiments consacrés à la religion (Article 8(2)(e)(iv))[75]. Le FPV ayant construit une collaboration étroite avec l'UNESCO, il pourrait s'adresser à nouveau à elle pour la mise en œuvre des réparations. L'UNESCO devient ainsi un interlocuteur privilégié de la CPI et du FPV concernant les attaques contre les bâtiments à caractère religieux et historique qui sont appréhendées par la Cour comme éléments matériels des crimes internationaux pour lesquels elle exerce sa compétence.

[74] Marina Lostal, "The Misplaced Emphasis on the Intangible Dimension of Cultural Heritage in the Al Mahdi Case at the ICC", *Inter Gentes*, vol. 1, n° 2, 2017, pp. 45-58.

[75] *Le Procureur c. Alfred Yekatom et Patrice-Edouard Ngaïssona*, Chambre de première instance, Judgment, ICC-01/14-01/18-2784-Red, 24 juillet 2025. L'affaire est actuellement en appel. Voir *Le Procureur c. Alfred Yekatom et Patrice-Edouard Ngaïssona*, Defence M. Alfred Rombhot Yekatom, Yekatom Defence Notice of Appeal against the Judgment (ICC-01/14-01/18- 2784-Conf), ICC-01/14-01/18-2816, 26 septembre 2025 ; *Le Procureur c. Alfred Yekatom et Patrice-Edouard Ngaïssona*, Défense Patrice-Edouard Ngaïssona, Ngaïssona Defence Notice of Appeal against the Trial Judgment, ICC-01/14-01/18-2815, 26 septembre 2025 ; *Le Procureur c. Alfred Yekatom et Patrice-Edouard Ngaïssona*, Bureau du Procureur, Prosecution notice of appeal of the judgment against Patrice-Edouard Ngaïssona, ICC-01/14-01/18-2814, 26 septembre 2025.

Biens culturels et conflits armés : aspects récents et nouvelles tendances

Vittorio Mainetti

Chargé d'enseignement de droit international
Università degli Studi di Milano

« Il est parfois difficile, dans l'urgence des conflits armés et devant l'horreur des crises humanitaires, de parler de culture et de patrimoine ».
Irina Bokova, Ancienne Directrice générale de l'UNESCO[1]

La période de 1970 à 2005 a été caractérisée par la prolifération d'instruments normatifs, à la fois contraignants, comme les principales conventions internationales adoptées par l'UNESCO ou le Conseil de l'Europe, et non contraignants, comme les nombreuses recommandations et déclarations de principes, pour la protection du patrimoine culturel. Souvent, ces dernières ont représenté une étape intermédiaire, avant l'adoption des traités multilatéraux.

Ce schéma est représentatif d'une approche de la protection internationale du patrimoine qui semble aujourd'hui dépassée[2]. Cela pour deux raisons principales. En premier lieu, parce que ce que l'on a élaboré au cours du dernier demi-siècle couvre, tant bien que mal, toutes les situations de « danger » pour le patrimoine culturel. En second lieu, parce que l'on a probablement perdu la foi. Pas dans le droit international – peut-être un peu aussi – mais surtout, on s'est rendu compte que, pour résoudre les problèmes, il ne suffisait pas d'adopter une nouvelle convention internationale. L'adoption d'un traité n'est pas un point d'arrivée, mais

---

[1] Discours de la Directrice générale de l'UNESCO, Irina Bokova à l'Université de Genève : « La destruction du patrimoine culturel en situation de conflit dans le cadre du cycle de conférences, Le patrimoine culturel de l'humanité : un outil pour la paix » (Genève, 16 avr. 2014), Doc. DG/2014/052 REV2 : https://unesdoc.unesco.org/ark:/48223/pf0000227489.

[2] Voir à ce propos les intéressantes considérations de Marina Lostal, *International Cultural Heritage Law in Armed Conflict*, Cambridge University Press, Cambridge, 2017, pp. 8-10 et 18-47.

simplement un point de départ. Il ne suffit pas d'adopter un nouveau traité, encore faut-il le ratifier, faisant en sorte de toucher une diffusion universelle. Ensuite, il faut le mettre en œuvre. Et, en l'occurrence, les conventions de l'UNESCO, même celles les plus largement ratifiées (comme la Convention du patrimoine mondial de 1972)[3], sont souvent oubliées au moment de leur mise en œuvre. Ce qui manque, ou plutôt, ce dont on a besoin aujourd'hui, ce ne sont pas de nouvelles règles, mais des actions concrètes.

En matière de protection du patrimoine culturel en cas de conflit armé, nous disposons d'une réglementation internationale très riche. Bien évidemment, toute réglementation est susceptible d'être améliorée, mais nous disposons d'un corpus de règles très complet. S'il y a des problèmes, ce n'est certainement pas en raison de quelconques manques ou lacunes, mais davantage de leur non-application. Nous avons de bonnes règles, encore faut-il les appliquer.

Lorsque dans les années 1990, la communauté internationale s'est trouvée face à la destruction intentionnelle de biens culturels lors des conflits en ex-Yougoslavie, l'UNESCO s'est interrogé sur les raisons de ces destructions et sur l'échec de la réglementation existante et a confié à un expert indépendant, le professeur Patrick Boylan de la *City University* de Londres, un examen approfondi de la Convention de La Haye de 1954, afin d'évaluer si cette dernière était toujours adaptée. Ses conclusions, livrées dans un rapport publié par l'UNESCO en 1993[4], sont ahurissantes. D'après lui, le problème principal n'était pas à rechercher dans un quelconque défaut de la Convention, qu'il considérait encore actuelle et adaptée, mais dans le manque de mise en œuvre de la part des États parties. Naturellement, le régime juridique prévu était toujours améliorable, mais d'après Patrick Boylan, la priorité n'était pas une révision de la Convention, mais la mise en œuvre des normes existantes[5].

---

[3] Avec les ratifications de Tuvalu en août 2023 et de Nauru en juillet 2024, le nombre d'États parties à la Convention du patrimoine mondial s'élève à 196, ce qui en fait l'un des instruments les plus ratifiés au niveau mondial.
Cf. https://whc.unesco.org/fr/actualites/2710.

[4] Patrick Boylan, *Réexamen de la Convention pour la protection des biens culturels en cas de conflit armé (Convention de La Haye de 1954)*, Paris, UNESCO, 1993 (Doc. CLT-93/WS/12).

[5] Voir notamment la Recommandation A.4 : « Il se peut qu'à long terme il apparaisse souhaitable d'apporter des améliorations techniques et de détail aux dispositions de la

Une telle réponse ne pouvait que déplaire aux États. Et elle a déplu à tel point que les conclusions du rapport ont complètement été dénaturées. Il suffit de lire tout ce qui a été écrit pour présenter le Deuxième Protocole de 1999. Selon les rapports officiels de l'UNESCO ou la doctrine, le Rapport Boylan fait état de la nécessité d'une révision de la Convention. Rien n'est plus faux, mais cela est désormais devenu un *leitmotiv* difficile à désavouer.

Néanmoins, depuis plus d'une décennie, on s'est rendu compte que ce dont on avait besoin c'était de l'action ! Et le mot d'ordre est effectivement devenu : « Agir pour protéger ». La priorité est de mettre en œuvre le droit existant et d'entamer des actions concrètes pour la protection du patrimoine culturel.

À cet égard, les actions concrètes ont été très variées et les démarches n'ont pas cessé de se multiplier. Sur le plan de l'approche générale adoptée, il est possible de distinguer deux niveaux : le premier consiste à développer des synergies (**I**), le deuxième, à lancer des initiatives concrètes (**II**).

I. La création de synergies

Le premier niveau est plus théorique, mais a de très importantes implications pratiques. La recherche de synergies consiste à traiter la réglementation existante comme un ensemble cohérent et à interpréter chaque convention à la lumière des autres. Cette approche est caractérisée, d'un côté, par la recherche des synergies à l'intérieur du droit international de la culture, entre les divers régimes conventionnels prévoyant la

---

Convention et du Protocole. Mais il s'agit là pour le moment d'une priorité très secondaire par rapport à la priorité absolue qui est de faire en sorte que les dispositions de ces instruments soient mieux reconnues, acceptées et appliquées. [...] En conséquence, il n'est pas recommandé pour le moment d'amendements formels à la Convention ni au Protocole, même si certains points susceptibles de faire ultérieurement l'objet de clarifications et d'améliorations sont énumérés dans la section G des présentes recommandations. » *Cf.* Patrick Boylan, *Réexamen*, *op. cit.*, pp. 5-6. Voir également la section D des Recommandations, à l'adresse de toutes les Hautes Parties contractantes, qui identifie les mesures prioritaires à adopter. La Recommandation D.1 indique sans détour que : « Les Hautes Parties contractantes de la Convention de 1954 ont, pour la plupart, encore fort à faire sur le plan pratique pour tenir les engagements solennels qu'elles ont pris devant la communauté internationale [...]. Les obligations qu'elles ont contractées [...] sont bien loin d'être remplies. » *Ibidem*, pp. 12-13.

protection internationale du patrimoine culturel (**A**). D'un autre côté, sur un plan plus général, il convient de tenir compte des toutes normes de droit international existantes[6] et de créer des synergies avec d'autres branches du droit international (**B**). À cela, s'ajoutent les synergies et la collaboration entre les divers acteurs et organismes internationaux compétents en la matière (**C**).

A. Les synergies entre conventions culturelles

Au cours de son histoire, l'UNESCO a adopté, ou contribué à adopter, d'importants instruments internationaux pour la protection du patrimoine culturel. Il est possible que, dans chaque texte, il y ait des lacunes. Néanmoins, la priorité est aujourd'hui d'essayer de combler ces lacunes en travaillant sur les synergies entre les conventions existantes, plutôt que d'envisager l'élaboration de nouvelles conventions[7]. Par conséquent, on s'efforce de regarder et d'interpréter ces textes comme un ensemble cohérent : le « Droit de l'UNESCO ». Et qui mieux que l'UNESCO pour le faire, étant donné que cette dernière organisation assure le secrétariat de tous ces instruments ?

Établir des liens et des synergies entre les régimes juridiques signifie assurer une meilleure protection du patrimoine, tout en évitant les zones

---

[6] On notera que l'art. 31, § 3, de la Convention de Vienne sur le droit des traités de 1969, dispose que, dans l'interprétation des traités, il sera tenu compte « de toute règle pertinente de droit international applicable dans les relations entre les parties ».

[7] La nécessité de développer de synergies entre les diverses conventions de l'UNESCO a été à plusieurs reprises affirmée. Voir UNESCO, Comité pour la protection des biens culturels en cas de conflit armé (Paris, 18-19 déc. 2014), Développement des synergies avec les autres instruments normatifs et programmes pertinents de l'UNESCO et renforcement des partenariats, Doc. CLT-14/9.COM/CONF.203/7. Au cours de sa dixième session (10-11 déc. 2015), le Comité pour la protection des biens culturels en cas de conflit armé a aussi adopté la Décision 10.COM 4 § 6, par laquelle il invite expressément son Bureau à développer des synergies avec la Convention de l'UNESCO de 2003, en même temps qu'avec les Conventions de l'UNESCO de 1970 et 1972. De son côté, le Comité intergouvernemental pour la sauvegarde du patrimoine culturel immatériel a souligné, lors de sa 10e session (Windhoek, 30 nov.-4 déc. 2015), la nécessité de promouvoir l'application de la Convention de 2003 « y compris en situation de conflit armé » (voir notamment les *Principes éthiques pour la sauvegarde du patrimoine culturel immatériel* annexés à la Décision 10.COM/15.a, Principe 5).

grises[8]. En outre, nous savons que les grands systèmes multilatéraux mis en place dans ce domaine couvrent six domaines principaux : 1) la protection des biens culturels en cas de conflit armé ; 2) la lutte contre le trafic illicite et le marché des biens culturels ; 3) la protection des grands sites monumentaux ; 4) la protection du patrimoine culturel subaquatique ; 5) la sauvegarde du patrimoine culturel immatériel[9] ; 6) la promotion de la diversité culturelle et des droits culturels. Les règles prévues par ces instruments ne s'appliquent pas dans le vide, isolément, mais forment un contexte normatif très important aux fins de l'interprétation de chaque texte. Par conséquent, il est essentiel de promouvoir l'universalité de ces textes à travers la ratification la plus large possible. À cet égard, il convient de noter que maintenant tous les « P5 », à savoir, les membres permanents du Conseil de sécurité, sont désormais parties à la Convention de La Haye de 1954[10].

B. Les synergies avec les autres branches du droit international

Mais il y a d'autres synergies à rechercher, en dehors du droit international de la culture, qui touchent d'autres domaines du droit international. En premier lieu, il y a le droit international humanitaire. Il ne faut pas oublier que la Convention de La Haye de 1954 et ses protocoles sont des instruments à la fois de droit international de la culture et du droit international humanitaire. La Convention elle-même a été rédigée à l'image des quatre Conventions de Genève de 1949, auxquelles elle a emprunté le langage, les notions fondamentales, les institutions et les mécanismes de

[8] L'applicabilité synergique entre les conventions de l'UNESCO est largement analysée et par Christiane Johannot-Gradis, *Le patrimoine culturel matériel et immatériel : quelle protection en cas de conflit armé ?*, Schulthess, Genève, 2013, pp. 122-147 et 169-184.

[9] *Cf.* Christiane Johannot-Gradis, « Protéger le passé pour préserver l'avenir : Comment le droit protège-t-il le patrimoine culturel matériel et immatériel en cas de conflit armé ? », *Revue internationale de la Croix-Rouge*, vol. 97, 2015, pp. 207-230.

[10] Par l'expression « P5 », on indique traditionnellement les cinq membres permanents du Conseil de sécurité des Nations Unies, à savoir : la Chine, les États-Unis d'Amérique, la Fédération de Russie, la France et le Royaume-Uni. Le Royaume-Uni a été le dernier en date à ratifier, le 12 septembre 2017. Les États-Unis ont déposé leur instrument de ratification le 13 mars 2009, la Chine le 5 janvier 2000, la France le 7 juin 1957 et la Fédération de Russie est partie à la Convention de La Haye, en tant que successeur de l'Union soviétique, qui l'avait ratifiée le 5 janvier 1957.

mise en œuvre[11]. Pour cette raison, en mars 2016, l'UNESCO a signé un accord de partenariat avec le Comité international de la Croix-Rouge (CICR), un partenariat qui vise à assurer un meilleur respect du droit international humanitaire et l'application des règles existantes[12].

Vient ensuite le droit international des droits de l'homme, qui montre une évidente interdépendance thématique avec le droit international de la culture. Depuis quelques décennies, une nouvelle catégorie des droits humains s'est développée : les droits culturels. Ce qui a mené à la création d'une procédure spéciale au Conseil des droits de l'homme et à la nomination d'un rapporteur spécial : l'expert indépendant dans le domaine des droits culturels. Depuis 2009, trois expertes ont été nommées successivement : Farida Shaheed (2009-2015), Karima Bennoune (2015-2021) et Alexandra Xanthaki (depuis 2021). Leur mandat a été déployé de manière à toucher les thèmes les plus divers. Cependant, l'importance du patrimoine culturel au regard des droits culturels a été centrale dans les travaux de la Rapporteuse spéciale dès sa création[13].

---

[11] Sur ce point, voir notamment Emmanuelle Stavraki, *La Convention pour la protection des biens culturels en cas de conflit armé. Une convention de droit international humanitaire*, Éditions Ant. N. Sakkoulas, Athènes/Komotini, 1996, pp. 34-37 et *passim*.

[12] Voir https://whc.unesco.org/fr/actualites/1454 et https://www.icrc.org/fr/document/les-biens-culturels-doivent-etre-proteges-dans-les-conflits-armes-questions-reponses. La conclusion de cet accord s'inscrit dans la stratégie pour le renforcement des actions de l'UNESCO en faveur de la protection de la culture et de la promotion du pluralisme culturel. *Cf.* UNESCO, *Renforcement de l'action de l'UNESCO en matière de protection du patrimoine culturel et de promotion du pluralisme culturel en cas de conflit armé*, Doc. UNESCO 38 C/49 du 2 nov. 2015. L'un des objectifs de cette stratégie est « d'intégrer la protection de la culture dans l'action humanitaire, les stratégies de sécurité et les processus de construction de la paix en faisant participer les acteurs concernés en dehors du domaine de la culture ». Doc UNESCO 197 EX/10 du 17 août 2015, https://unesdoc.unesco.org/ark:/48223/pf0000234209_fre.

[13] Voir notamment trois rapports thématiques pertinents adoptés dans le cadre de la procédure spéciale dans le domaine des droits culturels. Le premier d'entre eux porte sur le droit d'accès au patrimoine (Doc. A/HRC/17/38) ; les deux autres portent sur la destruction intentionnelle du patrimoine culturel (Doc. A/HRC/31/59 et Doc. A/71/317). À cela, il convient d'ajouter l'étude du mécanisme d'experts sur les droits des peuples autochtones (Doc. A/HRC/30/53) et la résolution 33/20 du Conseil des droits de l'homme du 27 sept. 2016 (Doc. A/HRC/RES/33/209). Sur ce point, la Rapporteuse spéciale Karima Bennoune parle d'une « approche de la protection du patrimoine culturel, fondé sur les droits de l'homme » ("*human rights based approach to the protection of cultural heritge*"). *Cf.* Karima Bennoune, "The Human Rights Based Approach to the Protection of Cultural Heritage", in *International Conference on the 20th*

Le troisième secteur est représenté par le droit international de l'environnement. Ayant des liens très importants avec le droit international de la culture, qui vont au-delà de la question du patrimoine mondial, il a pour la première fois associé la protection du patrimoine culturel à la protection de l'environnement. En ce qui concerne la question qui nous intéresse plus directement, à savoir la protection des biens culturels en situation de conflit armé, des synergies doivent être développées avec le droit international relatif aux catastrophes naturelles (*disaster law*). Comme l'a montré la pratique de la Suisse, la mise en œuvre de la Convention de La Haye de 1954 et de ses deux protocoles peut être très utile non seulement en cas de conflit armé, mais aussi dans toutes les situations de désastre ou de catastrophe naturelle. Raison pour laquelle, ce pays a confié l'application de la Convention à la protection civile[14]. Les mesures de sauvegarde des biens culturels, c'est-à-dire les « mesures préparatoires » que les États parties s'engagent à prendre, dès le temps de paix, contre les effets prévisibles d'un conflit armé[15], sont aussi bien utiles en cas de conflit que de catastrophe naturelle.

Il est évident que l'enjeu est de faire en sorte que tous les États parties adoptent aussitôt ces mesures. Il ne faut pas attendre que le conflit éclate, parce que dans de telles situations les États ont d'autres préoccupations

---

Anniversary of the 1999 Second Protocol of the 1954 Hague Convention Protecting Cultural Property Congerence Proceedings, UNESCO / Federal Department of Foreign Affairs, Berne, 2020, pp. 21-24. Voir également : Pok Y. S. Chow, "Culture as Collective Memories: An Emerging Concept of Culture in International Law and Discourse on Cultural Rights", *Human Rights Law Review*, vol. 14(4), 2014, p. 611- 647.

[14] *Cf.* Karl Widmer, "Aktivitäten der Schweiz im Kulturgüterschutz", *in* Hans Schüpbach (dir.), *Kulturgüterschutz betrifft uns alle. Internationale Kultutgüterschutztagung (Bern, 23.-25.092002) / La protection des biens culturels nous concerne tous ! – Actes du Congrès international sur la protection des biens culturels (Berne, 23-25 sept. 2002)*, Berne, Office fédéral de la protection de la population, 2003, pp. 27-30.

[15] Voir l'article 3 de la Convention de La Haye de 1954 – Sauvegarde des biens culturels – : « Les Hautes Parties contractantes s'engagent à préparer, dès le temps de paix, la sauvegarde des biens culturels situés sur leur propre territoire contre les effets prévisibles d'un conflit armé, en prenant les mesures qu'Elles estiment appropriées. » À cet égard, le Deuxième Protocole de 1999, à l'article 5, rajoute une liste non exhaustive de « mesures préparatoires », à savoir : « l'établissement d'inventaires, la planification de mesures d'urgence pour assurer la protection des biens contre les risques d'incendie ou d'écroulement des bâtiments, la préparation de l'enlèvement des biens culturels meubles ou la fourniture d'une protection *in situ* adéquate desdits biens, et la désignation d'autorités compétentes responsables de la sauvegarde des biens culturels. »

que de protéger le patrimoine culturel. Les mesures préparatoires doivent être mises en place dès la ratification et peuvent être utiles à tout moment.

Les divers secteurs évoqués constituent des branches voisines du droit international, dont la réglementation parfois se recoupe, et les synergies entre elles peuvent contribuer à une meilleure protection du patrimoine culturel. Mais les synergies à créer sont multiples et peuvent concerner aussi d'autres secteurs, comme le droit du maintien de la paix et de la sécurité internationale[16] ou encore la lutte contre le terrorisme et contre la criminalité organisée[17].

Depuis quelques années, la protection du patrimoine culturel est aussi entrée dans l'action du Conseil de sécurité des Nations Unies et a fait l'objet de plusieurs résolutions adoptées en application du Chapitre VII de la Charte des Nations Unies[18]. Les résolutions du Conseil de sécurité

---

16 *Cf.* Alexandros Kolliopoulos, « La destruction ciblée des monuments et des sites archéologiques en marge d'un conflit armé et la dimension culturelle de la paix internationale », *Annuaire français de droit international*, vol. 61, 2015, pp. 119-143.

17 Le phénomène du trafic illicite des biens culturels a attiré l'attention des décideurs politiques compte tenu des liens avec le blanchiment d'argent et le financement du terrorisme. Cette conscience politique accrue autour du trafic illicite a abouti à l'adoption par le Conseil de sécurité des Nations Unies de résolutions visant spécifiquement ce problème, notamment, les Résolutions 2199 (2015), 2253 (2015) et 2347 (2017). Le 18 décembre 2014, l'Assemblée générale des Nations Unies a adopté la *Résolution 69/196 concernant les Principes directeurs internationaux sur les mesures de prévention du crime et de justice pénale relatives au trafic de biens culturels et aux autres infractions connexes*, élaborés par l'Office des Nations Unies contre la drogue et le crime (ONUDC), agissant en consultation avec les États membres et en coopération étroite avec l'UNESCO, Interpol et d'autres organisations internationales compétentes. La Résolution contient 48 principes directeurs, organisés en quatre chapitres : le premier vise les stratégies pour la prévention du crime ; le deuxième, les principes directeurs relatifs aux politiques de justice pénale ; la troisième porte sur la coopération internationale (notamment, toutes les questions d'entraide judiciaire : la compétence, l'extradition, l'enquête, mais aussi la saisie, la confiscation, le retour, la restitution ou le rapatriement des biens culturels) ; le quatrième concerne le champ d'application des principes.

18 Plus précisément, c'est depuis la Résolution 1483 (2003), en relation avec la guerre en Irak, dont le paragraphe 7 demandait aux États membres de prendre les dispositions nécessaires à la restitution, à l'interdiction du commerce des biens culturels en provenance de l'Irak. Afin de mettre en œuvre la décision du Conseil de sécurité, l'UE a adopté le Règlement (CE) 1210/2003 du Conseil du 7 juil. 2003, dont l'article 3 interdit l'importation, l'exportation et l'échange de biens culturels en provenance des sites irakiens. Sur les résolutions du Conseil de sécurité, voir Manlio Frigo, "Approaches Taken by the Security Council to the Global Protection of Cultural Heritage. An Evolving Role in Preventing Unlawful Traffic of Cultural Property", *Rivista di diritto internazionale*,

contribuent à une « mise en œuvre universelle » des principes contenus dans les conventions de l'UNESCO et, comme l'a observé à juste titre un auteur, constituent « une étape historique » dans la lutte internationale pour la sauvegarde du patrimoine culturel en danger, reflétant une prise de conscience croissante de l'importance de la protection du patrimoine pour la sécurité mondiale[19]. En particulier, la Résolution 2347 (2017), qui est la première résolution du Conseil de sécurité entièrement consacrée à la protection du patrimoine culturel, peut jouer un rôle essentiel dans la diffusion, le renforcement et la mise en œuvre des obligations en la matière.

Il convient de souligner que, malgré le fait que le Premier Protocole de 1954 a été ratifié par un certain nombre d'États[20], ses obligations sont restées jusque-là lettre morte[21]. Il a fallu que, par le biais de ses résolutions, le Conseil de sécurité intervienne pour condamner l'exportation des biens culturels des territoires occupés et pour imposer aux États l'obligation de les saisir sur leur propre territoire, lorsque ces biens sont sortis illicitement du territoire d'origine[22]. Ce faisant, le Conseil de sécurité a contribué à la

---

vol. 101 (4), 2018, pp. 1164-1181. Voir également Vincent Négri, *Étude juridique sur la protection du patrimoine culturel par la voie des résolutions du Conseil de sécurité des Nations-Unies*, UNESCO, 2015, https://hal.parisnanterre.fr/hal-04360463 ; Tullio Scovazzi, « Il traffico illecito di beni culturali: non soltanto una minaccia alla pace e alla sicurezza internazionali », *in* Ennio Triggiani *et al.* (dir.), *Dialoghi con Ugo Villani*, Vol. I, Cacucci Editore, Bari, 2017, pp. 197-205 ; Sabrina Urbinati, "The Evolving Role of the United Nations Security Council and the Protection of Cultural Heritage in the Event of Armed Conflict", 48 *Questions of International Law*, 2028, pp. 1-4 ; Kristin Hausler, "Cultural Heritage and the Security Council: Why Resolution 2347 Matters", 48 *Questions of International Law*, 2028, pp. 5-19 ; Andrzej Jakubowski, "Resolution 2347: Mainstreaming the protection of cultural heritage at the global level", 48 *Questions of International Law*, 2028, p.21-44 ; Sabrina Urbinati, «La Risoluzione 247 (2017) : il Consiglio di sicurezza e la difesa dei beni culturali in caso di conflitto armato. Motlo rumore per nulla ?!», *in* Elisa Baroncini (dir.), *Il diritto internazionale e la protezione del patrimonio culturale mondiale*, Bologna University Press, Bologne, 2019, pp. 83-99.

19 *Cf.* Andrzej Jakubowski, « Resolution 2347: Mainstreaming », *op. cit.*, p. 21.

20 En septembre 2024, le Protocole de 1954 avait été ratifié par 112 États.

21 Vittorio Mainetti, « Le Protocole de La Haye de 1954 et les moyens pour empêcher le trafic illicite de biens culturels en cas de conflit armé », *in* Schüpbach, *Kulturgüterschutz betrifft uns alle*, *op. cit.*, pp. 215-222.

22 En particulier, par la Résolution 1483 (2003) du 22 mai 2003 en relation avec l'Irak, le Conseil de sécurité « *décide* [conformément au chapitre VII de la Charte] que tous les États membres doivent prendre les mesures voulues pour faciliter la restitution, en bon état, aux institutions iraquiennes des biens culturels iraquiens [...], notamment en frappant d'interdiction le commerce ou le transfert de ces biens et des objets dont il y a de bonnes

mise en œuvre des obligations découlant du Protocole de 1954. Mais les questions soulevées et les effets de l'action du Conseil de sécurité sont multiples. Ainsi, la Résolution 2347 (2017) concernant la destruction du patrimoine culturel en situation de conflit armé et en relation avec le terrorisme international touche plusieurs obligations à l'attention des États. Il n'est pas question ici de les examiner en détail, mais il est essentiel de noter qu'avec ses résolutions, le Conseil de sécurité contribue à l'« universalisation », voire à la banalisation de la protection internationale du patrimoine, intégrant cette protection dans le sentiment commun.

Il faut également ajouter que la question de la protection des biens culturels s'est posée dans le contexte des missions de maintien de la paix. Depuis quelques années, ces opérations se sont vues confier de nouvelles tâches, parmi lesquelles s'ajoute la responsabilité de protéger et de gérer le patrimoine culturel. Si l'adoption de la Circulaire du Secrétaire général des Nations Unies concernant le « respect du droit international humanitaire par les forces des Nations Unies » du 6 août 1999 avait consacré le « respect des biens culturels » par les Casques bleus, leur « sauvegarde » – c'est-à-dire la mise en place de mesures préparatoires contre les effets prévisibles des conflits armés – a, pour sa part, été plus lente à émerger. L'adoption de la Résolution 2100 (2013) par le Conseil de sécurité, le 25 avril 2013, semble représenter une avancée majeure dans ce domaine et, plus particulièrement, dans la mise en œuvre de la Convention de 1954[23].

Pour la première fois dans l'histoire des opérations de maintien de la paix, la protection du patrimoine culturel est inscrite dans le préambule de la résolution, qui énonce les objectifs de la mission, mais aussi et surtout dans le dispositif, qui définit le mandat de la Mission multidimensionnelle

raisons de croire qu'ils ont été enlevés illégalement et appelle l'Organisation des Nations Unies pour l'éducation, la science et la culture, Interpol et autres organisations internationales compétentes à faciliter la mise en œuvre du présent paragraphe» (§ 7).

23 Sabine Von Schorlemer, "Military Intervention, the UN Security Council and the Role of UNESCO: The Case of Mali", *in* Anne-Marie Carstens et Elizabeth Varner (ed.), *Intersections in International Cultural Heritage Law,* Oxford University Press, Oxford, 2020, pp. 82-103. Voir également Mathilde Leloup, « L'ONU et la protection du patrimoine culturel au Mali », *Recherches Internationales*, vol. 113, 2019, pp. 121-136.

intégrée des Nations Unies pour la stabilisation au Mali (MINUSMA)[24]. À l'alinéa f), intitulé « Appui à la sauvegarde du patrimoine culturel », le Conseil de sécurité demande aux membres de cette opération de maintien de la paix d'« aider les autorités de transition maliennes en tant que de besoin et, si possible, de protéger les sites culturels et historiques du pays contre toutes attaques, en collaboration avec l'UNESCO ». Ainsi, une unité « Environnement et Culture » est créée au sein de la MINUSMA, chargée de veiller, entre autres, au transport des experts de l'UNESCO lors de leurs missions d'évaluation de l'état de la conservation des sites[25].

Enfin, *last but not the least*, il faut souligner l'apport du droit pénal international à la protection du patrimoine culturel. À ce sujet, il convient de constater que la criminalisation des infractions visant les biens culturels représente l'un des aspects les plus novateurs dans ce domaine. Nous avons déjà eu l'occasion, dans d'autres travaux, d'analyser l'émergence de la responsabilité pénale internationale en matière d'infractions visant le patrimoine culturel, ainsi que d'analyser la jurisprudence internationale[26].

---

[24] Mathilde Leloup, « Négocier l'élargissement de la sécurité à l'ONU : la protection du patrimoine culturel par les opérations de maintien de la paix », *Négociations*, vol. 34, n° 2, 2020, pp. 95-109 ; de la même autrice : "Heritage Protection as Stabilization: The Emergence of a New "Mandated Task" for UN Peace Operations", *International Peacekeeping*, Vol. 26, n° 4, 2019, pp. 408-430.

[25] Mathilde Leloup, « La formation des Casques bleus à la protection des biens culturels au Mali, une révolution ? », *Cahiers d'histoire. Revue d'histoire critique*, vol. 142, 2019, pp. 61-75.

[26] Pour une analyse de la jurisprudence du TPIY, voir : Vittorio Mainetti, « De Nuremberg à La Haye : l'émergence des crimes contre la culture et la pratique des tribunaux internationaux », *in* Vincent Négri (dir.), *Patrimoine culturel, cible des conflits armés. De la guerre civile espagnole aux guerres du 21e siècle*, Bruylant, Bruxelles, 2014, pp. 151-182. Voir également : « Des crimes contre le patrimoine culturel ? Réflexions à propos de la criminalisation internationale des atteintes aux biens culturels », ESIL-SEDI Conférence inaugurale (Florence, 13-15 mai 2004), http://www.esilsedi.eu/sites/default/files/Mainetti_0.PDF ; « Violazioni gravi e 'obbligo d'ingerenza culturale'. Brevi osservazioni intorno all'articolo 31 del Secondo Protocollo », *in* Paolo Benvenuti et Rosario Sapienza (dir.), *La tutela internazionale dei beni culturali nei conflitti armati*, Milan, Giuffrè, 2007, pp. 275-288 ; « Existe-t-il des crimes contre la culture ? La protection des biens culturels et l'émergence de la responsabilité pénale internationale de l'individu », *in* Kerstin Odendahl et Peter Johannes Weber (dir.), *Kulturgüterschutz – Kunstrecht – Kulturrecht. Festschrift fur Kurt Siehr zum 75*, Nomos, Baden-Baden, pp. 251-270. Pour l'affaire Al-Mahdi, voir : « La Cour pénale internationale face à la destruction du patrimoine culturel. Réflexions à propos de l'Affaire Al-Mahdi », *Ethnologies*, vol. 39(1), 2017, pp. 213-236.

Il n'est pas possible de revenir ici sur les questions évoquées, et nous nous bornerons à constater que la criminalisation des infractions visant les biens culturels représente l'un des aspects les plus novateurs dans ce domaine. C'est le résultat d'une profonde transformation de la réglementation internationale, où il est possible de distinguer trois lignes convergentes d'évolution : 1) la réaffirmation du droit international humanitaire, 2) l'essor du droit pénal international et 3) le développement du droit international de la culture. Un rôle de premier plan dans le façonnement des « crimes contre la culture », comme les avait appelés l'ancien Directeur général de l'UNESCO Kōichirō Matsuura, a été joué par le Tribunal pénal international pour l'ex-Yougoslavie (TPIY). Pendant toute la durée de son activité, ce tribunal s'est trouvé maintes fois face à des questions impliquant la destruction ou le pillage des biens culturels, comme en témoignent les actes d'accusation du Procureur, ainsi que les jugements et les arrêts des chambres du Tribunal. Plus récemment, la Cour pénale internationale (CPI) a eu l'occasion de se prononcer sur la destruction des mausolées de Tombouctou, dans l'affaire *Al-Mahdi*[27]. Il ne faut pas s'attendre à ce que cette évolution soit toujours linéaire[28], et l'affaire *Al-*

---

27 *Le Procureur c. Ahmad Al Faqi Al Mahdi*, Jugement portant condamnation, 27 sept. 2016 (ICC-01/12-01/15). Voir : https://www.icc-cpi.int/mali/al-mahdi.

28 À cet égard, le dernier arrêt de la Chambre d'appel du TPIY dans *l'Affaire Prlić et consorts*, adopté le 29 novembre 2017, fait quelques pas en arrière. Cet arrêt qui reforme en partie le jugement de la Chambre de première instance, est non seulement le dernier avant sa fermeture définitive, le 31 décembre 2017, mais aussi l'un de plus longs de son histoire. Il convient de rappeler que le 29 mai 2013, la Chambre de première instance avait adopté un jugement portant condamnation des six imputés, tous membres de l'HVO, le Conseil croate de défense. Parmi les crimes attestés par le tribunal, il y avait la destruction du *Stari Most*, le vieux pont qui donne le nom à la ville de Mostar. Dans son jugement, la Chambre de première instance reconnaissait le caractère exceptionnel de ce monument, érigé par l'architecte Hajrudin il y a plus de cinq siècles sur la Neretva. Le vieux pont était un symbole des liens entre les communautés, au-delà des différences religieuses, et un des emblèmes majeurs de la réalité multiculturelle et ethnique des Balkans. Selon la défense de Slobodan Praljack, un des accusés, le pont était régulièrement traversé par les forces armées du Gouvernement de la République de Bosnie-Herzégovine (ABiH), pour ravitailler les soldats musulmans. Cette utilisation n'a pas été contestée. La destruction du vieux pont avait pour but d'isoler complètement la communauté musulmane. Le 8 novembre 1993, l'HVO lance en effet une offensive à Mostar, au cours de laquelle le vieux pont est bombardé. Le pont avait déjà été précédemment endommagé par les forces serbes, mais il pouvait encore être utilisé par la population. Le matin du 9 novembre, après le bombardement croate, le vieux pont s'effondre.

Le 29 mai 2013, la Chambre de première instance reconnaît la responsabilité de l'HVO pour la destruction du vieux pont de Mostar. Slobodan Praljack et Milivoj Petković sont

Mahdi est en ce sens emblématique[29]. Mais au-delà des difficultés et des incertitudes, qui caractérisent toujours les domaines nouveaux et en pleine évolution, il est essentiel de constater que les synergies entre les deux branches du droit international sont assurées, comme nous le verrons, par l'étroite collaboration entre les acteurs concernés.

C. Les synergies entre les organisations internationales

Le troisième ordre de synergies concerne la collaboration entre les acteurs et, en particulier, entre les organismes internationaux compétents. Sur ce point, nous avons mentionné le partenariat entre l'UNESCO et le CICR, qui est crucial dans la mise en œuvre du droit international humanitaire. Nous avons également relevé l'importance de la coopération entre l'UNESCO et les Nations Unies, notamment avec le Conseil de sécurité, pour les opérations de maintien de la paix ou la lutte contre le trafic illicite. Mais les synergies à créer avec d'autres agences onusiennes sont multiples.

---

condamnés pour avoir, entre autres, planifié, facilité et conduit les opérations militaires à Mostar, entre juillet et novembre 1993, y compris celle du 8 novembre qui a entraîné la destruction du vieux pont. La Chambre s'étonne toutefois que l'acte d'accusation ne mentionne pas la destruction du vieux pont au titre de « destruction et endommagement délibéré de monuments historiques », mais seulement au titre de « destruction de biens sur une grande échelle non justifiée par des nécessités militaires et exécutée de façon illicite et arbitraire » (chef d'accusation 19). En effet, l'acte d'accusation prenait en compte seulement la « destruction et endommagement délibéré d'institutions consacrées à la religion et à l'éducation » (chef d'accusation 21), au titre de l'article 3 (d) du Statut TPIY, à l'exclusion donc du *Stari Most*.
Le 29 novembre 2017, la Chambre d'appel renverse cette décision et conclut que la Chambre de première instance s'était trompée à propos de la destruction du vieux pont de Mostar, puisqu'elle était « justifiée par des nécessités militaires », car elle offrait un avantage militaire certain. Par conséquent, cette destruction ne pouvait pas être considérée comme une violation des lois et coutumes de guerre (i.e. crime de guerre). Seul le Juge Fausto Pocar a voté contre cette décision et a joint à l'arrêt une opinion dissidente, où il fait état de son désaccord avec les autres juges qui ont, selon lui, confondu la notion de « nécessité militaire » avec celle de « cible militaire ». D'après lui, le vieux pont de Mostar était un bien culturel protégé par le droit international humanitaire, sa destruction était certainement disproportionnée et pouvait être considérée comme une manière de créer la terreur auprès de la population civile, voire une forme de persécution, qui est un crime contre l'humanité, aux termes de l'art. 5 (h) du Statut du TPIY.

[29] Voir notamment les reliefs critiques dans notre « La Cour pénale internationale face à la destruction du patrimoine culturel », *op. cit.*, pp. 213-236.

Il suffit de penser au partenariat avec l'UNITAR[30], qui a permis l'analyse des images satellitaires dans les zones de conflit par UNOSAT, afin de vérifier les dégradations subies par les sites du patrimoine[31]. C'est naturellement très important non seulement pour savoir ce qui se passe et pour réfléchir aux actions à mener, mais aussi pour faire jouer les responsabilités, et notamment la responsabilité pénale des individus coupables[32].

Comme on l'a remarqué, cette question de la responsabilité pénale est essentielle, d'autant plus que dans les conflits qui voient la participation d'acteurs non étatiques, qui ne reconnaissent (et ne respectent) pas le droit international, et qui refusent même les fondements du droit international, il n'y a que le recours à la justice pénale internationale.

Déjà au XVIIIe siècle, Emer de Vattel, face à la destruction délibérée et sans motif des monuments, parlait d'« *ennemi de l'humanité* », et, face à ces derniers, le seul remède semble être la justice pénale internationale. Le partenariat que l'UNESCO a conclu en novembre 2017 avec la Cour

---

30 En Juin 2015, l'UNESCO et l'UNITAR ont signé un accord visant à protéger les sites du patrimoine culturel et naturel à l'aide des dernières technologies géospatiales. Ce partenariat stratégique, conclu lors de la réunion annuelle du Comité du patrimoine mondial à Bonn, sera mis en œuvre par le biais d'UNOSAT, le Programme d'applications opérationnelles par satellite de l'UNITAR. Voir https://unitar.org/about/news-stories/news/unesco-and-unitar-unosat-team-protect-cultural-heritage-latest-geo-spatial-technologies.

31 Les images satellitaires sont souvent la seule source d'informations pour les zones touchées par un conflit armé ou par une catastrophe naturelle. Leur analyse permet de comprendre la situation sur le terrain et de planifier les mesures d'urgence. Voir notamment le rapport sur le patrimoine culturel en Syrie, UNITAR, *Satellite-based Damage Assessment to Cultural Heritage Sites in Syria*, Genève, 2014, https://unosat.web.cern.ch/unitar/downloads/chs/FINAL_Syria_WHS.pdf.

32 Voir notamment : https://www.unitar.org/sustainable-development-goals/united-nations-satellite-centre-unosat/our-portfolio/satellite-imagery-evidence-international-justice-proceedings. À titre d'exemple, la CPI a commencé à utiliser l'analyse des images satellites. Voir notamment les rapports que UNOSAT a préparés pour la CPI en tant que contribution à l'enquête sur la situation au Mali : Doc. MLI-OTP-0017-0029 du 13 juil. 2014 https://www.icc-cpi.int/sites/default/files/Evidence/MLI-OTP-0017-0029.riv-red.pdf et Doc. MLI-OTP-0021-0006 du 3 nov. 2014 https://www.icc-cpi.int/sites/default/files/Evidence/MLI-OTP-0021-0006.riv-red.pdf. Dans l'affaire Al Hassan, la Cour a utilisé lesdits rapports en tant qu'éléments de preuve et fait appel à un expert de UNOSAT, Lars Bromley, comme témoin. *Cf. Le Procureur c. Al Hassan Ag Abdoul Aziz Ag Mohamed Ag Mahmoud*, Jugement de première instance, n° ICC-01/12-01/18, du 26 juin 2024, § 1031 et note 3459.

pénale internationale (CPI) afin de mettre en place « une stratégie efficace pour s'attaquer à la destruction du patrimoine culturel »[33] est ainsi essentiel. À la suite à cette collaboration, en juin 2021, le Bureau du Procureur de la CPI a officiellement publié un *Document de politique générale relative au patrimoine culturel*[34], dans le but d'agir de manière décisive face aux attaques délibérées contre le patrimoine culturel, qui représentent désormais une caractéristique omniprésente des conflits contemporains.

D'autres organismes, intergouvernementaux ou non gouvernementaux, doivent ici être mentionnés, comme l'Interpol[35], l'Organisation mondiale des douanes[36], l'ICCROM[37], l'ICOM et l'ICOMOS[38], le Comité du Bouclier-Bleu[39], sans oublier les organisations régionales compétentes,

---

33 Le 6 novembre 2017, la Directrice générale de l'UNESCO, Irina Bokova, et le Procureur de la CPI, Fatou Bensouda ont signé une lettre d'entente, par laquelle l'UNESCO et la CPI officialisent et renforcent leur coopération conformément à leurs mandats respectifs.
Cf. https://www.unesco.org/fr/articles/la-cour-penale-internationale-et-lunesco-renforcent-leur-cooperation-en-matiere-de-protection-du.

34 Voir : https://www.icc-cpi.int/sites/default/files/itemsDocuments/20210614-otp-policy-cultural-heritage-fra.pdf.

35 Sur les activités d'Interpol en matière de lutte contre la criminalité visant les biens culturels, voir : INTERPOL, *Protéger le patrimoine culturel. Un impératif pour l'humanité*, 22 sept. 2016. Voir également : https://www.interpol.int/fr/Infractions/Atteintes-au-patrimoine-culturel.

36 En collaboration avec Interpol, Europol, ICOM, et UNESCO, l'OMD a inauguré des partenariats pour lutter contre le trafic illicite de biens culturels. En juillet 2016, l'OMD a adopté une *Résolution du Conseil de coopération douanière concernant le rôle de la douane dans la prévention du trafic illicite des biens culturels* (Bruxelles, juil. 2016) qui appelle à une vigilance accrue des administrations douanières dans la prévention de ce type d'activité illicite. En novembre 2018, l'OMD a lancé un *Manuel de formation sur la prévention du trafic illicite de biens culturels* en quatre langues (dit *Manuel PITCH*, de son acronyme anglais). En outre, depuis 2015, le *Rapport sur les trafics illicites*, publié à cadence annuelle par l'OMD, contient un chapitre entièrement consacré au trafic illicite des biens culturels. Voir : https://www.wcoomd.org/fr/topics/enforcement-and-compliance/activities-and-programmes/cultural-heritage-programme.aspx.

37 *Cf.* Joseph King, « ICCROM's Experience in Helping Countries to improve Capacity Preparation for, and in Times of Emergency », in *International Conference on the 20th Anniversary of the 1999 Second Protocol of the 1954 Hague Convention Protecting Cultural Property Congerence Proceedings*, UNESCO / Federal Department of Foreign Affairs, Berne, 2020, pp. 56-58.

38 Voir notamment la *Déclaration conjointe de l'ICOM et de l'ICOMOS sur les menaces pesant sur le patrimoine culturel en cas de conflit armé* (6 janv. 2020).

39 Sur le rôle du Bouclier bleu, voir : Ariane Pinauldt, « Le Bouclier bleu : histoire et missions d'un organisme international pour la protection du patrimoine culturel »,

comme l'Union européenne ou le Conseil de l'Europe, pour se limiter au cadre européen.

II. Les initiatives concrètes pour la mise en œuvre de la Convention de La Haye et de ses protocoles

Il convient à présent de traiter des actions concrètes pour la mise en œuvre du droit existant. Comme nous l'avons noté plus haut, le mot d'ordre est actuellement « agir ». Cette action a commencé en 2011, par une timide stratégie d'encouragement des ratifications, adoptée par l'UNESCO, qui a par la suite laissé la place à une stratégie de renforcement de l'action de l'organisation, en matière de protection du patrimoine culturel en cas de conflit armé, adoptée par la Conférence générale de l'UNESCO en 2015[40]. Il s'agit d'un texte important, qui propose une stratégie d'envergure avec deux objectifs majeurs : le premier est de « renforcer les capacités des États membres à prévenir, atténuer et surmonter la perte de patrimoine et de diversité culturels »[41] ; le second est d'intégrer la protection de la culture dans l'action humanitaire, les stratégies de sécurité, la réduction des risques et les processus de construction de la paix, tout en associant les acteurs concernés[42].

Nous avons eu l'occasion de citer une série de collaborations entre les plus importants organismes internationaux dans ce domaine, mais l'apport des États membres pour la mise en œuvre de cette stratégie est essentiel. Et sur ce point, il faut citer la contribution des gouvernements français et

Ethnologies, vol. 39(1), 2017, pp. 205–212 ; Peter Stone, "The Blue Shield and the Protection of the World's Cultural Property. Preparing in Peace for conflict", *in* Emma Cunliffe & Paul Fox (dir.), *Safeguarding Cultural Property and 1954 Hague Convention. All Possible Steps*, The Boydell Press, Woodbridge, 2022, p. xvii-xxi.

[40] Doc. UNESCO 38 C/49 du 2 nov. 2015. *Supra*, note 12.

[41] Sur ce point, il est essentiel avant tout de prévoir et de garantir la mise en place des mesures de sauvegarde. « Les activités seront articulées autour des trois étapes du cycle de toute situation d'urgence : préparation, intervention immédiate pendant un conflit et relèvement/reconstruction à moyen et long terme », après le conflit. *Ibidem*, §§ 18 et 19.

[42] « Dans le cadre de la lutte contre le pillage et le trafic de biens culturels en période de conflit, l'UNESCO intensifiera sa coopération avec Interpol, l'OMD, l'UNODC, Unidroit, des unités nationales de police spécialisées, l'ICOM et d'autres partenaires pour tracer, authentifier, saisir, conserver et restituer des objets volés et exportés illégalement ». *Ibidem*, § 25.

italien, qui par ailleurs ont été les promoteurs de la Résolution 2347 (2017) au Conseil de sécurité.

Concernant la France, il convient de mentionner les *Cinquante propositions françaises pour protéger le patrimoine de l'humanité*, que le président-directeur du Musée du Louvre, Jean-Luc Martinez, a rendu en novembre 2015, à la demande du Président de la République[43]. Parmi ces propositions figurait la création d'un fonds international pour la sauvegarde du patrimoine culturel en situation de conflit armé. À la suite de la conférence internationale d'Abou Dabi de décembre 2016, les gouvernements français et des Émirats Arabes Unis ont créé l'Alliance internationale pour la protection du patrimoine dans les zones de conflit (ALIPH), en mars 2017[44]. Ce qui est intéressant dans cette initiative, c'est qu'il ne s'agit pas d'une énième institution internationale, mais, par son statut, d'une fondation privée, qui agit néanmoins comme un véritable acteur international[45], et se déploie à la fois comme un instrument financier, mais aussi comme une source d'expertise, dans trois secteurs : 1) la protection préventive, afin d'atténuer les risques liés au conflits ; 2) les mesures d'urgence pour assurer la sécurité lors du conflit ; 3) les actions après le conflit, pour la réhabilitation du patrimoine.

[43] *Cf. Cinquante propositions françaises pour protéger le patrimoine de l'humanité. Rapport au Président de la République sur la protection du patrimoine en situation de conflit armé* (19 nov. 2015), remis par Jean-Luc Martinez, Président-directeur du Musée du Louvre. https://www.culture.gouv.fr/espace-documentation/Rapports/Cinquante-propositions-francaises-pour-proteger-le-patrimoine-de-l-humanite. Voir également Axel Bérengier, "The Second Protocole and France: National Implementation Continued in the Form of International Action to Protect Heritage in Areas of Conflict", in *International Conference on the 20th Anniversary of the 1999 Second Protocol of the 1954 Hague Convention Protecting Cultural Property Congerence Proceedings*, UNESCO / Federal Department of Foreign Affairs, Berne, 2020, pp. 46-49. Plus généralement, sur la pratique de la France en matière de mise en œuvre des Conventions de l'UNESCO, voir Frédérique Coulée, « La protection internationale du patrimoine culturel mise en œuvre par la France. À propos de quelques évolutions récentes », *Annuaire français de droit international*, Vol. 63, 2017, pp. 753-764.

[44] Voir ALIPH, "Protecting Heritage to Build Peace: How a Public-Private Partnership Such As ALIPH Can Help Protect Culture in Conflict", in *International Conference on the 20th Anniversary of the 1999 Second Protocol of the 1954 Hague Convention Protecting Cultural Property Congerence Proceedings*, UNESCO / Federal Department of Foreign Affairs, Berne, 2020, pp. 67-68.

[45] En ce sens, on pourrait le considérer dans la catégorie des organisations *soft*.

Quant au gouvernement italien, il convient de signaler l'initiative improprement appelée « Casques bleus de la culture ». Cette appellation assez pompeuse est en effet inappropriée, puisqu'elle pourrait donner la fausse impression d'une force d'intervention appelée à réaliser des activités comme celles exercées par les forces de maintien de la paix. Il s'agit, en réalité, plus modestement d'une *task force* d'experts, hautement qualifiés, prêts à intervenir dans des situations de conflit armé ou de catastrophe naturelle, où le patrimoine culturel se trouve en danger[46]. En 2016, dans la perspective de contribuer à la mise en œuvre de la stratégie de renforcement de l'UNESCO, que nous avons mentionnée, le gouvernement italien a conclu un *memorandum of understanding* (MoU) avec l'UNESCO, pour la création d'une force d'intervention appelée à agir dans le cadre de la coalition mondiale *#UnisPourLePatrimoine*. Structurée comme un « mécanisme de mobilisation rapide d'experts nationaux », prêts à se déployer dans les zones de crise, sous l'égide de l'UNESCO et en lien avec le ministère italien de la Culture. Pour répondre aux besoins concrets, cette force d'intervention se présente sous la forme hybride militaire et civile, prête à intervenir selon les besoins. Elle s'appuie sur l'expérience des « *Carabinieri per la tutela del patrimonio culturale* », qui est la première force de police nationale spécialisée dans les questions de protection du patrimoine et qui détient une véritable expertise, reconnue internationalement[47].

À ces deux initiatives, il convient d'ajouter celle de la Suisse, concernant les *safe havens*, qui répondent à un besoin de la communauté internationale et fournissent un instrument concret d'assistance internationale, pour mettre les biens culturels à l'abri des hostilités ou des catastrophes

---

[46] Les « Casques bleus de la culture » sont conçus pour répondre à l'appel de la Résolution 38C/49 de la Conférence générale de l'UNESCO et donc pour s'inscrire dans des situations pré-conflit (pour la mise en place de mesures de sauvegarde) ou post-conflit (pour la réhabilitation du patrimoine), ou dans des activités d'assistance technique de support et de formation, pendant les conflits. Dans tous les cas, il ne s'agit pas d'activités de nature militaire, mais de protection civile ou de police.

[47] La création du « *Comando dei Carabinieri par la tutela del patrimonio culturale* » remonte au 2 mai 1969, lorsque le commandant général des forces armées décida de créer, sous la direction du ministère de l'Instruction publique et avec l'accord de celui-ci, l'unité « protection patrimoine artistique ». L'Italie fut ainsi le premier pays au monde à instaurer une unité de police spécialisée dans la protection du patrimoine culturel. Sur les activités récentes des Carabiniers des biens culturels, voir : Ugo Zottin, "Italian Carabineers and the Protection of Iraqi Cultural Heritage", *in* Peter Stone (ed.), *The Destruction of Cultural Heritage in Iraq*, Boydell & Brewer, Woodbridge, 2008, pp. 235-240.

naturelles[48]. La pratique des *safe havens* remonte à la guerre civile espagnole, lorsque la collection du Musée du Prado fut évacuée à Genève, sous les auspices de la Société des Nations[49]. Plus récemment, on se souvient de l'exemple du Musée afghan de Bubendorf (dans le Canton de Bâle-Campagne), où, à l'initiative d'un particulier, des biens culturels afghans menacés ont été mis en sécurité temporairement, dès octobre 2000, pour être ensuite rapatriés en 2007[50]. En outre, depuis dix-sept ans, la Ville de Genève, avec son Musée d'art et d'histoire et son Port franc, sert de refuge à des centaines d'objets antiques des collections archéologiques de Gaza[51]. Un nouvel accord de coopération vient d'être signé entre l'Autorité nationale palestinienne et la ville, réaffirmant les conditions du refuge de ces objets archéologiques.

Ainsi, avec la révision de la loi de mise en œuvre de la Convention de La Haye de 1954 et la ratification du Deuxième Protocole de 1999, le Parlement suisse a adopté en 2014 la nouvelle Loi fédérale sur la protection des biens culturels en cas de conflit armé (LPBC), qui prévoit finalement une base légale pour mettre à disposition des refuges pour les biens culturels en péril. Sur le fondement des articles 32 et 33 du Deuxième Protocole, ces refuges sont destinés à l'entreposage temporaire des biens culturels mobiliers gravement menacés dans leur pays. La mise à disposition par la Suisse se fait sous l'égide de l'UNESCO, et moyennant la conclusion d'un accord international avec le pays concerné[52]. À la

---

48 Voir les *Guidelines for the Establishment and Conduct of Safe Haven for Cultural Material*, The International Law Association: Report of the Seventy-Third Conference (Rio de Janeiro, Brazil, 17–21 August 2008), London, pp. 379-388.

49 *Cf.* Arturo Colorado Castellary, « L'accord de Figueras : son contexte, le comité international et sa mise en œuvre », *in* Vincent Négri (dir.), *Patrimoine culturel, cible des conflits armés. De la guerre civile espagnole aux guerres du 21e siècle*, Bruylant, Bruxelles, 2014, pp. 21-62. De manière plus approfondie, voir du même auteur, *Éxodo y exilio del arte. La odisea del Museo del Prado durante la Guerra Civil*, Cátedra, Madrid, 2008.

50 *Cf.* Andreas Koellreuter & Paul Bucherer, « Asyl für afghanische Kulturgüter in der Schweiz », *Forum PBC*, Vol. 12, 2008, pp. 44-53.

51 https://www.rts.ch/info/regions/geneve/14561624-des-centaines-dobjets-archeologiques-de-gaza-dorment-depuis-15-ans-a-geneve.html.

52 Sur ce point, voir l'art.12 de la LPBC. *Cf.* Alessandro Chechi, « Rescuing Cultural Heritage from War and Terrorism », *Santander Art and Cuture* Law Review, vol. 2, 2015, pp. 83-100 ; Nikolaus T. Paumgartner & Raphael Zingg, « The Rise of Safe Haven for Threatened Cultural Heritage », *International Journal of Cultural Property*, vol. 25(3), 2018, pp. 323-346 ; Laura Albisetti & Rino Büchel, « Cultural Property Shelter System : the

demande d'un État tiers, la Confédération met à disposition un refuge (*safe haven*), pour la sauvegarde des biens menacés par des conflits armés, des catastrophes naturelles ou des situations d'urgence[53]. La garde en dépôt à titre fiduciaire est prévue par la conclusion d'un traité conclu avec le Conseil fédéral. Les biens visés dans le traité bénéficient de l'immunité de toutes prétentions des tiers tant qu'ils se trouvent en Suisse.

Dans le même sillage, se situe l'initiative « Refuge pour les archives en péril », qui vise à assurer l'hébergement en lieu sûr des archives qui risquent d'être détruites ou altérées par des menaces politiques, financières ou naturelles[54], qui est gérée par la Fondation suisse pour la paix (*Swisspeace*), mandatée par le Département fédéral des Affaires étrangères (DFAE), afin de mettre en œuvre les *Principes directeurs concernant l'hébergement en lieu sûr des archives en péril*, approuvés par le Conseil international des Archives en 2018[55].

Il ne s'agit que de trois exemples d'actions entamées par des États membres de l'UNESCO, mais qui s'inscrivent dans la continuité de la stratégie inaugurée par l'UNESCO en 2015, et qui illustrent pleinement la tendance en cours à la mise en œuvre du droit existant.

Conclusions

Face aux destructions (souvent intentionnelles) de biens culturels dans les conflits récents, la Communauté internationale semble avoir compris que la solution ne peut pas être l'élaboration d'une nouvelle convention

---

Swiss Model », *in* Emma Cunliffe & Paul Fox (dir.), *Safeguarding Cultural Property and 1954 Hague Convention. All Possible Steps*, The Boydell Press, Woodbridge, 2022, pp. 205-217.

53 La Confédération dispose aujourd'hui déjà de locaux adaptés à la création de tels refuges. Ce lieu d'entreposage et les biens culturels qui s'y trouvent sont gérés par des spécialistes du Musée national suisse. L'Office fédéral de la protection de la population (OFPP) est compétent pour toute question relative au refuge. Une étroite collaboration est indispensable entre tous les organes fédéraux concernés. Il s'agit en l'occurrence d'un dépôt temporaire à titre fiduciaire au sens de l'art. 14 de la loi du 20 juin 2003 sur le transfert des biens culturels (LTBC).

54 https://www.safehavensforarchives.org/fr/.

55 Les dix-huit principes sont censés orienter la protection des archives en péril, s'appuyant sur les principes de légalité, d'équité, de transparence et de sensibilité aux conflits. Les principes sont complétés par un modèle d'accord que les États et les institutions peuvent utiliser.

internationale, mais une meilleure application du droit existant. À ce propos, la réglementation relative à la protection des biens culturels en cas de conflit armé est non seulement très complexe, mais se présente à l'heure actuelle comme la plus complète, parmi les divers régimes de protection internationale du patrimoine culturel. Le défi actuel consiste à mettre en œuvre le droit existant, tout en créant des synergies entre les diverses conventions internationales et avec les autres branches du droit international, notamment avec le droit international humanitaire, le droit international des droits de l'homme, le droit international de l'environnement, le droit du maintien de la paix et de la sécurité internationale ou encore la lutte contre le terrorisme et la criminalité organisée. Ainsi, se multiplient les initiatives des États et les appels à l'action de la part des organisations internationales, à l'échelle mondiale ou régionale. Ces initiatives ne peuvent que contribuer à une meilleure diffusion et à « universaliser » la protection du patrimoine culturel. Il ne faut jamais oublier l'objectif fondamental de cette protection, qui est avant tout la sauvegarde des valeurs humaines[56].

[56] Stephen Glaser, « La protection internationale des valeurs humaines », *Revue générale de droit international* public, vol. 60, 1957, pp. 211-241.

III

La mondialisation des échanges

La lutte contre le trafic des biens culturels dans l'Union européenne

Jean-Christophe Barbato

Professeur de droit public à l'École de Droit de la Sorbonne (Paris 1)
Chaire Jean-Monnet en droit de l'Union européenne
Institut de Recherche en droit international et européen de la Sorbonne (IREDIES)

À l'occasion d'un récent entretien donné à France Inter et consacré au pillage des temples grecs par Lord Elgin en 1801, l'écrivaine Andréa Marcolongo évoquait un pillage de l'imaginaire[1]. S'il le formule moins bien, le Conseil de sécurité ne dit cependant pas autre chose dans sa résolution du 24 mars 2017, la première à être exclusivement consacrée à la protection du patrimoine culturel[2]. L'UNESCO va dans le même sens dans sa Convention du 14 novembre 1970 en considérant que « les biens culturels sont un des éléments fondamentaux de la civilisation et de la culture des peuples »[3].

De nombreux textes nationaux, européens et internationaux sont dédiés à la lutte contre les exportations illicites de biens culturels, dont les plus

---

1 https://www.youtube.com/watch?v=9XzkaUMhCZE, consulté le 17 nov. 2024.

2 Résolution 2347 (2017) du Conseil de sécurité de l'ONU, 24 mars 2017, maintien de la paix et de la sécurité internationales, S/RES/2347 (2017). Le Conseil de sécurité y souligne que « la destruction illégale du patrimoine culturel, le pillage et la contrebande de biens culturels en cas de conflits armés, notamment par des groupes terroristes, et les tentatives de nier les racines historiques et la diversité culturelle dans ce contexte, peuvent alimenter et exacerber les conflits et font obstacle à la réconciliation nationale après les conflits, compromettant ainsi la sécurité, la stabilité, la gouvernance et le développement social, économique et culturel des États touchés ». Cette résolution fait suite à une série d'autres résolutions qui appellent également à un renforcement de la lutte contre le trafic des biens culturels. Voir notamment Résolution 1483 (2003) du Conseil de sécurité de l'ONU, 22 mai 2003, sur la situation entre l'Iraq et le Koweït, S/RES/1483 (2003) et résolution 2199 (2015) du Conseil de sécurité de l'ONU, 12 févr. 2015, menaces contre la paix et la sécurité internationales résultant d'actes de terrorisme, S/RES/2199 (2015).

3 Convention de l'UNESCO du 14 nov. 1970 concernant les mesures à prendre pour interdire et empêcher l'importation, l'exportation et le transfert de propriété illicite des biens culturels.

anciens remontent à des législations vaticanes du XVe siècle[4], législations qui se diffusèrent rapidement dans l'ouest de l'Europe. Au mitan du XXe siècle, le droit international et européen consacre un ensemble de textes à la lutte contre le trafic des biens culturels avec l'adoption de la Convention de La Haye du 14 mai 1954 pour la protection des biens culturels en cas de conflit armé et ses protocoles, la Convention de l'UNESCO du 14 novembre 1970 concernant les mesures à prendre pour interdire et empêcher l'importation, l'exportation et le transfert de propriété illicite des biens culturels, puis la Convention d'Unidroit du 24 juin 1995 sur les biens culturels volés ou illicitement exportés. Au niveau régional, le Conseil de l'Europe a adopté trois conventions dédiées : la Convention européenne pour la protection du patrimoine archéologique du 6 mai 1969 révisée le 16 janvier 1992, celle de Delphes sur les infractions visant les biens culturels du 23 juin 1985 destinée à être remplacée par celle de Nicosie adoptée le 19 mai 2017, dont l'objet est similaire.

En substance, ces différents instruments définissent le trafic des biens culturels comme l'importation, l'exportation ou le transfert de propriété illicite des objets présentant de l'importance pour l'archéologie, la préhistoire, l'histoire, la littérature, l'art ou la science.

Plus récemment, le recours systématique du terrorisme islamiste au trafic des biens culturels afin d'en tirer des ressources économiques substantielles a entraîné une modification à la fois des acteurs et des actes, actes qui ne se limitent plus à des conventions internationales[5]. Les menaces sur la paix provoquées conjointement par ce terrorisme et la destruction du patrimoine culturel, destruction qui passe notamment par le pillage et le trafic, ont ainsi suscité l'intervention du Conseil de sécurité[6]

---

[4] Édouard Pommier, *Comment l'art devient l'Art dans l'Italie de la Renaissance*, Gallimard, Bibliothèque illustrée des Histoires, Paris 2007, p. 198.

[5] Voir Jean-Christophe Barbato, *Les antiquités de sang et les évolutions de la lutte internationale et européenne contre le trafic des biens culturels*, *RLDC*, supplément n° 168, déc. 2018, pp. 55-59 et Claire Chastanier, « Lutte contre le trafic des "antiquités de sang par Daesh », *Juris Art etc.* 2016, n° 32, pp. 23-27.

[6] Voir Résolution 1267 (1999) du Conseil de sécurité de l'ONU, du 15 oct. 1999, sur la situation en Afghanistan ; Résolution 1483 (2003) du Conseil de sécurité de l'ONU, 22 mai 2003, sur la situation entre l'Iraq et le Koweït ; Résolution 2199 (2015) du Conseil de sécurité de l'ONU, 12 févr. 2015, menaces contre la paix et la sécurité internationales

sur un terrain qui lui était jusqu'ici étranger et en conséquence l'adoption d'actes contraignants par le moyen des résolutions.
Cette implication des terroristes dans le pillage des biens culturels est aussi à l'origine de plusieurs interventions de l'Union européenne qui va également adopter des actes contraignants. Dans un premier temps, il s'agit de mise en œuvre ponctuelle des résolutions du Conseil de sécurité relatives à la lutte contre le trafic des biens culturels concernant l'Irak puis la Syrie au moyen de deux règlements, le premier de 2003[7], le second de 2012[8]. La question de la lutte contre le trafic des biens culturels constituait simplement l'un des éléments dans chacun de ces textes dont la vocation est plus large. Dans un second temps, les instances européennes vont adopter, le 17 avril 2019[9], un règlement 2019/880 qui concerne spécifiquement l'introduction et l'importation de biens culturels sur le territoire de l'Union. Si le premier considérant du texte porte l'empreinte de son contexte d'adoption en se référant à la lutte contre le terrorisme[10], ce n'est pas là sa finalité première. Il s'agit, en s'opposant au trafic des biens culturels, de contribuer à préserver le patrimoine culturel mondial, élément fondamental de civilisation constituant la mémoire culturelle de l'humanité selon les termes du règlement, et partant de protéger la diversité et les identités culturelles. Ce texte se trouve accompagné le 2 juin 2021[11]

résultant d'actes de terrorisme et résolution 2347 (2017) du Conseil de sécurité de l'ONU, 24 mars 2017, maintien de la paix et de la sécurité internationales.

[7] Règlement (CE) 1210/2003 du Conseil du 7 juil. 2003 concernant certaines restrictions spécifiques applicables aux relations économiques et financières avec l'Iraq et abrogeant le règlement (CE) 2465/1996 du Conseil, *JO L* 169 du 8 juil. 2003, pp. 6-23.

[8] Règlement (UE) 36/2012 du Conseil du 18 janv. 2012 concernant des mesures restrictives en raison de la situation en Syrie et abrogeant le règlement (UE) 442/2011, *JO L* 16 du 19 janv. 2012, pp. 1-32.

[9] Règlement (UE) 2019/880 du Parlement européen et du Conseil du 17 avr. 2019 concernant l'introduction et l'importation de biens culturels, *JO L* 151 du 7 juin 2019, pp. 1-14.

[10] Il est cependant notable que la résolution 2347 (2017) du Conseil de sécurité de l'ONU, du 24 mars 2017 (*cf. supra*) était mentionnée dans la proposition de la Commission, elle n'est plus évoquée dans la version finale du texte.

[11] Règlement d'exécution (UE) 2021/1079 de la Commission du 24 juin 2021 établissant les modalités d'application de certaines dispositions du règlement (UE) 2019/880 du Parlement européen et du Conseil concernant l'introduction et l'importation de biens culturels, *JO L* 234 du 2 juil. 2021, pp. 67-89.

d'un règlement d'exécution, puis le 13 décembre 2022[12] d'un plan d'action pour lutter contre le trafic des biens culturels.

Un constat s'impose d'emblée : celui de la montée en puissance rapide de l'action de l'Union. Deux règlements et un plan d'action adoptés sur une période d'environ trois années dans un domaine qui était globalement étranger aux institutions européennes[13], ce qui témoigne d'une forte volonté d'investissement.

Avec ces textes et plus particulièrement le règlement 2019/880 du 17 avril 2019, l'Union européenne cherche à se positionner comme un acteur ambitieux de la lutte contre le trafic des biens culturels. C'est indéniablement un rôle nouveau que l'Union s'est donné à elle-même ou, plus précisément, qu'elle s'est donné avec l'aval de ses États membres. C'est aussi un rôle inattendu. Pourquoi ? Tout d'abord, parce que, traditionnellement, l'Union européenne est une organisation qui était plutôt centrée sur l'économie. Cela dit, elle s'est historiquement fortement investie dans le domaine de la culture[14] et, de manière générale, l'évolution de ces dernières années et les différentes crises auxquelles l'Union a été confrontée ont montré qu'elle était devenue un acteur de plus en plus politique et généraliste et de moins en moins spécialisé[15]. Ensuite, parce que c'est un nouveau domaine qu'investit l'Union. Jusqu'ici, elle n'avait traité au mieux que d'un domaine connexe, à savoir la protection des trésors nationaux des États membres[16]. Enfin, c'est un rôle d'autant plus

---

12 Communication de la Commission du 13 déc. 2022 au Parlement européen, au Conseil, au Comité économique et social européen et au Comité des régions, *Plan d'action de l'UE pour lutter contre le trafic des biens culturels*, COM (2022) 800 final.

13 Exception faite de la question de la protection des trésors nationaux pour laquelle il existe un règlement et une directive, voir *infra.*

14 Pour une synthèse : Voir Jean-Christophe Barbato et Jack Lang, V° Culture, *Répertoire Europe Dalloz*, 2021.

15 Je songe ici, par exemple, à la crise de la COVID ou à l'action européenne suite à l'agression russe de l'Ukraine.

16 Règlement (CE) 116/2009 du Conseil du 18 déc. 2008 concernant l'exportation de biens culturels, *JO* L 39 du 10 févr. 2009, pp. 1-7, dont la version initiale est le règlement 3911/92, du 9 déc. 1992, concernant l'exportation des biens culturels, *JOCE L* 395 du 31 déc. 1992, p.1 et directive 2014/60/UE du Parlement européen et du Conseil du 15 mai 2014 relative à la restitution de biens culturels ayant quitté illicitement le territoire d'un État membre, *JO L* 159 du 28 mai 2014, pp. 1-10. La première version du texte date de 1993 : Directive 93/7/CEE du Conseil, du 15 mars 1993, relative à la

inattendu que l'Union européenne ne dispose d'aucune compétence spécifique pour le domaine visé alors qu'elle reste bien entendu soumise au principe d'attribution des compétences.

L'action européenne a donc dû mobiliser des ressources juridiques extérieures au combat contre la criminalité et au domaine culturel pour fonder son action en matière de lutte contre le trafic des biens culturels, ce qui peut paraître à première vue étonnant, mais qui finalement, comme je le montrerai, se situe dans la droite ligne de la logique qui anime l'utilisation des compétences dévolues à l'Union (**I**). Les actes adoptés témoignent d'une volonté européenne d'investir le domaine et d'une ambition forte de faire de l'Union européenne un acteur fondamental de la lutte contre le trafic culturel en la dotant, entre autres, d'un système européen global de contrôle de l'importation et de l'introduction des biens culturels sur son territoire. Le dispositif mis en place fera l'objet d'une présentation critique (**II**).

I. Les fondements de l'action de l'Union européenne de lutte contre le trafic des biens culturels : quelques réflexions sur l'usage européen des compétences

Comme cela vient d'être indiqué, l'action de l'Union repose principalement sur le règlement 2019/880 du 17 avril 2019 concernant l'introduction et l'importation de biens culturels[17]. Sans en être une application directe, ce texte a été adopté dans la droite ligne des résolutions du Conseil de sécurité relatives à la lutte contre le financement du terrorisme. Si l'organisation onusienne n'est pas mentionnée dans la version finale du texte (elle l'était en revanche dans la proposition de la Commission européenne[18]), ce dernier débute en revanche par l'évocation

---

restitution de biens culturels ayant quitté illicitement le territoire d'un État membre, *JOCE L* 074 du 27 mars 1993, pp. 74-79. Le texte a pour objectif d'éviter l'exportation de trésors nationaux à l'extérieur du territoire européen et le second prévoit au sein des ordres juridiques nationaux une procédure harmonisée de restitution pour les trésors nationaux des États membres sortis illicitement de leur territoire. Les deux textes accroissent les prérogatives des États en matière de protection de leurs trésors nationaux.

17 Règlement (UE) 2019/880 du Parlement européen et du Conseil du 17 avr. 2019 concernant l'introduction et l'importation de biens culturels, *op. cit.*

18 Proposition de règlement (UE) 2017/158 du 13 juil. 2017, concernant l'importation de biens culturels, COM (2017) 375 final.

de la nécessité de lutter contre ce financement. Le règlement du 17 avril 2019 a fait l'objet d'un règlement d'exécution adopté par la Commission le 24 juin 2021[19]. Comme également indiqué auparavant, cette action normative a été suivie d'un plan d'action adoptée le 13 décembre 2022 par la Commission[20]. Elle a été précédée de deux règlements concernant spécifiquement l'Irak[21] et la Syrie[22] interdisant en principe avec ces deux pays le commerce transnational en général en y incluant les biens culturels.

Chacun de ces règlements, des normes de portée générale donc, poursuit à la fois des objectifs culturels (protection de biens culturels), et des objectifs de lutte contre la criminalité. Les textes concernant la Syrie et l'Irak visent cependant des objectifs plus larges. Or, à première vue, rien dans le traité ne permet de fonder de tels actes. En matière de lutte contre la criminalité organisée, l'article 83 TFUE offre bien une compétence pour adopter des textes visant à lutter contre la criminalité transfrontière. Toutefois, cette disposition ne peut permettre de fonder des textes en matière de lutte contre le trafic des biens culturels. Tout d'abord, cet article liste de manière exhaustive les domaines dans lesquels il peut intervenir[23]. Si le terrorisme y figure, ce n'est pas le cas du trafic des biens culturels. Les deux peuvent être liés[24], ils ne le sont pas de manière suffisamment automatique pour justifier le glissement de l'un à l'autre. Le même article prévoit une possibilité d'extension à d'autres matières que celles

---

[19] Règlement d'exécution (UE) 2021/1079 de la Commission du 24 juin 2021 établissant les modalités d'application de certaines dispositions du règlement (UE) 2019/880 du Parlement européen et du Conseil concernant l'introduction et l'importation de biens culturels, *JO L* 234 du 2 juil. 2021, pp. 67-89.

[20] Communication de la Commission du 13 déc. 2022 au Parlement européen, au Conseil, au Comité économique et social européen et au Comité des régions, *Plan d'action de l'UE pour lutter contre le trafic des biens culturels*, *op. cit.*

[21] Règlement (CE) 1210/2003 du Conseil du 7 juil. 2003 concernant certaines restrictions spécifiques applicables aux relations économiques et financières avec l'Iraq et abrogeant le règlement (CE) 2465/1996 du Conseil, *op. cit.*

[22] Règlement (UE) 36/2012 du Conseil du 18 janv. 2012 concernant des mesures restrictives en raison de la situation en Syrie et abrogeant le règlement (UE) 442/2011, *JO L* 16 du 19 janv. 2012, *op. cit.*

[23] L'article 83 TFUE mentionne que « ces domaines de criminalité sont les suivants : le terrorisme, la traite des êtres humains et l'exploitation sexuelle des femmes et des enfants, le trafic illicite de drogues, le trafic illicite d'armes, le blanchiment d'argent, la corruption, la contrefaçon de moyens de paiement, la criminalité informatique et la criminalité organisée ».

[24] Voir *supra.*

mentionnées, mais sur le fondement d'une décision prise par le Conseil à l'unanimité et après approbation du Parlement européen. Or, aucune décision n'a été prise concernant le trafic des biens culturels. Ensuite, l'article 83 TFUE n'autorise pas à fonder les textes précédemment mentionnés en ce qu'il ne permet que de s'accorder pour « établir des règles minimales relatives à la définition des infractions pénales et des sanctions ». Aucun de ces règlements ne se limite à l'énonciation des éléments de définition des infractions pénales et des sanctions, puisqu'ils mettent en place des dispositifs substantiels. Par ailleurs, si l'Union possède bien une compétence culturelle avec l'article 167 TFUE, ce n'est qu'une simple compétence d'appui, de coordination et de complément, c'est-à-dire une compétence d'une intensité particulièrement restreinte et qui ne permet que l'adoption d'« actions d'encouragement, à l'exclusion de toute harmonisation des dispositions législatives et réglementaires des États membres ». En résumé, ni l'article 83 TFUE, ni l'article 167 TFUE ne permettent de fonder l'action normative européenne en matière de lutte contre le trafic culturel.

D'ailleurs, ce n'est pas sur ces dispositions que cette action a été bâtie, mais bien plutôt sur un article qui semble posséder essentiellement une visée d'ordre économique et commercial. Le règlement 2019/880[25], le texte fondamental, se fonde en effet sur l'article 207 TFUE relatif à la politique commerciale commune. Le règlement d'exécution 2021/1079[26] repose, conformément aux règles en vigueur, sur le texte d'où il est tiré à savoir le règlement 2019/880. Les deux textes, ponctuels, relatifs à la Syrie et à l'Irak, sont basés quant à eux sur l'actuel article 215 TFUE relatif aux mesures restrictives adoptées dans le cadre de l'action extérieure de l'Union. En d'autres termes, aucun des textes qui nous intéressent ici ne trouve son fondement dans des dispositions qui présentent un lien direct avec son objet et qui, pour le texte le plus important, sont d'ordre commercial. C'est pour le moins assez étrange, il faut bien en convenir. Ce n'est cependant pas une nouveauté. Cette manière de faire avait déjà été

---

25 Règlement (UE) 2019/880 du Parlement européen et du Conseil du 17 avr. 2019 concernant l'introduction et l'importation de biens culturels, *op. cit.*

26 Règlement d'exécution (UE) 2021/1079 de la Commission du 24 juin 2021 établissant les modalités d'application de certaines dispositions du règlement (UE) 2019/880 du Parlement européen et du Conseil concernant l'introduction et l'importation de biens culturels, *op. cit.*

employée avec les textes relatifs à la protection des trésors nationaux des États membres. Ainsi, le règlement 116/2009[27] qui permet de contrôler leur exportation à l'extérieur du territoire européen prend appui lui aussi sur l'article 207 TFUE. La directive 2014/60[28] qui instaure des procédures de restitutions des trésors nationaux entre États membres est quant à elle fondée sur l'article 114 TFUE consacré à l'adoption de mesures de rapprochement des règles nationales qui ont pour objet l'établissement et le fonctionnement du marché intérieur.

Certes l'inusable citation de Jean Giraudoux dans la *Guerre de Troie n'aura pas lieu* nous rappelle « le droit est la plus puissante des écoles de l'imagination »[29]. Mais, s'ils sont imaginatifs, les juristes sont aussi supposés être des gens sérieux. Dès lors, comment expliquer une telle situation ? L'argument selon lequel nécessité fait loi peut bien sûr être reçu. La volonté politique d'abord de protéger les trésors nationaux et, par la suite, de lutter contre le trafic des biens culturels en général ou encore les impératifs des relations extérieures peuvent expliquer que, face à une absence de fondement dédié, les institutions et au premier rang desquelles le Conseil et donc les États, ayant la volonté d'agir, ont généré ces constructions qu'un regard peu habitué aux usages et logiques de l'Union européenne peut juger pour le moins baroque. L'argument de la volonté politique n'est toutefois pas suffisant car les choix opérés doivent aussi répondre à des exigences de rigueur juridique. Autrement dit, si l'imagination des juristes alliée à la volonté politique peut bien des choses, elle ne peut pas tout. L'Union est en effet régie par le principe d'attribution en vertu duquel et selon les termes de l'article 5 paragraphe 2 TFUE « elle n'agit que dans les limites des compétences que les États membres lui ont attribuées dans les traités pour atteindre les objectifs que ces traités établissent. Toute compétence non attribuée à l'Union dans les traités appartient aux États membres ».

---

[27] Règlement (CE) 116/2009 du Conseil du 18 déc. 2008 concernant l'exportation de biens culturels, *op. cit.*

[28] Directive 2014/60/UE du Parlement européen et du Conseil du 15 mai 2014 relative à la restitution de biens culturels ayant quitté illicitement le territoire d'un État membre, *op. cit.*

[29] Jean Giraudoux, *La Guerre de Troie n'aura pas lieu*, édition consultée : Le livre de Poche, Paris, 1991, p. 120, Acte II, Scène 5.

Ce principe apparaît à première vue comme un obstacle à la possibilité d'adopter les textes visés précédemment… bien qu'ils aient pourtant été adoptés. Cette situation s'explique dans la mesure où l'étendue des compétences dont dispose l'Union est dépendante d'un second facteur : le champ d'application matériel des compétences elles-mêmes. Un simple exemple, classique au demeurant et touchant directement les biens culturels, permettra d'expliquer et d'illustrer cette affirmation. Depuis sa création avec l'un des deux traités de Rome de 1957, la Communauté économique européenne est compétente en matière de libre circulation des marchandises. C'est la Cour qui va préciser le contenu de la notion de marchandises avec son célèbre arrêt dit *œuvre d'art* du 10 décembre 1968[30] et dans lequel, elle va considérer que sont des marchandises tous les produits appréciables en argent et susceptibles comme tels de faire l'objet de transaction commerciale. Répondant à la question qui lui avait été posée et appliquant cette définition, la juridiction européenne va juger que les biens culturels sont des marchandises au sens du traité. Peu importe que la Communauté dispose ou non d'une compétence culturelle, dont elle a d'ailleurs été dépourvue jusqu'au Traité de Maastricht. Cette intégration des biens culturels dans le champ d'application matériel du droit du marché intérieur a pour conséquence logique de faire entrer ces derniers dans le champ de compétence communautaire (et donc, présentement, celui de l'Union européenne).

Cette intégration des biens culturels entraîne de nombreuses conséquences. La première, bien entendu, c'est que l'interdiction des entraves inhérentes à la libre circulation des marchandises leur est applicable. Cela dit, ce n'est pas la conséquence la plus importante.

La deuxième conséquence, c'est que, sur le fondement de l'article 114 TFUE (ou des versions antérieures de cette disposition), l'Union peut adopter des mesures d'harmonisation si celles-ci ont pour objet l'établissement et le fonctionnement du marché intérieur. Ces notions ont été entendues de manière compréhensive par la jurisprudence qui considère que les mesures adoptées sur le fondement de cet article peuvent tout à fait poursuivre des objectifs totalement différents d'une

---

[30] CJCE, 10 déc. 1968, *Commission c./ Italie*, aff. 7/68, *Rec.* 1968, p. 617.

libéralisation des échanges[31], la seule limite en la matière étant que l'Union n'interdise pas totalement le commerce[32] dans le domaine visé par une mesure fondée sur l'article 114 TFUE. Autrement dit, ce dernier permet d'adopter des mesures de régulation poursuivant des objectifs d'intérêt général et pouvant tout à fait passer par des entraves ou des limitations aux échanges. Il n'est d'ailleurs pas sans intérêt de noter qu'avec cette jurisprudence, la Cour consacre l'idée selon laquelle le marché intérieur ne se réduit pas à un espace de libéralisation entre les États membres, mais constitue aussi, et en pratique de manière largement principale, un espace de régulation des forces du marché. Cette jurisprudence explique que la directive 2014/60 et sa version antérieure aient été fondées sur l'article 114 TFE (ou, là aussi, les versions précédentes de ce dernier).

Troisième conséquence : cette intégration des biens culturels dans le champ d'application matérielle du droit du marché intérieur vaut également pour le versant extérieur de celui-ci. C'est-à-dire que les biens culturels, là aussi en tant que marchandises, entrent dans le domaine de la politique commerciale extérieure et donc dans le spectre de l'actuel article 207 TFUE. En conséquence, il en résulte également la possibilité pour les institutions d'adopter des mesures d'ordre général. C'est ce qui explique que le règlement 2019/880 soit précisément fondé sur cette disposition.

Dans le même ordre d'idée et parce que le commerce des biens culturels comporte une dimension économique, il est dès lors parfaitement possible d'adopter des mesures les concernant dans le cadre des sanctions économiques au nom de la politique étrangère et de sécurité commune prises sur le fondement de l'article 215 TFUE. Rappelons que ce dernier autorise des mesures prévoyant l'interruption ou la réduction, en tout ou en partie, des relations économiques et financières avec un ou plusieurs pays tiers[33].

---

31 CJUE, 4 mai 2016, *Philipp Morris*, 547/14. Par exemple, une mesure fondée sur l'article 114 TFUE peut poursuivre des objectifs de santé publique (CJUE, 4 mai 2016, *Philipp Morris*, 547/14) ou de sécurité publique (CJUE, 3 déc. 2019, *République tchèque c./ PE*, Conseil de l'UE, aff. 482/17).

32 CJCE, 5 oct. 2000, *République fédérale d'Allemagne c/ Parlement européen et Conseil*, C-316/98.

33 L'article 215 TFUE paragraphe 1 indique que « 1. Lorsqu'une décision, adoptée conformément au chapitre 2 du titre V du traité sur l'Union européenne, prévoit l'interruption ou la réduction, en tout ou en partie, des relations économiques et financières avec un ou plusieurs pays tiers, le Conseil, statuant à la majorité qualifiée, sur

Si cet aspect ne peut être développé ici, car ce n'est pas l'objet de cette contribution, car ce n'est pas l'objet de cette contribution, il importe tout de même de remarquer que, par la jurisprudence qui vient d'être décrite et par les conséquences que l'Union en tire pour son action, cela implique une instrumentalisation de l'économie et du libéralisme économique à d'autres fins et, plus précisément, à des finalités non économiques (ici la protection des biens culturels et, secondairement, la lutte contre le terrorisme) et ce, grâce à des mesures qui peuvent relever de l'inverse d'une logique de libéralisation des échanges, comme c'est le cas ici, puisqu'il est question de contrôler et parfois d'interdire les échanges.

Il reste à aborder le plan d'action pour lutter contre le trafic des biens culturels proposé par la Commission européenne dans sa communication du 13 décembre 2022[34]. Compte tenu de la nature non normative et propositionnelle de l'acte, ce dernier ne nécessite aucun fondement juridique particulier. Sur le fond, il s'agit de formuler un ensemble de propositions dans un même acte afin de leur donner une cohérence et de dessiner une action européenne structurée. Le plan rassemble dans un même texte des instruments déjà existants, notamment ceux déjà mentionnés auparavant, ainsi que les règles européennes en matière de blanchiment des capitaux et de lutte contre le terrorisme en matière de lutte contre le trafic des biens culturels. Il énonce également un ensemble de recommandations à destination des États ou de propositions de renforcement de la coopération internationale avec des États tiers et des organisations européennes et internationales. En agrégeant dans un même document un ensemble d'éléments épars préexistants et des propositions, la Commission offre une unité, une identité et une visibilité à un ensemble d'actions. C'est une manière assez classique pour l'Union européenne de mobiliser ses instruments au service du développement d'une action qui ne bénéficie pas d'un fondement spécifique. C'est aussi une manière d'accroître l'action de l'Union européenne sans violer le principe

---

proposition conjointe du haut représentant de l'Union pour les affaires étrangères et la politique de sécurité et de la Commission, adopte les mesures nécessaires. Il en informe le Parlement européen ».

[34] Communication de la Commission du 13 déc. 2022 au Parlement européen, au Conseil, au Comité économique et social européen et au Comité des régions, *Plan d'action de l'UE pour lutter contre le trafic des biens culturels*, COM (2022) 800 final.

d'attribution des compétences, mais sans pour autant se laisser limiter par celui-ci.

Il ressort des différents éléments examinés que, si l'Union ne dispose pas d'une compétence spécifique en matière de lutte contre le trafic des biens culturels, elle n'est pas pour autant juridiquement empêchée d'agir, à condition bien entendu qu'il y ait une volonté d'action, ce qui est le cas en l'espèce. Comme le montre l'exemple de la libre circulation des marchandises et plus précisément des biens culturels, la détermination par la jurisprudence du champ d'application matérielle des compétences dévolues de l'Union permet de dépasser une application du principe d'attribution qui, trop étroite, condamnerait l'Union à l'impuissance. La jurisprudence compréhensive de la Cour à propos de l'article 114 TFUE et la mise en œuvre de l'article 207 TFUE constituent le second pilier de ce dépassement.

L'ensemble des actes adoptés témoignent d'une forte volonté des institutions (et donc aussi, des États) d'entreprendre une action d'envergure dans la lutte contre le trafic des biens culturels, action qu'il convient désormais de présenter.

II. Le contenu de l'action de l'Union européenne de lutte contre le trafic des biens culturels : la mise en place d'un véritable système européen de contrôle des importations des biens culturels

Le propos se centrera pour l'essentiel sur l'instrument principal adopté par l'Union européenne à savoir le règlement 2019/880 du 17 avril 2019[35] ainsi que son règlement d'exécution 2021/79 du 24 juin 2021[36]. Le règlement constitue le premier et pour l'instant le seul instrument normatif européen général exclusivement dédié à la lutte contre le trafic des biens culturels et, en outre, il a été peu étudié jusqu'ici. Le plan d'action est loin d'être sans intérêt, mais il sera cependant mis de côté, à la fois pour des

[35] Règlement (UE) 2019/880 du Parlement européen et du Conseil du 17 avr. 2019 concernant l'introduction et l'importation de biens culturels, *op. cit.*

[36] Règlement d'exécution (UE) 2021/1079 de la Commission du 24 juin 2021 établissant les modalités d'application de certaines dispositions du règlement (UE) 2019/880 du Parlement européen et du Conseil concernant l'introduction et l'importation de biens culturels, *op. cit.*

questions d'espace imparti, mais également en ce qu'il se focalise, bien que ne s'y limitant pas, sur les deux règlements[37]. L'optique ici choisie est donc résolument normative.

Le règlement du 17 avril 2019 repose sur la nécessité d'uniformiser les contrôles aux frontières extérieures de l'Union européenne afin de lutter de manière efficace contre le trafic d'un ensemble de biens culturels considérés sensibles et les plus à même de faire l'objet de pillages, c'est-à-dire notamment des objets archéologiques et des éléments de monuments. Concrètement, c'est effectivement ce type de biens dont le terrorisme islamiste s'était emparé à l'époque où Daech disposait d'une assise territoriale. Rappelons toutefois que le texte a une visée plus globale puisqu'il ambitionne de lutter contre le trafic des biens culturels en général.

Les contrôles prévus par le texte s'appliquent en cas d'importation, notion qui est définie aux termes de l'article 2 paragraphe 3 comme recoupant l'une des hypothèses suivantes : le bien est mis en libre pratique ou il entre dans un des régimes particuliers suivants : stockage dans un entrepôt douanier ou des zones franches, admission temporaire, destination particulière ou perfectionnement actif[38].

Le système mis en place par le règlement 2019/880 pour contrôler les importations repose sur trois types de mécanismes.

Le premier est un principe d'interdiction générale des importations pour plusieurs catégories de biens listées à l'annexe A du règlement, liste reproduite en note de bas de page[39]. La liste des biens visés à l'annexe A

---

[37] Il leur agrège des éléments déjà existants comme les instruments en matière de lutte contre le blanchiment des capitaux et de lutte contre le terrorisme et formule un ensemble de propositions.

[38] Ces régimes sont définis dans le règlement (UE) 952/2013 du Parlement européen et du Conseil du 9 oct. 2013 établissant le code des douanes de l'Union, *JO L* 269 du 10 oct. 2013, pp. 1-101.

[39] Biens listés à l'annexe A du règlement : a) collections et spécimens rares de zoologie, de botanique, de minéralogie et d'anatomie, et objets présentant un intérêt paléontologique ; b) biens concernant l'histoire, y compris l'histoire des sciences et des techniques, l'histoire militaire et sociale ainsi que la vie des dirigeants, penseurs, savants et artistes nationaux, et les événements d'importance nationale ; c) produit de fouilles archéologiques (régulières et clandestines) et des découvertes archéologiques terrestres ou sous-marines ; d) éléments provenant du démembrement de monuments artistiques ou historiques et des sites archéologiques ; e) objets d'antiquité ayant plus de cent ans d'âge, tels qu'inscriptions, monnaies et sceaux gravés ; f) matériel ethnologique ; g) biens

reprend celle présente à l'article 1er de la Convention UNESCO du 14 novembre 1970 concernant les mesures à prendre pour interdire et empêcher l'importation, l'exportation et le transfert de propriété illicites des biens culturels ainsi qu'à l'annexe de la convention d'Unidroit du 24 juin 1995 sur les biens culturels volés ou illicitement exportés. Comme l'indique le septième considérant du règlement, de nombreux États tiers et la majorité des États membres sont familiarisés avec ces conventions. Dès lors, cette reprise constitue un facteur d'efficacité du texte puisqu'en matière de lutte contre le trafic des biens culturels s'accorder sur ce qui doit être protégé est fondamental.

L'article 3 paragraphe 1 prévoit que les biens de l'annexe A ne peuvent entrer sur le territoire de l'Union que s'ils n'ont pas été exportés du pays dans lequel ils ont été créés ou découverts conformément aux dispositions législatives et réglementaires dudit pays. Autrement dit, par exemple, des biens issus de fouilles interdites ou encore des biens issus de fouilles légales, mais dont le contenu des fouilles appartient de droit aux autorités publiques ne pourront pas être introduits dans l'Union européenne. Il appartiendra donc à l'exportateur de démontrer que la sortie du pays d'origine est bien conforme aux dispositions législatives et réglementaires du pays et, le cas échéant, aux autorités douanières d'entreprendre toute action afin d'opérer les vérifications nécessaires, notamment auprès des autorités culturelles. Cela implique également, et ce n'est pas une tâche nécessairement aisée, de déterminer le pays d'origine réel du bien dont l'introduction est sollicitée.

Il importe de noter que ce mécanisme permet à l'État de provenance de refuser toute importation vers l'Union européenne. Par exemple, les États d'Amérique du Sud considèrent généralement que toute exportation de biens archéologiques ou tout bien déjà exporté, y compris depuis

---

d'intérêt artistique, tels que tableaux, peintures et dessins faits entièrement à la main sur tout support et en toutes matières (à l'exclusion des dessins industriels et des articles manufacturés décorés à la main), productions originales de l'art statuaire et de la sculpture, en toutes matières, gravures, estampes et lithographies originales, assemblages et montages artistiques originaux, en toutes matières ; h) manuscrits rares et incunables ; i) livres, documents et publications anciens d'intérêt spécial (historique, artistique, scientifique, littéraire, etc.), isolés ou en collections ; j) timbres-poste, timbres fiscaux et analogues, isolés ou en collections ; k) archives, y compris les archives phonographiques, photographiques et cinématographiques ; l) objets d'ameublement ayant plus de cent ans d'âge et instruments de musique anciens.

longtemps, depuis leur territoire sont frappés d'illégalité. Ils pourront donc s'opposer à toutes les importations de ces biens sur le territoire de l'Union européenne. Ce pouvoir donné aux États n'est pas sans poser problème pour le marché de l'art dans un texte qui apparaît principalement centré sur des questions douanières. En effet, le système découlant de l'article 3 paragraphe 1 permet à un État d'affirmer qu'un bien dont la présence sur le marché de l'art pouvait pourtant être légale ne l'est tout simplement plus. Il est évident que se livrer à des contrôles sur la légalité des positions avancées par des autorités publiques d'États tiers qui, compte tenu du contexte, ne seront pas promptes à coopérer constituera un exercice pour le moins difficile et chronophage et qui, à ce titre, risque d'être peu entrepris. De telles pratiques étatiques peuvent ainsi conduire à un assèchement de certains biens sur le territoire de l'Union européenne au bénéfice du marché de l'art d'un État proche et auparavant membre de l'Union européenne qui lui n'appliquera pas une politique aussi stricte[40]. Ainsi, il est malheureusement probable que les antiquités précolombiennes qui étaient un point fort du marché français finissent par franchir la Manche ou par se vendre ailleurs.

Le deuxième mécanisme du règlement 2019/880 repose sur une demande de licence d'importation auprès des autorités compétentes de l'État membre dans lequel le bien est importé. Si elle est délivrée, la licence est valable dans l'ensemble de l'Union. Ce deuxième mécanisme s'applique aux biens listés dans l'annexe B, c'est-à-dire les produits de fouilles ou de découvertes archéologiques de plus de 250 ans ainsi que pour les éléments provenant du démembrement de monuments artistiques ou historiques et des sites archéologiques également âgés de plus de 250 ans.

L'article 4 du règlement 2019/880, et plus encore le chapitre III du règlement d'exécution 2021/79, précisent les modalités de mise en œuvre de ce système de licence. La lectrice ou le lecteur est invité à se reporter directement au texte afin d'en avoir le détail. Il est permis ici de se contenter d'indiquer que la licence est délivrée par les autorités compétentes, à savoir le plus souvent culturelles, de l'État membre dans

[40] Ces conséquences prévisibles, défavorables au marché de l'art européen, auxquelles l'auteur adhère pleinement, ont été formulées par Madame Claire Chastanier, adjointe au sous-directeur des collections du service des musées de France au ministère de la Culture, à l'occasion d'un entretien.

lequel les biens culturels sont importés. La demande doit être accompagnée des pièces justificatives et des informations attestant que le bien culturel en question a été légalement exporté depuis le pays d'origine ou le dernier pays dans lequel le bien a été situé pendant au moins une durée de cinq ans. Cette seconde hypothèse est cependant réservée au cas où le pays dans lequel le bien culturel a été créé ou découvert ne peut être déterminé de manière fiable ou lorsque ce bien est sorti du pays d'origine avant l'entrée en vigueur au plan mondial de la convention UNESCO du 14 novembre 1970, c'est-à-dire avant le 24 avril 1972. La réponse de l'autorité compétente pour accepter ou refuser la licence est enfermée dans un délai de 90 jours à compter de la réception de la demande complète.

Le troisième et dernier mécanisme consiste dans une déclaration de l'importateur lorsqu'il veut faire entrer un bien relevant de l'annexe C, annexe qui utilise de manière cumulative des critères liés à la nature des biens[41], à leur ancienneté (supérieure à 200 ans) et à leur valeur pécuniaire (supérieure à 18 000 euros par pièce). La demande est présentée aux autorités compétentes de l'État membre d'introduction qui doit comprendre un ensemble d'éléments précisés par l'article 5 du règlement 2019/880 et le chapitre IV du règlement d'exécution 2021/10 79. En substance, la déclaration doit comprendre un document standardisé dont le modèle est annexé au règlement d'exécution et qui décrit le bien de manière détaillée. Elle doit également comprendre une déclaration de l'importateur selon laquelle les biens ont été exportés depuis le pays où ils ont été découverts ou créés conformément aux règles de ce dernier. Comme pour la demande de licence et dans les mêmes conditions, il est possible de se fonder non pas sur la législation du pays de

---

[41] À savoir : a) collections et spécimens rares de zoologie, de botanique, de minéralogie et d'anatomie, et objets présentant un intérêt paléontologique ; b) biens concernant l'histoire, y compris l'histoire des sciences et des techniques, l'histoire militaire et sociale ainsi que la vie des dirigeants, penseurs, savants et artistes nationaux, et les événements d'importance nationale ; c) objets d'antiquité, tels qu'inscriptions, monnaies et sceaux gravés ; d) matériel ethnologique ; e) biens d'intérêt artistique, tels que tableaux, peintures et dessins faits entièrement à la main sur tout support et en toutes matières (à l'exclusion des dessins industriels et des articles manufacturés décorés à la main) ; productions originales de l'art statuaire et de la sculpture, en toutes matières ; gravures, estampes et lithographies originales ; assemblages et montages artistiques originaux, en toutes matières ; manuscrits rares et incunables ; livres, documents et publications anciens d'intérêt spécial (historique, artistique, scientifique, littéraire, etc.), isolés ou en collections.

provenance, mais sur celle de l'État où le bien a été situé pendant cinq années.

Le règlement prévoit trois hypothèses dans lesquelles la licence ou la demande d'importation ne sont pas exigées. Dans chacune des hypothèses, une description normalisée du bien doit cependant être fournie et a vocation à entrer dans le système électronique consacré à l'importation des biens culturels afin d'assurer la traçabilité du bien visé[42].

La première concerne les marchandises au sens de l'article 203 du règlement 952/2013, c'est-à-dire les marchandises non Union qui, après avoir été initialement exportées en tant que marchandises de l'Union hors du territoire douanier de l'Union, y sont réintroduites dans un délai de trois ans et déclarées pour la mise en libre pratique.

La deuxième concerne les biens importés par des autorités publiques dans le but exclusif de conserver ces biens, puis de les rendre une fois que la situation le permet. Ce système des refuges est détaillé par l'article 2 du règlement d'exécution. Il s'agit d'installations de stockage sécurisées situées sur le territoire douanier de l'Union destinées à la conservation de biens culturels importants et exposés à une menace grave et imminente de destruction ou de perte s'ils devaient rester à leur emplacement actuel. Ces refuges ne sont pas sans rappeler certains mécanismes de protection mis en place dans la Convention de La Haye du 14 mai 1954 pour la protection des biens culturels en cas de conflit armé. Ici cependant, leur mise en œuvre n'est pas conditionnée à l'existence d'un conflit armé. Ce type de mécanisme constitue une indication supplémentaire de la volonté de l'Union européenne d'être perçue comme une instance protectrice du patrimoine culturel mondial.

Se trouve également dispensée de licence ou de déclaration, l'admission temporaire de biens culturels à des fins pédagogiques, scientifiques ou de recherche. Les cas concernés sont détaillés par l'article 3 du règlement d'exécution. Par exemple, les prêts temporaires pour l'organisation d'exposition par des musées ou des institutions similaires n'impliquent aucune demande de licence ou de dépôt de déclaration.

Enfin, lorsque le bien culturel est destiné à être présenté dans une foire commerciale d'art et se situe en conséquence sous le régime de l'admission

42 Voir *infra*.

temporaire, seule une déclaration de l'importateur est demandée. La notion de foire commerciale est définie par l'article 5 du règlement d'exécution.

Pour assurer l'efficacité du système de licence et de déclaration à l'échelle européenne, le règlement prévoit la mise en place d'un système électronique centralisé à l'échelle de l'Union européenne, le système ICG que la Commission est chargée de développer. C'est un aspect fondamental du texte. Il assurera l'interconnexion entre les systèmes douaniers nationaux, contribuera fortement à éviter des fraudes et en pratique offrira une dimension véritablement européenne à la mise en œuvre des mécanismes de contrôle prévus par le règlement 2019/880. Ce système doit être mis en place au plus tard cinq ans après l'entrée en vigueur du règlement 2019/880. Toutes les déclarations, licences et descriptions[43], seront entrées dans ce système, avec un identifiant dit *EORI* pour chaque importateur. Toutes les notices seront accessibles aux autorités douanières nationales ainsi qu'aux autorités compétentes ayant fait l'objet d'une décision dédiée. L'importateur du bien pourra lui consulter la notice de celui-ci.

Le contrôle du respect des règles européennes contenues dans les règlements 2019/880 et 2021/79 par les importateurs relève des autorités douanières nationales. De fait, le principe d'interdiction d'importation des biens classés dans l'annexe A semble impliquer un contrôle automatique concernant ces derniers, mais se concrétise plutôt par une approche ciblée. Il est clair qu'un tel choix peut impliquer un surcroît important de travail pour les douanes des États membres dont le marché de l'art est important et donc, en pratique, principalement pour les services français. Reste à espérer que la lourdeur de ces nouvelles tâches, y compris des vérifications nécessaires avant la délivrance des licences par les autorités culturelles, n'entrave pas leur efficacité[44].

---

[43] Rappelons que, lorsqu'un bien doit en principe faire l'objet d'une licence ou d'une déclaration, il peut en être dispensé du fait d'une des trois hypothèses spécifiques présentées auparavant (par exemple l'usage du bien à des fins pédagogiques, scientifiques ou de recherche).

[44] Ces derniers points ont également été mis en avant par Madame Claire Chastanier, adjointe au sous-directeur des collections du service des musées de France au ministère de la Culture, à l'occasion d'un entretien.

Pour les biens soumis à licence ou déclaration, la marge de manœuvre nationale apparaît plus ouverte, sous réserve bien entendu du respect de l'effectivité de la règle européenne. Les douanes françaises indiquent sur leur site[45] que pour l'importation ou l'introduction de biens culturels, des contrôles douaniers non systématiques sont réalisés notamment sur la base d'un ciblage et d'une analyse de risque et que des contrôles *a posteriori* peuvent être diligentés par les services d'enquêtes douanières ou lors de contrôles à la circulation. Comme c'est généralement le cas dans l'ordre juridique de l'Union, les sanctions aux violations du règlement sont déterminées par les États sous réserve qu'elles soient, selon la formule habituelle, effectives, proportionnelles et dissuasives. Les sanctions mises en place doivent être communiquées à la Commission. En France, les sanctions encourues sont détaillées par l'article 414 du code des douanes[46].

Avec le règlement 2019/880 et son acte d'exécution, l'Union s'est dotée d'un instrument ambitieux, quoique non exempt de critiques, en matière de lutte contre le trafic des biens culturels, ce qui contribue à renforcer l'intégration européenne sur un pan qu'elle n'avait pas investi jusqu'ici. L'adoption par la Commission le 13 décembre 2022 du programme

---

[45] https://www.douane.gouv.fr/sites/default/files/2023-05/17/biens-culturels-reglementation-europeenne-applicable-a-l-introduction-et-a-l-importation.pdf, consulté le 21 janv. 2024.

[46] L'article 414 du code des douanes dispose que « sont passibles d'un emprisonnement de trois ans, de la confiscation de l'objet de fraude, de la confiscation des moyens de transport, de la confiscation des objets servant à masquer la fraude, de la confiscation des biens qui ont servi à commettre l'infraction ou qui étaient destinés à la commettre et dont l'auteur de l'infraction est propriétaire ou, sous réserve des droits du propriétaire de bonne foi, dont il a la libre disposition, de la confiscation des biens et avoirs qui sont le produit direct ou indirect de l'infraction et d'une amende comprise entre une et deux fois la valeur de l'objet de fraude, tout fait de contrebande ainsi que tout fait d'importation ou d'exportation sans déclaration lorsque ces infractions se rapportent à des marchandises de la catégorie de celles qui sont prohibées au sens du présent code ou aux produits du tabac manufacturé.
La peine d'emprisonnement est portée à une durée maximale de cinq ans et l'amende peut aller jusqu'à trois fois la valeur de l'objet de fraude lorsque les faits de contrebande, d'importation ou d'exportation portent sur des biens à double usage, civil et militaire, dont la circulation est soumise à restriction par la réglementation européenne.
La peine d'emprisonnement est portée à une durée de dix ans et l'amende peut aller jusqu'à dix fois la valeur de l'objet de la fraude soit lorsque les faits de contrebande, d'importation ou d'exportation portent sur des marchandises dangereuses pour la santé, la moralité ou la sécurité publiques, dont la liste est fixée par arrêté du ministre chargé des douanes, soit lorsqu'ils sont commis en bande organisée ».

d'action[47] atteste de la volonté des instances européennes de s'attaquer de manière globale aux problèmes posés par le trafic des biens culturels et de faire de l'Union un acteur important en la matière. Toutefois, comme c'est généralement le cas, ce système européen passe aussi par une mise en relation des systèmes nationaux, de sorte que, si les règles sont bien européennes, l'action reste également nationale. C'est ici un paradigme classique de la construction européenne. De la même manière, le choix du fondement juridique, aussi étonnant qu'il puisse paraître à des regards extérieurs, obéit aussi à un schéma déjà pratiqué à plusieurs reprises. En résumé, c'est en empruntant des manières de faire bien rodées et qui sont finalement caractéristiques du fonctionnalisme que l'Union européenne investit un nouveau domaine, et investir un nouveau domaine est aussi une des expressions du fonctionnalisme européen.

[47] Communication de la Commission du 13 déc. 2022 au Parlement européen, au Conseil, au Comité économique et social européen et au Comité des régions, *Plan d'action de l'UE pour lutter contre le trafic des biens culturels*, *op. cit.*

Perspectives inter- et transdisciplinaires sur la provenance des biens culturels et le numérique

Antoinette Maget Dominicé[1]

Professeure ordinaire en droit de l'art et Directrice du centre du droit de l'art
Université de Genève

Ces dernières années ont vu, au plus tard depuis l'adoption des principes de Washington en 1998[2], un développement exponentiel des recherches autour de la provenance des biens culturels. Ces travaux visent à reconstituer la chaîne des changements dans la possession et la propriété de biens culturels, idéalement depuis leur création ou, à tout le moins, du contexte de leur découverte, jusqu'à leur situation actuelle ou dernièrement connue.

Le sujet est abordé par des personnes issues d'horizons divers, formées en histoire de l'art, en droit, en archéologie ou en anthropologie, mais également en judaïstique, en histoire ou en archivistique. Cette variété des profils se reflète également dans la diversité des programmes de formation offerts dans les universités.

Par ailleurs, à un champ de recherche assez strictement limité aux biens culturels spoliés, confisqués, déplacés ou disparus durant la Seconde Guerre mondiale, se sont ajoutés les déplacements que l'on pourrait qualifier « d'historiques »[3], les contextes coloniaux, avec un fort accent

---

1 antoinette.maget@unige.ch. L'auteure remercie tout particulièrement Ricarda Vollmer, BA (LMU Munich) pour son aide dans la documentation, la rédaction et la mise en forme de ce texte ainsi que Moises Palacios Paredes (UNIGE/CDA) pour la relecture. Les ressources numériques ont été consultées la dernière fois le 9 janvier 2024.

2 *Washington Conference Principles on Nazi-Confiscated Art, released in connection with The Washington Conference on Holocaust Era Assets, Washington, DC, December 3, 1998*, https://www.state.gov/washington-conference-principles-on-nazi-confiscated-art/.

3 Voir notamment Bénédicte Savoy, *Patrimoine annexé. Les biens culturels saisis par la France en Allemagne autour de 1800*, 2 volumes, Paris, Éditions de la Maison des Sciences de l'Homme 2003 ; Xavier Perrot, *La restitution internationale des biens culturels aux XIX*^e^ *et XIX*^e^ *siècles. Espace d'origine, intégrité et droit*, Thèse, Université de Limoges, 2005.

porté sur l'Afrique subsaharienne,[4] et les contextes de successions d'États[5], tout particulièrement dans la zone s'étant trouvée sous influence de l'URSS[6]. On constate également une catégorisation des intérêts suivant le cadre des travaux de recherche. Ceux menés dans les collections publiques occidentales sont, pour leur grande part, dominés par l'objectif d'identifier les provenances dites « problématiques »[7], afin de chercher à trouver des solutions portées par l'ensemble des parties concernées[8]. À cette extension en matière de contextes et d'objectifs s'ajoute un développement des outils et des méthodes. Ceux-ci ouvrent de nouvelles perspectives en matière de recherche, de documentation et de communication. Les ressources numériques en font partie ; elles soulèvent par ailleurs de nouveaux questionnements.

Il s'agira ici d'aborder le développement des outils numériques en matière de recherche de provenance (**I**), pour présenter ensuite quelques exemples (**II**) et en analyser les dynamiques dans les différentes disciplines, mouvements qui pourraient ouvrir de nouvelles perspectives (**III**).

I. Infrastructures

Cette évolution des travaux autour de la trajectoire des biens culturels prend place dans un cadre lié à la mondialisation, ce phénomène de représentation des choses qui appelle à « faire monde » et qui saisit

---

4 Felwine Sarr et Bénédicte Savoy, *Rapport sur la restitution du patrimoine culturel africain. Vers une nouvelle éthique relationnelle*, Paris 2018.

5 Andrzej Jakubowski, *State Succession in Cultural Property*, Oxford: Oxford University Press 2015; Yves Huguenin-Bergerat, *Kulturgüter bei Staatensukzession. Die internationalen Verträge Österreichs nach dem Zerfall der österreichisch-ungarischen Monarchie im Spiegel des aktuellen Völkerrechts*, Berlin/New York: DeGruyter 2010.

6 Mathias Deinert, Uwe Hartmann et Gilbert Lupfer (ed.), *Enteignet, entzogen, verkauft: Zur Aufarbeitung der Kulturgutverluste in SBZ und DDR*, Berlin/New York, De Gruyter 2022.

7 Voir sur cette notion le *Rapport explicatif pour la procédure de consultation du Message concernant l'encouragement de la culture pour la période 2025-2028 (Message culture 2025-2028)*, Berne 9 juin 2023, pp. 19 et 56-57.

8 Plus encore que l'harmonie et l'unité dans la société, c'est l'objectif de l'équité entre les parties qui semble aujourd'hui dominer. Voir Xavier Perrot, « Actualité juridique d'une criminalité de guerre. Les restitutions de biens culturels spoliés en France entre 1940 et 1945 », *Tribonien* 6, 2021, pp. 152-171, spec. p. 161.

différents aspects de la vie des personnes et des sociétés qu'elles composent[9].

En matière de patrimoine culturel, dans le contexte de la mondialisation naissante au début du XIXe siècle, on constate un lien étroit entre trajectoires de biens culturels et infrastructures. Le développement de l'emprise territoriale occidentale au XIXe siècle s'accompagne de la densification des réseaux analogues. On pense évidemment ici aux réseaux de chemin de fer, mais ce sont également les nouvelles voies d'eau et les ports, les routes ou encore le réseau télégraphique qui matérialisent les interactions entre les différentes zones du globe[10]. Puis, dès 1989 et le lancement du *world wide web*, les structures numériques permettent le développement de nouvelles infrastructures et la densification des réseaux, en combinant les dimensions matérielles et immatérielles[11]. Internet en tant que réseau, compris comme l'ensemble des serveurs, câbles, relais et terminaux tels que des ordinateurs, et l'affinement du numérique en tant qu'outil, par la multitude de mises à disposition de données, la rapidité de leur échange, les opportunités d'interaction et les possibilités de leur visualisation, ont suscité de nouveaux élans dans la création, la communication et la recherche[12]. La recherche de provenance trouve à ce moment un nouvel essor. Dans le prolongement des développements modernistes et structuralistes dans les sciences humaines et sociales[13], elle

---

[9] Voir notamment Jürgen Osterhammel et Niels P. Petersson, *Geschichte der Globalisierung. Dimensionen, Prozesse, Epochen*, München, C.H. Beck 2019 ; Olivier Dollfus, *La mondialisation*, Paris, Presses de Sciences Po, 2007.

[10] Voir notamment Roland Wenzelhuemer, *Connecting the Nineteenth-Century World: The Telegraph and Globalization*, Cambridge: Cambridge University Press 2012; critique sur cette approche : voir Jean-Philippe Priotti, « Introduction. Ports, villes-frontières, circulations transatlantiques et identités (XVIIIe-XIXe siècles) », *Revue du Nord*, 2021/2 (n° 439), pp. 213-221, tandis que l'histoire de l'art s'empare de cette approche, voir notamment Arnaud Bertinet, Felicity Bodenstein, Claire Bonnotte Khelil, Zachary Kingdon et Neville Rowley, « Nouveaux départs ? Écrire l'histoire de l'art par ses déplacements », *Perspective* [Online], 1/2022, online le 15 déc. 2022. URL: http://journals.openedition.org/perspective/26553.

[11] James Gillies et Robert Cailliau, *How the Web was Born*, Oxford, Oxford University Press, 2000.

[12] Jean-Marie Guéhenno, *Le premier* XXIe *siècle. De la globalisation à l'émiettement du monde*, Paris, Flammarion 2021, pp. 137-173.

[13] Voir notamment Viccy Coltman, "Material Culture and the History of Art(efacts)", *in* Anne Gerritsen et Giorgio Riello (ed.), *Writing Material Culture History*, London, Bloomsbury, 2015, pp. 31-44; Henrietta Moore, "The problems of origins:

s'affranchit de son rôle de science auxiliaire de l'histoire de l'art et du marché de l'art, où elle contribue dès le XVIIIe siècle à documenter l'authenticité des biens culturels et à influer sur leur valeur marchande[14].

Par ailleurs, le lancement d'un réseau qui permet l'échange d'informations et qui augmente leur accessibilité et leur représentation a lieu l'année de la chute du Mur de Berlin. Ces événements technologiques et géopolitiques entraîneront des modifications importantes dans les modalités de connaissance et d'accès physique à de nombreux fonds d'archives. En matière de recherche de provenance, ces événements sont tous intrinsèquement liés et se combinent aux efforts faits pour la recherche de solutions justes et équitables à la suite des spoliations de biens culturels durant la Seconde Guerre mondiale. Les Américains avaient réalisé à la fin du conflit une documentation des objets déplacés et des personnes impliquées – ces noms que l'on qualifie de *red flags*[15]. Ces listes constituent alors les ressources principales de cette recherche de provenance. On observe le développement d'un travail d'archive, méthodique, fondé essentiellement sur des sources textuelles et visuelles. Les chercheuses et chercheurs plongent à la fin du XXe siècle dans des fonds jusqu'alors inaccessibles[16] et s'emparent des nouveaux outils offerts par le numérique.

La connaissance de la trajectoire des biens culturels, essentiellement sur le territoire européen et dans la partie nord du globe, augmente depuis de façon exponentielle. Les méthodologies s'affinent et les personnes actives dans ce domaine proposent des recommandations en matière de recherche

---

poststructuralism and beyond", *in* Ian Hodder (*et al.*) (ed.), *Interpreting archaeology. Finding meaning in the past*, London/New York, Routledge 1995, pp. 51-53.

14 Sophie Raux, "From Mariette to Joullain. Provenance and Value in Eighteenth-Century French Auction Catalogs", *in* Gail Feigenbaum et Inge Reist (dir.), *Provenance. An alternate history of art*, Los Angeles, Getty Publications 2012, pp. 86-103 ; voir aussi Thomas E. Schmidt, «Verdächtige und authentische Kunst», *Merkur*, vol. 72, 2018, n° 826, pp. 44-53.

15 Voir à ce sujet les rapports de l'unité spécialisée créée par le gouvernement américain en 1944 et en charge de la documentation des spoliations de biens culturels : *Post-War Reports: Art Looting Intelligence Unit (ALIU) Reports 1945-1946 and ALIU Red Flag Names List and Index*, *The Central Registry of Information on Looted Cultural Property 1933-1945*, www.lootedart.com/MVI3RM469661.

16 Ce processus de découverte progressive de nouveaux fonds ne cesse pas, comme le souligne Nicola Doll récemment. Nikola Doll, interview avec Astrid Tomczak-Plewka, « Le vol d'œuvres d'art par les nazis était un élément important du génocide », *Horizons* 134 (sept. 2022), pp. 46-47.

et de présentation des résultats[17]. Cette approche systématique, basée sur un traitement de sources essentiellement écrites, se reflète notamment dans les recommandations de notations des informations liées à la trajectoire de biens culturels. Ceux adoptés en 2018 par l'association allemande en recherche de provenance fonctionnent selon un modèle de renvois à des fonds d'archives[18]. Les activités en lien avec la recherche de provenance sont d'autant plus enclines à se développer de manière concomitante aux outils numériques, en cela que les trajectoires de biens culturels consistent en une succession de données qui peuvent particulièrement profiter d'une représentation numérique. Par ailleurs, la signification politique et sociétale des questions liées à la trajectoire de biens culturels exige une large diffusion des informations, ce que le format numérique doit *prima facie* permettre.

Peu à peu, le potentiel des outils numériques s'impose. En effet, outre l'augmentation de l'accessibilité à des fonds d'archives, dont les catalogues sont numérisés, permettent également la numérisation des ressources et la délimitation d'éléments qualifiés de données. Celles-ci sont, selon les mots de l'historien Daniel Rosenberg dans un article publié en 2013, « ce qui existe avant toute argumentation ou interprétation qui les transforment en faits, en preuves ou en information »[19]. Cette mise en perspective historique met en avant l'organisation qui sous-tend toute mise à disposition de données[20]. Celles-ci servent de base à une argumentation, qui doit être remise en perspective dans le contexte dont provient la donnée[21].

En matière de recherche de provenance, ces données, extraites de sources archivistiques puis liées dans l'espace numérique à des biens culturels,

---

[17] Voir notamment Nancy Yeide, Konstantin Akinsha and Amy Walsh, *AAM Guide to Provenance Research*, Washington DC, American Association of Museums 2001.

[18] Claudia Andratschke *et al.* (ed.), *Leitfaden zur Standardisierung von Provenienzangaben*, Arbeitskreis Provenienzforschunge. V. 2018.

[19] Daniel Rosenberg, "Data before the fact", *in* Lisa Gitelman (ed.), *Raw Data' is an Oxmoron*, Cambridge, MIT Press 2013, pp. 15-40, spec. p. 18 (traduction libre).

[20] Hannah Turner, "Organizing Knowledge in Museums: A Review of Concepts and Concerns", *Knowledge Organization* 44, n° 7 (2017), pp. 472–484, spec. pp. 474 s.

[21] Alexandra Ortolja-Baird, Julianne Nyhan, "Encoding the haunting of an object catalogue: on the potential of digital technologies to perpetuate or subvert the silence and bias of the early-modern archive", *Digital Scholarship in the Humanities*, Volume 37, Issue 3, September 2022, pp. 844-867, spec. p. 845 et 853.

subissent une organisation semblable à celle des objets qu'elles servent à documenter. La trajectoire d'un bien culturel est reconstituée par le biais d'informations dont la mise à disposition dépend de l'institution mémorielle, des textes législatifs en vigueur[22] et des possibilités techniques. Ce sont donc des informations intrinsèquement organisées et par conséquent sélectionnées. Elles peuvent servir, dans un second temps, de base à des modèles de visualisation complexes et mettre en exergue le résultat de recherches. Ces modèles mettent en regard des informations relevant de la valeur scientifique et économique des objets, de leur intégration dans des réseaux humains, ou encore de leur circulation inter-muséale. Les modèles obtenus constituent une nouvelle dimension pour les objets concernés et enrichissent leur « profil ». Ils contribuent par ailleurs à augmenter la légitimité d'un champ de recherche dominé par des études méthodiques systématiques et pour le financement desquels peu de moyens sont mis à disposition pour l'approfondissement des travaux[23]. Par ailleurs, la production de données lisibles par des machines permet de travailler bien plus rapidement et de manière coopérative, ce que la prise de notes manuscrites ne permet pas, tout en permettant de faire apparaître des relations entre les personnes, les lieux et les objets qui n'auraient pas encore été identifiées. Cette visualisation des données et de leurs points de connexion permet également de mettre en perspective des relations complexes, tant en raison de la nature que de la quantité des données. C'est donc un nouveau champ d'exploration qui se révèle, permettant sur la base de données factuelles l'extraction d'informations à la portée scientifique et dont la qualification notamment juridique peut rendre possible la résolution de situations dites « problématiques ».

---

22 Ce sont notamment les dispositions en matière de protection des données personnelles qui peuvent se heurter à l'exigence de transparence requise en matière de provenance de biens culturels. Voir Andreas Nestl, "Zugang im Archiv. Möglichkeiten und Grenzen für ein offenes Archiv im digitalen Zeitalter", *RuZ – Recht und Zugang* 1 (2020), pp. 6-15 ; Matthias Weller, "Fundamentals of a Restitution Culture for Works of Art and Cultural Property Confiscated During Nazi Persecution", *in* Werner Gephart et Daniel Witte (ed.), *Communities and the(i)r Law*, Frankfurt am Main, Klostermann 2023, pp. 251-278, en ligne : https://doi.org/10.5771/9783465146094.

23 Christian Fuhrmeister et Meike Hopp, "Rethinking Provenance Research", *Getty Research Journal* 11 (1er janv. 2019), pp. 213-231, spec. p. 220.

II. Initiatives

On constate donc que le développement des infrastructures numériques peut permettre le développement d'un travail toujours plus précis autour des données et que celui-ci a permis le lancement de nouvelles initiatives, qui constituent de réelles perspectives dans l'accès, l'identification, la documentation, la valorisation et partant la protection, des biens culturels. Ces initiatives, dominées par un important volet numérique, restent intimement liées aux objectifs analogues de la conservation des biens culturels. Un grand nombre de ces projets, par leur ampleur et leur lien étroit avec la circulation des objets, présente des caractéristiques qui les rattachent au champ de recherche nouveau de la recherche de provenance numérique. Cette extension de la recherche de provenance s'apparente au développement des humanités numériques et peut prendre plusieurs formes. La plus répandue est celle de la mise en ligne de base de données présentant les informations en lien avec des biens culturels conservés dans les collections, en incluant les données de provenance. Il s'agit de l'exemple classique d'un inventaire en ligne prévoyant un champ destiné à indiquer quels ont pu être les changements de mains sur la trajectoire du bien culturel. Une autre forme est la création de plateformes qui permettent de visibiliser des objets conservés dans différentes institutions, et dont certains biens culturels partagent des caractéristiques, que cela soit en termes de genre ou d'origine. Ces deux formes de mise en ligne s'accompagnent généralement d'outils de recherche. D'autres projets prennent la forme de dépôts coopératifs, où les données sont stockées et complétées par des communautés d'utilisatrices et utilisateurs plus ou moins larges. Certains projets prévoient enfin directement la modélisation de données afin d'en permettre la visualisation, tandis que d'autres se comprennent comme des expositions virtuelles thématiques qui permettent de mettre en avant des informations en lien avec la trajectoire des objets, l'histoire des collections ou encore le futur de celles-ci.

À titre d'exemple, le projet *NICE Paintings - The National Inventory of Continental European Paintings*[24] a été lancé au début du XXIe siècle et est porté par un consortium composé de collections publiques et d'instituts universitaires, sous la direction de la *National Gallery* à Londres. Il s'agit d'une base de données accessible par le biais du portail *Visual Arts Data*

---

[24] La base est accessible sur https://vads.ac.uk/digital/collection/NIRP.

Service (VADS), un service proposé et hébergé par l'*University for the Creative Arts* (UCA)[25]. *NICE Paintings* propose un inventaire numérique des peintures à l'huile réalisées avant 1900 sur le continent européen et qui se trouvent aujourd'hui dans les collections publiques britanniques.

L'objectif des porteurs de ce projet est de mettre à disposition des informations actualisées et contrôlées sur les collections muséales, d'aider les institutions à documenter leurs collections, d'encourager le recours à ces fonds picturaux pour l'organisation d'expositions et enfin de favoriser la recherche. En matière de recherche, plusieurs approches sont envisageables. On peut imaginer une réflexion sur l'appartenance de ces œuvres au canon artistique, une autre sur leur iconographie, d'autres encore sur les différentes écoles, mais ce sont aussi les raisons politiques et économiques qui ont suscité la traversée de la Manche par ces œuvres qui sont intéressantes. On pourrait en effet envisager de reconstruire certains échanges en recourant aux données en lien avec la provenance de ces œuvres. La base représenterait un intérêt pour les chercheuses et chercheurs en histoire de l'art, en histoire des collections et en humanités numériques, mais aussi en histoire économique et politique, ce que contredit actuellement l'état de la recherche. Les publications font en effet référence au projet lorsque les recherches liées à la mise en ligne ont permis l'obtention d'informations nouvelles sur des objets particuliers[26], sur l'iconographie de certains événements[27], les politiques de numérisation

[25] VADS, "History and Context", https://perma.cc/9YBD-NFJ6 ; voir aussi Lien Mostmans, Eva Van Passel et Gert Nulens, *BOM_vl WP5.3 Architectuur Digitale Bewaring En Ontsluiting: Aanbevelingen Doelgroepscenario's*, 2009, http://hdl.handle.net/1854/LU-764244, pp. 58-59.

[26] Magdalena Łanuszka, "Late Gothic Panels from the Collection of York Art Gallery: Predella-Wings from the Workshop of Hans Pleydenwurff", *Biuletyn Historii Sztuki* 2 (81/2019), pp. 177-196 ; Debra Murphy, "Context and Meaning: An Investigation of *The Holy Family with the young St. John the Baptist* Attributed to Giorgio Vasari in The Cummer Museum of Art and Gardens, Jacksonville, Florida", *Explorations in Renaissance Culture* 39.1 (2013), pp. 23-39 ; Michael Hancher, "Seeing and Tagging Things in Pictures", *Representations* 155 (2021), pp. 82-109.

[27] Martina Baleva, "The Empire Strikes Back. Image Battles and Image Frontlines during the Russo-Turkish War of 1877-1878", *Ethnologia Balkanica* 16 (2012), pp. 273-294.

dans les institutions mémorielles[28] ou encore l'histoire des collections[29]. La dimension d'une information organisée et non dépourvue d'interprétation est également soulignée dans de rares textes[30]. Les aspects économiques et politiques n'ont pas encore été exploités ou du moins pas encore publiés.

D'autres projets du même type peuvent être cités, parmi lesquels ceux visant à la mise en ligne de bases de données documentant l'œuvre d'un peintre (telles que le *Raphael Research Resource*[31] ou la *Rembrandt DataBase*[32]). D'autres initiatives proposent, dans une même idée de mise en relation d'objets, la reconstitution d'ensembles ayant été séparés par les événements. Le recours aux outils numériques permet d'écarter quelque peu les aspects liés à la propriété des biens culturels[33]. Peuvent être nommées ici les plateformes qui présentent l'ensemble de la collection de la Bibliothèque palatine[34], mais aussi la collection des manuscrits de l'Abbaye de Saint-Gall déplacés durant la Seconde Guerre de Villmergen[35] ou encore les différents cahiers composant le *Codex Sinaiticus*, en provenance du monastère de Sainte-Catherine[36].

Quelques projets, quant à eux, visent à documenter la présence de biens culturels dans les collections publiques, sous l'angle de leur provenance

[28] Kathryn Eccles et Andrew Greg, "Your Paintings Tagger. Crowdsourcing Descriptive Metadata for a National Virtual Collection", *in* M. Ridge (ed.), *Crowdsourcing Our Cultural heritage*, Ashgate, Franham 2014, pp. 185-208; Pam Meecham, "Social Work. Museums, Technology, and Material Culture", *in* Kirsten Drotner et Kim Christian Schrøder (ed.), *Museum Communication and Social Media. The Connected Museum*, New York, Routledge 2013, pp. 33-53.

[29] Douglas Dodds, "From Analogue to Digital: Word and Image Digitization Projects at the V&A", *Journal of Victorian Culture* 23 / 2 (2018), pp. 222-230.

[30] Molly Youngkin, *British Women Writers and the Reception of Ancient Egypt, 1840-1910*, Palgrave Macmillan, New York 2016, p. 113; voir aussi Michael Hancher, note 25, pp. 97-98 et note 50.

[31] https://cima.ng-london.org.uk/documentation/.

[32] https://rembrandtdatabase.org/.

[33] Elisa Bernard qualifie ce type de projets de « musée impossible ». Voir Elisa Bernard, "The Repatriation of Archaeological Property and Its Dilemmas: Reflections on the Italian Case", *in* Monica Salvadori, Elisa Bernard, Luca Zamparo et Monica Baggio (ed.), *Beyond Forgery. Collecting, Authentication and Protection of Cultural Heritage*, Antenor Quaderni 52 (2022), pp. 427-440, spec. p. 435.

[34] https://digi.ub.uni-heidelberg.de/de/bpd/index.html.

[35] Rassemblés sur le site https://www.e-codices.unifr.ch, ils sont identifiés par la mention « déposé en prêt permanent à la Bibliothèque de l'abbaye de Saint-Gall ».

[36] https://codexsinaiticus.org/en/.

géographique. L'objectif de la reconstitution d'un ensemble d'objets est ici différent et est dominé par un certain essentialisme, puisque l'attribution de l'origine du bien culturel joue un rôle décisif. Deux projets relativement récents, *Digital Benin,*[37] initié en octobre 2020 et mis en ligne en 2022 et *International Inventories Programme (IIP)*[38], permettent de délimiter les contours de la démarche. Le premier a pour ambition de présenter, en anglais et en edo, les objets pillés par les forces armées britanniques en 1897 dans le Royaume du Bénin (aujourd'hui l'État d'Edo, au Nigéria)[39]. Le second a permis la mise en ligne, sur une seule plateforme, des biens culturels en provenance du Kenya se trouvant dans les collections muséales du monde entier. La réception scientifique du projet *Digital Benin* suggère d'autres axes de développements qu'une base de données telle que *NICE Paintings.* En effet, outre la reprise de l'annonce du lancement de ce projet et la présentation de ces caractéristiques centrales, qui transparaissent dans plusieurs publications[40], certains auteurs soulignent qu'une pareille initiative peut entraîner un changement de paradigme tant

[37] https://digitalbenin.org/.

[38] https://www.inventoriesprogramme.org.

[39] Felicity Bodenstein, "Provenance" [s.d.], en ligne : https://digitalbenin.org/documentation/provenance.

[40] Desmond O. Oriakhogba, "Repatriation of ancient Benin bronzes to Nigeria: reflection on copyright and related issues", *Journal of Intellectual Property Law & Practice*, Volume 17, Issue 10, October 2022, pp. 823-833, spec. p. 832; Ndubuisi C. Ezeluomba, "Reflection on Benin Repatriation Conversation", *African Arts* (2021) 54 (1), pp. 7-8; Felicity Bodenstein, Damiana Otoiu et Eva-Maria Troelenberg, "Unfinished Projects of 'Decentring' Western Museum Practices", *in* ebd. (ed.), *Contested Holdings: Museum Collections in Political, Epistemic and Artistic Processes of Return*, Oxford, Berghahn Books 2022, pp. 266-284, spec. p. 278-279 ; Jen Snowball, Alan Collins et Enyinna Nwauche, "Ethics, values and legality in the restoration of cultural artefacts: the case of South Africa", *International Journal of Cultural Policy* 28 (5) 2022, pp. 513-530, spec. p. 520-521 ; Felicity Bodenstein, Anne Doquet et Alexandra Galitzine-Loumpet, "Conversation avec Felicity Bodenstein à propos de la base de données Digital Benin", *Cahiers d'études africaines*, 251-252, 2023, pp. 953-969 ; Robert Peters, "Dealing with Collections from Colonial Contexts: Currrent Developments in Germany", *Santander Art and Culture Law Review* 2:8 (2022) pp. 371-382, spec. p. 379.

dans les institutions et la gestion des collections[41] qu'en droit[42], et susciter l'inspiration pour d'autres projets[43]. D'autres considèrent la base de données au même titre qu'une publication et en proposent une recension[44], certaines et certains intègrent une présentation du projet à leur réflexion sur la restitution de ces biens culturels et aux possibilités d'application d'une nouvelle équité[45]. Si le projet *IIP* semble avoir été moins traité dans des publications scientifiques[46], il a été le moteur de différents projets, parmi lesquels une exposition organisée à Francfort-sur-

---

[41] Njabulo Chipangura, "The Benin tusk and Zulu beadwork: Practicing decolonial work at Manchester Museum through shared authority", *Museum Anthropology* 46 (2) 2023, pp. 106-116, spec. p. 109 et 111 ; Mingshi Cui et Giasemi Vavoula, "Digital platforms as Facilitators of Dialogic Co-Creation of Displaced Object Biographies / Digitale Plattformen als Vermittler von dialogischer Ko-Kreation verdrängter Objektbiografien", *Journal of Cultural Management and Cultural Policy / Zeitschrift für Kulturmanagement und Kulturpolitik*, vol. 7, n° 1, 2021, pp. 43-58 ; Jérémie Eyssette, "Restitution vs. Retention: Reassessing Discourses on the African Cultural Heritage", *African Studies Review* 66, n° 1 (2023), pp. 101-126, spec. p. 116 ; Chip Colwell, "A Palimpsest Theory of Objects", *Current Anthropology* 63:2 (2022), pp. 129-157.

[42] Amnon Lehavi, "From Global Databases to Global Norms? The Case of Cultural Property Law", *University of Pennsylvania Journal of International Law* 44, n° 2 (2023), pp. 359-416 ; Carsten Stahn, "Beyond 'To Return or Not To Return' – The Benin Bronzes as a Game Changer?", in *Santander Art and Culture Law Review* 2/2022 (8), pp. 49-88, spec. p. 70 s. ; Oluwatoyin Sogbesan et Tokie Laotan-Brown, "Reflections on the Customary Laws of Benin Kingdom and Its Living Cultural Objects in the Discourse of Ownership and Restitution", *Santander Art and Culture Law Review* 2/2022 (8), pp. 29-48.

[43] Tessa Mediano, "Mapping Philippine Material Culture", *ARLIS/NA Multimedia & Technology Reviews* (Dec. 2023); Sarah A. Buchanan, "Envisioning networked provenance data storytelling with American cuneiform collections", *International Journal on Digital Libraries* 24 (2023), pp. 149–158, spec. p. 155.

[44] Stephanie Bennett Rahmat, "Digital Benin", *ARLIS/NA Multimedia & Technology Reviews* (Sept. 2023).

[45] Cresa L Pugh, "The migration trajectory of the Benin Bronzes", 10 *Migration Studies* 2 (Juin 2022) pp. 274-282, spec. p. 279-280; Vincent Hiribarren y voit, lui, dans sa recension de l'ouvrage de Dan Hicks, une « prolongation de l'annexe de *Brutish Museums* », voir Vincent Hiribarren, "Hicks Dan. - *The Brutish Museums: The Benin Bronzes, Colonial Violence and Cultural Restitution*", *Cahiers d'études africaines*, 2023/3-4 (n° 251-252), pp. 1017-1018.

[46] Les publications abordant ce projet évoquent également toutes *Digital Benin.* Voir Jen Snowball *et al.* (2022), préc. (note 39) ; Felicity Bodenstein *et al.* (2022), préc. (note 39) ; Jacqueline Grigo et Thomas Laely, "Attempts to Decolonize Knowledge Production in Museum Practice", *Recherches sociologiques et anthropologiques*, 53-2, 2022, pp. 119-151 ; Nur Goni, Marian, Sam Hopkins, et Michaela Dudley. *Invisible inventories: zur Kritik kenianischer Sammlungen in westlichen Museen; ein Ausstellungsprojekt des International Inventories Programme,* Bayreuth: iwalewabooks 2021.

le-Main en 2021 et à Cologne en 2022, après avoir été présentée en 2021 à Nairobi sous le titre *Invisible Inventories*[47].

III. Interdépendances

Cette présentation de quelques projets n'est évidemment pas complète. Elle reflète toutefois un aspect fondamental en matière de recherche de provenance et du recours aux outils numériques dans ce domaine. Du point de vue du développement de la recherche de provenance et tout particulièrement de la recherche de provenance numérique, on remarque en effet que le mouvement de recherche, de numérisation et de « datafication », s'est développé primairement autour d'objets de grande valeur économique. Cette spécification parmi les objets a entraîné l'exclusion de nombreux biens culturels, un retard peu à peu comblé ces dernières années. La réception de ces bases de données numériques met toutefois toujours en exergue de profondes différences. Les données liées à des œuvres d'art alimentent pour beaucoup une recherche sur l'authenticité de ces biens, leur intégration dans la discipline et leur rôle dans les politiques de numérisation. Ce sont aussi les objets dont les données sont utilisées pour développer un des axes les plus exigeants en matière de recherche de provenance numérique, qui est celui de la visualisation des informations et de leur mise en perspective[48]. Les biens culturels concernés sont de surcroît en nombre important, mais limité — au contraire de collections telles que celles conservées dans des musées de sciences. Ainsi, le nombre d'objets conservés dans des collections d'un musée d'histoire naturelle exige des processus de sélection, qui renforcent

---

[47] Eliphas Nyamogo, "Interview with Clara Himmelheber and Frauke Gathof", May 2021, https://www.goethe.de/en/uun/pub/akt/22228918.html. Voir aussi Sam Hopkins, Simon Rittmeier, "A Topography of Loss", *Trouble dans les collections*, 2023, En hériter, 4, en ligne : hal-04063875 ; Marie-Aude Fouéré and Maëline Le Lay, "*Invisible Inventories. Questioning Kenyan Collections into Western Museums.* Exposition présentée au National Museums of Kenya", *Cahiers d'études africaines*, 251-252, 2023, pp. 1019-1022; Marian Nur Goni, "Agents in motion: how objects make people move. An interview with Sam Hopkins and Simon Rittmeier", *Third Text Africa*, n° 12, August 2020, pp. 73-83.

[48] L'historienne de l'art Jodi Cranston accorde à ce type de projet la qualité de redonner vie à la provenance d'une œuvre peinte, voir Jodi Cranston, "Mapping Paintings, or How to Breathe Life Into Provenance", *in* Kathryn Brown (ed.), *The Routledge Companion to Digital Humanities and Art History*, New York, Routledge 2020, pp. 109-119.

l'organisation des données avant même leur transposition dans le numérique[49].

L'évolution que l'on observe en matière de données tient donc tant à la différenciation des sciences et des objets au XIXe siècle, qui a conduit à la séparation des collections selon la qualité des biens culturels, qu'à leur nombre et leur singularité. Cette organisation des biens culturels dans les institutions mémorielles – à laquelle différentes initiatives cherchent à remédier dans le monde analogue, notamment par le biais d'expositions temporaires [50] – soulève de nouvelles questions lors du passage au numérique [51]. Ces réflexions touchent tant à la catégorisation et à la présentation des données qu'au langage utilisé, et qu'à la reproduction d'images. La discussion illustre la difficulté rencontrée par beaucoup de penser la mise en ligne de données liées à des collections de biens culturels sans y penser en partant de l'histoire de l'art. Ces questions sont liées aux catégories d'organisation des données, mises en place pour des œuvres d'art[52], tout comme aux critères selon lesquels la représentation de certains objets peut être possible[53]. Il s'agit enfin des problématiques en lien avec la propriété et la possession des biens culturels, et de leurs « jumeaux » numériques[54].

---

[49] Katja Kaiser, Ina Heumann, Tahani Nadim, Hagit Keysar, Mareike Petersen, Meryem Korun and Frederik Berger, "Promises of mass digitisation and the colonial realities of natural history collections", *Journal of Natural Science Collections, Volume 11*, 2023, pp. 13-25, spec. p. 16.

[50] Par exemple, l'exposition *Unvergleichlich: Kunst aus Afrika im Bode-Museum*, Bode Museum Berlin, du 27 octobre 2017 au 24 novembre 2019.

[51] Sarah A. Buchanan (2021), préc. (note 42), spec. p. 150.

[52] Stefanie Schien und Tina A. Brüderlin, «Online im Museumsverbund. Hürden und Aushandlungen aus der Perspektive einer ethnologischen Sammlung», *in* Hans Peter Hahn, Oliver Lueb, Katja Müller, Karoline Noack (ed.), *Digitalisierung ethnologischer Sammlungen. Perspektiven aus Theorie und Praxis*, Bielefeld, transcript Verlag 2021, pp. 97-116, spec. p. 104-107; Oluwatoyin Sogbesan et Tokie Laotan-Brown (2022), préc. (note 41), p. 38.

[53] Barbara E. Frank and Joseye Tienro, «Photographic Images: The Ethical Challenges of Digitizing and Sharing Mande Visual Resources", *Mande Studies* 24 (2022), pp. 265-285; Desmond O. Oriakhogba (2022), préc. (note 39), p. 828 s.

[54] Mathilde Pavis et Andrea Wallace, "Response to the 2018 Sarr-Savoy Report: Statement on Intellectual Property Rights and Open Access relevant to the digitization and restitution of African Cultural Heritage and associated materials", 10 (2019) *JIPITEC* 115 § 1; Lucas Lixinski, "Digital Heritage Surrogates, Decolonization, and

En effet, lorsque l'on se penche sur les travaux faisant état des projets *Digital Benin* et *IIP*, on constate que ces bases de données dépassent dans leur portée les objectifs d'inventorisation, de visibilisation et de documentation des objets. Ces initiatives obtiennent, par les informations qu'elles rassemblent, l'envergure de devenir de véritables *game changers*[55]. La mise à disposition de ces données a donc le potentiel d'une remise en question de monopoles, tout particulièrement dans l'organisation et l'interprétation des informations sur les biens culturels[56].

Cette augmentation potentielle de l'accès aux informations par le biais des outils numériques contribuerait donc à la grande idée d'un patrimoine culturel « partagé ». L'ambition se voit cependant confrontée à la réalité de la localisation des infrastructures matérielles du web et de la surveillance des communications, qui conduit à d'inévitables divisions[57], divisions qualifiées par certains ou certaines de « préférences »[58]. En cela, la recherche de provenance numérique au sein de la globalisation du *web* combine les deux faces d'une même médaille, en partageant tout autant qu'en divisant, en prolongeant certains déséquilibres[59], mais aussi en incitant à penser de nouveaux modes de participation[60].

International Law: Restitution, Control, and the Creation of Value as Reparations and Emancipation", *Santander Art and Culture Law Review* 2020, nº 2/2020 (6), pp. 65-86.

[55] Carsten Stahn (2022), préc. (note 41).

[56] Jacqueline Grigo et Thomas Laely (2022), préc. (note 45), §§ 40 s.

[57] Mark Graham, "Time machines and virtual portals: The spatialities of the digital divide", *Progress in Development Studies*, 2011 11(3), pp. 211-227; Warwick Anderson, "Postcolonial Technoscience", *Social Studies of Science* 32(5/6) 2022, pp. 643-658.

[58] Katja Kaiser et al. (2023), préc. (note 48), p. 14.

[59] Paola Ricaurte, "Data Epistemologies, The Coloniality of Power, and Resistance", *Television & New Media* 20, n° 4 (2019), pp. 350-365, notamment pp. 353 et 357.

[60] Alexandra Ortolja-Baird, Julianne Nyhan (2021), préc. (note 20), spec. pp. 860 s.

Le commerce mondial du patrimoine génétique de la biodiversité et des savoirs traditionnels autochtones, vers une nouvelle bioéconomie

Cristiane Derani

Professeure de droit international économique et de l'environnement
Universidade Federal de Santa Catarina (Brasil)

Les ressources génétiques de la biodiversité sont protégées par la Convention des Nations Unies sur la diversité biologique (CDB) depuis 1992[1]. Les savoirs traditionnels liés à ces ressources ont également été reconnus comme une valeur à protéger, ce qui implique de reconnaître et rétribuer les détenteurs de ces savoirs[2]. Cela a posé un problème de compatibilité juridique, aussi bien en raison des multiples visions de monde, et donc des différentes représentations de la nature et de son appropriation, que des formes d'organisation sociale, différentes de l'organisation politique de l'État[3]. Lorsque des approches opposées de la Nature s'affrontent – en somme, selon qu'elles la comprennent comme vivant qui nous accompagne ou qu'elles la perçoivent comme ressource marchande –, sont mis en jeu des problèmes variés, comme la titularité de

[1] *Cf.* Convention des Nations Unies sur la diversité biologique, article premier. Objectifs Les objectifs de la présente Convention, dont la réalisation sera conforme à ses dispositions pertinentes, sont la conservation de la diversité biologique, l'utilisation durable de ses éléments et le partage juste et équitable des avantages découlant de l'exploitation des ressources génétiques, notamment grâce à un accès satisfaisant aux ressources génétiques et à un transfert approprié des techniques pertinentes, compte tenu de tous les droits sur ces ressources et aux techniques, et grâce à un financement adéquat.
[2] Article 8. Conservation *in situ* : j) Sous réserve des dispositions de sa législation nationale, respecte, préserve et maintient les connaissances, innovations et pratiques des communautés autochtones et locales qui incarnent des modes de vie traditionnels présentant un intérêt pour la conservation et l'utilisation durable de la diversité biologique et en favorise l'application sur une plus grande échelle, avec l'accord et la participation des dépositaires de ces connaissances, innovations et pratiques et encourage le partage équitable des avantages découlant de l'utilisation de ces connaissances, innovations et pratiques:
[3] Pierre Clastres, *La société contre l'État.* Éditions de Minuit, 1974.

la propriété, la notion de valeur, la transmission ou encore la reconnaissance.

Le marché global peut certainement faire usage de ce qui était jusqu'alors hors marché et qui avait une valeur autre que monétaire. La Convention sur la diversité biologique, le Protocole de Nagoya[4] lié à cette Convention, et le Traité de l'Organisation mondiale de Propriété intellectuelle (OMPI) relatif à la propriété intellectuelle et aux ressources génétiques et savoirs traditionnels associés[5], sont des traités internationaux qui visent à organiser différents aspects de l'appropriation des informations génétiques issues de la biodiversité, incluant leur contractualisation, leur traçabilité, et la distribution équitable des bénéfices qu'elles génèrent. Ces instruments juridiques peuvent faciliter le dialogue entre les cultures et construire un équilibre pour une vie plus en harmonie avec la Nature. Pour ce faire, il est indispensable que le droit et la société reconnaissent et adoptent une cosmologie intégrative avec la Nature. Ceci étant, les instruments existants doivent être mis au service de ce changement, et non pour la survie du marché libéral à cause de l'accélération de la destruction de la planète par les humains.

I. Le patrimoine génétique de la biodiversité ou la naissance d'un nouvel objet juridique protégé

Dans la culture judéo-chrétienne prégnante lors de la colonisation du XVIe siècle, très différente de celle des peuples premiers, la Nature est perçue comme un objet devant être approprié et maîtrisé au profit des seuls êtres humains. Cet *ethos* a justifié un gigantesque mouvement d'esclavage et de pillage du Nouveau Monde, pour servir au développement d'une vie fondée sur les échanges et l'accumulation, et

---

[4] Le Protocole de Nagoya sur l'accès aux ressources génétiques et le partage juste et équitable des avantages découlant de leur utilisation a été adopté par la Conférence des Parties à la Convention sur la diversité biologique lors de sa dixième réunion, le 29 octobre 2010 à Nagoya, au Japon. Conformément à son article 32, le Protocole a été ouvert à la signature des Parties à la Convention du 2 février 2011 au 1er février 2012 au siège des Nations Unies à New York. Il est entré en vigueur le 12 oct. 2014. En ligne : https://www.cbd.int/abs/nagoya-protocol/signatories [dernière consultation le 10 juil. 2025].

[5] https://www.wipo.int/treaties/fr/ip/gratk/ [dernière consultation le 10 juil. 2025].

pour construire une industrialisation urbaine où l'être humain est soumis aux mouvements de reproduction du capital marchand et industriel.

Le mouvement séculaire de pillage, de destruction de la biodiversité et de création de monocultures, est l'une des causes pour lesquelles la biodiversité, traitée depuis des siècles comme susceptible d'appropriation individuelle, est devenue un objet juridique à protéger. Dans la même logique, la connaissance scientifique accrue des principes actifs issus de la biodiversité a généré le besoin de protéger leur contenu informationnel, appelé ressource génétique de la biodiversité. L'information, comme contenu d'un bien juridiquement protégé, est aussi protégée comme dérivé de ce bien concret. Mais comme information, elle devient un bien indépendant de l'existence physique du bien protégé, et peut circuler dans le contexte marchand et scientifique sans que son origine ne soit détectée[6].

Notre tradition juridique est dédiée à la protection des sujets du droit, de leurs relations et de leurs patrimoines. Par patrimoine, on comprend aussi la Nature qui est un bien commun, mais qui peut être soumise à l'appropriation par quelques-uns. Les arbres et leurs fruits, les poissons, l'eau, etc., en devenant des biens privés, peuvent aussi être négociés. Dès lors qu'une valeur est reconnue à son usage, chaque portion de Nature est une ressource susceptible d'être utilisée par quiconque.

La Nature et ses éléments pénètrent le domaine juridique à mesure que la société leur attribue de la valeur. De la réglementation de la pêche au saumon à la fin du XIXe siècle à la Convention pour la conservation des espèces d'oiseaux utiles à l'agriculture en 1902, en passant par la première convention pour protéger les espèces de baleines en 1931[7], jusqu'au traité pour la protection du commerce des espèces menacées de 1973[8], les espèces ont en effet obtenu progressivement une protection juridique. Ce phénomène concerne évidemment, et avant tout, les espèces qui ont acquis une valeur marchande et sociale.

---

[6] Voir Cristiane Derani, "Tutela Jurídica da Apropriação do Meio Ambiente e as Tres Dimensões da Propriedade", *Hileia – Revista de Direito Ambiental da Amazonia*, v. 1, n. 1, Manaus, Universidade do Estado do Amazonas, 2003, pp. 61-84.

[7] Convention pour la réglementation de la chasse à la baleine, signée à Genève le 24 sept. 1931.

[8] Convention du 3 mars 1973 sur le commerce international des espèces de faune et de flore sauvages menacées d'extinction.

C'est à partir de 1972, avec la Déclaration des Nations Unies sur l'environnement[9], que les espèces ont commencé à bénéficier d'une protection écosystémique. Parallèlement à ce cadre, on peut citer la Convention de Ramsar pour la protection des zones humides (1971)[10] dont le but est la protection des écosystèmes. Ceux-ci sont le berceau des espèces que les sociétés humaines utilisent pour construire leur vie sociale. Ils contiennent des éléments physiques et biotiques, des roches et ruisseaux, des plantes, micro-organismes et animaux plus complexes, tous unis par un réseau sensible d'interdépendance[11]. Ces deux traités illustrent un élargissement de la vision de la Nature au-delà des espèces telles qu'elles avaient été pensées au XVIIIe siècle. On parle alors d'écologie, de chaînes interdépendantes d'espèces animales, végétales et de leur environnement. À partir de ce moment, le droit introduit un nouvel objet juridique à protéger : les écosystèmes.

Ultime étape de cette évolution, l'on instituera par la CBD de 1992 un autre objet de protection : les informations génétiques contenues dans les organismes biologiques. Ainsi, si les années 1970 ont permis l'étude scientifique de la grande chaîne de la formation de la vie sur terre, les années 1990 ont marqué l'apparition d'un nouvel objet juridique protégé,

---

9 Déclaration finale des Nations Unies sur l'environnement, signée le 16 juin 1972 à Stockholm.

10 Convention relative aux zones humides d'importance internationale particulièrement comme habitats des oiseaux d'eau, aussi couramment appelée convention sur les zones humides, adoptée le 2 février 1971.

11 La vie se retrouve dans les écosystèmes sous ses diverses manifestations, appelées *diversité biologique* par Edward Osborne Wilson, dans son ouvrage fondateur de 1986. La destruction des écosystèmes, due à la déforestation, à la pollution et au changement climatique, menace gravement les espèces, qui courent rapidement vers l'extinction. Selon le biologiste de Harvard Edward Osborne Wilson, le nombre total d'espèces doit se situer entre 10 et 100 millions. Le nombre connu aujourd'hui est d'environ un million et demi d'espèces, dont 30 % sont menacées. 82 espèces disparaissent chaque jour. Demain, nous serons moins d'êtres vivants sur Terre… Le Brésil figure en tête des pays considérés comme *mégadivers*, selon le Programme des Nations Unies pour l'environnement (PNUE). Le Brésil abrite entre 15 % et 20 % de la diversité biologique mondiale. De plus, en moyenne 700 nouvelles espèces sont découvertes chaque année sur le territoire brésilien. En revanche, environ 3 % du total des espèces sont menacées d'extinction au Brésil. La conclusion est tirée du rapport de l'IBGE publié en mai 2023. En ligne : https://agenciadenoticias.ibge.gov.br/agencia-noticias/2012-agencia-de-noticias/noticias/36972-ibge-atualiza-estatisticas-das-especies-ameacadas-de-extincao-nos-biomas-brasileiros [dernière consultation le 30 juin 2025].

découvert sous les lentilles des microscopes : l'information génétique, qui construit les différences intra- et inter-espèces.

II. La naissance d'une valeur juridique et économique

Beaucoup ont affirmé, à commencer par Charles Darwin, que la vie humaine dépend de la diversité biologique, et que, plus la biosphère de la planète est diversifiée, meilleures sont les chances de survie des êtres humains. La biodiversité fournit tout ce dont nous avons besoin, depuis la garantie d'une eau propre jusqu'à la possibilité de production alimentaire, de purification de l'air et du sol, de médicaments, de vêtements et de logements. Dans un monde créé par la sélection naturelle, la diversité est la grande arme de la vie. De fait, le grand scientifique de Cambridge, parti sur les traces de von Humboldt à bord du navire marchand Beagle qui faisait le tour de l'Amérique du Sud-Est en Ouest, fut visionnaire dans son ouvrage *On The Origin of Species*[12], en identifiant la variété des espèces et leurs interrelations, clé de la vie.

Un siècle et demi plus tard, la biodiversité voit sa valeur reconnue par le droit. Plus encore, sur la base du développement des connaissances scientifiques, la science et le droit valorisent et protègent la biodiversité au-delà de son contenu corporel, en réglementant l'accès aux ressources génétiques. La Convention sur la diversité biologique vise à la fois la biodiversité comme objet juridique de protection et l'information génétique contenue dans les organismes vivants non humains, les ressources génétiques. Les progrès de la science ajoutent à la vision de Darwin relative à l'importance de la diversité, un nouveau niveau génétique. La vie est, en effet, une vaste collection d'informations génétiques.

La diversité biologique et les ressources génétiques voient leur traitement juridique instauré par la Convention des Nations Unies sur la diversité biologique de 1992. Ce document va bien au-delà des normes internationales et nationales existantes visant à protéger les espèces. Son objet est la protection de la variété biologique et se concentre donc sur la protection intégrée des écosystèmes, en plus de la protection des espèces,

---

[12] Charles Darwin, *On The Origine of Species*, John Murray, 1859.

dans le but de maintenir une banque d'informations génétiques, respectivement protection *in situ* et *ex situ*[13].

La ressource génétique contient en effet des informations précieuses, qui sont des valeurs à protéger pour le présent et le futur. Avec la signature de 168 États, la Convention sur la diversité biologique est entrée en vigueur en décembre 1993. Elle compose un cadre juridique avec des instruments juridiques nouveaux, mais toutefois liés à la mécanique libérale du commerce mondial. Fruit des rencontres scientifiques et politiques qui ont précédé le texte final, cette nouvelle règlementation internationale affiche le fondement utilitaire qui la nourrit[14].

L'appropriation de l'information génétique est l'appropriation de la connaissance d'un être. Cette appropriation d'un être permet l'appropriation d'un savoir génétique. Le matériel génétique d'un organisme devient une *ressource* génétique lorsqu'une valeur actuelle ou potentielle y est identifiée[15]). Cette valeur peut être destinée à un usage direct ou scientifique comme valeur économique, comme le propose le régime d'accès aux ressources génétiques institué par l'article[16].

---

13 Articles 2 et 9 de la Convention.

14 Marie-Angèle Hermitte., Philippe Kahn (dir), *Les ressources génétiques et le droit dans les rapports Nord-Sud*, Centre René Jean Dupuy, Bruylant, 2004.

15 Aux termes de l'article 2, « aux fins de la présente Convention, on entend par [...] ressources génétiques le matériel génétique ayant une valeur effective ou potentielle ».

16 Article 15. Accès aux ressources génétiques : « 1. Étant donné que les États ont droit de souveraineté sur leurs ressources naturelles, le pouvoir de déterminer l'accès aux ressources génétiques appartient aux gouvernements et est régi par la législation nationale. 2. Chaque Partie contractante s'efforce de créer les conditions propres à faciliter l'accès aux ressources génétiques aux fins d'utilisation écologiquement rationnelle par d'autres Parties contractantes et de ne pas imposer de restrictions allant à 1'encontre des objectifs de la présente Convention.3. Aux fins de la présente Convention, on entend par ressources génétiques fournies par une Partie contractante, et dont il est fait mention dans le présent article et aux articles 16 et 19 ci-après, exclusivement les ressources qui sont fournies par des Parties contractantes qui sont des pays d'origine de ces ressources ou par des Parties qui les ont acquises conformément à la présente Convention, 4. L'accès, lorsqu'il est accordé, est régi par des conditions convenues d'un commun accord et est soumis aux dispositions du présent article. 5. L'accès aux ressources génétiques est soumis au consentement préalable donné en connaissance de cause de la Partie contractante qui fournit lesdites ressources, sauf décision contraire de cette Partie. 6. Chaque Partie contractante s'efforce de développer et d'effectuer des recherches scientifiques fondées sur les ressources génétiques fournies par d'autres Parties contractantes avec la pleine participation de ces Parties et, dans la mesure du possible,

L'idée est à la fois de développer le marché par des produits innovants fondés sur la diversité biologique et de promouvoir le développement de ceux qui ont concrètement maintenu la diversité biologique. Pour cela, il est aussi prévu que chaque partie contractante s'efforce de développer et d'effectuer des recherches scientifiques fondées sur les ressources génétiques fournies par d'autres parties contractantes avec la pleine participation de ces parties et, dans la mesure du possible, sur leur territoire. En outre, pour assurer le partage juste et équitable des résultats de la recherche et de la mise en valeur ainsi que des avantages résultant de l'utilisation commerciale et autre des ressources génétiques avec la partie contractante qui fournit ces ressources, les fournisseurs de ces ressources doivent développer des instruments juridiques et administratifs adéquats[17].

L'information génétique est en réalité la *Grande Encyclopédie de la vie*. Elle révèle la diversité que la planète Terre a su générer au cours de millions d'années d'histoire. Chaque être est une banque de données, une référence gagnante pour la vie. C'est pour cela que la protection de la biodiversité inclut la protection de l'information génétique. La diversité biologique est construite par la diversité génétique. Chaque espèce, chaque individu est dépositaire d'une grande quantité d'informations génétiques. L'information génétique provient de la matière. Cependant, au fur et à mesure, l'information se diffuse et peut être reproduite, entretenue et transformée, au-delà de son origine matérielle.

En raison de la différence entre l'individu biologique et l'information génétique, leur traitement juridique sera également différent. La protection des espèces menacées ou des espaces écosystémiques, vues plus haut (I), diffère de l'architecture juridique nécessaire à la protection des ressources génétiques. Les espèces qui stockent des informations génétiques en dehors de leur habitat seront également protégées : ce sont les banques génétiques.

---

sur leur territoire. 7. Chaque Partie contractante prend les mesures législatives, administratives ou de politique générale appropriées, conformément aux articles 16 et 19 et, le cas échéant, par le biais du mécanisme de financement créé en vertu des articles 20 et 21, pour assurer le partage juste et équitable des résultats de la recherche et de la mise en valeur ainsi que des avantages résultant de l'utilisation commerciale et autre des ressources génétiques avec la Partie contractante qui fournit ces ressources. Ce partage s'effectue selon des modalités mutuellement convenues. »

[17] Voir l'article 15 (7), note 21.

La nature de l'information génétique est un bien commun, puisqu'elle est contenue dans la diversité biologique de la planète sous la gestion souveraine des États où elle se trouve. De plus, la CDB affirme que la conservation de la biodiversité biologique est une préoccupation commune de l'humanité[18], renforçant l'affirmation expresse de l'existence d'un bien commun nécessitant l'indispensable attention de tous. Toutefois, la science génétique s'est développée de façon à permettre que l'accès aux ressources génétiques devienne indépendant des ressources biologiques. Il s'agit de l'information par la séquence numérique des ressources génétiques (*digital sequence information on genetic resources - DSI*).

Le séquençage de l'ADN a donné naissance à des « technologies de nouvelle génération » qui facilitent celui des génomes d'une seule cellule et d'écosystèmes entiers à partir d'échantillons environnementaux. Grâce à ces avancées, les séquences d'ADN et les informations associées déposées dans de grandes bases de données en libre accès sur DSI continuent de croître.

Les délibérations futures concernant les DSI pourraient être facilitées par une couverture technique plus complète de l'utilisation des DSI et des technologies rendues possibles par ces dernières, notamment dans le contexte de la recherche et du développement à vocation commerciale, et par des informations sur la mesure dans laquelle ces utilisations des DSI font l'objet de revendications de brevets. Des informations de cette nature contribueraient à clarifier davantage le concept de DSI en facilitant des discussions plus nuancées concernant les implications possibles de l'inclusion ou de l'exclusion de certains types d'informations associées à une ressource génétique sous-jacente du champ d'application des DSI, dans le contexte de la Convention et du Protocole de Nagoya.

La biologie de synthèse est une nouvelle dimension de la biotechnologie. Elle combine science, technologie et ingénierie pour faciliter et accélérer la compréhension, la conception, la refonte, la fabrication et/ou la modification de matériel génétique d'organismes vivants. Cette technologie marque le passage à ce qu'on appelle les ressources génétiques dématérialisées (RGD). Cette terminologie fait référence aux aspects informationnels des ressources génétiques. Elle comprend l'acquisition, la

---

18 Voir le préambule de la CDB.

numérisation, le stockage et la diffusion des séquences d'ADN des ressources génétiques. La séparation entre le fournisseur de la ressource génétique et l'utilisateur final, ainsi que la nature numérique des données incite à utiliser le mot « dématérialisé ». Ces informations peuvent ensuite être « rematérialisées » par synthèse de gènes et incorporation dans des organismes vivants modifiés (organismes génétiquement modifiés). Cela peut ne couvrir que les séquences d'ADN et d'ARN de ces ressources génétiques, mais le mot « dématérialisé » peut inclure tous les types d'informations relatives aux ressources génétiques des catégories créées par l'intelligence artificielle telles que décrites dans l'étude de l'*Ad hoc technical expert group on synthetic biology* (AHTEG)[19].

Cette technologie sépare l'information génétique de la ressource biologique et, de surcroît, la libère pour être utilisée dans autres systèmes biologiques modifiant la structure génétique des organismes biologiques. Ainsi, est-il encore plus difficile de répondre aux questions antérieures relatives à l'identification du fournisseur de l'information génétique et au partage des avantages liés à l'exploitation de la ressource biologique.

Les effets sur les écosystèmes de ces diverses avancées technologiques, de même que leurs aspects sociaux, économiques, culturels éthiques et juridiques, demeurent discutables. La Cop 16 de la CDB a certes discuté l'utilisation de la biologie de synthèse (DSI) et en a conclu que « les entreprises des secteurs utilisant des ressources génétiques (pharmaceutique, cosmétique, agriculture) devront verser un pourcentage de leurs avantages ou de leurs revenus au Fonds Cali, un fonds mondial de partage des avantages »[20]. Ces contributions ne sont toutefois pas obligatoires (du moins pas encore)[21]. Une série de modalités de mise en œuvre du mécanisme multilatéral de partage des avantages découlant de l'utilisation des informations de séquençage numérique des ressources génétiques ont été adoptées et le Fonds Cali a été créé[22]. De nouveaux

19 https://www.cbd.int/doc/c/b2bb/cf58/b09729bb00be6abf72325a1a/synbio-ahteg-2019-01-03-en.pdf [dernière consultation le 10 juil. 2025].

20 En ligne : https://www.iddri.org/fr/publications-et-evenements/billet-de-blog/cop-16-un-jalon-important-pour-lequite-malgre-des [dernière consultation le 10 juil. 2025].

21 En ligne : https://www.wbcsd.org/news/cbd-cop16-summary-and-takeaways/ [dernière consultation le 10 juil. 2025].

22 On peut lire que: "*The Cali Fund is part of Multilateral Mechanism on the fair and equitable sharing of benefits arising from the use of digital sequence information on genetic resources adopted at*

engagements ont été pris pour soutenir et élargir le Fonds *Global Biodiversity Framework* (GBF), à hauteur de 163 millions de dollars. Des modalités pour les zones marines d'importance écologique ou biologique ont également été adoptées[23].

Ainsi, on peut conclure que les problèmes juridiques, économiques, sociaux et culturels visés par la CBD n'ont pas encore été résolus. Et après le Protocole de Nagoya[24], il faut faire face à des questions encore plus complexes sur l'information libérée du corps des ressources génétiques. Cette situation nouvelle demande une attention encore plus aiguë, non seulement pour le partage des bénéfices générés, mais également à propos les dommages sur l'environnent causés par ceux qui détiennent le pouvoir de la création.

III. L'information génétique comme objet juridique

L'article premier de la Convention sur la diversité biologique, quand il présente ses objectifs, fait bien la différence entre la conservation de la diversité biologique, l'utilisation durable de ses éléments et le partage juste et équitable des avantages découlant de 1'exploitation des ressources génétiques. Cet article souligne le partage des avantages, notamment grâce

---

COP 15 of the CBD in December 2022 alongside the Kunming-Montreal Global Biodiversity Framework. Two years later, Parties to the CBD reached a historic consensus on the operationalisation of the Multilateral Mechanism, including how the Cali Fund will function. That is where the Cali Fund acquired its name.
The Multilateral Mechanism that encompasses the Cali Fund has been designed with versatility in mind, to adapt to future scientific innovations, financial tools and shifting needs for biodiversity protection and conservation. Its inclusive and transparent governance model will ensure its efficiency and efficacy."
En ligne : https://www.un.org/sustainabledevelopment/blog/2025/02/press-release-cop16/#:~:text=The%20Cali%20Fund%20is%20part,Kunming%2DMontreal%20Global%20Biodiversity%20Framework [dernière consultation le 10 juil. 2025].

23 En ligne : https://www.iisd.org/articles/statement/cop-16-cali-delivers-key-outcomes-nature-questions-remain-funding [dernière consultation le 10 juil. 2025].

24 La Convention sur la diversité biologique (CDB) est un traité international juridiquement contraignant, adopté lors du sommet de la Terre à Rio de Janeiro, signé le 5 juin 1992. En 2010, elle a donné lieu au protocole de Nagoya qui traite uniquement des questions d'accès et de partage des avantages liés aux ressources génétiques. Convention et protocole fixent les règles générales pour l'accès aux ressources génétiques et aux connaissances traditionnelles associées.
https://www.enseignementsup-recherche.gouv.fr/fr/la-convention-sur-la-diversite-biologique-et-le-protocole-de-nagoya-46146 [dernière consultation le 10 juil. 2025].

à un accès satisfaisant aux ressources génétiques et à un transfert approprié des techniques pertinentes, compte tenu de tous les droits sur ces ressources et aux techniques, et grâce à un financement adéquat.

On voit clairement que les ressources génétiques traitées comme un objet juridique sont protégées en fonction de leur possibilité d'utilisation. La conséquence de l'utilisation devrait être un partage juste et équitable des résultats de l'exploitation, selon la CDB. L'on peut donc dire que les ressources génétiques sont l'unité d'échange de valeurs entre les États qui les fournissent et les États qui les utilisent.

Il faut bien souligner que la CDB vise prioritairement la réglementation de l'accès aux informations, soit directement à l'ADN, soit indirectement à partir des savoirs traditionnels des peuples premiers qui ont développé un mode de vie non utilitaire, mais de partage avec la nature. Du reste, la protection qu'elle envisage s'étend au-delà des écosystèmes ; sa priorité est la conservation de la diversité des informations dont les banques génétiques et la conservation *ex situ* gagnent en importance. Certes, elle fait référence aux ressources biologiques (art. 8 [c], 9[d], 10 [a, b, c, e] et 12[c]), mais en tant que *locus* de protection des informations génétiques aussi, doublement mentionnée le matériel génétique ayant une valeur. Ce qui signifie qu'indépendamment de l'organisme, la ressource est un objet juridique traité par la Convention de même que la valeur qu'elle contient (art. 2).

Une information protégée dans la CDB n'est mentionnée que deux fois, dans le préambule et dans l'article 8 (j). Ainsi, le préambule précise que « reconnaissant qu'un grand nombre de communautés locales et de populations autochtones dépendent étroitement et traditionnellement des ressources biologiques sur lesquelles sont fondées leurs traditions et qu'il est souhaitable d'assurer le partage équitable des avantages découlant de l'utilisation des connaissances, innovations et pratiques traditionnelles intéressant la conservation de la diversité biologique et l'utilisation durable de ses éléments », l'article 8 (j) précise que, « sous réserve des dispositions de sa législation nationale, [chaque partie] respecte, préserve et maintient les connaissances, innovations et pratiques des communautés autochtones et locales qui incarnent des modes de vie traditionnels présentant un intérêt pour la conservation et l'utilisation durable de la diversité biologique et en favorise l'application sur une plus grande échelle, avec l'accord et la participation des dépositaires de ces connaissances, innovations et pratiques et encourage le partage équitable des avantages découlant de l'utilisation de ces connaissances, innovations et pratiques ».

On comprend donc que la CDB protège deux genres d'informations comme objets juridiques : l'information génétique et le savoir des peuples autochtones et des communautés locales qui ont construit une profonde connaissance de la nature, de ses usages y compris médicinaux, pour leurs vies et leur bien-être.

Un contrat spécifique, également créé par la Convention, envisage la transmission de ces deux genres d'informations. Même de natures si différentes, les informations génétiques et les savoirs des peuples sont soumis à la même structure juridique, d'organisation, de transfert et d'obtention des avantages. L'objectif de la CDB est d'établir une rétribution pour l'obtention des informations. Une répartition des avantages obtenus par l'usage commercial de l'information génétique et de l'information obtenue des peuples est devenue une obligation, dès lors que les revenus et le développement scientifique et industriel ont été rendus possibles soit en raison de la conservation des espèces, soit parce que les traditions des peuples ont développé une connaissance unique sur les espèces et ses utilisations par les humains.

Selon le contrat d'accès et le partage de avantages prévu par la CDB, l'accès à l'information ou au savoir doit être récompensé par le versement des avantages aux détenteurs du savoir ou de la biodiversité. Cela signifie que soit l'État où se trouve la ressource biologique, soit les populations qui détiennent le savoir, doivent recevoir des valeurs monétaires et non monétaires comme contreparties[25].

---

[25] Une annexe au Protocole de Nagoya (2011) présente ce qui constitue les avantages monétaires et non monétaires. Partage des résultats de la recherche et de la mise en valeur; b) Collaboration, coopération et contribution aux programmes de recherche scientifique et de mise en valeur, notamment aux activités de recherche biotechnologique, autant que possible dans la Partie qui fournit les ressources génétiques ; c) Participation au développement de produits ; d) Collaboration, coopération et contribution à l'éducation et à la formation ; e) Accès aux installations de conservation *ex situ* de ressources génétiques et aux bases de données ; f) Transfert, au fournisseur des ressources génétiques, des connaissances et technologies à des conditions équitables et qui soient les plus favorables, y compris à des conditions privilégiées et préférentielles s'il en est ainsi convenu, en particulier des connaissances et de la technologie qui utilisent les ressources

Toutefois, en examinant les caractéristiques de ces deux objets juridiques, il apparaît qu'ils ont une nature collective et commune. En effet, l'information sur les espèces n'appartient à personne puisque c'est un don de la Nature. En outre, le savoir construit par les populations autochtones ne peut pas être individualisé puisque c'est une construction collective qui s'est formée au fil du temps par des générations de cultures différentes.

Le contrat regroupe les objets d'usage commun et collectif et les transforme en unité de valeur. Il viabilise son entrée dans le marché par le transfert à l'usage privé à une entreprise ou à un centre de recherche. C'est une transformation qui a des effets sociaux, économiques et juridiques. On parle de partage juste et équitable des avantages comme contrepartie du transfert. Toutefois, les questions relatives au montant, à la teneur et au bénéficiaire restent toujours complexes et non résolues. Le contrat est une simplification juridique de la réalité puisqu'il simule une relation bilatérale de transfert de propriété lorsqu'en réalité, l'une de ses parties est une collectivité indéfinie ou sans représentation unitaire, et son objet est un bien commun ou une construction collective façonnée au fil du temps par des générations de cultures différentes.

La norme internationale joue ici un rôle dans la réduction des relations juridiques à un modèle simplifié, en les représentant dans la norme du marché, comme voie d'accès aux ressources génétiques et au développement de la biotechnologie. Nous rejoignons l'abondante

---

génétiques, y compris la biotechnologie, ou qui ont trait à la conservation et à l'utilisation durable de la diversité biologique ; g) Renforcement des capacités en matière de transfert de technologie ; h) Renforcement des capacités institutionnelles ; i) Ressources humaines et matérielles nécessaires au renforcement des capacités pour l'administration et l'application des règlements d'accès ; j) Formation relative aux ressources génétiques avec la pleine participation des pays qui les fournissent et, autant que possible, dans ces pays; k) Accès à l'information scientifique ayant trait à la conservation et à l'utilisation durable de la diversité biologique, y compris les inventaires biologiques et les études taxonomiques ; l) Apports à l'économie locale; m) Recherche orientée vers les besoins prioritaires, tels que la sécurité alimentaire et la santé, compte tenu des utilisations internes des ressources génétiques dans la Partie qui fournit les ressources génétiques s; n) Relations institutionnelles et professionnelles qui peuvent découler d'un accord d'accès et de partage des avantages et des activités de collaboration ultérieures ; o) Avantages en matière de sécurité alimentaire et de moyens de subsistance ; p) Reconnaissance sociale ; q) Copropriété et droits de propriété intellectuelle pertinents ; entre outre.

littérature juridique avec Noiville (1997), Dutfield (2000)[26] parmi tant d'autres, pour rappeler que la Convention sur la diversité biologique est avant tout un instrument juridique d'inclusion des biens communs (biodiversité et information génétique) au sein de relations marchandes mondiales, en leur attribuant une valeur économique, exprimée en valeur monétaire.

Les parties au contrat sont les fournisseurs (généralement les pays du Sud) et ceux qui feront un usage scientifique ou marketing des informations reçues (généralement des institutions localisées dans les pays du Nord). Dans ce contexte, les agents de cette transaction sont, d'une part, l'État fournisseur, souverain sur sa biodiversité, ainsi que les peuples autochtones et communautés locales qui détiennent les savoirs associés aux informations génétiques des ressources de la biodiversité, et d'autre part les pays du Nord, leurs laboratoires et entreprises pharmaceutiques, qui reçoivent les informations sur les ADN.

IV. La propriété intellectuelle relative aux ressources génétiques et aux savoirs traditionnels associés

La Convention sur la diversité biologique a consacré une attention spéciale à la durabilité des ressources et présente des instruments pour y accéder. S'agissant de la protection des écosystèmes, elle présente l'obligation d'évaluation des impacts environnementaux. Mais elle demande aussi le respect et la valorisation des peuples qui vivent dans des écosystèmes et les conservent par leurs rapports durables avec la Nature.

La conservation des écosystèmes est donc liée au principe d'auto-détermination des peuples, dont l'expression prend ici la forme de la nécessité d'obtention du consentement préalable, et donné en connaissance de cause, par la partie qui fournit les ressources génétiques ou les savoirs traditionnels qui y sont relatifs. En somme, la CDB reconnaît les peuples autochtones et les communautés traditionnelles comme gardiens de la biodiversité, capables de mener une vie durable avec la nature et ses technologies et, possédant pour cela un savoir susceptible

---

[26] Christine Noiville, *Ressources génétiques et droit*, Éditions Pedone, Paris 1997 ; Christophe Bellmann *et ali, Trading in Knowledge*, Earthscan Published, 2003.

de partage. Elle cherche à assurer en contrepartie leur liberté de décision quant à la mise en œuvre de ce partage et garantit l'obtention d'une rémunération pour cette action de partage dans un contexte mondialisé.

Selon la CDB, les États sont responsables de la conservation de leur diversité biologique et de l'utilisation durable de leurs ressources biologiques. De plus, ils sont conscients du fait que la conservation et l'utilisation durable de la diversité biologique revêtent la plus haute importance pour la satisfaction des besoins alimentaires, sanitaires et autres de la population de la planète, qui ne cesse de croître, et que l'accès aux ressources génétiques et à la technologie ainsi que leur partage sont de ce fait indispensables.

La durabilité des écosystèmes et donc de la biodiversité dépend de procédures importantes, parmi lesquelles l'article 8 (g) de la Convention qui demande la mise en place des moyens pour réglementer, gérer ou maîtriser « les risques associés à l'utilisation et à la libération d'organismes vivants et modifiés résultant de la biotechnologie, qui risquent d'avoir sur l'environnement des impacts défavorables qui pourraient influer sur la conservation et l'utilisation durable de la diversité biologique, compte tenu également des risques pour la santé humaine ».

En outre, le texte ajoute qu'il est nécessaire de respecter, préserver et maintenir « les connaissances, innovations et pratiques des communautés autochtones et locales qui incarnent des modes de vie traditionnels présentant un intérêt pour la conservation et l'utilisation durable de la diversité biologique et en favorise l'application sur une plus grande échelle, avec l'accord et la participation des dépositaires de ces connaissances, innovations et pratiques et encourage le partage équitable des avantages découlant de l'utilisation de ces connaissances, innovations et pratiques » (art. 8, j).

En réalité, l'expression « utilisation durable » est présente dans presque tous les articles de la CDB, signifiant que ses mécanismes d'appropriation de la biodiversité et des ressources génétiques doivent respecter le paramètre de durabilité. L'on peut en conclure que, selon la Convention, la conservation de la biodiversité soumet l'appropriation de l'information génétique des ressources biologiques ainsi que l'obtention des savoir traditionnels, à une condition de durabilité. En un mot, la pierre angulaire de la CDB est l'accès *durable* aux ressources génétiques de la biodiversité.

Les protocoles qui ont découlé de cette convention tiennent compte de cette valeur directrice. Le Protocole de Nagoya, signé en 2010, et entré en vigueur le 12 octobre 2014, est dédié à établir un cadre juridique international pour l'accès aux ressources génétiques et aux connaissances traditionnelles associées en vue de leur utilisation avec le partage des avantages pour cet accès. Ce protocole demande aux États d'adopter des mesures pour s'assurer que l'accès soit suivi d'un partage juste et équitable pour ceux qui maintiennent la biodiversité, spécialement les peuples autochtones et les communautés traditionnelles. Donc, il faut donc espérer que les États développent une réglementation interne pour établir des règles claires, administratives et contractuelles, ainsi que les garanties, droits, obligations, et responsabilités.

Depuis la Convention sur la diversité biologique, l'Organisation mondiale du Commerce (OMC) doit s'adapter à la création du régime d'accès et de partage des avantages (ABS). L'accord de l'OMC sur la propriété intellectuelle est en effet en révision depuis la Déclaration de Doha en 2001 pour s'adapter au système créé par la CDB. Le paragraphe 19 de cette Déclaration demande la protection des savoirs traditionnels à l'égard de la CDB[27]. Il demande une interprétation de l'Accord sur les ADPIC en relation avec les dispositions de la CDB pour protéger les savoirs traditionnels.

Le 24 mai 2024, les États membres de l'Organisation mondiale de la Propriété intellectuelle (OMPI) ont signé le premier traité à porter sur l'interface entre la propriété intellectuelle, les ressources génétiques et les

[27] https://www.wto.org/french/thewto_f/minist_f/min01_f/mindecl_f.htm.
19. Nous donnons pour instruction au Conseil des ADPIC, dans la poursuite de son programme de travail, y compris au titre du réexamen de l'article 27:3 b), de l'examen de la mise en œuvre de l'Accord sur les ADPIC au titre de l'article 71:1 et des travaux prévus conformément au paragraphe 12 de la présente déclaration, d'examiner, entre autres choses, la relation entre l'Accord sur les ADPIC et la Convention sur la diversité biologique, la protection des savoirs traditionnels et du folklore et autres faits nouveaux pertinents relevés par les Membres conformément à l'article 71:1. Dans la réalisation de ces travaux, le Conseil des ADPIC sera guidé par les objectifs et principes énoncés aux articles 7 et 8 de l'Accord sur les ADPIC et tiendra pleinement compte de la dimension développement.

savoirs traditionnels et à inclure des dispositions particulières pour les peuples autochtones et les communautés locales. Une fois entré en vigueur avec quinze parties contractantes, le traité établira en droit international de nouvelles obligations pour les demandes de brevet dont les inventions sont fondées sur des ressources génétiques ou des savoirs traditionnels associés à des ressources génétiques[28].

Concrètement, le traité prévoit que pour la demande de brevet, si l'invention est fondée sur des ressources génétiques, il sera exigible du déposant la divulgation du pays d'origine des ressources génétiques[29]. Aussi, si l'invention a été fondée ou inspirée par les savoirs associés des peuples autochtones ou des communautés qui ont partagé ces savoirs, il faut donner le crédit qui lui revient à ceux qui la fournissent[30].

La Convention reconnaît qu'une exigence de divulgation internationale relative aux ressources génétiques et aux savoirs traditionnels associés aux ressources génétiques dans les demandes de brevet, contribue à la sécurité et à la cohérence juridiques et présente de ce fait des avantages pour le système des brevets et pour les fournisseurs et les utilisateurs de ces ressources et de ces savoirs[31].

---

[28] https://www.wipo.int/pressroom/fr/articles/2024/article_0007.html.

[29] 3.1 Lorsque l'invention revendiquée dans une demande de brevet est fondée sur des ressources génétiques, chaque Partie contractante exige du déposant qu'il divulgue : a) le pays d'origine des ressources génétiques 2 ; ou b) dans les cas où l'information visée à l'article 3.1.a) n'est pas connue du déposant, ou, lorsque l'article 3.1.a) ne s'applique pas, la source des ressources génétiques. 3.2 Lorsque l'invention revendiquée dans une demande de brevet est fondée sur des savoirs traditionnels associés à des ressources génétiques, chaque Partie contractante exige du déposant qu'il divulgue : a) le peuple autochtone ou la communauté locale, le cas échéant 3, qui a fourni les savoirs traditionnels associés à des ressources génétiques; ou b) dans les cas où l'information visée à l'article 3.2.a) n'est pas connue du déposant, ou, lorsque l'article 3.2.a) ne s'applique pas, la source des savoirs traditionnels associés à des ressources génétiques.

[30] Voir note 37

[31] À ce jour, 38 États membres de l'OMPI ont signé le traité qui a été adopté le 24 mai 2024 lors d'une conférence diplomatique organisée par l'OMPI à Genève. La signature d'un traité témoigne de l'intention de le ratifier. La signature à elle seule ne rend pas le traité juridiquement contraignant. La ratification est le processus par lequel un pays consent officiellement à être lié par le traité. Une fois ratifié, le traité devient juridiquement contraignant pour le pays qui le ratifie, à condition qu'il soit entré en vigueur.
Le traité prendra effet après que 15 instruments de ratification ou d'adhésion auront été présentés à l'OMPI. Lorsqu'un État décide de devenir lié par un traité, il dépose un

Enfin, il faut reconnaître que cette Convention réaffirme que les brevets sont importants pour la promotion de l'innovation, le transfert et la diffusion des connaissances et le développement économique, dans l'intérêt mutuel des fournisseurs et des utilisateurs des ressources génétiques et des savoirs traditionnels associés. Pour la Convention, la brevetabilité est donc le pilier pour la durabilité associée au développement économique.

Conclusion

Une bioéconomie des communs pour assurer le partage juste et équitable des bénéfices tirés de la biodiversité et des savoirs traditionnels

La brevetabilité assure la protection de la propriété intellectuelle dans la commercialisation des inventions, des produits et des procédures qui ont pour base les informations issues de la génétique de la biodiversité ou des savoirs traditionnels des peuples premiers.

La relation économique établie dans ces conditions privatise non seulement les biens qui étaient à disposition de tous, mais permet aussi le développement de biens de marché qui apportent des revenus importants à ceux qui les ont produits, et à ceux qui ont garanti l'existence de cette diversité et ont développé une connaissance profonde de ses usages pour le bien-être humain.

On appelle l'économie basée sur les ressources biologiques, la bioéconomie. Dans la large gamme des produits possibles, les règles prévues par le Protocole de Nagoya ainsi que la brevetabilité prévue par la convention de l'OMPI sont spécifiquement dédiées à la bioéconomie des informations génétiques et des savoirs traditionnels[32].

---

instrument de ratification ou d'adhésion auprès du dépositaire (en l'occurrence, le Directeur général de l'OMPI) et, le cas échéant, prend des mesures pour adopter la législation nécessaire à la mise en œuvre du traité. Le Malawi a été le premier pays à ratifier le Traité de l'OMPI sur la propriété intellectuelle, les ressources génétiques et les savoirs traditionnels associés en déposant un instrument de ratification. https://www.wipo.int/pressroom/fr/articles/2024/article_0019.html [dernière consultation le 10 juil. 2025].

[32] "*The bioeconomy, or biobased economy, is a new model for industry and the economy. It involves using renewable biological resources sustainably to produce food, energy and industrial goods. It also exploits the untapped potential stored within millions of tons of biological waste and residual materials*".

Le bon développement de cette économie dépend de l'adéquate réglementation et de la bonne gouvernance des États. Il faudrait penser également à un système juridique et politique international intégré pour compenser le manque d'équilibre entre les fournisseurs et les utilisateurs des ressources génétiques de sorte qu'effectivement, l'objectif du développement durable qui irrigue toute cette construction, soit atteint.

https://www.biooekonomie-bw.de/en/bw/definition [dernière consultation le 10 juil. 2025].

La protection du patrimoine culturel contre le tourisme de masse et l'avancée de la spéculation immobilière dans la mondialisation au Brésil

Rossano Lopes Bastos

Docteur en archéologie de l'Université de São Paulo
Réseau d'archéologie noire
Membre de l'ICOMOS[1]
Psychanalyste

La mondialisation du commerce a engendré une capacité d'intervention dans l'organisation des sociétés à l'échelle mondiale. Si elle a permis d'accéder à des biens et services variés qui n'étaient pas produits localement ou régionalement, elle a également déstabilisé des communautés entières, des régions, voire des pays, les laissant, pour des raisons variées, exclus et sans accès aux chaînes de production. Dans ce contexte, le tourisme a connu une croissance exponentielle, entraînant un flux sans précédent entre des destinations prisées à travers le monde. L'État de Santa Catarina, situé dans le sud du Brésil, fournit à cet égard une illustration révélatrice de cette dynamique combinant mondialisation, tourisme de masse, spéculation immobilière et emprise incontrôlée sur la matrice environnementale. Il en est résulté une croissance asymétrique et inégale, aggravant la destruction à grande échelle du patrimoine culturel en général, et en particulier du patrimoine des groupes vulnérables, plus spécialement des peuples premiers et afro-brésiliens.

La diversification des itinéraires et l'émergence de nouveaux dispositifs d'accès à la mobilité ont transformé le tourisme mondial de masse en un phénomène courant, qui joue un rôle déterminant dans la préservation et la conservation du patrimoine culturel au Brésil. Nous mettrons ici en

---

[1] L'ICOMOS est le Conseil international des monuments et des sites, c'est une organisation non gouvernementale mondiale associée à l'UNESCO. Sa mission est de promouvoir la conservation, la protection, l'utilisation et la mise en valeur des monuments, des centres urbains et des sites. Elle participe à l'élaboration de la doctrine, à l'évolution et à la diffusion des idées, et mène des actions de sensibilisation et de plaidoyer.

évidence l'exemple de l'État de Santa Catarina, sur le fondement de notre expérience de terrain en tant qu'ancien archéologue fédéral, dédiée à la protection et à la sauvegarde du patrimoine culturel archéologique pendant 34 ans[2].

Il convient de souligner ici que le Brésil dispose d'un cadre juridique solide en matière de protection du patrimoine culturel, institué progressivement depuis la création de l'Instituto do Patrimônio Histórico Nacional (IPHAN) en 1937. Cet institut, porteur d'un projet national, a contribué à forger et affirmer une identité brésilienne, dans un pays encore jeune et entré depuis peu dans la « modernité ».

Face à une politique touristique intensifiée par le phénomène de la mondialisation, l'État de Santa Catarina a connu un important développement urbain – d'abord centré sur la zone côtière, puis s'étendant à l'intérieur des terres jusqu'aux zones montagneuses – qui a profondément affecté un patrimoine culturel, souvent instrumentalisé pour construire un récit d'exclusion à caractère colonial.

Cette expansion immobilière a favorisé la verticalisation des constructions au détriment d'une occupation plus planifiée et rationnelle. L'urbanisation s'est ainsi alignée sur des schémas déjà existants, sans les remettre en question. Elle a ainsi contribué de manière décisive à la destruction d'une grande partie du patrimoine culturel, notamment archéologique, et en particulier celui qui témoigne de l'héritage des cultures autochtones et afro-descendantes.

L'expansion immobilière ne répond pas seulement aux flux internes, mais est également conçue pour accueillir, à grande échelle, des visiteurs attirés par un rêve touristique vendu par des médias institutionnels et privés. Il s'avère que l'expansion immobilière nécessite des routes, des rues, des avenues, des transports, des infrastructures d'accueil, des hôtels, des auberges qui, construits de manière désordonnée, peuvent également être des facteurs importants de destruction du patrimoine culturel. Il importe

---

[2] La trajectoire professionnelle de l'auteur s'est déroulée principalement au sein des surintendances de Santa Catarina et de São Paulo, entre 1985 et 2019, avec également une mission au District fédéral de Brasília, en tant que coordonnateur national de l'archéologie à l'IPHAN, de 2001 à 2003, période au cours de laquelle de nombreuses évolutions ont été entreprises et réalisées.

de souligner qu'une enquête réalisée en 1990 sur la base des archives archéologiques de l'IPHAN, a révélé que 65 % de la destruction, de la mutilation et des impacts négatifs sur le patrimoine archéologique identifié provenaient d'activités gouvernementales au sens large, incluant des municipalités, des États et des agences gouvernementales fédérales, comme l'agence de construction d'autoroutes, ponts, viaducs et autres infrastructures de mobilité.

Le sud du Brésil, du milieu à la fin du XIXe siècle, a également été choisi pour donner du sens au projet hégémonique de blanchiment de la population brésilienne. On peut ainsi observer des politiques d'invisibilité programmée du patrimoine culturel lié aux peuples autochtones et afro-brésiliens, et de potentialisation de la colonialité, liée aux immigrants allemands, italiens et suisses, qui ont été encouragés à occuper les terres et territoires appartenant à l'origine aux peuples autochtones. Face à la catastrophe climatique, dont l'ampleur est ressentie de manière plus brutale par les exclus, l'action à l'échelle mondiale est devenue une nécessité impérieuse afin de retarder autant que possible la fin de l'espèce humaine. Ici, je dis bien retarder, parce qu'il semble que l'extinction soit désormais considérée comme une perspective inévitable par divers chercheurs et spécialistes de l'Anthropocène[3].

Au Brésil, la région sud a récemment été confrontée à des inondations dévastatrices, notamment dans l'État du Rio Grande do Sul – voisin de l'État de Santa Catarina – dont les destructions sont telles qu'elles n'ont pas été mesurées dans leur intégralité. Dans le nord du pays, les rivières, autrefois vigoureuses, sont à sec ; la population riveraine est confrontée à la sécheresse et à la faim, laissée sans ressources ni plan d'urgence. Dans le reste du pays, dans toutes les régions, les incendies se propagent en raison du réchauffement climatique combiné à des actions notoirement criminelles qui profitent du changement climatique – en particulier du réchauffement – pour s'approprier les terres. Ces actions visent en

[3] L'Anthropocène est une époque géologique proposée, qui reconnaît l'impact significatif des activités humaines sur la planète Terre. Selon Crutzen, l'Anthropocène marque une nouvelle ère dans laquelle les actions humaines sont dominées par une force géologique dominante, affectant le climat, la biodiversité et les écosystèmes. Cette perspective met en évidence la nécessité d'une approche plus soutenue et responsable envers l'environnement. *Cf.* Paul J. Crutzen « Geology of making », *Nature*, vol. 415, numero 6867, p. 23, 2002.

particulier à expulser les populations traditionnelles, afro-descendantes et autochtones, qui défendent une relation à la terre fondée sur la préservation et l'usage durable, en opposition aux logiques de l'agro-industrie intensive. Ces phénomènes environnementaux et sociaux ont un impact profond sur les dynamiques de sélection patrimoniale compromettant la préservation du patrimoine culturel, en particulier archéologique.

Autrefois, l'Amazonie brésilienne jouait un rôle essentiel dans l'équilibre climatique mondial, notamment grâce à son apport en oxygène et à son influence sur les précipitations dans d'autres régions à travers le phénomène dit des « rivières volantes ». Aujourd'hui, elle est devenue le plus grand producteur de gaz à effet de serre au monde, notamment en raison des immenses incendies qu'elle connaît. Nous pointons du doigt l'Amazonie, mais c'est en réalité tout le Brésil qui brûle, résultat d'actions criminelles à court, moyen et long terme. Et la négligence des pouvoirs institués, qu'ils soient municipaux, étatiques, fédéraux, avec le consentement notoire de la magistrature de l'État, forment une équation apocalyptique et dévastatrice, où la barbarie s'installe progressivement dans tous les quadrants de la Terre.

Dans un tel scénario, il s'agit de déterminer dans quelle mesure l'exclusion sociale contribue au péril que le changement climatique constitue pour le patrimoine culturel, et *in fine* pour l'espèce humaine ; un péril lié à une forme d'hégémonie destructrice, des écosystèmes existants autant que du patrimoine culturel. L'éducation est ici un outil fondamental, une base précieuse pour générer et transmettre la connaissance et sensibiliser à la coexistence collective, seul moyen d'atténuer les dégâts d'une tragédie socio-environnementale en pleine construction. Ce diagnostic, bien que synthétique et partiel, révèle l'ampleur des défis que représente l'application, même minimale, des principes fondamentaux de protection d'un patrimoine culturel pluriel.

Les instruments juridiques, nombreux, semblent insuffisants pour inverser le cours de cette destruction qui nous touchera tous, les plus vulnérables en premier. Le consensus normatif sur la protection des droits de l'homme et des droits culturels exige l'engagement effectif de tous.

Pourtant, notre expérience dans la protection et la tentative de valorisation du patrimoine culturel archéologique dans le sud du Brésil enseigne que, pour être effectifs, les pactes, les accords, les protocoles et la coopération doivent être accompagnés d'une mobilisation sociale constante, permanente, efficace, diverse et multiforme. Une telle utopie exige aussi que le marché soit en quelque sorte « domestiqué », pour qu'il ne puisse pas s'imposer comme la matrice et la force motrice de l'arrangement de l'humanité au profit d'une minorité. Cet ensemble d'idées et de catégories portées à la présente réflexion tend vers une citoyenneté planétaire, différente de celle qui élit des sous-citoyens.

Les propos qui suivent développent les nombreux thèmes qui s'entrecroisent dans cette réflexion introductive : la protection et la valorisation du patrimoine culturel (**I**), le tourisme de masse, l'expansion immobilière effrénée et ses effets indésirables (**II**), l'exclusion, la mondialisation, les risques, les droits de l'homme et culturels (**III**). Précisons sans attendre que le patrimoine culturel sera essentiellement envisagé ici au prisme du patrimoine culturel archéologique – car tout est, ou deviendra, archéologique ; et ce qui ne l'est pas encore le deviendra. Ce choix méthodologique reflète notre formation d'archéologue et notre engagement de longue date sur le terrain dans les régions mentionnées, d'où nous écrivons et à partir de l'exemple desquelles nous proposerons des pistes de réflexion.

I. Les concepts de patrimoine culturel au Brésil

Le patrimoine culturel brésilien est constitué de biens matériels et immatériels, pris individuellement ou dans leur ensemble, porteurs de référence à l'identité, à l'action et à la mémoire des différents groupes qui forment la société brésilienne. Ils comprennent les ensembles urbains et les sites de valeur historique, paysagère, artistique, archéologique, écologique et scientifique, conformément à la Constitution fédérale de 1988[4]. Comme annoncé précédemment, nous mettrons l'accent sur le patrimoine culturel archéologique, défini par Messieurs Mendonça de

[4] Constitution brésilienne de 1988, http://www.planalto.gov.br/ccivil_03/constituicao/constituicao.htm (dernière consultation le 17 déc. 2024).

Souza et Souza[5], comme l'ensemble des lieux où vivaient les populations préhistoriques, ainsi que toutes les preuves des activités culturelles de ces groupes passés, y compris leurs vestiges biologiques. Le patrimoine archéologique comprend donc non seulement les biens matériels (objets en pierre, ossements, céramiques, vestiges d'habitations, traces de sépultures funéraires), mais aussi et surtout les informations qui peuvent être déduites, par exemple de sa disposition géographique, des formes adoptées pour occuper l'espace ou encore des contextes écologiques retenus à cet effet. Ainsi, reprenant la logique d'écrits précédents, « dans l'éventail qui rassemble le patrimoine culturel, catégorie légitime de droits culturels, c'est le patrimoine archéologique qui sera choisi ici, car il nous semble que, parmi les innombrables distinctions, c'est celle qui rassemble le plus d'éléments et qui peut avoir une ampleur qui englobe divers segments de la pensée patrimoniale et ses rapports avec les droits de l'homme »[6].

Au Brésil, en principe, tout le patrimoine culturel peut être considéré comme archéologique, car tout sera archéologique dans la succession du temps et de l'espace. En outre, selon la Charte de Lausanne[7], le patrimoine archéologique « englobe toutes les traces de l'existence humaine et concerne les lieux où se sont exercées les activités humaines quelles qu'elles soient, les structures et les vestiges abandonnés de toutes sortes, en surface, en sous-sol ou sous les eaux, ainsi que le matériel qui leur est associé ».

Nous avons déjà pu constater[8] que la liberté de mener des recherches scientifiques et la possibilité inhérente de débats académiques n'ont été à nouveau garanties, dans le scénario politico-académique brésilien, qu'après 1985. Contrairement aux contextes des années 1920 et 1930,

---

[5] Alfredo A. C. Mendonça De Souza & Joel C. Souza, *O patrimônio arqueológico da Região Metropolitana do Rio de Janeiro*, ISCB, Rio de Janeiro, 1981.

[6] Rossano Lopes Bastos, « O registro arqueológico como instrumento de memória social", in *Revista Arqueologia Pública, Campinas*, nº 4, 2011, p. 59, https://doi.org/10.20396/rap.v4i1.8635793.traduction libre de l'auteur.

[7] ICOMOS, 1990. (1). Charte de Lausanne, Charte pour la protection et la gestion du patrimoine archéologique, 1990.

[8] Rossano Lopes Bastos, Pedro Paulo A. Funari, « Archéologie publique et gestion du Patrimoine archéologique et culturel brésilien », *in* Helaine Silverman et William Harris Isbell (ed.), *Handbook of South American Archaeology*, v. 1, New York, Springer, 2008, pp. 1127-1133, spec. p. 1129.

représentés par Childe et Lopes[9] ou des années 1940 et 1960, exprimés dans les luttes de Paulo Duarte[10], l'ouverture politique du pays s'est accompagnée de l'élaboration d'une législation étatique pour la protection des sites, monuments et collections archéologiques, ainsi que de la réouverture des discussions sur l'épistémologie de l'archéologie elle-même[11].

Dès lors, le patrimoine culturel sera compris et débattu ici comme un instrument d'assimilation des territoires de pouvoir, un lieu de confirmation des identités culturelles et de sophistication du commandement, de la domination et de l'exploitation. Nous acceptons désormais la catégorie du patrimoine culturel comme un terrain de contestation et de confirmation de l'identité et des territoires.

La mémoire et l'oubli étant des matières premières de la construction du patrimoine, nous avons recherché quelques attributs pour le penser et le représenter comme un façonneur de territoire et d'identités[12]. Face aux nouvelles exigences relatives aux droits fondamentaux des communautés noires, autochtones et traditionnelles en Amérique latine, nous avons l'obligation éthique de penser le patrimoine dans son extension et sa temporalité, en y intégrant les conséquences des formes nouvelles et anciennes d'oppression et d'exploitation. Au Brésil, le fait que la démocratie ait une place historique marginale et qu'elle demeure de faible intensité – malgré l'aspiration officielle à l'universalisation démocratique – trouve un écho dans le domaine de la mémoire collective et de la construction du patrimoine culturel. Ce contexte se manifeste notamment par la prédominance accordée à la préservation de symboles architecturaux issus de l'époque coloniale, tels que les grandes demeures coloniales, au détriment d'autres formes de patrimoine culturel, en particulier celles liées aux populations historiquement marginalisées.

---

[9] Rossano Lopes Bastos (2020). Gestão do patrimônio arqueológico frente ao turismo de massa no Brasil. Revista Brasileira de Patrimônio Cultural, 15(3), 45-67.

[10] Paulo Duarte, « A criação da Comissão de Pré-História e a proteção dos sambaquis », in *Revista de Arqueologia Brasileira*, São Paulo, n° 12, 1961, p. 45, traduction libre de l'auteur.

[11] Boaventura de Sousa Santos. Epistemologias do Sul. Revista Brasileira de Educação, v. 15, n° 45, 2010.

[12] Rossano Lopes Bastos et Marise Campos Souza, *Gestion du patrimoine archéologique*, M. C. IPHAN, São Paulo/SP, 3e ed., 2010. p. 24.

II. Tourisme culturel et tourisme de masse

Le patrimoine culturel archéologique constitue une ressource fondamentale pour le développement. Toutefois, il ne peut être mobilisé de manière légitime comme vecteur de développement touristique qu'à la condition préalable d'avoir été investi comme outil d'éducation au patrimoine et de promotion de l'inclusion sociale. Il n'y a aucun moyen de transformer véritablement le patrimoine culturel archéologique en un vecteur de développement touristique « durable », sans lui garantir au préalable les attributs nécessaires à l'appropriation publique, puisque les biens archéologiques sont par définition des biens à portée sociale. L'histoire de la gestion du patrimoine archéologique au Brésil est marquée par une lutte constante visant à garantir que ces biens soient reconnus comme un héritage collectif, accessible à l'ensemble de la population. Pourtant, force est de constater que les efforts déployés dans ce sens n'ont pas atteint leurs objectifs, et que les résultats demeurent largement insuffisants.

Les entreprises ne doivent pas laisser cette responsabilité à la charge exclusive de l'État, mais doivent stimuler et participer à la production de conditions objectives pour le respect de bonnes pratiques du tourisme durable, qui profiteront certainement aux marchés et à la valorisation de leurs produits et services. Ainsi, parler du patrimoine culturel archéologique comme vecteur de développement touristique nous amène à des questions essentiellement liées à la publicisation, à la socialisation et à l'inclusion de ces biens dans la construction de la citoyenneté. Ces prémisses fondamentales ont été largement ignorées. En premier lieu, pour garantir l'effectivité de ce que nous nommerons ici la citoyenneté culturelle, il est nécessaire de veiller à ce qu'elle soit prise en compte dans le processus de développement touristique. L'un des vecteurs de développement touristique qu'il faut lier au patrimoine culturel archéologique est le patrimoine naturel, les beautés naturelles, les paysages historiques. Alors, il devient nécessaire d'appliquer des connaissances interdisciplinaires et transdisciplinaires pour les mettre au service de la société, tout en contribuant à la construction de nouvelles catégories. Cette approche en vases communicants fait émerger des valeurs nouvelles, qui renforcent les attractions touristiques locales. Le patrimoine culturel archéologique sera toujours un bien de valeur sociale, symbolique, affective et politique, qui peut et doit constituer un instrument de citoyenneté et de développement ; et pour cette raison, il doit être partagé dans son essence, sa substance et dans les fruits de sa sociabilité. Pour ce faire, il est nécessaire d'avoir un engagement civilisateur et citoyen qui fait de plus en plus défaut.

Le tourisme culturel, en particulier archéologique, nécessite la médiation de la mémoire. Cette mémoire visite le passé et invoque toutes les contingences présentes ; le passé en est révélé. Ainsi réalisé, le passé ne sera plus seulement un sujet académique, mais il sera resignifié par notre expérience présente[13]. La réalité du tourisme est un amalgame dans lequel le temps et l'espace, le divertissement, l'économie, la technologie, l'imaginaire, la communication, l'idéologie, font partie d'un phénomène postmoderne, dans lequel le protagoniste est le sujet, tant producteur que consommateur de la pratique sociale touristique. Selon Susana Gastal et Jost Kripperndorf[14], le tourisme est à la recherche d'un ensemble de concepts et de catégories théoriques qui permettent à la fois l'investigation et la critique des idées et de la praxis, ainsi que la création d'un langage commun pour les chercheurs et les autres parties intéressées. Les études de terrain menées dans le domaine du tourisme sont si fertiles que leur élaboration théorique nécessite une plus grande systématisation. Une épistémologie du tourisme, selon Marutschka Moesch[15], implique un soin théorique, tiré de la compréhension fine d'une pratique sociale qui se diffuse de manière différenciée, basée sur des subjectivités infiniment diverses et les expériences multiples des sujets qui les pratiquent, dans un monde globalisé. Le tourisme est peut-être le phénomène le plus mondialisé dans un monde de mondialisations. La postmodernité abolit les frontières et impose la recherche d'universalités. Elle fait aussi l'éloge de la différence[16], bien qu'elle tende à être uniformisée dans ses attributs. Le tourisme postmoderne a de plus en plus recours à des objets représentatifs de ces liens affectifs, autant ou plus que les magnifiques exemples de la culture et de l'histoire occidentales, car les voyageurs contemporains exigent des relations plus étroites avec la vie quotidienne

---

[13] Susana Gastal et Jost Krippendorf (ed.), *Turismo e Investigação Crítica*, ed.. Contexto, São Paulo, 2002.

[14] *Ibidem*, p. 7.

[15] Marutschka M. Moesch, « Para Além das disciplinas: O Desafio do Próximo Século », *in* Susana Gastal et Jost Krippendorf (ed.), *Turismo e Investigação Crítica, op. cit.*, p. 115-125.

[16] *Ibidem*.

des lieux visités. De cette façon, le tourisme postmoderne a de plus en plus besoin d'être mis en relation avec :

- le patrimoine culturel archéologique, qui établit des liens avec le passé le plus lointain, opérant symboliquement et psychiquement notre sentiment de continuité en tant qu'êtres vivants de la nature ;
- le paysage, qui est un regard humain que nous consacrons à notre environnement naturel et artificiel, transformé en nature naturelle et en nature culturelle ;
- le patrimoine culturel environnemental, qui fait référence à tout ce que nous choisissons comme environnement, y compris la nature, car la nature est aussi culture ;
- le patrimoine culturel naturel.

Il n'y a aucun moyen de transformer véritablement le patrimoine culturel archéologique en un vecteur de développement touristique durable, sans lui garantir au préalable les attributs nécessaires à l'appropriation publique, car les biens archéologiques sont par définition, comme nous l'avons déjà dit, des biens à portée sociale.

A. Le tourisme et le patrimoine culturel : éléments de base

Notre contribution vise à énoncer des principes de base que nous comprenons comme le point de départ de toute initiative qui se veut un instrument durable de développement touristique basé sur la matrice du patrimoine culturel archéologique. Certaines propositions concrètes illustrent cette démarche.

Elles incluent :

- la réinterprétation du patrimoine culturel archéologique dans la vie quotidienne, la génération d'occupation et de revenus et la démarcation des espaces touristiques ;
- l'appropriation de l'espace et la conception du lieu par la population locale ; la participation locale à la recherche et à la socialisation des éléments constitutifs du patrimoine ;

- l'analyse du patrimoine culturel archéologique et l'étude de l'espace culturel : inscription, enregistrement, restauration, reconstruction, réutilisation, resignification ; ce sont des catégories qui ne sont plus immuables, il est nécessaire de resignifier de tels lieux face à la participation locale et communautaire ? ;
- l'interprétation du patrimoine culturel archéologique et environnemental dans la durabilité du différentiel touristique doit toujours être une tâche collective.

B. Différentiels dans le tourisme culturel archéologique

Notre manière d'utiliser nos ressources, qu'elles soient naturelles ou culturelles, reste largement marquée par une logique de type « terre brûlée », héritage du projet colonial où il ne s'agissait pas de construire une nouvelle civilisation, mais bien de privilégier, dès le départ, le pillage et l'exploitation. Si une grande partie des paysages et du patrimoine culturel subsistent encore aujourd'hui, c'est en raison soit d'une incompétence dans l'exploration, soit d'un renoncement au pillage. C'est dans la perspective du travail sur les différences que nous trouvons la plus grande richesse et la plus grande difficulté, précisément à cause du manque de tradition dans ce domaine. La muséologie et ses déclinaisons offrent un point d'ancrage pour la construction de relations différentielles dans le tourisme culturel archéologique. Selon Maria Cristina de Oliveira Bruno, la muséologie est une discipline appliquée, qui « correspond au traitement des problèmes liés à l'appropriation des biens culturels par les différents segments sociaux, sur la base de procédures de sauvegarde et de communication des indicateurs de mémoire »[17]. Elle souligne également qu'elle dispose d'une « chaîne opérationnelle de procédures technico-scientifiques, qui articule la conservation de la matérialité des objets, la documentation des informations respectives, l'élaboration de discours explicatifs et la mise en œuvre de stratégies éducatives et d'actions culturelles ». Cette compréhension appelle aujourd'hui de nouveaux

[17] Maria Cristina de Oliveira Bruno, "Museus, identidades e patrimônio cultural", DOI: https://doi.org/10.11606/issn.2594-5939.revmaesupl.2008.113503.

paradigmes d'inclusion sociale et de nouvelles façons de construire et représenter le patrimoine.

C'est la muséologie qui nous donnera la méthodologie pour transformer le patrimoine culturel (un ensemble de biens, résultat des relations de l'homme avec l'environnement et les autres hommes, ainsi que des interprétations de ces relations) en patrimoine culturel (prise de conscience de l'existence d'un patrimoine, assumé comme un ensemble de signes, qui permettent l'identification de l'individu par rapport à lui-même et au groupe auquel il appartient, dans le temps et l'espace). Mais c'est aussi là que se manifestent de nouvelles actions dans l'interprétation et la manière de se montrer à l'autre. Les muséalisations pour transmettre l'information à la société et ce processus supposent la connaissance, l'enregistrement et la mémoire. Ce processus de muséalisation doit ainsi prendre en compte l'information portée par les objets, en tant que documents susceptibles d'être interprétés par un nombre croissant de personnes. Ils doivent témoigner de leur époque et de leur contexte, tout en offrant une lecture aussi fidèle et complète que possible, dans laquelle l'histoire ne soit pas exclusivement celle des vainqueurs et des colonisateurs.

Nous devons aborder les biens patrimoniaux et leur préservation comme des indicateurs de la mémoire (objets, sens et significations). Le patrimoine acquiert ici un sens collectif, un bien commun à la collectivité. La sauvegarde, entendue comme conservation et documentation, est aussi un passeport pour l'avenir. Par conséquent, il est essentiel que le patrimoine soit préservé, conservé et interprété, dans sa pluralité. La communication (exposition, action éducative et culturelle) a un rôle prépondérant dans l'interaction à établir avec le public. Les produits de ces actions consistent en une conservation adéquate du patrimoine, une gestion de l'information, des discours d'exposition, ainsi que des stratégies éducatives et des programmes culturels plus larges qui contribuent efficacement au développement d'un équilibre identitaire entre la communauté et le patrimoine culturel. Les actions muséales développées en réseau (virtuel et réel) constituent de grands atouts, puisqu'elles permettent de mobiliser un plus grand nombre de personnes. Il en va de même pour les musées archéologiques thématiques, y compris les écomusées et les musées communautaires, où la communauté est pensée comme étant intégrée au patrimoine et vise l'autogestion. L'État de Santa Catarina dispose d'un nombre important d'espaces muséaux par rapport au reste du Brésil, mais les musées et les espaces similaires ne représentent pas un continuum d'occupation et d'expérience sur le territoire. Les musées de la ville, avec leurs espaces publics, leurs itinéraires et lieux de mémoire, peuvent et doivent être utilisés de manière intégrée à la vie quotidienne. Par conséquent, afin de penser la préservation de ces espaces et de leur patrimoine de manière intégrale, il est nécessaire d'insister sur l'importance de l'éducation au patrimoine – un processus permanent et systématique centré sur le patrimoine culturel comme source première de connaissances – qui, en tant qu'instrument d'alphabétisation culturelle, permet à l'individu d'avoir une lecture plus large, plurielle et interrogative du monde qui l'entoure.

C. Instruments de valorisation

La coordination des initiatives visant à assurer la pérennité des efforts de valorisation doit nécessairement passer par différentes voies :

- les voies culturelle, sociale, technologique, administrative, touristique : la bonne utilisation des monuments, sites et biens archéologiques d'intérêt social, historique, archéologique et artistique implique avant tout la coordination des initiatives et des efforts de nature culturelle, démocratique et économico-touristique. Dans la mesure où ces intérêts coïncidents s'unissent et s'identifient mutuellement, les résultats recherchés seront satisfaisants ;

- un fondement juridique solide et des instruments techniques : il est nécessaire de coordonner les bases juridiques et les instruments techniques qui rendent possible une action efficace de réévaluation et de revitalisation du patrimoine culturel et archéologique ;

- la législation, l'organisation technique et la planification stratégique nationale efficaces : d'un point de vue culturel, ce sont des conditions préalables à toute finalité officielle visant à la revalorisation de son patrimoine culturel archéologique ;

- l'intégration aux différents niveaux de gouvernement (protection, promotion, normalisation) : dans cette variable interinstitutionnelle, la première réunion des gouverneurs, des secrétaires d'État de l'aire culturelle, des maires des municipalités intéressées, des présidents et des représentants des institutions culturelles, qui a eu lieu à Brasilia en avril 1970, d'où provient un document historique intitulé « Engagement de Brasilia »[18]. Parmi les nombreux points formulés à l'occasion de la réunion, il convient d'en mentionner quelques-uns, validés par toutes les personnalités alors présentes et qui nous semblent fondamentaux pour la compréhension de la question interinstitutionnelle.

  Il s'agit de :
  - reconnaître la nécessité urgente pour les États et les municipalités de prendre des mesures complémentaires à l'action fédérale, pour la protection des biens culturels de valeur nationale ;
  - recommander la préservation du patrimoine paysager et archéologique des zones marines ; et
  - proposer une législation appropriée qui subordonne les concessions dans ces zones à l'audition préalable des organismes chargés de la défense des biens historiques et artistiques.

D. Le patrimoine culturel : vecteur de développement

L'un des vecteurs de développement touristique à associer au patrimoine culturel archéologique est le patrimoine naturel, paysager, environnemental. Ainsi, les attractions touristiques deviennent une valeur pour les communautés locales.

L'approche de la gestion des risques appliquée au patrimoine culturel archéologique au Brésil implique de définir certains concepts liés à l'émergence de la société du risque. Selon Ulrich Beck[19], la clé principale

---

[18] Engagement de Brasilia signé le 3 avr. 1970 par le ministre d'État de l'époque, par les institutions et secrétariats de l'État et des municipalités pour renforcer la protection et la préservation du patrimoine culturel sur l'ensemble du territoire national.

[19] Ulrich Beck, *Sociedade de risco – Rumo à outra modernidade,* traduit par Sebastião Nascimento, Éditeur 34, 2010.

pour comprendre l'émergence de la société du risque réside dans la reconnaissance qu'une telle société n'est pas radicalement opposée à la société industrielle, mais qu'elle est au contraire le résultat de la consommation de ses propres objectifs. Considérant que le premier processus de modernisation mené au sein de la société industrielle depuis le xixe siècle visait essentiellement à éliminer la dépendance humaine vis-à-vis des besoins matériels de l'existence par l'application des connaissances scientifiques à la production économique. La science archéologique, transformée en instrument de production, et déjà combinée au xxe siècle, avec l'action de l'État social dans les pays capitalistes avancés, a bien rempli son rôle et son objectif, mais non sans produire des risques qui menacent l'existence même de l'humanité. Cette dynamique paradoxale du processus de modernisation qui, lorsqu'elle remplit ses objectifs, se retourne contre elle-même, est ce qu'Ulrich Beck appelle la modernité réflexive, la nouvelle modernité, par opposition à la modernisation pure et simple.

L'une des premières conditions du succès de la modernisation est la subordination de la science aux fins de la production économique. Comme ces fins ne coïncident pas toujours avec des fins sociales et humaines, mais sont plutôt liées à la recherche du profit, le développement technico-scientifique produit souvent des technologies qui menacent la santé humaine, telles que les radiations nucléaires, la transgénique, la contamination des aliments, la guerre technologique et l'exploitation négligente de sites et de monuments culturels et archéologiques. De la même manière, guidée par le critère de la production pour la production, la modernité ne connaît pas de limites dans l'appropriation des ressources naturelles et culturelles, provoquant des déséquilibres environnementaux, sociaux et culturels et des catastrophes écologiques.

Sur la côte de l'État de Santa Catarina, se trouvent les plus grands sites archéologiques connus de *sambaqui*[20], monticules de coquillages présents

[20] Les monticules de coquillages sont des lieux essentiellement constitués de plusieurs couches de sable, de terre et de coquillages. Leur construction est un processus continu, et certains monticules de coquillages peuvent être actifs pendant des milliers d'années, atteignant un périmètre de 100 000 mètres carrés avec une altitude de 50 mètres. À l'intérieur, on trouve de nombreuses traces d'activité humaine, notamment des artefacts lithiques, en os et en coquillages, des incendies, des sépultures humaines et divers restes

sur les côtes du monde entier. Cependant ils ont été exploités commercialement, pendant des décennies, pour la fabrication de chaux et de remblais, car ils sont principalement fabriqués à partir de coquilles de mollusques et de restes de poissons, amassés par les chasseurs-cueilleurs côtiers qui habitaient la région depuis 6 000 ans. Les dangers de la société du risque-crises économiques, chômage, catastrophes environnementales, absence de liens stables d'appartenance et affectifs, indéfinition de l'identité personnelle – n'en sont pas des effets secondaires, mais des produits systémiques. Ces risques touchent tout le monde, indépendamment du sexe, de la classe ou de la nationalité. La nouveauté des risques de la nouvelle modernité, ou postmodernité, ou hypermodernité tient à leur invisibilité (ils sont dans l'air, dans l'eau, dans les formules chimiques, dans les aliments), leur transversalité (ils ne respectent aucune division sociale et géopolitique) et leur irréversibilité (ils sont systémiques, s'inscrivant dans les dynamiques de modernisation).

Les effets menaçants et universels produits par la société du risque contiendraient à la fois un potentiel politique, c'est-à-dire qu'ils éveilleraient une conscience collective sur la nécessité de critiquer ses fondements concrètement sur le processus de modernisation et ses variantes actuelles. L'accident nucléaire de Fukushima en 2011 au Japon, après une secousse de 9,0 sur l'échelle de Richter, suivie d'un tsunami, pose bien la mesure des préoccupations que nous apportons à la discussion pour les entreprises et pour l'État dans sa promotion du développement et dans la production d'énergie à cette fin. Ces événements sont les marqueurs d'une dynamique prédatrice qui, associée aux événements météorologiques extrêmes, contribue à l'impact négatif sur la matrice qui forme le patrimoine culturel archéologique. Le problème ici, est que, si nous nous trouvons dans une société du risque, la gestion de ce dernier demeure insuffisante. Si même une société comme le Japon, qui a pour fondement culturel l'expérience des tragédies nucléaires et des tremblements de terre, a subi de nombreux décès et destruction en 2011,

d'animaux et de plantes. Compte tenu de la manière dont ils ont été construits et des traces qui s'y trouvent, les monticules de coquillages sont considérés comme assez complexes. C'est aussi en raison de cette richesse et de cette complexité que nous avons des informations sur l'identité des monticules de coquillages, auxquels ressemblaient leurs vies et leurs coutumes.

qu'en est-il des nations et territoires qui n'ont pas de plans d'urgence efficaces pour faire face aux catastrophes naturelles, anthropiques et culturelles ? La gestion des risques est une réalité qui doit être affrontée avec compétence, honnêteté, courage et rapidité, sans quoi nous assisterons à l'effondrement de nations, d'entreprises et de sociétés entières. Si la société est en danger et la gestion est risquée, il n'y a plus de place d pour l'improvisation. La planification responsable des situations d'urgence et l'atténuation des risques en cas de catastrophes de grande ampleur sont nécessaires.

Dans ces circonstances, la préoccupation pour le patrimoine culturel devient d'une importance fondamentale, car la communauté locale détient les connaissances empiriques accumulées au fil du temps. Mais ceux qui connaissent et conservent les références culturelles matérielles et immatérielles peuvent disparaître, selon le degré de gravité des catastrophes subies. Face à la tragédie des marées noires, la négligence des compagnies pétrolières, qui ne donnent la priorité qu'aux coûts financiers et formulent leurs réponses sans planification stratégique ni attention technique, a entraîné des pertes environnementales, a entraîné des pertes environnementales, sociales et du patrimoine culturel archéologique. Au fil des décennies, dans le travail de préservation des sites archéologiques sur la côte sud et sud-est du Brésil, nous avons constaté la mutilation de sites archéologiques, à la suite de marées noires causées par des navires en transit dans les mers voisines [21] . Le manque d'appréciation et de connaissance, objective et responsable, du patrimoine culturel archéologique, trouve des illustrations dans le monde entier. L'on peut ainsi mentionner la marée noire dans le golfe du Mexique en 2010, et la responsabilité de British Petroleum (BP) dans la génération d'un dommage archéologique ultérieur : l'équipement destiné à minimiser le déversement avait été installé sur un site archéologique important de la région, entraînant sa destruction[22]. Cet exemple montre que l'intervention visant

[21] Instituto do Patrimônio Histórico e Artístico Nacional (IPHAN), « Relatórios técnicos sobre os impactos de marés negras no patrimônio arqueológico do litoral Sul e Sudeste do Brasil », Brasília, IPHAN, 1990-2010. Traduction libre de l'auteur.

[22] National Commission on the BP Deepwater Horizon Oil Spill and Offshore Drilling, "Deep Water: The Gulf Oil Disaster and the Future of Offshore Drilling", Washington, Report to the President, 2011, p. 3, https://www.govinfo.gov/content/pkg/GPO-OILCOMMISSION/pdf/GPO-OILCOMMISSION.pdf. Traduction libre de l'auteur.

à réparer les dommages a été préparée et exécutée – une fois de plus – de manière négligente, par des techniciens et des administrateurs qui n'ont pas la formation requise pour exercer des fonctions en situation de risque et de crise. L'ignorance totale des différents facteurs environnementaux, sociaux et culturels en cause montre l'absence complète de préparation de l'entreprise pour faire face à des demandes de nature exceptionnelle, telles que la catastrophe en cause. La crise et l'opportunité sont les faces d'une même médaille, et leur confrontation doit dépendre de professionnels dotés d'une vision large, d'une formation solide, hybride et globale, dont le manque a causé des pertes importantes tant pour les entreprises que pour l'État. La certification des processus de gouvernance en gestion des risques devrait être une garantie intégrée par les entreprises dans leur pratique quotidienne. En outre, la composition des conseils d'administration devrait donner la priorité aux conseillers ayant une grande expérience des questions environnementales, et de la protection et de la préservation du patrimoine culturel archéologique. Il ne devrait pas sembler surprenant qu'une société liée à l'utilisation des savoirs traditionnels et du patrimoine génétique compte au sein de ses conseils d'administration des archéologues, des anthropologues, des spécialistes des sciences sociales et des gestionnaires du patrimoine culturel ayant une vaste expérience dans les rangs de l'État.

III. Considérations finales : vers de nouveaux instruments de préservation du patrimoine culturel archéologique

Durant quatre décennies de pratique de l'archéologie, en particulier dans le domaine de la préservation du patrimoine culturel archéologique, nous avons eu l'occasion de contribuer de différentes manières et dans différents domaines qui convergent et dialoguent avec le thème archéologique.

Dans une contribution à la revue de l'IPHAN[23], nous avons présenté le lien entre la préservation du patrimoine culturel archéologique et de l'inclusion sociale, et relevé que « l'inclusion sociale comprise comme une

23 Rossano Lopes Bastos, « O papel da arqueologia na inclusão social », *Revista do Patrimônio Histórico e Artístico Nacional*, IPHAN, n° 33, Lima, 2007, pp. 289-304.

forme et une action d'intégration ou de réintégration de populations ou de communautés vulnérables, en particulier dans son aspect qui cherche à insérer la promotion de politiques d'égalité raciale, est un thème qui a éveillé des possibilités pour la préservation du patrimoine archéologique au Brésil». Alors, les actions d'inclusion et l'archéologie participative étaient encore timides : les populations noires, autochtones, gitanes et autres populations vulnérables occupaient une place subalterne dans la science et l'archéologie, avec une participation minimale et simpliste. Nous affirmions encore que «nous affronterons cette archéologie résignée, ce rôle d'exclusion qu'il nous a été donné de construire, en négociant des bénéfices d'ordre intellectuel, imposés par le silence acheté, produisant une science archéologique d'une qualité douteuse et d'intérêts inavouables, de petits applaudissements retentis par nous-mêmes»[24]. Près de deux décennies plus tard, le mouvement noir et indigène a beaucoup progressé, mais la matrice du fascisme et du nazisme a également progressé, et, avec elle, ses représentants se sont sentis libres de perpétrer toutes sortes d'actions antidémocratiques. Cela se répercute encore fatalement sur les conditions objectives de mobilité sociale, éducative, culturelle et de survie des peuples noirs et autochtones en particulier.

Du point de vue normatif, des progrès sont nécessaires en matière de protection du patrimoine archéologique historique, y compris le patrimoine archéologique subaquatique. En outre, il est urgent de rassembler les forces les plus progressistes de la pensée archéologique brésilienne afin de produire une praxis effectivement engagée dans une construction archéologique inclusive. Une avancée systématique, même progressive, des normes juridiques de protection, ne sera d'aucune utilité sans engagement de la part des professionnels de l'archéologie au Brésil. De cette façon, il est devenu nécessaire de rompre avec la pensée pragmatique et conservatrice qui a dominé l'archéologie nationale – celle des agences de développement scientifique dans les domaines des sciences archéologiques, historiques et anthropologiques, et des postes départementalisés dans les universités et les institutions de recherche. Nous ne devons pas perdre de vue le rôle des institutions, actives pendant

24 *Ibidem.*

les périodes de dictature, et qui exercent encore une forte influence sur les nouveaux professionnels pour la reproduction d'une pensée d'exclusion.

A. L'exclusion et le dilemme de la préservation du patrimoine culturel

L'avènement du capitalisme ultralibéral, où la propagation de l'individualisme est un élément marquant, va à l'encontre de ce qui nous a fait survivre et occuper la Terre depuis la préhistoire, à savoir notre capacité à coopérer pour faire face aux défis de la survie. Cependant, nous sommes actuellement confrontés à des conflits intenses et des injustices sociales de plus en plus nombreuses, pour lesquels la recherche de solutions durables et équitables est devenue de plus en plus difficile.

La dynamique de l'émancipation et de l'hégémonie de certains groupes humains témoigne d'un réseau dense où la relation entre le droit et la violence fait de la résolution de ces conflits un défi complexe et une tâche qui, politiquement, exige la tenue de débats et de la persévérance. Il convient de noter que le système actuel n'a pas contribué de manière égale à la préservation de l'espèce, et encore moins du patrimoine vulnérable. Dans cet ensemble de découvertes, les effets du tourisme de masse, les formes de domination de nations sur d'autres nations, les guerres, la domination du récit du passé et de la mémoire, ont contribué à la construction d'un biais menant à la destruction du patrimoine culturel archéologique dans le monde.

Il est nécessaire de se rappeler que le patrimoine n'est pas, surtout au Brésil, une représentation de tous les éléments de la société. Il reflète au contraire une façon de le concevoir, qui résulte d'un moment historique dans lequel les biens protégés par l'État reflètent la recherche d'une identité nationale[25]. Aujourd'hui, le concept de patrimoine culturel trouve des résonances multiples et variées. La politique du patrimoine apparaît comme un élément du modernisme fonctionnaliste, car elle participe à un

[25] Marly Rodrigues, « À qui appartenez-vous ? Un regard sur la pratique préservationniste à São Paulo », *Revista do Patrimônio do Patrimonio histórico e artístico nacional*, n° 24, 1996, pp. 195- 205, spec. p. 195.

zonage fonctionnel des espaces, attribuant à certains les fonctions patrimoniales.

B. Mondialisation

Si le phénomène de la mondialisation a apporté des avancées significatives dans la communication et le dialogue mondial, il a également offert une uniformisation des pratiques, des savoir-faire et des savoirs, qui a disqualifié plusieurs enseignements des savoirs dits traditionnels. Il convient de noter ici un débat qui n'est pas divergent, mais peut-être plus précis dans la conceptualisation, où le concept de colonisation a été développé par un intellectuel brésilien, Frei Betto[26]. La mondialisation a ses ombres et ses lumières. Elle détruit les cultures de chaque peuple et de chaque nation, érode les valeurs ethniques et éthiques, privilégie la spéculation au détriment de la production. Pourtant, cela rend le capitalisme plus vulnérable. Aujourd'hui, une chute de la Bourse de New York a des répercussions dans le monde entier.

Sous l'avalanche électronique qui réduit le bonheur à la consommation, nous entrons dans deux impasses. La première, le mimétisme : « Ce qui est bon pour les États-Unis est bon pour le Brésil », disent certains. Notre culture est réduite à un simple divertissement pour ceux qui s'entourent de l'attirail affiché dans les vitrines des centres commerciaux. Nous avons accéléré le chemin qui mène de la minceur physique à l'ostentation publique des biens, en prétendant que nous n'avons rien à voir avec la dette sociale. S'agissant de la seconde impasse, nous entrons dans une ère de fanatisme religieux et d'intolérance, prônant l'ignorance du pluralisme et de la démocratie, qui garantissent non seulement l'égalité des droits et des chances, mais aussi le droit à la différence.

Ce lieu de mondialisation ou de colonisation a ouvert de grands espaces pour la spéculation immobilière, qui rogne sans scrupules sur le patrimoine culturel des peuples autochtones et afro-brésiliens qui, réduits en

---

[26] Frei Betto, « Archive / Fortaleza (Brésil), 12 avril 2006 », *Adital*, Agence de presse spécialisée en Amérique latine, 2006. Traduction libre de l'auteur.

esclavage, ont produit non seulement de la richesse avec leur travail forcé, mais aussi une culture unique, riche de diversité et de pluralité.

C. Éducation et sensibilisation

La connaissance et la prise de conscience doivent apporter, via des affects positifs (amour, amitié, solidarité, tolérance, gratitude), la capacité de penser afin que chacun s'émancipe de lui-même et des autres, tout en comprenant qu'être ensemble est toujours la solution la plus facile, ou plutôt, la seule.

La restitution publique et l'inclusion sociale du patrimoine culturel devraient toujours faire l'objet d'une transmission des connaissances acquises par la recherche – de toute nature – qui a pour point d'appui l'analyse des sociétés et des populations passées. Le patrimoine culturel archéologique n'aura rempli sa fonction sociale que lorsqu'il sera effectivement compris comme un ensemble de biens à portée sociale, d'usage et de jouissance communs au peuple brésilien. Par conséquent, il est désormais urgent que nos chercheurs, politiciens, agents culturels, administrateurs publics, entreprises, adoptent une nouvelle posture envers la société brésilienne et rassemblent le patrimoine culturel archéologique de la population, ce qui sera la seule forme de préservation basée sur la citoyenneté.

Le concept d'extroversion archéologique a été mobilisé dans le but de rendre le patrimoine archéologique moins violent, de le rendre plus attractif, que les connaissances archéologiques et scientifiques soient accessibles à tous. Pour cela, il est nécessaire non seulement de créer une langue accessible à la grande majorité de la population, mais aussi de créer des mécanismes de diffusion qui atteignent les couches les plus démunies de la population.

La muséalisation des sites archéologiques a été utilisée avec succès dans certains sites archéologiques au Brésil. L'exemple le plus remarquable dans cette région est celui des sites archéologiques situés dans le parc national de la Serra da Capivara, dans l'arrière-pays de Piauí, un État du Nord-Est qui, avec ses caractéristiques uniques, a été classé au Patrimoine mondial de l'UNESCO. D'autres initiatives méritent d'être mentionnées et rappelées, comme la muséalisation des sites archéologiques côtiers de gravures rupestres sur les plages de Santinho et d'Ingleses, au nord de l'Île de Santa Catarina, réalisée par la onzième surintendance régionale de l'IPHAN à Santa Catarina.

D. Protection juridique et citoyenneté mondiale

Le droit a acquis pour l'humanité un statut tel, que lui a été confiée une fonction de résolution ou de médiation de conflits de différentes natures. Il en fut ainsi au moins après l'avènement de la modernité – que nous situerons ici arbitrairement vers 1492, au temps des grandes navigations. S'il était possible d'apprendre à connaître d'autres peuples et ethnies, l'on essayait aussi d'imposer à l'autre une place différente, subordonnée. Avec la découverte de l'Amérique, nous avons également découvert une dynamique d'oppression mondialisée, où le droit à la coexistence a été nié aux soi-disant peuples autochtones, les peuples premiers, où leur vision du monde a été niée, étouffée, réprimée, et où le principe de l'énonciation a été étendu aux découvreurs, où le mandat divin, en tant que symbole de la supériorité européenne, a disqualifié l'Autre, niant l'altérité, et le droit d'être en tant que tel. À partir de ce moment, apparaît le droit de refuser à l'Autre précisément ce qui lui est propre.

C'est dans cette perspective historique qu'apparaît le droit au patrimoine culturel, qui trouve au Brésil un fondement juridique solide, et dont on peut souligner ici les éléments les plus importants. La Constitution brésilienne de 1988 énumère un ensemble très intéressant de règles pour la protection de la citoyenneté culturelle. S'y ajoutent la loi fédérale 3924/61 qui prévoit des monuments archéologiques et préhistoriques et le décret-loi 25/1937 organisant la protection du patrimoine historique et artistique national. Le patrimoine historique et artistique national est compris, dans cet ensemble normatif, comme l'ensemble des biens mobiliers et immobiliers existant dans le pays et dont la conservation est d'intérêt public, soit en raison de son lien avec des faits mémorables de l'histoire du Brésil, soit en raison de sa valeur archéologique, ethnographique, bibliographique ou artistique exceptionnelle. La Constitution fédérale de 1988 corrobore cette approche dans certains de ses articles :

- L'article 20, où il apparaît que les éléments suivants sont des biens de l'Union [fédérale], notamment les cavités souterraines naturelles et sites archéologiques et préhistoriques ;

- L'article 215, qui dispose que l'État doit veiller à ce que tous les citoyens aient accès aux sources de la culture nationale et puissent exercer leurs droits culturels. L'État doit également encourager et soutenir l'appréciation et la diffusion des manifestations culturelles ;

- L'article 216, qui dispose que le patrimoine culturel brésilien est constitué des biens de nature matérielle et immatérielle, pris individuellement ou dans leur ensemble, porteurs de référence à l'identité, à l'action et à la mémoire des différents groupes qui forment la société brésilienne, parmi lesquels : I – Les formes d'expression ; II – Les manières de créer, de faire et de vivre ; III – Les créations scientifiques, artistiques et technologiques ; IV – Les œuvres, objets, documents, bâtiments et autres espaces destinés à des manifestations artistiques et culturelles ; V – Les ensembles urbains et sites de valeur historique, paysagère, artistique, archéologique, paléontologique, écologique et scientifique.

Cristóbal Gnecco[27] illustre l'origine des droits et la formulation de la citoyenneté de manière pédagogique, en particulier en Amérique latine : « L'une des principales caractéristiques des États-nations, la consécration de l'égalité des droits de tous les citoyens, y compris le droit de participer activement à la constitution de l'autorité politique, est devenue la norme de la modernité ; mais dans les pays d'Amérique latine, il y avait un déséquilibre entre la promotion de l'éthique moderne et l'exclusion de l'altérité ethnique et de genre […] La définition de la citoyenneté a été énoncée à partir d'un locus andro-occidentalo-centré. Le "moi" a été prononcé à partir du lieu de l'homme civilisé. Cette contradiction flagrante de l'éthique moderne a caractérisé la relation entre la modernité et le nationalisme latino-américain. »

---

27 Cristóbal Gnecco, « Arqueologias latinoamericanas: de la modernidad a los Estados multiculturales", *Especiaria - Cadernos de Ciências Humanas*, v. 11 et 12, 20 et 21 juil. /déc. 2008 et janv./juin 2009, pp. 241-271, spec. p. 243.

Au-delà de l'Amérique latine, il est nécessaire de comprendre qui bénéficie de la protection du droit, comment et pourquoi, afin que nous puissions alimenter un débat pour une citoyenneté mondiale, où chacun pourra discuter des concepts dans cette agora postmoderne.

Il convient à présent de souligner la pensée de Joaquim Herrera Flores[28] selon laquelle « les droits de l'homme, comme en général tout phénomène juridique et politique, sont pénétrés par des intérêts idéologiques et ne peuvent être compris en dehors de leur contexte culturel ». Cependant, comme cela se produit lorsqu'un phénomène est légalement reconnu, son caractère idéologique, son lien étroit avec des intérêts concrets et son caractère culturel commencent à être contestés. Si nous sortons les droits de l'homme de leur contexte en tant que phénomènes juridiques, ils sont universalisés et, par conséquent, leur capacité et leur possibilité de se transformer et de transformer le monde à partir d'une position non hégémonique leur sont enlevées. C'est cette tendance qui permet au droit d'être exclusivement l'objet d'une analyse logico-formelle et de se soumettre à des limites épistémologiques, comme si les normes juridiques étaient séparées et isolées des contextes et des intérêts qui sous-tendent nécessairement toute production normative.

Nous constatons que la science juridique est aujourd'hui devenue un outil important, malgré son origine et son développement au Brésil. Nous ne pouvons nier sa fonction de stabilisation des débats autour des différentes positions exprimées, son rôle de facilitation – tant que les parties sont d'accord sur la manière de procéder. Dans des pays comme le Brésil, on peut dire que le cadre juridique dépend du lieu, de la destination et du moment de son application, et que la garantie du respect du droit est étroitement liée à la mobilisation de la société pour le faire respecter. En somme, la loi seule ne suffit pas ; l'engagement social conditionne son efficacité.

---

[28] Joaquim Herrera Flores (ed.), "Hacia Una visión compleja de los derechos Humanos", in *El Vuelo de Anteo: Derechos Humanos Y Crítica de La Razón Libera,d.* Editorial Desclée de Brouwer, Bilbao, p. 23.

Table des matières

II
Les conflits armés

SUITE DE LA LISTE DES OUVRAGES DE LA COLLECTION

Valentine MOLINEAU, *Le rôle du musée dans la lutte contre le trafic illicite de biens culturels*, 2023.

Marie CORNU, Jérôme FROMAGEAU (dir.), *Les collections privées. Approches historiques et juridiques*, 2022.

PERRINE MARX, *La place de la création contemporaine dans la fabrique urbaine. État des lieux juridique de l'initiative artistique dans la ville*, 2021.

MYLENE LE ROUX (dir.), *La reconversion du patrimoine public monumental. L'exemple du Grand Hôtel-Dieu de Lyon*, 2020.

GUILLAUME LAMBERT, *Blanchiment et marché de l'art. Le droit et la pratique*, 2020.

SOLENE GRANDJEAN, *La forêt et le droit. La définition de la forêt en droit français*, 2020.

AGATHE LAGAUCHE, *Les musées de France à l'heure de la métropolisation*, 2019.

NATHALIE BETTIO, PIERRE-ALAIN COLLOT (dir.), *Le financement privé du patrimoine culturel*, 2018.

INES LAMOURI, *Les ensembles décoratifs en droit. Enjeux juridiques de la protection patrimoniale des meubles et des immeubles formant une cohérence d'ensemble*, 2018.

GERALDINE GOFFAUT CALLEBAUT (dir.), *Éthique et patrimoine culturel. Regards croisés*, 2016

SOPHIE MONNIER, KAREN FIORENTINO (dir.), *Les archives hospitalières. Regards croisés*, 2016.

MARIE-CHRISTINE PIATTI, ALEXANDRE QUIQUEREZ (dir.), *L'accès aux biens culturels. Quel(s) défi(s) pour le droit ?*, 2016.

MARIE CORNU, JEROME FROMAGEAU, YANN POTIN (dir.), *Les archives et la genèse des lois*, 2016.

NATHALIE BETTIO, PIERRE-ALAIN COLLOT, NICOLETTA PERLO, KARL-HENRI VOIZARD (dir.), *La valorisation économique des biens culturels locaux en France et en Italie*, 2016.

ABDOULAYE CAMARA, VINCENT NEGRI (dir.), *La protection du patrimoine archéologique. Fondements sociaux et enjeux juridiques*, 2016.

MYLENE LE ROUX (dir.), *Crise et patrimoine monumental*, 2015.

PAULINA RESTREPO-NAVARRO, *Le droit du patrimoine culturel colombien à l'épreuve de la restitution internationale des biens archéologiques*, 2015.

MARIE CORNU, JEROME FROMAGEAU (dir.), *Archives des dictatures. Enjeux juridiques, archivistiques et institutionnels*, 2015.

CELINE CASTETS-RENARD, GUYLENE NICOLAS (dir.), *Patrimoine naturel et culturel de la Nouvelle-Calédonie : aspects juridiques*, 2015.

MARIE CORNU, JEROME FROMAGEAU, BERTRAND MÜLLER (dir.), *Archives de la recherche. Problèmes et enjeux de la construction du savoir scientifique*, 2014.

SOPHIE MONNIER, KAREN FIORENTINO (dir.), *Le droit des archives publiques, entre permanence et mutations*, 2014.

ANNE FORNEROD, *Le régime juridique du patrimoine religieux*, 2013.

MARIE CORNU, JEROME FROMAGEAU, CHRISTIAN HOTTIN (dir.), *Droit et patrimoine culturel immatériel*, 2013.

LI WANG, *La convention pour la sauvegarde du patrimoine culturel immatériel. Son application en droits français et chinois*, 2013.
MARIE CORNU, JEROME FROMAGEAU (dir.), *La préservation des archives privées et l'intérêt public. Mutations et ruptures*, 2013.
MARIE CORNU, JEROME FROMAGEAU, JEAN-FRANÇOIS POLI, ANNE-CHRISTINE TAYLOR (dir.), *L'inaliénabilité des collections, performances et limites ?*, 2012.
ARMELLE VERJAT, *Préservation et mise en valeur des monuments historiques privés : la fiscalité de l'impôt sur le revenu*, 2011.
LINE TOUZEAU, *La protection du patrimoine architectural contemporain. Recherche sur l'intérêt public et la propriété en droit de la culture*, 2011.FRANÇOISE BENHAMOU, MARIE CORNU (dir.), *Le patrimoine culturel au risque de l'immatériel. Enjeux juridiques, culturels, économiques*, 2010.
MARIE CORNU, CATHERINE CUENCA, JEROME FROMAGEAU (dir.), *Les collections scientifiques, de l'outil de connaissance à l'objet de patrimoine. Aspects juridiques et pratiques professionnelles et institutionnelles*, 2010
MARIE CORNU, JEROME FROMAGEAU (dir.), *Quel avenir pour les archives ? Enjeux juridiques et institutionnels*, 2010.
JEAN-PIERRE ALLINNE, RENAUD CARRIER (dir.), *La culture au risque du marché. Le mécénat face à ses acteurs*, 2010.
CHRISTEL DE NOBLET, *Protection du patrimoine architectural aux États-Unis et au Royaume-Uni*, 2009.
ANTOINETTE MAGET, *Collectionnisme public et conscience patrimoniale. Les collections d'antiquités égyptiennes en Europe*, 2009.MARIE CORNU, JEROME FROMAGEAU (dir.), *La revendication du patrimoine écrit. Questions juridiques et pratiques institutionnelles*, 2009.
CAROLINE RAINETTE, en collaboration et sous la direction scientifique de MARIE CORNU et CATHERINE WALLAERT, *Guide juridique sur le patrimoine scientifique et technique*, 2008.
LAURENCE MAYER-ROBITAILLE, *Le statut juridique des biens et des services culturels dans les accords commerciaux internationaux*, 2008.
MARIE BONNIN, *Les corridors écologiques. Vers un troisième temps du droit de la conservation de la nature*, 2008.
DIRECTION DES ARCHIVES DE FRANCE, CENTRE DE RECHERCHE SUR LE DROIT DU PATRIMOINE CULTUREL (dir.), *Archives et sciences sociales. Aspects juridiques et coopérations scientifiques*, 2006.
NEBILA MEZGHANI, JEAN-FRANÇOIS POLI (dir.), *Droit et protection du patrimoine culturel dans les pays méditerranéens*, 2006.
BRIGITTE BASDEVANT, MARIE CORNU, JEROME FROMAGEAU (dir.), *Le patrimoine culturel religieux. Enjeux juridiques et pratiques cultuelles*, 2006.
MARIE CORNU, NEBILA MEZGHANI (dir.), *Intérêt culturel et mondialisation*, 2 tomes, 2004.
MARIE CORNU, JEROME FROMAGEAU (dir.), *La forêt à l'aube du XXIe siècle. Aspects politiques et juridiques*, 2 tomes, 2004.
PIERRE-LAURENT FRIER (dir.), *Le nouveau droit de l'archéologie préventive*, 2004.

CRIDEAU-CNRS, Limoges (dir.), *Les monuments historiques : un nouvel enjeu ?*, 2 tomes, 2004.
MARIE CORNU, JEROME FROMAGEAU (dir.), *Archives et Patrimoine*, 2 tomes, 2004.
MARIE CORNU, MARIE-AGNES FERAULT, JEROME FROMAGEAU (dir.), *Patrimoine architectural, urbain et paysager : enjeux juridiques et dynamiques territoriales*, 2003.
MARIE CORNU, JEROME FROMAGEAU (dir.), *Archives et Recherche*, 2003.
ANNIE HERITIER, *La genèse de la notion juridique de patrimoine artistique*, 2003.
MARIE CORNU, JEROME FROMAGEAU (dir.), *Le patrimoine culturel et la mer*, 2 tomes, 2002.
MARIE CORNU, JEROME FROMAGEAU (dir.), *Genèse du droit de l'environnement*, 2 tomes, 2001.
MARIE CORNU, JEROME FROMAGEAU (dir.), *Fondation et trust dans la protection du patrimoine*, 1999

Structures éditoriales du groupe L'Harmattan

L'Harmattan Italie
Via degli Artisti, 15
10124 Torino
harmattan.italia@gmail.com

L'Harmattan Hongrie
Kossuth l. u. 14-16.
1053 Budapest
harmattan@harmattan.hu

L'Harmattan Sénégal
10 VDN SICAP AMITIE 3
BP 45034 Dakar-Fann
direction@senharmattan.com

L'Harmattan Cameroun
Tsinga/Derrière polyclinique FECAFOOT
BP 11486 Yaoundé
Jacques.koukam@harmattan.fr

L'Harmattan Burkina Faso
Villa 281, secteur 23 623, rue 14.32
Ouagadougou
zagbie@outlook.fr

L'Harmattan Guinée
Almamya, rue KA 028 OKB Agency
BP 3470 Conakry
harmattanguinee@yahoo.fr

L'Harmattan RDC
185, avenue Nyangwe
Commune de Lingwala – Kinshasa
matangilamusadila@yahoo.fr

L'Harmattan Congo
219, avenue Nelson Mandela
BP 2874 Brazzaville
deunovmikhael@gmail.com

L'Harmattan Mali
Immeuble Mgr Jean Marie Cissé
Aci Hamadallaye
BP 145 Bamako
syllaka@yahoo.fr

L'Harmattan Togo
Djidjole – Maison Amela
face EPP BATOME
02 BP 20680 Lomé
didieramela11@gmail.com

L'Harmattan Côte d'Ivoire
Résidence Karl – Cité des Arts
Abidjan-Cocody
03 BP 1588 Abidjan
harmattan.ivoire@gmail.com

L'Harmattan Bénin
Rue 604, (Immeuble à l'entrée
de la rue UCAO- Cite de Saint-Jean)
Cotonou
stepcorpus@gmail.com

Nos librairies en France

Librairie internationale
16, rue des Écoles
75005 Paris
librairie.internationale@harmattan.fr
01 40 46 79 11
www.librairieharmattan.com

Librairie des savoirs
21, rue des Écoles
75005 Paris
librairie.sh@harmattan.fr
01 46 34 13 71
www.librairieharmattansh.com

www.ingramcontent.com/pod-product-compliance
Lightning Source LLC
LaVergne TN
LVHW011156061026
849535LV00003B/748